Fortgeltung von Kollektivverträgen
bei Unternehmensumstrukturierung
durch Umwandlung

Europäische Hochschulschriften
Publications Universitaires Européennes
European University Studies

Reihe II
Rechtswissenschaft

Série II Series II
Droit
Law

Bd./Vol. 3139

PETER LANG
Frankfurt am Main · Berlin · Bern · Bruxelles · New York · Oxford · Wien

Markus Bange

Fortgeltung von Kollektivverträgen bei Unternehmens-umstrukturierung durch Umwandlung

PETER LANG
Europäischer Verlag der Wissenschaften

Die Deutsche Bibliothek - CIP-Einheitsaufnahme

Bange, Markus:

Fortgeltung von Kollektivverträgen bei Unternehmensumstrukturierung durch Umwandlung / Markus Bange. - Frankfurt am Main ; Berlin ; Bern ; Bruxelles ; New York ; Oxford ; Wien : Lang, 2001
(Europäische Hochschulschriften : Reihe 2, Rechtswissenschaft ; Bd. 3139)
Zugl.: Frankfurt (Main), Univ., Diss., 2000
ISBN 3-631-37398-8

D 30
ISSN 0531-7312
ISBN 3-631-37398-8

www.peterlang.de

Vorwort

Es ist wahr, daß ein Vorwort zumeist erst am Schluß eines Buches geschrieben wird, für diese Arbeit trifft dies ebenfalls zu.

Warum ist das so? Erst am Schluß ist ein Rückblick auf den Ablauf und eine Quintessenz des Geschehens möglich.

Zunächst also die nüchternen Fakten:

Die Arbeit wurde im Herbst 1997 begonnen und im Sommer 2000 bei er Universität Frankfurt am Main als Dissertation eingereicht.

Die vorliegende Arbeit berücksichtigt Rechtsprechung und Literatur bis zu diesem Zeitpunkt.

Tag der mündlichen Prüfung war der 14.11.2000

Dankbar bin ich allen Menschen, die zum Gelingen dieses Werkes direkt oder indirekt beigetragen haben.

Mein besonderer Dank gilt insbesondere meinem Doktorvater Herrn Prof. Dr. O. E. Kempen, der mich zu dieser Arbeit ermutigt hat.

Ich erinnere mich gerne an die persönlichen Zusammenkünfte, von denen in fruchtbaren und konstruktiven Diskussionen wichtige Anregungen zur vorliegenden Thematik ausgingen.

In guter Erinnerung werde ich dabei auch die ausgeprägt offene und von Wertschätzung getragene Kommunikation mit meinem Doktorvater behalten, die mir Freude und besondere Antriebskräfte bei der Arbeit vermittelten.

Aber auch Herrn Prof. Dr. Weiss bin ich für die zügige Erstellung des Zweitgutachtens zu Dank verpflichtet.

Im privaten Umfeld schulde ich meiner gesamten Familie Dank, die mein Vorhaben in jeder Weise – ideell und auch finanziell – unterstützt hat.

Besonders erwähnen möchte ich in diesem Zusammenhang meine Eltern, die mich nicht nur in Zeiten extremer Arbeitsspitzen in vielfältiger Weise entlastet haben. Neben wichtigen logistischen und pragmatischen Hilfen haben sie mir zu jeder Zeit Zuversicht, Mut und Kraft zur Fortsetzung der Arbeiten – auch in kritischen Situationen – vermittelt.

Karben, im Dezember 2000

Markus Bange

I. I n h a l t s v e r z e i c h n i s:

II. Literaturverzeichnis

Adomeit, Klaus	Regelung von Arbeitsbedingungen und ökonomische Notwendigkeiten, München, 1996
Alternativkommentar:	Kommentar zum bürgerlichen Gesetzbuch, Reihe Alternativkommentare, Band 3, bearbeitet von Wolfgang Däubler u.a., Neuwied, 1979
Altvater, Lothar u.a.:	Bundespersonalvertretungsgesetz, 2. Auflage, Köln, 1998
Alvensleben, Constantin v. :	Die Rechte der Arbeitnehmer beim Betriebsübergang im europäischen Gemeinschaftsrecht, Baden-Baden, 1992
Annuß, Georg:	Der Betriebsübergang nach „Ayse Süzen" NZA 1998, 70
Ders.:	Die einzelvertragliche Bezugnahme auf Tarifverträge, BB 1999, 2558
Arbeitskreis Umwandlungsrecht:	Reinhard, Bork, Peter Hommelhoff, Marcus Lutter, Karsten Schmidt, Joachim Schulze-Osterloh, Arndt Teichmann, Wolfgang Zöllner, ZGR 1993, 321

Ascheid, Reiner: Richtlinie 77/187 EWG: Harmonisierung Europäischen und deutschen Richterrechts in: Festschrift für Thomas Dieterich, 10 hrsg. von Peter Hanau u.a. München, 1999

Bachner, Michael: Individualarbeits- und kollektivrechtliche Auswirkungen des neuen Umwandlungsgesetzes, NJW 1995, 2881

Bachner, Michael, Köstler, Roland Trittin, Wolfgang u.a. Trümner, Ralf: Arbeitsrecht und Unternehmensumwandlungen, Köln, 1997

Balze, Wolfgang, Rebel, Wolfgang, Schuck, Peter: Outsourcing und Arbeitsrecht, München, 1997

Barodiziej, Peter: Neukodifikation des deutschen Umwandlungsrechts, das Umwandlungsrechtsbereinigungsgesetz, BuW 1994, 788

Bauer, Jobst-Hubertus, Diller, Martin: Flucht aus Tarifverträgen, DB 1993, 1085

Bauer, Jobst-Hubertus, Lingemann, Stefan: Das neue Umwandlungsrecht und seine arbeitsrechtlichen Auswirkungen, NZA 1994, 1057

Bauer, Thorsten,
Meinel, Gernod: Vereinheitlichung der Arbeitsbedingungen im Betrieb – Individualrechtliche Lösung statt Grundsatz der Tarifeinheit
NZA 2000, 181

Benda, Ernst,
Maihofer, Werner,
Vogel, Hans-Jochen: Handbuch des Verfassungsrechts,
Berlin, 1983

Berg, Klaus: Tarifwidrige Arbeitsbedingungen im Betrieb –
Überlegungen zur Begründung eines Unterlassungsanspruchs der Gewerkschaft,
in:
Festschrift für Wolfgang Däubler, 495, hrsg. von Thomas Klebe, Peter Wedde und Martin Wolmerath,
Frankfurt am Main, 1999

Berghäuser, Klaus: Koalitionsfreiheit als demokratisches Grundrecht,
Köln, 1980

Berthold, Norbert,
Fehn, Rainer u.a.: Die Tarifautonomie auf dem Prüfstand,
Berlin, 1996

Berscheid, Ernst-Dieter: Die Auswirkungen der arbeitsrechtlichen Vorschriften des Umwandlungsgesetzes auf die einzelnen Arbeitsverhältnisse und die Beteiligungsrechte des Betriebsrates:
Festschrift für Eugen Stahlhacke, hrsg. von Friedhelm Farthmann u.a., 15,
Neuwied, 1995

Beuthien, Volker,
Meik, Frank: Wenn Tariftreue unzumutbar wird, DB 1993, 1518

Bieback, Karl-Jürgen: Tarifrechtliche Probleme des Verbandswechsels von Arbeitgebern, DB 1989, 477

Biedenkopf, Kurt H.: Grenzen der Tarifautonomie, Karlsruhe, 1964

Binkert, Gerhard: Konzeptionelle Probleme bei arbeitsrechtlichen Teilreformen, JZ 1979, 751

Birk, Rolf: Tarifrechtliche Folgen von Strukturveränderungen im Unternehmensbereich, AuR 1975, 312

Black, Andrew
Wright, Philip: Shareholder value: Konzepte und Methoden zur Steigerung des Unternehmenswertes, Frankfurt, 1998

Blainplain, Roger,
Schmidt, Marlene
Schweibert, Ulrike: Europäisches Arbeitsrecht, 2. Auflage Baden-Baden, 1996

Blank, Michael,
Blanke, Hermann u.a.: Arbeitnehmerschutz bei Betriebsaufspaltung, 2. Auflage, Köln, 1987

Blank, Michael: Die Tarifzuständigkeit der DGB Gewerkschaften, Baden-Baden, 1996

Blanke, Thomas, Trümner, Ralf (Hrsg.): Handbuch Privatisierung, ein Rechtshandbuch für die Verwaltungspraxis, Baden-Baden, 1998

Blanke, Thomas, Gebhardt, Allmar, Heuermann, Marina: Leitfaden Privatisierungsrecht, Praxis der Personalgestellungsverträge, für Arbeiter und Angestellte, Baden-Baden, 1998

Baumbach, Adolf, Hueck, Alfred: GmbH-Gesetz, 16. Auflage, München, 1996

Bleckmann, Albert: Probleme des Grundrechtsverzichts, JZ 1980, 57

Blomeyer, Wolfgang, Otto, Klaus: Gesetz zur Verbesserung der betrieblichen Altersversorgung 2. Auflage, München, 1997

Boecken, Winfried: Unternehmensumwandlungen und Arbeitsrecht, Köln, 1996

Ders.: Der Übergang von Arbeitsverhältnissen bei Spaltung nach dem neuen Umwandlungsrecht, ZIP 1994, 1087

Böhm, Jürgen: Der Einfluß der Banken auf Großunternehmen, Duisburg, Hamburg, 1992

Borngräber, Heltmut: Arbeitsverhältnis bei Betriebsübergang, Frankfurt am Main, 1977

Bremkamp, Markus: Die Flexibilisierung des deutschen Tarifvertragssystems, München, 1998

Brinkmann, Antje: Die Spaltung von Rechtsträgern nach dem Umwandlungsrecht: eine Analyse ihrer individualarbeitsrechtlichen Folgen, Berlin, 1999

Buchner, Herbert: Tarifvertragsgesetz und Koalitionsfreiheit, München, 1964

Ders. Tarifzuständigkeit beim Abschluß von Verbands- und Firmentarifverträgen, ZfA 1995, 106

Ders.: Der Unterlassungsanspruch der Gewerkschaft – Stabilisierung oder Ende des Verbandstarifvertrages ? NZA 1999, 897

Bühner, Rolf: Unternehmensspaltung – Motive und Aktienmarktreaktion Zfbf 1998, 809

Butzer, Hermann: Verfassungsrechtliche Grundlagen zum Verhältnis zwischen Gesetzgebungshoheit und Tarifautonomie, RdA 1994, 375

Bydlinski, Franz: Methodenlehre, 2. Auflage, Wien, 1982

Canaris, Klaus-Wihelm: Die Feststellung von Lücken im Gesetz 2. Auflage, Berlin, 1983

Ders. : Die Vertrauenshaftung im deutschen Privatrecht, München, 1971

Coopers & Lybrand Deutsche Revision und Bundesverband deutscher Kapitalbeteiligungsgesellschaften (Hrsg.): Venture Capital: Der Einfluß von Beteiligungskapital auf die Beteiligungsunternehmen und die deutsche Wirtschaft Frankfurt, 1998

Däubler, Wolfgang: Tarifvertragsgesetz, 3. Auflage, Baden-Baden, 1993

Ders.: Das Grundrecht auf Mitbestimmung, 4. Auflage, Baden-Baden, 1976

Ders.: Tarifflucht - eine aussichtsreiche Strategie zu Begrenzung der Lohnkosten ? ZTR 1994, 449

Ders.: Das Arbeitsrecht im neuen Umwandlungsgesetz, RdA 1995, 136

Däubler, Wolfgang, Kittner, Michael, Klebe, Thomas u.a. Betriebsverfassungsgesetz mit Wahlordnung, 7. Auflage, Köln, 2000

Dehmer, Hans: Umwandlungsgesetz, Umwandlungssteuergesetz, 2. Auflage, München, 1996

Deregulierungskommission (Hrsg): Marktöffung und Wettbewerb, Stuttgart, 1991

Dörner, Hans-Jürgen: Die Einschätzungsprärogative Gesetzgebers und die grundrechtlich geschützte Tarifautonomie in: Festschrift für Wolfgang Däubler, S. 31, hrsg. von Thomas Klebe, Peter Wedde und Martin Wolmerath, Frankfurt am Main, 1999

Dreier, Horst (Hrsg.): Grundgesetz, Kommentar, Art. 1-19, Tübingen, 1996

Düwell, Franz-Josef: Umwandlung von Unternehmen und arbeitsrechtliche Folgen, NZA 1996, 393

Engelmeyer, Cäcilie: Die Spaltung von Aktiengesellschaften nach dem neuen Umwandlungsgesetz, Köln, 1995

Erfurter Kommentar: Erfurter Kommentar zum Arbeitsrecht, herausgegeben von Thomas Dieterich, Peter Hanau und Günther Schaub, München, 1998

Erman, Walter: Handkommentar zum bürgerlichen Gesetzbuch, hrsg. von Harm-Peter Westermann, Band 1: §§ 1-853 9. Auflage, Münster, 1993

Etzel, Gerhard: Tarifordnung und Arbeitsvertrag NZA 1987, Beil. 1

Fabricius, Fritz, Kraft, Alfons u.a.: Gemeinschaftskommentar zum Betriebsverfassungsgesetz, Band 1: §§ 1-73 Band 2: §§ 74-132 6. Auflage, Neuwied, 1997, 98

Fink, Hans-Christian: Der Arbeitgeberwechsel als Möglichkeit zur Tarifflucht Konstanz, 1999

Fitting, Karl,
Kaiser, Heinrich,
Heither, Friedrich,
Engels, Gerd: Betriebsverfassungsgesetz, Handkommentar, 19. Auflage, München, 1998

Freudner, Bernd W.: Zur arbeitsrechtlichen Wertigkeit des „shareholder value" DB 1999, 742

Galperin, Hans,
Löwisch Manfred: Kommentar zum Betriebsverfassungsgesetz, Band I: §§ 1-73 Band II: §§ 74-132 6. Auflage, Heidelberg, 1982

Gamillschegg, Franz: Differenzierung nach Gewerkschaftszugehörigkeit, Berlin, 1966

Ders. Kollektives Arbeitsrecht 1, Koalitionsfreiheit, Arbeitskampf und Schlichtung, München, 1997

Ganske, Joachim: Reform des Umwandlungrechts - ein Bericht, WM 1993, 1117

Gaul, Björn: Das Schicksal von Tarifverträgen und Betriebsvereinbarungen bei Umwandlungen von Unternehmen, DB 1995, 717

Gaul, Björn: Die einzelvertragliche Bezugnahme auf einen Tarifvertrag beim Tarifwechsel des Arbeitgebers, NZA 1998, 9

Gaul, Björn: Die neue EG-Richtlinie zum Betriebs - und Unternehmensübergang, BB 1999, 526

Gaul, Dieter: Der Betriebsübergang, 2. Auflage, Köln, 1993

Goutier, Klaus u.a.: Kommentar zum Umwandlungsrecht, Heidelberg, 1996

Groeben, Hans v. u.a.: Kommentar zum EU- ,EG-Vertrag 5. Auflage Baden-Baden, 1997

Gussen, Heinz, Dauck, Andreas: Die Fortgeltung von Betriebsvereinbarungen und Tarifverträgen bei Betriebsübergang und Unternehmensumwandlung, 2. Auflage, Berlin, 1997

Hanau, Peter, Vossen, Reinhard: Die Auswirkungen des Betriebsinhaberwechsels auf Betriebsvereinbarungen und Tarifverträge in: Festschrift für Marie-Luise Hilger und Wolfgang Stumpf, hrsg. von Thomas Dieterich u.a., München, 1983

Hanau, Peter: Arbeitsrecht und Mitbestimmung in Umwandlung und Fusion, ZGR 1990, 549

Hanau, Peter, Kania, Thomas.: Stufentarifverträge, DB 1995, 1229

Dies.: Die Bezugnahme auf Tarifverträge durch Arbeitsverträge und betriebliche Übung in: Festschrift für Schaub, S. 239, München, 1998

Hanau, Peter, Preis, Ulrich : Die Kündigung von Betriebsvereinbarungen, NZA 1991, 81 ff.

Hansen, Herbert: Die großen Fusionen der jüngsten Zeit, Aktiengesellschaft, 1999, S. R 4

Hartmann, Christian: Die privatautonome Zuordnung von Arbeitsverhältnissen nach Umwandlungsrecht, ZfA 1997, 21

Heidenhain, Martin: Spaltungsvertrag und Spaltungsplan, NJW 1995, 2873

Heinze, Meinhard: Kollektive Arbeitsbedingungen im Spannungsfeld zwischen Tarif- und Betriebsautonomie, NZA 1995, 5, 7

Ders.: Arbeitsrechtliche Fragen bei der Übertragung und Umwandlung von Unternehmen, ZfA 1997, 1

Ders.: Ausgewählte Rechtsfragen zu § 613 BGB, Festschrift für Schaub, S. 275 München, 1998

Ders.: Arbeitsrechtliche Probleme bei grenzüberschreitender Sitzverlegung in der Europäischen Gemeinschaft ZGR 1999, 54

Henssler, Martin: Aufspaltung, Ausgliederung und Fremdvergabe, NZA 1994, 294

Ders. : Unternehmensumstrukurierung und Tarifrecht: Festschrift für Schaub, S 311, München, 1998

Ders.: Firmentarifverträge und unternehmensbezogene Verbandstarifverträge als Instrument einer „flexiblen" betriebsnahen Tarifpolitik, ZfA 1998, 517

Hennrichs, Joachim: Formwechsel und Gesamtrechtsnachfolge bei Umwandlungen, Mainz, 1994

Ders. Zum Formwechsel und zur Spaltung nach dem neuen Umwandlungsgesetz, ZIP 1995, 794

Herbst, Jens — Arbeitsrecht im neuen Umwandlungsgesetz, AiB 1995, 5

Herschel, Wilhelm: — Entwicklungstendenzen im Arbeitsrecht, RdA 1956, 161, 168

Ders.: — Die individualrechtliche Bezugnahme auf einen Tarifvertrag, RdA 1969, 659

Ders.: — Zur Entstehung des Tarifvertragsgesetzes, ZfA 1973, 183

Hesse, Konrad: — Verfassungsrecht, 20. Auflage, Heidelberg, 1995

Hess, Harald
Schlochauer, Ursula
Glaubitz, Werner: — Kommentar zum Betriebsverfassungsgesetz, 5. Auflage Neuwied, 1997

Höfner, Klaus: — Wertsteigerungsmanagement, Das shareholder-value Konzept, Frankfurt, 1994

Holthausen, Joachim: — Tarifvertragliche Arbeitsbedingungen im Jahre 1998 RdA 1999, 275

Hoyningen-Huene, Gerrick v.: — Die Bezugnahme auf den Tarifvertrag - ein Fall der Tarifbindung, RdA 1974, 138

Hoyningen-Huene, Gerrick v.,
Windbichler, Christine: Übergang von Betriebsteilen nach § 613 a BGB, RdA 1977, 329

Hromadka, Wolfgang
Maschmann, Frank,
Wallner, Franz.: Der Tarifwechsel, München, 1996

Hueck, Alfred,
Nipperdey, Hans-Carl: Lehrbuch des Arbeitsrechts, Band II, 2. Halband 7. Auflage, Berlin, Frankfurt, 1969

Hueck, Alfred: Das Recht des Tarifvertrages, Berlin, 1920

Hüper, Rolf: Der Betrieb im Unternehmerzugriff, Köln, 1986

Jacobi, Erwin: Betrieb und Unternehmen als Rechtsbegriffe, Festschrift Ehrenberg, Leipzig, 1926

Jarass, Hans D.
Pieroth, Bodo: Grundgesetz, Kommentar 3. Auflage, München, 1995

Joost, Detlef: Betrieb und Unternehmen als Grundbegriffe des Arbeitsrechts, München, 1988

Joost, Detlef. — Arbeitsrechtliche Angaben im Umwandlungsvertrag, ZIP 1995, 976

Jung, Erberhardt: — Die Weitergeltung kollektivvertraglicher Regelungen (Tarifverträge, Betriebsvereinbarungen) bei einem Betriebsinhaberwechsel, RdA 1986, 360

Kallmeyer, Harald: — Die Reform des Umwandlungsgesetzes, DB 1993, 367

Kania, Thomas: — Tarifeinheit bei Betriebsübergang, DB 1994, 529

Ders. : — Tarifbindung bei Ausgliederung und Aufspaltung eines Betriebes, DB 1995, 625

Kasseler Handbuch: — Kasseler Handbuch des Arbeitsrechts, hrsg. Wolfgang Leinemann, Band 2, 2. Auflage Neuwied, 2000

Kallmeyer, Harald: — Umwandlungsgesetz, Kommentar, Köln, 1997

Ders.: — Die Reform des Umwandlungsgesetzes, DB 1993, 367 f.

Kempen, Otto-Ernst; Zachert, Ulrich: — Tarifvertragsgesetz, Kommentar für die Praxis, 3. Auflage, Köln, 1997

Kempen, Otto-Ernst: Betriebsübergang und Tarifvertrag, BB 1991, 2006

Ders. Staatliche Schutzpflicht für die Tarifautonomie ? in: Festschrift für Wolfgang Gitter, Wiesbaden, 1995

Ders. Persönliche Leistungsverhinderung und Grundrechte im Arbeitsverhältnis, ArbRGW 1988, 775

Ders.: die beschäftigungspolitische Zuständigkeit der Tarifvertragsparteien, in: Festschrift für Hanau, S. 529, München, 1999

Kemper, Michael: Die Bestimmung des Schutzbereiches der Koalitionsfreiheit (Art. 9 III GG), Köln, Heidelberg, 1988

Kittner, Michael, Däubler, Wolfgang, Zwanziger, Bertram: Kündigungsschutzrecht, Kommentar, 4. Auflage, Köln, 1999

Klebe, Thomas, Trittin, Wolfgang: Betriebsaufspaltung und Unternehmensteilung, Köln, 1994

Kleindieck, Detlef: Vertragsfreiheit und Gläubigerschutz im künftigen Spaltungsrecht nach dem Referentenentwurf, ZGR 1992, 513

Kraft, Alfons: Einzelvertragliche Bezugnahme auf Tarifverträge, Tarifpluralität und das Prinzip der Tarifeinheit in: Festschrift für Wolfgang Zöllner, 831, hrsg. von Manfred Lieb, Köln, 1998

Kreci, Heinz: Betriebsübergang und Arbeitsvertrag, Wien, 1972

Kreßel, Eckard: Arbeitsrechtliche Aspekte des neuen Umwandlungsrechtsbereinigungsgesetzs BB 1995, 925

Kübler, Friedrich
Schmidt, Walther
Simitis, Spiros: Mitbestimmung als gesetzgebungspolitische Aufgabe, Baden-Baden, 1978

Kühling, Jürgen: Arbeitsrecht in der Rechtsprechung des Bundesverfassungsgerichts, AuR 1994, 1826

KR: Gemeinschaftskommentar zum Kündigungsschutzgesetz und sonstigen kündigungsrechtlichen Vorschriften, bearbeitet von Becker, Etzel u.a. 5. Auflage, Neuwied, 1998

Kohte, Wolfhart: Der Gemeinschaftsbetrieb im Spiegel des Konzern- und Gesellschaftsrechts, RdA 1992, 308

Ders.: Anmerkung zu BAG 4 AZR 135/95 vom 4.9.96, AuA 1997, 171

Konzen, Horst: Anmerkung zu BAG 1 ABR 22/78 vom 16.11.82, SAE 84, 94

Ders.: Tarifbindung, Friedenspflicht und Kampfparität bei Verbandswechsel des Arbeitgebers ZfA 1975, 401

Körtgen, Andre: Der Tarifvertrag im europäischen Gemeinschaftsrecht, Münster, 1998

Krauss, Hans-Frieder: Sachenrechtsbereinigung und Schuldrechtsanpassung im Beitrittsgebiet, Köln, 1995

Krause, Rüdiger Das Übergangsmandat des Betriebsrates im Lichte der novellierte Betriebsübergangsrichtlinie, NZA 1998, 1201

Lange, Heinrich: Erbrecht, 4. Auflage, München, 1995

Larenz, Karl: Methodenlehre der Rechtswissenschaft, 6. Auflage, Berlin, Heidelberg, 1991

Leinemann, Wolfgang: Änderung von Arbeitsbedingungen durch Betriebsvereinbarungen, BB 1989, 1907

Lerche, Peter: Verfassungsrechliche Zentralfragen des Arbeitskampfes, Berlin, 1968

Leßmann, Herbert: Die Verbände in der Demokratie und ihr Regelungsproblem, NJW 1978, 1546

Loritz, Karl-Georg: Aktuelle Probleme beim Betriebsübergang nach § 613 a BGB, RdA 1987, 65

Ders.: Die Kündigung von Betriebsverienbarungen und die Diskussion um die Nachwirkung freiwilligen Betriebsvereinbarungen, RdA 1991, 67 ff.

Ders.: Tarifautonomie und Gestaltungsfreiheit des Arbeitgebers, Berlin, 1990

Löw, Friederike: Die Betriebsveräußerung im europäischen Arbeitsrecht, Frankfurt, 1992

Lutter, Marcus (Hrsg): Umwandlungsgesetz, Kommentar, Band 1: §§ 1-151 Band 2: §§ 152-325 2. Auflage Köln, 2000

Lutter, Marcus (Hrsg):	Holding Handbuch, Köln, 1998
Martens, Klaus-Peter:	Anmerkung zu BAG Urteil vom 4.12.74 - 5 AZR 75/74 - SAE 1976, 85
Maunz, Theodor, Dürig Günther u.a.:	Grundgesetz, Kommentar Loseblattsammlung, Band 1, Art. 1-10, Stand: 1998, München
Mengel, Anja:	Umwandlungen im Arbeitsrecht, Heidelberg, 1997
Moll, Wilhelm:	Kollektivvertragliche Arbeitsbedingungen nach Betriebsübergang, RdA 1996, 275
Ders.:	Bedeutung und Voraussetzung des Betriebsübergangs im Wandel RdA 1999, 233
Monopolkomission (Hrsg.):	Mehr Wettbewerb auf allen Märkten, Hauptgutachten 1992/93 Baden-Baden, 1994
Mösenfechtel, Ludwig Schmitz, Gabriele:	Zur Nachfolge des Erwerbers in die Tarifgebundenheit des Veräußeres bei Betriebsübergang, RdA 1976, 108

Münch, Ingo v. (hrsg.): Grundgesetz, Kommentar,
Art. 1-20,
4. Auflage,
München, 1992

Münch, Bernd: Die Rückumwandlung einer GmbH
in eine Betriebsform des öffentlichen Rechts,
insbesondere in einen Eigenbetrieb,
DB 1995, 550

Münchener Handbuch: Münchener Handbuch des Arbeitsrechts,
Hrsg. von Reinhard Richardi und Ottfried Wlotzke,
Band 1: Individualarbeitsrecht 1
Band 3: Kollektives Arbeitsrecht
München, 1993

Münchener Kommentar: Münchener Kommentar zum bürgerlichen Gesetzbuch, hrsg. von Kurt Rebmann und Franz-Jürgen Säcker

Band 1:
§§ 1-240,
Allgemeiner Teil,
3. Auflage,
München, 1993

Band 2:
§§ 241-432,
Schuldrecht, Allgemeiner Teil,
3. Auflage
München, 1994

Band 4:
§§ 607-704,
3. Auflage,
München, 1997

Band 5:
§§ 705-853,
3. Auflage,
München, 1997

Band 9:
§§ 1922-2385,
3. Auflage,
München, 1997

Müller-Glöge, Rudi: Bestandsschutz beim Betriebsübergang nach § 613a BGB, BB 1999, 449

Müller, Gerhard: Die Stellung des Gesamtbetriebsrats und des Konzernbetriebsrates nach dem neuen Betriebsverfassungsgesetz, Festschrift für Küchenhoff, S. 273, Berlin, 1972

Müller, Thomas: Umwandlung des Unternehmensträgers und Betriebsvereinbarung, RdA 1996, 287

Müller-Ehlen, Frank: Der Übergang von Arbeitsverhältnissen im Umwandlungsrecht, Bonn, Frankfurt, 1999

Neumann, Dirk: Kollektivvereinbarungen bei Unternehmenskonzentration, DB 1960, 63

Neye, Hans-Werner: Die Reform des Umwandlungsrechts, DB 1994, 2069

Nikisch, Arthur:	Arbeitsrecht, Band 1, allgemeine Lehren, und Arbeitsvertragsrecht, 3. Auflage, Tübingen, 1961
Nipperdey, Hans-Carl:	Die Unabdingbarkeit des Tarifvertrags, (Grenzen der Umgehung), in: Beiträge zum Tarifrecht, Mannheim, Berlin, Leipzig, 1924, 1 ff.
Oetker, Hartmut, Busche, Jahn:	Entflechtung ehemals volkseigener Wirtschaftseinheiten im Lichte des Arbeitsrechts, NZA 1991, Beil. 1, 18
Oetker, Hartmut:	Das private Vereinsrecht als Ausgestaltung der Koalitionsfreiheit, RdA 1999, 96
Palandt, Otto:	Bürgerliches Gesetzbuch 59. Auflage, München, 2000
Peters, Jürgen:	Gewinnabhängige Lohnelemente – Kein Tabu für die Tarifpolitik GMH, 1999, 316
Pfeiffer, Susanne: der Umstrukturierung von	Der Übergang von Arbeitsverhältnissen bei Unternehmen, Regensburg, 1999
Pietzko, Joachim:	Der Tatbestand des § 613a BGB, Berlin, 1987

Picot, Gerhard (Hrsg.): Kauf und Restrukturierung von Unternehmen, München, 1995

Posth, Martin: Arbeitsrechtliche Probleme beim Betriebsinhaberwechsel, Ingolstadt, 1977

Quander, Thomas: Betriebsinhaberwechsel bei Gesamtrechtsnachfolge München, 1990

Rappaport, Alfred: Shareholder value: ein Handbuch für Manager und Investoren, übersetzt von Wolfgang Klien 2. Auflage, Stuttgart, 1999

Reichel, Hans
Koberski, Wolfgang u.a.: Tarifvertragsgesetz Loseblattsammlung, Stand: 1998, Neuwied

Reichert, Bernhardt
van Look, Frank : Vereinsrecht, 6. Auflage, Neuwied, 1995

Reuter, Dieter Die Mitgliedschaft ohne Tarifbindung (OT-Mitgliedschaft), RdA 1996, 201

Revel, Saul. W.: Tarifverhandlungen in der Bundesrepublik Deutschland, Duisburg, 1994

Richardi, Reinhard:	Betriebsverfassungsgesetz, Kommentar, 7. Auflage, München, 1998
Ders.	Kollektivgewalt und Individualwille bei der Gestaltung von Arbeitsverhältnissen, München, 1968
Rieble, Volker:	Krise des Flächentarifes ? RdA 1996, 151, 158
Ders.:	Arbeitsmarkt und Wettbewerb: Der Schutz von Vertrags- und Wettbewerbsfreiheit im Arbeitsrecht, Berlin, 1996
Ders.:	Urteilsanmerkung BAG vom 27.7.93, - 4 AZR 499/92 - SAE 1994, 158
Riester, Walter	Neue Wege im Arbeitsrecht und der Arbeitsrechtspolitik, AuR 1999, 1, 6
RGRK:	Kommentar zum BGB, herausgegeben von Mitgliedern des Bundesgerichtshofes, §§ 611-620, Berlin, 1997

Röder, Gerhard,
Haußmann, Katrin: Die Geltung von Gesamtbetriebsvereinbarungen nach einer Umwandlung
DB 1999, 1754

Roßmanith, Günther: Die Kündigung von Betriebsvereinbarungen über betriebliche Altersversorgung,
DB 1999, 634

RWI (Hrsg.): RWI-Konjunkturberichte,
Die wirtschaftliche Entwicklung im Inland und im Ausland zur Jahresmitte 1999,
Essen, Berlin, 1999

Sachs, Michael (Hrsg.): Grundgesetz, Kommentar,
2. Auflage,
München, 1999

Sachverständigenrat (Hrsg): Sachverständigenrat zur Begutachtung der gesamtwirtschaftlichen Entwicklung,
Jahresgutachten,
Im Standortwettbewerb,
Stuttgart, 1995/96

Säcker, Franz-Jürgen: Grundprobleme der Koalitionsfreiheit,
Düsseldorf, 1969

Säcker, Franz-Jürgen,
Oetker, Hartmut: Grundlagen und Grenzen der Tarifautonomie,
München, 1992

Schalle, Heidrun: Der Bestandsschutz der Arbeitsverhältnisse bei Unternehmensumwandlungen Rostock, 1999

Schaub, Günther: Änderungskündigung und Kündigungsschutz bei Betriebsvereinbarungen, BB 1990, 289

Ders. Auslegung und Regelungsmacht von Tarifverträgen, NZA 1994, 597

Ders. Arbeitsrechtshandbuch, 9. Auflage, München, 2000

Schiek, Dagmar: Europäisches Arbeitsrecht, Baden-Baden, 1997

Schipp, Johannes: Arbeitsrechtliche Probleme bei der Privatisierung, NZA 1994, 865

Schipp, Johannes, Schipp, Babera: Arbeitsrecht und Privatisierung, München, 1996

Schlachter, Monika: Der rechtsgeschäftliche Übergang im Dienstleistungsbetrieb in: Festschrift für Wolfgang Däubler, S. 181, hrsg. von Thomas Klebe, Peter Wedde und Martin Wolmerath, Frankfurt am Main, 1999

Schleussner, Axel Anino:	Der Begriff der betrieblichen Norm im Lichte der negativen Koalitionsfreiheit (Art. 9 Abs. 3) und des Demokratieprinzips (Art. 20 GG), ZTR 1998, 100
Schlüter, Wilfried:	Tarifmacht gegenüber Außenseitern - zur Verfassungsmäßigkeit der tariflichen Schlichtungsstellen, Festschrift Lukes, Köln, 1989
Schmidt, Karsten:	Gesellschaftsrecht, 3. Auflage, Köln, 1997
Ders.:	Universalsukzession kraft Rechtsgeschäfts, AcP 191 (1991), 495
Ders.:	Sitzverlegungsrichtlinie, Freizügigkeit und Gesellschaftrechtspraxis, ZGR 1999, 20
Schmidt-Bleibetreu, Bruno :	Grundgesetz, Kommentar, 9. Auflage, Neuwied, 1999
Schmidt, Ingo:	Gewerkschaften und Keynesianismus GMH 1999, 13 ff.
Schmitt, Carl:	Verfassungsrechtiche Aufsätze aus den Jahren 1924-1954, Berlin, 1958

Schnitker, Elmar:	Die Auswirkungen des neuen Umwandlungsgesetzes auf die Zuordnung und den Inhalt der Arbeitsverhältnisse sowie die Fortgeltung von Betriebsvereinbarungen, Köln, 1998
Scholz, Rupert:	Koalitionsfreiheit, München, 1971
Schnorr von Carolsfeld, Ludwig:	Arbeitsrecht, 2. Auflage, Göttingen, 1954
Schüren, Peter	Die Legitimation der tariflichen Normsetzung, München,1988
Ders.	Tarifgeltung für Außenseiter ? „no taxation without representation“, RdA 1998, 138
Schwarze, Roland	Der Betriebsrat im Dienste der Tarifvertragsparteien, Göttingen, 1981
Schreiber, Klaus:	Das Arbeitsverhältnis beim Übergang des Betriebes, RdA 1982, 146
Seiter, Hugo:	Betriebsinhaberwechsel, Stuttgart, Wiesbaden, 1980
Ders.:	Tarifverträge und Betriebsvereinbarungen beim Betriebsinhaberwechsel, DB 1980, 877

Ders.:	Arbeitsrechts-Blattei D, Betriebsinhaberwechsel I, 1
Sernetz, Herbert:	Die Rechtsnachfolge in die Verbandsmitgliedschaft insbesondere beim Unternehmenswechsel, Bielefeld, 1973
Siebert, Horst:	Hundert Punkte für mehr Beschäftigung, Institut für Weltwirtschaft, Kiel, 1996
Sinzheimer, Hugo:	Ein Arbeitstarifgesetz, Berlin, Frankfurt 1916
Ders.	Grundzüge des Arbeitsrechts, 2. Auflage, Frankfurt, 1927
Skuderis, Antje:	Die Weitergeltung von Tarifverträgen bei Betriebsübergängen nach § 613a Abs. 1 Satz 2 bis 4 BGB Jena, Frankfurt, 1999
Soergel, Hans-Theodor:	Bürgerliches Gesetzbuch mit Einführungsgesetz und Nebengesetzen, begründet von Hans-Theodor Soergel, neu hrsg. von W. Siebert
	Band 2: Allgemeiner Teil 2, 13. Auflage Stuttgart, 1999
	Band 2 Schuldrecht 1, §§ 241-432 12. Auflage, Stuttgart, 1990

	Band 4/1, Schuldrecht III/1, §§ 516- 651, 12. Auflage, Stuttgart, 1997
Sowka, Hans-Harald, Weiss, Michael:	Gesamtbetriebsvereinbarung und Tarifvertrag bei Aufnahme eines neuen Betriebs in das Unternehmen, DB 1991, 1518
Spirolke, Matthias:	Der Betriebsübergang nach § 613a im neuen Umwandlungsgesetz, Bonn, 1998
Stahlhacke, Eugen:	Tarifliche Zuschläge für Sonntags- Feiertags- und Nachtarbeiter, DB 1967, 1864
Staudinger, Julius v.:	Bürgerliches Gesetzbuch, Kommentar §§ 21-103, 13. Auflage, Berlin, 1995 §§ 611-615, 13. Auflage, Berlin, 1999
Stebut, v. Dietrich:	Urteilsanmerkung BAG - 4 AZR 640/94 - vom 19.3.86 AP Nr. 49 zu § 613a BGB
Stein, Axel	Tarifvertragsgesetz, Stuttgart, 1997

Steuck, Jens-Peter — Die privatisierende Umwandlung, NJW 1995, 2887

Streek, Wolfgang: — Anmerkungen zum Flächentarifvertrag und seiner Krise, GM 1986, 86

Stuber, Manfred: — Die Auswirkungen gesellschaftsrechtlicher Gesamtrechtsnachfolge auf die bestehenden Arbeitsverträge und Kollektivvereinbarungen, Berlin, 1993

Tegtmeier, Werner, Weinstock, Ulrich: — Sozial- und Gesellschaftspolitik als Element einer europäischen Union, EA, 801

Theisen, Manuel R. (Hrsg.): — Der Konzern im Umbruch, Stuttgart, 1998

Trittin, Wolfgang: — Das Umwandlungsgesetz, AiB 1996, 349

Ders.: — Der Betriebsübergang: Handlungshilfe für Betriebsräte 2. Auflage Köln, Frankfurt, 1999

Ders.: Rationalisierung durch Inhaberwechsel ? – Die jüngste Entwicklung der Rechtsprechung des Bundesarbeitsgerichts zum Betriebsübergang in: Festschrift für Wolfgang Däubler, 171, hrsg. von Thomas Klebe, Peter Wedde und Martin Wolmerath, Frankfurt am Main, 1999

Trümner, Ralf: Wenn Privatisierungen öffentlicher Dienstleistungen bevorstehen, Die Mitbestimmung, 1993, 52

Waas, Bernd: Zur Rechtsnatur der Bezugnahme auf einen Tarifvertrag nach deutschem Recht ZTR 1999, 540

Ders.: Tarifvertrag und Betriebsübergang: Die Fortgeltung tarifvertraglicher Regelungen im Fall des Betriebsüberganges gem. § 613a I S. 2-4 BGB Baden-Baden, 1999

Waltermann, Raimund: Kollektivvertrag und Grundrechte, RdA 1990, 142

Wank, Rolf: Die Geltung von Kollektivvereinbarungen nach einem Betriebsübergang, NZA 1987, 505 ff.

Wagenitz, Thomas: Die personellen Grenzen der Tarifmacht, Frankfurt, 1972

Weimar, Robert
Alfes, Jochen: Betriebsbelegschaften als Investitionshemmnis in den neuen Bundesländern, NZA 1991, 833, 834

Weiss, Manfred,
Weyand, Joachim: Betriebsverfassungsgesetz, Kommentar, 3. Auflage, Baden-Baden, 1994

Weiss, Manfred,
Gagel, Alexander (Hrsg.): Handbuch des Arbeits- und Sozialrechts Band III, Loseblattsamlung, Stand: 1998, Baden-Baden

Weiss, Manfred: Schnittstelle Europa und Mitbestimmung, GMH 1999, 186

Wellenhofer-Klein, Marina: Tarifwechsel durch Unternehmensumstrukturierung, ZfA 1999, 239

Wendeling-Schröder, Ulrike: Betriebliche Ergänzungstarifverträge NZA 1998, 624

Weyand, Joachim: Tarifvertragliche Mitbestimmung Frankfurt, Baden-Baden, 1989

Widmann, Siegfried
Mayer, Dieter (Hrsg.): Umwandlungsrecht, Kommentar, Loseblattsammlung, Band 1: §§ 1-78 UmwG Band 2: §§ 252-325 UmwG Stand: 1998 Bonn, Berlin

Wiedemann, Herbert: Tarifvertragsgesetz, Kommentar, 6. Auflage, München, 1999

Ders. Arbeitsrechtliche Probleme bei Betriebsaufspaltung: Festschrift Fleck, S. 447, Berlin, 1988

Wieland, Peter: Recht der Firmentarifverträge, Köln, 1998

Willemsen, Heinz-Joseph,
Hohenstatt, Klaus-Steffan,
Schweibert, Ulrike: Umstrukturierung und Übertragung von Unternehmen München, 1999

Windbichler, Christine Arbeitsrecht im Konzern, München, 1989

Dies: Arbeitsrecht in der Bewährung Festschrift Kissel, S.1287, München, 1994

Wlotzke, Otfried: Arbeitsrechtliche Aspekte des neuen Umwandlungsgesetzes, DB 1995, 40

Wollenschläger, Michael,
Pollert, Michael: Rechtsfragen des Betriebsüberganges nach § 613 a BGB unter Berücksichtigung betriebsverfassungsrechtlicher Fragen und des Rechts der europäischen Union, ZfA 1996, 547

Zachert, Ulrich: Tarifautonomie im Umbruch - Kontrollierte und wilde Dezentralisierung, ZTR 1998, 97

Ders.: Die Sicherung und Ausgestaltung des Normalarbeitsverhältnisses durch Tarifvertrag, Baden-Baden, 1989

Zöllner, Wolfgang: Bemerkungen zu allgemeinen Fragen des Referentenentwurfs eines Umwandlungsgesetzes, ZGR 1993, 334

Ders.: Veränderungen und Angleichung tarifvertraglich geregelter Arbeitsbedingungen nach Betriebsübergang, DB 1995, 1401

Ders.: Die Rechtsprechung des Bundesverfassungsgerichts zu Art. 9 III GG (1973), AöR 98, 71

Ders.: Die Rechtsnatur der Tarifnorm nach deutschem Recht, Wien, 1966

III. Abkürzungsverzeichnis:

aA	anderer Ansicht
aaO.	am angegebenen Ort
Abl.	Amtsblatt
Abs.	Absatz
AcP	Archiv für die zivilistische Praxis (Zeitschrift)
a.F.	alter Fassung
AG	Aktiengesellschaft
AiB	Arbeitsrecht im Betrieb (Zeitschrift)
AktG	Aktiengesetz
Anm.	Anmerkung
AöR	Archiv des öffentlichen Rechts (Zeitschrift)
AP	Arbeitsrechtliche Praxis (Entscheidungssammlung)
ArbGG	Arbeitsgerichtsgesetz
ArbRWG	Das Arbeitsrecht der Gegenwart (Zeitschrift)
Art.	Artikel
ARS	Arbeitsrechtssammlung
AuA	Arbeit und Arbeitsrecht (Zeitschrift)
Aufl.	Auflage
AuR	Arbeit und Recht (Zeitschrift)
AVE	Allgemeinverbindlichkeitserklärung
BAG	Bundesarbeitsgericht
BB	Betriebsberater (Zeitschrift)
Beil.	Beilage
BetrAVG	Gesetz zur Verbesserung der betrieblichen Altersversorgung
BetrVG	Betriebsverfassungsgesetz
BGB	Bürgerliches Gesetzbuch
BGH	Bundesgerichtshof
BGHZ	Entscheidungssammlung des Bundesgerichtshofes, Zivilsachen
Bl.	Blatt
BPersVG	Bundespersonalvertretungsgesetz
BSchFG	Beschäftigungsförderungsgesetz
BR-Drucksache	Bundesratsdrucksache
BT-Drucksache	Bundestagsdrucksache

BuW	Betrieb und Wirtschaft (Zeitschrift)
BVerfG	Bundesverfassungsgericht
BVerfGE	Entscheidungssammlung des Bundesverfassungsgerichts
bzw.	beziehungsweise
DAG	Deutsche Angestellten Gewerkschaft
DB	der Betrieb (Zeitschrift)
DBGrG	Gesetz zur Gründung des deutschen Bahn AG
Ders.	derselbe
dies.	dieselbe
d.h.	das heißt
DStrR	Deutsches Steuerrecht (Zeitschrift)
EA	Europa-Archiv (Zeitschrift)
EGBGB	Einführungsgesetz zum bürgerlichen Gesetzbuch
EGInsO	Einführungsgesetz zur Insolvenzordnung
EGV	Vertrag zur Gründung der europäischen Gemeinschaft
EG	Europäische Gemeinschaft
Einf.	Einführung
Einl.	Einleitung
EU	Europäische Union
EuGH	Europäischer Gerichtshof
EWG	Europäische Wirtschaftsgemeinschaft
EzA	Entscheidungssammlung zum Arbeitsrecht
f.	folgende
ff.	fortfolgende
Fn.	Fußnote
FS	Festschrift
GenG	Genossenschaftsgesetz
GewO	Gewerbeordnung
GG	Grundgesetz
GM	Gewerkschaftliche Monatshefte
GmbH	Gesellschaft mit beschränkter Haftung
GmbHR	GmbH-Rundschau (Zeitschrift)
GS	Großer Senat
HGB	Handelsgesetzbuch
HRG	Hochschulrahmengesetz
hM	herrschende Meinung
hrsg	herausgegeben

IGM	Industriegewerkschaft Metall
InsO	Insolvenzordnung
JZ	Juristenzeitung
KapErhG	Kapitalerhöhungsgesetz
KSchG	Kündigungsschutzgesetz
LAG	Landesarbeitsgericht
LS	Leitsatz
MDR	Monatsschrift des deutschen Rechts (Zeitschrift)
mwN	mit weiteren Nachweisen
n.F.	neuer Fassung
NGG	Gewerkschaft Nahrung, Genuß, Gaststätten
NJW	Neue Juristische Wochenschrift (Zeitschrift)
NJW-RR	Neue Juristische Wochenschrift Rechtsprechungs-Report (Zeitschrift)
Nr.	Nummer
NZA	Neue Zeitschrift für Arbeitsrecht
OLG	Oberlandesgericht
ÖTV	Gewerkschaft öffentliche Dienste, Transport und Verkehr
PersR	Personalrat (Zeitschrift)
PostPersRG	Postpersonalrechtsgesetz
RAG	Reichsarbeitsgericht
RdA	Recht der Arbeit (Zeitschrift)
Rdnr.	Randnummer
RefE	Referentenentwurf
RG	Reichsgericht
RGZ	Entscheidungssammlung des Reichsgerichts, Zivilsachen
Rspr.	Rechtsprechung
RWI	Rheinisch-Westfälisches Institut für Wirtschaftsforschung
SAE	Sammlung arbeitsrechtlicher Entscheidungen (Zeitschrift)
SpTrUG	Gesetz über die Spaltung der von der Treuhand verwalteten Unternehmen
SchuldRAnpG	Schuldrechtsanpassungsgesetz
TVG	Tarifvertragsgesetz
TVVO	Tarifvertragsverordnung
UA	Unterabsatz
UmwBerG	Gesetz zur Bereinigung des Umwandlungsrechts
UmwG	Umwandlungsgesetz

Var.	Variante
vgl.	vergleiche
Vorbem.	Vorbemerkung
VVaG	Versicherungsverein auf Gegenseitigkeit
Warn	Warneyer, die Rechtsprechung des Reichsgerichts
WRV	Weimarer Reichsverfassung
WSI	Wirtschafts- und Sozialwissenschaftliches Institut des DGB
z.B.	zum Beispiel
ZfA	Zeitschrift für Arbeitsrecht
Zfbf	Schmalenbachs Zeitschrift für betriebswirtschaftliche Forschung
ZGR	Zeitschrift für Gesellschaftsrecht
Ziff.	Ziffer
ZIP	Zeitschrift für Wirtschaftsrecht
ZTR	Zeitschrift für Tarifrecht

0. Gegenstand der Untersuchung

Mit dem 1995 in Kraft getretenen Umwandlungsgesetz hat der Gesetzgeber die Umwandlung von Gesellschaften zusammengefaßt und neu geregelt[1]. Die Unternehmensumwandlung des UmwG ist durch das Prinzip der Gesamtrechtsnachfolge gekennzeichnet, wodurch Unternehmenszusammenschlüsse und Umstrukturierungen im Gegensatz zur sonst erforderlichen Einzelübertragung der Gegenstände stark vereinfacht werden und steuerrechtlich durch das gleichzeitig in Kraft getretene Umwandlungssteuergesetz neutral gestaltet wurden. Der Gesetzgeber trägt damit dem vor allem seit Mitte der 80er Jahre gewachsenen wirtschaftlichen Bedürfnis nach stärkerer Flexibilität von Unternehmensstrukturen Rechnung und hat die Möglichkeiten der Unternehmensumstrukturierung stark erweitert. Daran anknüpfend haben Unternehmensumwandlungen im Zeichen der sog. „Globalisierung" in den letzten Jahren bis zum gegenwärtigen „Verschmelzungsfieber" stark zugenommen.

Gegenstand der vorliegenden Untersuchung soll die Auswirkung der „Flexibilität" von Unternehmensstrukturen innerhalb des Gesellschaftsrechts auf arbeitsrechtliche Kollektivvereinbarungen, d.h. auf Tarifverträge und Betriebsvereinbarungen sein.

Anlaß dieser Untersuchung ist die Tatsache, daß vor allem als Reflex auf die sog. „Krise des Flächentarifvertrages" Umwandlungen gerade auch diesen Aspekt, d.h. zum Ausstieg aus dem sowohl juristisch[2] als auch im Blick auf die Tarifpolitik der Großgewerkschaften[3] zu unflexibel und rigide empfundenen System, nutzen[4].

Das Umwandlungsgesetz enthält im Gegensatz zu den detaillierten gesellschaftsrechtlichen Regelungen durch § 324 UmwG nur den Verweis auf den „unberührt bleibenden" § 613a BGB, der im Hinblick auf die verklausulierte Ausdrucksweise („ungewöhnlicher Ausdruck"[5]) des Gesetzgebers als „unklar" und „ratlos machend" empfunden wird[6] oder gar als „mehr als seltsam" charakterisiert wird[7]. Dies gilt um so mehr, als die Regelung des § 613a BGB selbst Anlaß zu zahlreichen Zweifelsfragen gab und gibt und weithin

---

[1] Bundesgesetzblatt I 1994, 3210

[2] vgl. zur Debatte der vergangenen Jahre um Änderungen des TVG: Rieble: Krise des Flächentarifes ? RdA 1996, 151 ff. mit dem Vorschlag § 3 III TVG auf ein Jahr zu begrenzen.; Begrenzung der Laufzeiten: Sachverständigenrat zur Begutachtung der gesamtwirtschaftlichen Entwicklung 1995/96, 227; Monopolkomission, Gutachten 1992/93, 379 f.; Streichung des § 3 III TVG: Beuthien/Meik DB 1993, 1518 ff. („wenn Tariftreue unzumutbar wird"); teleologische Reduktion des § 3 III TVG: Adomeit, Regelung von Arbeitsbedingungen und ökonomische Notwendigkeit, 54 f.

[3] vgl. im einzelnen S. 11 ff.; Bremkamp, Flexibilisierung 217 f.,

[4] Wellenhofer-Klein ZfA 1999, 239, 240

[5] Kempen/Zachert § 3 TVG Rdnr. 49

[6] Kittner/Däubler/Zwanziger-Zwanziger, KSchR, § 324 UmwG Rdnr. 1; Herbst AiB 1995, 1 5, 10; Düwell NZA 1996, 393; Kreßel BB 1995, 925, 928; Fink, 38;
aA Boecken Rdnr. 65 im Hinblick auf die dortige Kritik: „ist eindeutig"

[7] Heinze ZfA 1997, 1, 14

als rechtstechnisch mißlungen gilt[8]. Insoweit soll das Verhältnis beider Vorschriften zueinander und zu den allgemeinen tarifrechtlichen bzw. betriebsverfassungsrechtlichen Vorschriften mit dieser Untersuchung geklärt werden.

[8] Hromadka/Maschmann/Wallner Rdnr. 326; Kempen/Zachert § 3 TVG Rdnr. 47; Seiter DB 1980, 882; Wank NZA 1987, 505

A. Einführung

I. Systematik des Umwandlungsgesetzes

Das Umwandlungsgesetz regelt in seinem ersten Buch die Umwandlungsarten. Es kennt dabei nach § 1 I UmwG vier grundlegende Arten der Unternehmensumwandlung: Die Verschmelzung, die Spaltung, die Vermögensübertragung und den Formwechsel. Gemäß § 1 II UmwG besteht insoweit ein Analogieverbot, nachdem nur die im Umwandlungsrecht vorgesehenen Umwandlungsarten zulässig sind. Es herrscht insoweit der im Gesellschaftsrecht übliche Typenzwang, der auch im Umwandlungsrecht Tradition hat[9]. Die Möglichkeit der Umstrukturierung durch einzelrechtsgeschäftliche Übertragung wird davon aber nicht berührt und war auch ausweislich der Gesetzesbegründung nicht gewollt[10].

1) Verschmelzung

Das Gesetz kennt gemäß § 2 Nr. 1 UmwG die Verschmelzung zur Aufnahme und die Verschmelzung zur Neugründung nach § 2 Nr. 2 UmwG. Verschmelzung zur Aufnahme bedeutet die Vermögensübertragung auf einen bereits existenten Rechtsträger, wohingegen unter Verschmelzung zur Neugründung die Vermögensübertragung zweier oder mehrerer Rechtsträger auf diesen zu verstehen ist[11]. Im Unterschied zum bisherigen Recht können sich nicht nur Aktiengesellschaften und Gesellschaften mit beschränkter Haftung, sondern auch Personengesellschaften, Vereine und neuerdings auch Partnerschaftgesellschaften an einer Verschmelzung beteiligen (§ 3 UmwG). Wird die Verschmelzung in das Handelsregister eingetragen, geht das gesamte Vermögen auf den neuen bzw. anderen Rechtsträger über. Der alte Rechtsträger geht ohne Liquidation unter, §§ 20, 36 UmwG.

2) Spaltung

Die Spaltung ist gemäß § 1 I Nr. 2 UmwG - nach „Erprobung" durch das SpTrUG - durch das neue Umwandlungsgesetz als Umwandlungsmöglichkeit eingefügt worden (§ 1 I Nr. 2 UmwG). Das Gesetz kennt drei Varianten der (Unternehmens-) Spaltung:

---

[9] Boecken Rdnr. 8; Ganske WM 1993, 117 ff; Zöllner ZGR 1993, 334, 341

[10] BT-Drucksache 12/7850 zu § 1 UmwG

[11] K. Schmidt, Gesellschaftrecht § 13 I 3, S. 371; es bestehen allerdings kaum Lücken im Umwandlungsrecht, weil der Gesetzgeber den Ehrgeiz einer abschließenden Regelung hatte. Von der Umwandlung ausgeschlossen sind bislang die Erbengemeinschaften und die Patentreederei.

Die Aufspaltung, die Abspaltung sowie die Ausgliederung (§§ 123 I-III UmwG). Bei allen Formen können Unternehmensteile auf einen bestehenden („Spaltung zur Aufnahme") oder auf einen neu zu gründenden Rechtsträger übertragen werden („Spaltung zur Neugründung"). Die Unternehmensspaltung des UmwG ist gekennzeichnet durch das Prinzip der „partiellen" Universalsukzession, welche die zentrale Neuerung des Umwandlungsgesetzes bildet. Im Spaltungsplan kann dabei unter Gebrauchmachung vom Prinzip der Gesamtrechtsnachfolge grundsätzlich frei über die Vermögensgegenstände verfügt werden (§ 126 I Nr. 9 UmwG). Von dem Begriff der Spaltung nach dem UmwG ist der im Bereich der Betriebsverfassung verwendete Begriff der Betriebsspaltung zu trennen[12], der allein die Betriebsebene betrifft. Zu einer solchen Betriebsspaltung kann es durch Unternehmensspaltung allerdings im Rahmen der Zuordnungsfreiheit nach § 126 I Nr. 9 UmwG kommen, wenn im Rahmen der Zuordnungsfreiheit nicht ganze Betriebe, sondern eben nur Teile einem Rechtsträger zugeordnet werden.

a) Aufspaltung

Bei der Aufspaltung wird geht das Vermögen des bisherigen Unternehmens auf zwei oder mehr übernehmende Rechtsträger über; das bisherige Unternehmen erlischt (§ 123 I UmwG). Als Gegenleistung werden Anteile oder Mitgliedschaften der aufnehmenden oder neuen Rechtsträger an die Anteilsinhaber des übertragenden Rechtsträgers gewährt.

b) Abspaltung

Im Falle der Abspaltung überträgt ein Rechtsträger einen oder mehrere Teile seines Vermögens jeweils als Gesamtheit auf einen oder mehrere bestehende oder neugegründete Rechtsträger. Auch hier erhalten die Anteilsinhaber des übertragenden Rechtsträgers Anteile oder Mitgliedschaften an dem bzw. den zu übernehmenden Rechtsträgern (§ 123 II UmwG). Das alte Unternehmen bleibt dabei bestehen, die übergehenden Vermögensgegenstände und Schulden sowie die übergehenden Betriebsteile können nach § 126 I Nr. 9 UmwG frei bestimmt werden.

---

[12] Fitting/Kaiser/Heither/Engels § 77 BetrVG Rdnr. 142 a; GK-Kreutz § 77 BetrVG Rdnr. 321; Richardi § 77 BetrVG Rdnr. 200; Weiss/Weyand § 1 BetrVG Rdnr. 10

c) Ausgliederung

Bei der Ausgliederung schließlich bleibt der übertragende Rechtsträger wie bei der Abspaltung bestehen. Sie entspricht damit inhaltlich grundsätzlich der Abspaltung. Im Unterschied zur Abspaltung gelangen hier die als Gegenleistung gewährten Anteile der aufnehmenden oder neuen Rechtsträger in das Vermögen des Rechtsträgers selbst (§ 123 II UmwG). Damit vollzieht sich die Ausgliederung nur auf der Rechtsträgerebene, nicht auf der Mitglieds- bzw. Anteilsebene. Durch Ausgliederung entsteht eine Tochtergesellschaft. Sind darüber hinaus die Voraussetzungen des § 18 AktG erfüllt, ist also die Tochtergesellschaft vom Mutterkonzern abhängig, entsteht zwischen übertragendem und ausgegliederten Unternehmen ein Unterordnungskonzern[13].

3) Vermögensübertragung

Die dritte Möglichkeit der Umwandlung ist die im vierten Buch des Umwandlungsgesetzes geregelte Vermögensübertragung (§§ 174-189 UmwG, § 1 I Nr. 3 UmwG). Diese ist für die Fälle geschaffen worden, in denen die Gegenleistung von Übertragungen nicht in Mitgliedschaften oder Anteilen bestehen kann. Die Vermögensübertragung kann dabei von einer Kapitalgesellschaft auf die öffentliche Hand oder von einer Versicherungsaktiengesellschaft , einem Versicherungsverein auf Gegenseitigkeit, einem öffentlichen Versicherungsunternehmen auf die jeweils andere Rechtsform übertragen werden (§ 175 Nr. 2 a) bis c) UmwG. Zu unterscheiden ist zwischen Vermögensvollübertragung oder Vermögensteilübertragung. Die Vermögensvollübertragung entspricht in ihrer Anlage im wesentlichen der Verschmelzung, die Vermögensteilübertragung derjenigen der Spaltung („partielle Gesamtrechtsnachfolge"). Im Unterschied zu den anderen Umwandlungsarten besteht hierbei jedoch die Gegenleistung nicht in Form von Anteil am übernehmenden Rechtsträger, sondern in Entgelt in sonstiger Form, also regelmäßig in Geld.

4) Formwechsel

Der in § 1 IV UmwG genannte Formwechsel ist im fünften Buch des UmwG besonders geregelt. Diese Umwandlungsart ist dadurch gekennzeichnet, daß ein Vermögensträger unter Wahrung seiner rechtlichen Identität lediglich die Rechtsform wechselt (§ 190

---

13 Hromadka/Maschmann/Wallner Rdnr. 205

UmwG). Es handelt sich also im Gegensatz zu den bisher skizzierten Fällen nicht um eine übertragende Umwandlung.

II. Entstehungsgeschichte und Zielsetzung des UmwG

Das nunmehr geltende Umwandlungsgesetz ist „Produkt" eines langen kodifikatorischen Prozesses. Erstmals enthielt das ADHGB von 1861 Vorschriften über die Verschmelzung von Aktiengesellschaften (Art. 215 II 247).
Mit Einführung der Rechtsform der GmbH wurde durch das GmbH-Gesetz von 1892 die Möglichkeit für die bereits bestehenden Aktiengesellschaften - die insoweit bis dahin keine andere Wahl hatten - geschaffen, sich auch der Rechtsform der GmbH zu bedienen (§§ 80 ff GmbH a.F.). Diese Regelungen werden insoweit als „Keimzelle" des Umwandlungsrechts verstanden[14].
Erst in den 30er Jahren des letzten Jahrhunderts kam es jedoch zu weiteren größeren Aktivitäten des Gesetzgebers. Das Gesetz über die Umwandlung von Kapitalgesellschaften von 1934 schuf die Möglichkeit, Kapitalgesellschaften „auf" Personengesellschaften umzuwandeln. Mit der Reform des Aktiengesetzes 1937 wurde schließlich die formwechselnde Umwandlung innerhalb von Kapitalgesellschaften geregelt (§§ 258 ff. AktG 1937; 362 AktG a.F.). Mit dem Umwandlungsgesetz von 1956 schuf der Gesetzgeber schließlich weitere Möglichkeiten der übertragenden Umwandlungen vor allem von Kapitalgesellschaften auf Personengesellschaften. Den umgekehrten Weg einer übertragenden Umwandlung von Personengesellschaften auf Kapitalgesellschaften hat der Gesetzgeber dann schließlich durch das UmwG von 1969 geöffnet, welches wiederum mehrfach geändert wurde, vor allem durch die GmbH-Novelle 1980 und die Verschmelzungsrichtlinie.
Mit dieser langsamen Ergänzung war das Umwandlungsrecht ausgesprochen unübersichtlich geworden. Neben dem eigentlichen Umwandlungsgesetz von 1969 enthielten die §§ 339-356, 359, 360, 352-392 AktG, §§ 19-34 KapErhG, §§ 63e- i, 93a-93s GenG und die §§ 44a, 44 b, 53 AktG entsprechende Bestimmungen. Wegen der nach wie vor bestehenden Lücken - etwa beim Formwechsel - zwischen juristischen Personen und Personengesellschaften, die der Gesetzgeber 1969 ausdrücklich nicht schließen wollte, wurde die Regelung zunehmend als rechtsdogmatisch rückständig empfunden[15].
Daraus erklären sich bereits die wesentlichen Regelungsziele des UmwG 1994.
Der zuvor bestehende unübersichtliche Zustand wurde beseitigt und das Umwandlungsrecht in einem einheitlichen Gesetzeswerk zusammengefaßt. Damit wurde ein

---

[14] K. Schmidt, Gesellschaftrecht § 12 II 1 b, S. 351
[15] K. Schmidt, Gesellschaftsrecht § 12 II 2 a, S. 252

wesentliches Gesetzgebungsziel erreicht[16]. Inhaltlich wurde die Möglichkeit der Unternehmen zur Umstrukturierung stark erweitert, um dem wirtschaftlichen Bedürfnis nach Unternehmensumwandlungen Rechnung zu tragen, so daß die beklagten Lücken des Umwandlungsrechts geschlossen wurden[17]. Diese Erweiterung war aufgrund des Typenzwanges des deutschen Gesellschaftsrechts erforderlich, weil eine Gesellschaft ihre Rechtsform nur dann ändern kann, wenn (und wie) das Gesetz es ausdrücklich zuläßt. Wesentliche Neuerung ist dabei die bereits systematisch geschilderte Spaltung[18]. Des weiteren wurde die Möglichkeit zur Umwandlung auch für Gesellschaftsformen geöffnet, denen sie bisher versperrt war, z. B. dem eingetragenen Verein, zuletzt für die Partnerschaftsgesellschaft[19]. Soweit Umwandlungen auch zur steuerrechtlichen Optimierung einsetzt werden, eröffnet sich hier ein neues Anwendungsfeld im Bereich der neu eingeführten Umweltsteuern, die Ausnahmen für energieintensive Betriebe bzw. für „produzierendes Gewerbe" mit einem bestimmten Energiekostenanteil zulassen. Im übrigen dient das Umwandlungsgesetz der Umsetzung von EU-Richtlinien, so insbesondere der Kapitalschutzrichtlinie[20]. Arbeitsrechtlich sind vor allem die Verschmelzungsrichtlinie, die Spaltungsrichtlinie, sowie die sog. „Betriebsübergangsrichtlinie" von Bedeutung[21]. Die Schaffung des Umwandlungsgesetzes hatte eine 15-jährige Vorgeschichte. Bereits 1980 hatte der Rechtsausschuß des Deutschen Bundestages im Rahmen der damaligen Novellierung des GmbH-Gesetzes die Forderung aufgestellt, „ die Verschmelzung und Umwandlung aller in Betracht kommenden Unternehmensformen in einem Gesetz zu regeln und bei dieser Gelegenheit inhaltlich und formal zu überprüfen"[22]. Formen nahm dieser Vorstoß jedoch erst im Jahre 1988 an, in dem ein Diskussionsentwurf zur Bereinigung des Umwandlungsgesetzes vorgelegt wurde[23]. Im Zuge der Deutschen Einheit wurde durch das SpTrUG alsdann, aufgrund der politischen Notwendigkeit die Restrukturierung der Treuhandunternehmen in „westdeutsche" Unternehmensformen zu regeln, ein Teil der Reform bereits gleichsam „kurzfristig" vorweggenommen[24] und gab auch der arbeitsrechtlichen Diskussion um die Folgen der

---

[16] zur Zielsetzung vgl. die Stellungnahme der damaligen Justizministerin Leutheusser-Schnarrenberger Trend 1992, 7, vgl. Begründung RefE BT-Drucksache 12/6699, 1

[17] Begründung RefE BT-Drucksache 12/6699, 1, so auch die endgültige Fassung BT-Drucksache 12/7850

[18] Ganske WM 1993, 1117, 1118; Däubler RdA 1995, 136

[19] vgl. Gesetz zur Änderung des Umwandlungsgesetzes des Partnerschaftgesellschaftgesetzes und anderer Gesetze, Bundesgesetzblatt I 1998 Nr. 46, 1878

[20] Richtlinie 77/91 EWG

[21] Richtlinie 78/855 EWG; Richtlinie 82/891 EWG; Richtlinie 77/187 EWG = Richtlinie 98/50 EG

[22] BT-Drucksache 8/3908, 77

[23] Beil. Nr. 214a zum Bundesanzeiger vom 15.11.1988

[24] Ganske WM 1993, 1117, 1118

Gesamtrechtsnachfolge für das Arbeitsrecht neuen Schub[25]. Die Diskussion im Gesetzgebungsverfahren blieb aber von einer fast ausschließlich gesellschaftsrechtlichen Sichtweise geprägt, so daß auch das SpTrUG kaum arbeitsrechtliche Regelungen enthielt[26].1992 kam es schließlich zur Veröffentlichung des ersten Referentenentwurfs. In dem weitgehend gesellschaftsrechtlich orientierten Entwurf wurde arbeitsrechtliche Regelungsbedürftigkeit erst spät erkannt bzw. als „systemfremd" vom zuständigen Justizministerium abgelehnt[27].

Dementsprechend kam es erst kurz vor „Toresschluß", d.h. am Ende des Gesetzgebungsverfahrens, auf Initiative des Bundesrates und des Rechtsausschusses - die im wesentlichen von SPD und Gewerkschaften angestoßen wurde - zur Einfügung auch von arbeitsrechtlichen Vorschriften[28]. Deshalb befinden sich die arbeitsrechtlichen Regelungen auch bei den „Übergangs- und Schlußbestimmungen" und leiden aufgrund des Zeitdruckes an zahlreichen legislatorischen Unklarheiten und sog. „Redaktionsversehen" - wie auch der Wortlaut des § 324 UmwG zeigt - der für die hier maßgebliche Frage der Fortgeltung von Kollektivvereinbarungen durch seinen Verweis auf den „unberührt bleibenden" § 613a BGB von zentraler Bedeutung ist. Zum 1.8.1998 ist die Umwandlung von Partnerschaftsgesellschaften durch das „Gesetz zur Änderung des Umwandlungsgesetzes des Partnerschaftgesellschaftsgesetzes und anderer Gesetze" neu hinzugetreten[29]. Obwohl im Rahmen dieser Regelung auch einige klarstellende Formulierungen enthalten sind, hat sich der Gesetzgeber im Hinblick auf § 324 UmwG nicht entschließen können, diese durch eine eindeutigere Vorschrift zu ersetzen.

III. Wirtschaftliche Motive von Umwandlungen

Unternehmensumwandlungen haben durch die Erleichterungen des Gesetzgebers in den letzten Jahren im erheblichen Ausmaß zugenommen und die anfänglichen Einschätzungen, nach denen eine „Welle von Umwandlungen nicht zu erwarten sei"[30], überholt. Es überwiegen dabei vor allem die Formen der Spaltung und Verschmelzung. Die wirtschaftlichen Motive von Umwandlungen sind denkbar vielfältig und sind nicht nur rein gesellschaftsrechtlich - was die systematische Stellung des UmwG nahelegt - motiviert.

---

[25] vgl. dazu Kempen BB 1991, 2006, 2008 ff.
[26] vgl. bei Boecken ZIP 1994, 1087; Neye DB 1994, 2069
[27] Düwell NZA 1996, 393, 395
[28] Ganske WM 1993, 1117, 1129, ablehnend die damalige Stellungnahmen der Arbeitgeber vgl. bei Kallmeyer DB 1993, 367 f.
[29] Bundesgesetzblatt I 1998 Nr. 46 1878
[30] so noch Mengel, 50

Immer wieder wird vor allem im Bereich der Verschmelzung die sog. „Globalisierung" und damit die Notwendigkeit der Umstrukturierung zu immer größeren Unternehmen bzw. Konzernen (sog. „global player" oder der „Welt AG" nach dem Muster etwa von Daimler-Chrysler) hervorgehoben. In diesem Sinne haben sich in vielen Wirtschaftsbereichen in letzten Jahren Unternehmen zu immer größeren Konzernen verschmolzen[31]. Der letzte Schritt zu dieser Entwicklung zeichnet sich indessen auf europäischer Ebene ab, da die Schaffung der europäischen Aktiengesellschaft und damit vor allem verbunden Probleme der Mitbestimmung auf Unternehmensebene nach Jahren vor einer europäischen Lösung stehen, so daß eine entsprechende EU-Richtlinie zu erwarten ist[32]. Die Beschränkung des Umwandlungsgesetzes für Umwandlungen von Rechtsträgern im Inland § 1 I UmwG kann daher durchaus bald der Vergangenheit angehören[33]. Die weiteren arbeitsrechtlichen Konsequenzen einer solchen Entwicklung, etwa von europäischen Tarifverträgen (was letztlich auch europäische Gewerkschaften voraussetzen würde), sind bislang weitgehend ungeklärt[34] oder nur ansatzweise, z.B. im „Euro- Betriebsrätegesetz" erfaßt[35]. Auch ohne solche Strukturen dienen Verschmelzungen meist aber dazu sog. „Synergieeffekte" zu nutzen, arbeitsrechtlich führt dies häufig zu Personalabbau[36], weil etwa Strukturen doppelt vorhanden sind (zwei Personalabteilungen etc.). Von Bedeutung ist hier insoweit kollektiver und individualrechtlicher Kündigungsschutz. Letztlich wirken sich mittelbar auch die generellen Probleme von großen Verschmelzungen – nämlich das Zusammenführen zweier „Unternehmenskulturen" auf die Arbeitsverhältnisse aus, weil hier Vereinheitlichungsdruck entsteht. Gelingt das nicht, so können Verschmelzungen letztlich scheitern[37].

Gleichzeitig ist - vor allem auch innerhalb von Großkonzernen - ein zum „Verschmelzungsfieber" der letzten Jahre scheinbar völlig umgekehrter Trend erkennbar, nämlich der zur Spaltung § 123 UmwG. „Endziel" ist eine derzeit vor allem propagierte Firmen-

---

[31] so etwa im Jahre 1998: Bayerische Vereinsbank und Bayerische Hypothekenbank; Daimler-Benz und Chrysler; Deutsche Bank und Bankers Trust; Exxon und Mobil Oil; Hoechst und Rhone-Poulenc; Thyssen und Krupp, vgl. auch bei Hansen, Aktiengesellschaft, 1999 S. R 4

[32] zu neueren Bestrebungen das Vorhaben europäisch zu verwirklichen Riester AuR 1999,1, 6

[33] Bei grenzüberschreitenden Umwandlungen muß dieses zur Zeit dadurch umgangen werden, daß ein Rechtsträger im Inland gegründet wird, auf den der ausländische Rechtsträger sein Vermögen rechtsgeschäftlich überträgt. Der europäische Gesetzgeber plant insoweit eine entsprechende Richtlinie zu schaffen, die grenzüberschreitende Sitzverlegungen ohne Zwang zur Neugründung bzw. Auflösung ermöglicht, wobei dieses mit der derzeitigen Interpretation der Sitztheorie im deutschen Gesellschaftrecht in Kollision steht. Vgl. K. Schmidt ZGR 1999, 20 ff.; zu den arbeitsrechtlichen Konsequenzen Heinze ZGR 1999, 54 ff.

[34] Kempen/Zachert § 4 TVG Rdnr. 82; neuerdings Körtgen, 161 zu Ansätzen von grenzüberschreitenden Tarifverhandlungen; zu den Auswirkungen auf die Mitbestimmung: Weiss GMH 1999, 186 ff.

[35] Gesetz vom 28.Oktober 1996 BGBl. I, 1548 als Umsetzung der Richtlinie 94/45 EG

[36] vgl. auch Freundner DB 1999, 742, 743 ff., der eine stärkere Überprüfung der wirtschaftlichen Entscheidung des Arbeitgebers im Rahmen von „shareholder-value" Konzepten im Hinblick auf Art. 12 GG in Erwägung zieht.

[37] vgl. zum Scheitern von Verschmelzungen auch bei Hansen, Aktiengesellschaft, 1999, S. R 4/5

struktur als „Holding-AG" , in dem die einzelnen Unternehmenssparten verselbständigt werden und die Konzernmutter zur „Holding" wird (vgl. z.B. die Struktur der Bahn AG oder exemplarisch die Umstrukturierung der ehemaligen Hoechst AG[38]). Wirtschaftspolitisch sollen diese dann kleineren Einheiten (sog. „profit center") eine flexibleres Agieren am Markt ermöglichen, als hinderlich empfundene Hierarchieebenen reduzieren und eine über die Jahre zu groß gewordene Verwaltung abbauen helfen[39]. Anderseits können über Spaltungen auch Sanierungen herbeigeführt werden, in dem Verlustbereiche separiert werden, so daß erfolgreiche Unternehmensbereiche Verluste nicht mittragen müssen bzw. „Verlustsparten" zur Liquidation (u.a. Gefahr der Reduzierung der Sozialplanmasse) bzw. Veräußerung vorbereitet werden[40]. Mit dieser Möglichkeit können Spaltungen auch generell zur Reduzierung von Haftungsrisiken, z.B. bei Konjunkturschwankungen unterliegenden Absatzmärkten, dienen[41]. Des weiteren spielen auch steuerrechtliche Optimierungsmodelle, insbesondere die Ausnutzung von sog. „Schachtelprivilegien", vor allem bei international agierenden Unternehmen eine wichtige Rolle[42]. Letztlich spielt bei der Wahl der Unternehmensstruktur auch die Debatte um die Orientierung an dem ursprünglich von *Rappaport* entwickelten Gedanken vom sog. „shareholder value" eine große Rolle - also der Steigerung des Unternehmenswertes für die Teilhaber[43], d.h. insbesondere Aktionäre - und damit die vor allem erhobene Forderung nach Steigerung des Ertragswertes, d.h. eines zahlungswirksamen und ausschüttungsfähigen Ergebnisses, („Free cash flow") durch Optimierung der Unternehmensstruktur[44].

Der Erfolg von Umwandlungsvorhaben in Form von Spaltungen und Verschmelzungen wird ambivalent beurteilt, was insbesondere mit der Größe „globaler" Konzerne und den verbundenen ganz unterschiedlichen Kulturen innerhalb des Unternehmens zusammenhängt.

Die Vermögensübertragung hat dagegen wegen ihrer Beschränkungen tatsächlich bislang geringe Bedeutung. Sie hat fast immer einen Verstaatlichungseffekt (Umwandlung auf öffentlich-rechtliche Rechtsträger) und läuft damit dem Trend der gegenwärtigen

---

38 bereits vor der Verschmelzung zu „Aventis" nach französischem Recht

39 Lutter in: Lutter (Hrsg) Holding Handbuch, 6 ff. als potentieller Kandidat für eine Restrukturierung im Hinblick auf diesen Aspekt gilt z.B. die Siemens AG bei der der allerdings auch schon über „Zerschlagung" zur Holding nachgedacht wird: Keller in Theisen, Konzern im Umbruch, 194

40 z.B. die Ausgliederung des (ehemals verlustreichen) Halbleitergeschäfts bei der Siemens AG, vgl. dazu die Tagesordnung nebst Gegenanträgen der Hauptversammlung 1999; zur Sanierung durch Umwandlung auch (aus gewerkschaftlicher Sicht) Klebe/Trittin, 9

41 Blank/Blanke/Kümpel/Wendeling-Schröder/Wolter, 31 ff; 69 ff; Mengel, 48

42 Lutter in: Lutter (Hrsg), Holding Handbuch, 6

43 vgl. etwa Rappaport,13 „Eigentümer, das sind wir"

44 zu einschlägigen Konzepten: Höfner/Pohl, Wertsteigerungsmangement, 18; Keller in: Theisen, Konzern im Umbruch, 193 ff., 196; Freudner DB 1999, 742

Entwicklung entgegen. Vermögensübertragungen kommen daher vor allem für die Umkehr ggf. gescheiterter Privatisierungen in Betracht[45], die - zur Zeit bedeutungsreichere - „privatisierende Umwandlung" ist Unterfall der Spaltung[46]. Für den Formwechsel liegen die Motive dagegen ausschließlich in der Wahl der passenden Unternehmensform und steuerrechtlichen, handelsrechtlichen und haftungsrechtlichen Gesichtspunkten. Ein Formwechsel liegt etwa dann nahe, wenn ein ursprünglich kleines Unternehmen stark wächst und deshalb die passende Form für ein Großunternehmen, also regelmäßig die AG, sucht. Gleichzeitig kann diese Maßnahme auch zur Kapitalbeschaffung, d.h. der Vorbereitung des „Börsenganges" genutzt werden (Formwechsel in eine AG).

IV. Umwandlungen und Auswirkung auf Kollektivereinbarungen als Ausdruck der „Krise des Flächentarifes"

Mit der Vielzahl von Umstrukturierungen steigt die Bedeutung der arbeitsrechtlichen Auswirkungen. Umwandlungen sind mit einer Veränderung auf der Unternehmensseite verbunden, es tritt regelmäßig - vom Formwechsel abgesehen - ein neuer Rechtsträger an die Stelle des bisherigen Unternehmens[47]. Damit stellt sich die Frage nach der Weitergeltung von Tarifverträgen und Betriebsvereinbarungen, denn die Umwandlung bedeutet einen Wechsel des Vertragspartners auf Arbeitgeberseite vom „alten" zum „neuen" Rechtsträger, insoweit ist zweifelhaft, ob und in welchem Umfang er Arbeitsbedingungen aus Kollektivvereinbarungen übernehmen muß. Eine solche Übernahme kann dabei durchaus mit den Umwandlungszielen, etwa im Rahmen von Personalabbau zur Nutzung von sog. „Synergieeffekten" (z.B. tariflicher Kündigungsschutz), kollidieren.

Mit den beschriebenen Zielen von Umwandlungen kann gerade die Lösung aus als zu teuer und rigide empfundenen Kollektivereinbarungen zu einem wesentlichen Umwandlungsziel werden.

Das betrifft vor allem Verbandstarifverträge. Noch vor Inkrafttreten des UmwG hat etwa IBM den Softwarebereich ausgegliedert, um dort einen im Vergleich zum Metallverbandstarif mit der IGM günstigeren Firmentarif mit der DAG abschließen zu können[48].

---

[45] Münch DB 1995, 550

[46] Blanke/Trümner u.a. , Handbuch Privatisierung Rdnr. 424 f.; Schaub, Arbeitsrechtshandbuch § 117 Rdnr. 90; Steuck NJW 1995, 2887 ff.

[47] dies gilt insoweit nicht für den Formwechsel, weil der Rechtsträger nach der herrschenden Identitätsthese lediglich sein „Kleid" wechselt und nicht untergeht, Lutter (Hrsg.) Verschmelzung, Spaltung, Formwechsel, 201 ff.

[48] Wellenhofer-Klein ZfA 1999, 239, 240, nach Ansicht des Arbeitsgerichts Mainz DB 1996, 2500 f. ist der Flächentarif der IGM dadurch allerdings nicht im Wege der Spezialität verdrängt worden. Das Bundesarbeitsgericht hat den Fall nicht entschieden, da sich Parteien dort verglichen haben.

Umwandlungen sind insoweit Spiegel der sog. „Krise des Flächentarifvertrages", dessen Regelungen von vielen Arbeitgebern als teuer und unflexibel empfunden werden[49]. Die Kritik richtet sich einerseits gegen die Tarifpolitik der Großgewerkschaften. Ein zentraler Punkt ist deren Lohnpolitik, die sich aus Sicht der Unternehmen zu stark an der keynesianischen Kaufkrafttheorie orientiert und damit Kostendruck und in der Folge Personalabbau verursacht werde[50]. Dies gilt um so mehr, als Unternehmen stärker als in der Vergangenheit, an den Interessen der Anteilseigner ausgerichtet werden („shareholder value")[51].
So werden in diesem Bereich etwa (niedrigere) sog. „Einstiegslöhne" für Langzeitarbeitslose bzw. Tarifkorridore gefordert, die eine Reaktion auf kurzfristige wirtschaftliche Veränderungen zulassen[52]. Mit ebenfalls in diesem Zusammenhang stehenden gewinnorientierten Lohnelementen (z.B. Erfolgsbeteiligung statt Weihnachtsgeld) tun sich Gewerkschaften eher schwer, weil Befürchtungen bestehen, daß die Höhe dann eher vom guten Willen des Arbeitgebers abhängig ist[53]. Zum anderen wird die Arbeitszeitpolitik als zu unflexibel (z.B. Abbau von Überstunden) und vom Ansatz her als fehlerhaft empfunden, weil sie lediglich davon ausgehe, daß eine fixe Größe von Arbeit zu verteilen sei, sie aber nicht genügend um die Schaffung von Arbeit bemüht sei[54]. Schließlich werden Lösungen gefordert, die eine stärkere Verlagerung auf die Betriebsebene bedingen, was aber etwa durch Öffnungsklauseln (§ 77 III BetrVG) oder der Möglichkeit von ergänzenden Firmentarifen[55] („betriebsnahe Gewerkschaftspolitik") nur teilweise gelungen ist, weil aus Sicht der Gewerkschaften bei solchen Regelungen immer die Gefahr eines Unterlaufens von Tarifverträgen besteht. Im übrigen ist die Erstreikbarkeit ergänzender Regelungen zum Verbandstarif im Hinblick auf die sich aus diesem ergebenden Friedenspflicht nach wie vor juristisch umstritten, so daß aus Gewerkschaftssicht solche Regelungen mit Risiken behaftet sind[56]. Umgekehrt besteht bei Firmentarifen auf Arbeitgeberseite vielfach die Vorstellung, ohne den schützenden Arbeitgeberverband der Übermacht großer Industriegewerkschaften ausgesetzt zu werden und ggf.

---

49 vgl. den Bericht des Sachverständigenrates zur Begutachrung der Gesamtwirtschaftlichen Entwicklung 1995/96, 227
50 Konzen in:Tarifautonomie auf dem Prüfstand, 34; zur neueren Ansätzen einer keynesianische Gewerkschaftspolitik: Schmidt, GMH 1999, 13 ff.
51 Black, Konzepte, 23; Keller in: Theisen, Konzern im Umbruch, 194
52 Deregulierungskommission, Marktöffung und Wettbewerb Berichte 1990, 91
53 vgl. Peters, GMH 1999, 316 f.
54 Konzen: in Tarifautonomie auf dem Prüfstand, 35
55 zur Problematik vgl. Henssler ZfA 1998, 117 ff.
56 vgl. bei: Däubler Tarifvertragsrecht Rdnr. 100; Kempen/Zachert § 2 TVG Rdnr. 98; Wendeling-Schröder NZA 1998, 624, 627

auch im Hinblick auf die Kosten schlechter dazustehen[57]. Das bekannteste Beispiel des Firmentarifes - VW - scheint das jedenfalls zu bestätigen, weshalb hier eine Umgehung über die Ausgründung einer eigenen Zeitarbeitsfirma versucht wurde, die die Arbeitnehmer nach dem Flächentarif (!) der Metallbranche bezahlt[58]. Auch juristisch wird das Tarifvertragsgesetz als zu rigide empfunden. Hier werden entsprechende Reformen angedacht, die vor allem zu einer schnelleren Lösung aus der Tarifbindung führen sollen, zentrale Punkte sind hier die Vorschriften der § 3 III TVG und § 4 V TVG. Der reguläre Austritt aus dem Arbeitgeberverband führt zur kollektiven Weitergeltung des Verbandstarifvertrages nach § 3 III TVG bis zum Ende der Laufzeit und anschließender Nachwirkung nach § 4 V TVG[59] und damit aus Arbeitgebersicht gleichsam zu einer „Endloshaftung" für Tarifnormen[60]. Ein Ausstieg aus Tarifverträgen ist damit rechtlich nur langfristig möglich und wird von Arbeitgebern als zu inflexibel empfunden. Nicht zuletzt richten sich diverse Reformvorstellungen gerade gegen diese Regelung im Sinne einer zeitlichen Begrenzung bis hin zur völligen Streichung, insbesondere des § 3 III TVG[61]. Hinzu kommt die neue Rechtsprechung des Bundesarbeitsgerichts zum Unterlassungsanspruch der Gewerkschaften bei Verbandstarifverträgen. Bislang war es jedenfalls tatsächlich möglich, vor allem durch nichtige (weil gegen §§ 77 III, 87 I BetrVG verstoßende) Betriebsvereinbarungen (wie im bekannten „Viessmann-Fall"[62]), den Flächentarifvertrag zu umgehen und so jedenfalls faktisch die gewünschte Verlagerung auf die Betriebsebene zu erreichen[63].

Die Gewerkschaften können nach neuerer Rechtsprechung des Bundesarbeitsgerichts gegen den einzelnen Arbeitgeber aus ihrem Grundrecht der Koalitionsfreiheit heraus

---

[57] Bremkamp, Flexibilisierung, 331; Revel, Tarifverhandlungen in der Bundesrepublik Deutschland, 75. Mit diesem Argument will Buchner ZfA 1995, 106 ff., 108 die Tariffähigkeit kleiner Arbeitgeber für den Firmentarif ganz ausschließen. Das hat sich im Hinblick auf den Wortlaut des § 2 TVG allerdings zu Recht nicht durchsetzen können. BAG 20.11.90 AP Nr. 40 zu § 2 TVG; Däubler, Tarifvertragsrecht Rdnr. 63; Kempen/Zachert § 2 TVG Rdnr. 69; Löwisch/Rieble § 2 TVG Rdnr. 52. Im Geltungsbereich von Firmentarifverträgen befanden sich 1998 3 Millionen Arbeitnehmer gegenüber 21,5 Millionen Arbeitnehmern im Bereich von Verbandstarifen. Gegenüber 1997 hat die Zahl der Firmentarife um 9,5% zugenommen. Vgl. auch bei Holthausen RdA 1999, 275

[58] vgl. zu Firmentarif bei VW auch: Bremkamp, Flexibilisierung, 337

[59] BAG 18.3.92 AP Nr. 13 zu § 3 TVG; Däubler, Tarifvertragsrecht Rdnr. 1511; Kempen/Zachert § 3 TVG Rdnr. 34

[60] auch wenn das praktisch meist nicht eintritt, weil die Tarifnormen veralten und deshalb auch aus Arbeitnehmersicht Anpassungsbedarf besteht.

[61] vgl. Rieble RdA 1996, 151, 155; Heinze NZA 1994, 5, 7; Begrenzung der Laufzeiten: Sachverständigenrat zur Begutachtung der gesamtwirtschaftlichen Entwicklung 1995/96, 227; Monopolkomission, Gutachten 1992/93, 379 f; Streichung des § 3 III TVG: Beuthien/Meik DB 1993, 1518 ff. („wenn Tariftreue unzumutbar wird")

[62] dazu ArbG Marburg AuR 1996, 461

[63] von Zachert ZTR 1997, 97 als „wilde Dezentralisierung" im Hinblick auf eine Äußerung des BDI Präsidenten („Henkel hält Verstoß gegen Flächentarif für vorbildlich" - General Anzeiger vom 29.12.97) charakterisiert.

selbst auf Unterlassung (§ 1004 BGB analog iVm Art 9 III GG) klagen und sind nicht mehr auf einen Arbeitgeberverband mit tatsächlich beschränkten Einwirkungsmöglichkeiten (schlimmstenfalls Ausschluß aus dem Verband) verwiesen, so daß hier ein Ventil zum Unterlaufen von Tarifverträgen durch teilweise oder völlige Nichtbeachtung zumindest juristisch geschlossen erscheint[64].

Um so stärker können dann die Möglichkeiten des Umwandlungsgesetzes in den Vordergrund rücken. In diesem Zusammenhang haben sich deshalb Überlegungen entwikkelt, hierüber einen schnelleren „Ausstieg" aus als unpassend empfundenen Tarifverträgen zur „Kostensenkung" zu erreichen. Diese betreffen vor allem die Spaltung. Eine Möglichkeit liegt darin, Betriebe rechtlich zu verselbständigen und bei dem neuen Rechtsträger keinen Beitritt zum Arbeitgeberverband vorzunehmen, da die Verbandsmitgliedschaft als höchstpersönliches Recht selbst nicht durch Gesamtrechtsnachfolge übertragen wird (§§ 38, 40 BGB)[65]. Im Vordergrund steht dabei vor allem die Ausgliederung nach § 123 I UmwG. So ist etwa das berühmte „Chip Werk" der Siemens AG in Dresden rechtlich selbständig und nicht Mitglied im Arbeitgeberverband, es besteht damit keine Tarifbindung an den Metalltarif[66].

Durch gezielte Spaltungen läßt sich das Tarifgefälle zwischen den einzelnen Branchen zur Kostensenkung nutzen. Nach dem sog. Industrieverbandsprinzip, das die Organisationsstruktur der in Deutschland dominierenden DGB Gewerkschaften ist und nach dem sich somit deren Tarifzuständigkeit richtet[67], erfolgt die Bindung an den Branchentarif nach der überwiegenden durch das Unternehmen ausgeführten Tätigkeit. Es bietet sich daher aus unternehmerischer Sicht bei einer Bindung an einen „teuren" Branchentarif an, solche Sparten aufzugliedern, die für sich genommen nicht unter diesen Branchentarif, sondern in einen „billigeren" Tarif fallen würden. Derzeit erfolgt in vielen Unternehmen der Metall- und Elektrobranche eine gezielte Ausgliederung, um dort günstigere „Dienstleistungstarifverträge" abschließen zu können[68]. Als „klassisch"

---

[64] BAG NZA 1999, 887 zu einem Fall des Burda Verlages, der daraufhin aus dem Arbeitgeberverband ausgetreten ist. Zur Problematik auch Kempen/Zachert § 4 TVG Rdnr. 100, kritisch Buchner NZA 1999, 897 f.. In diesem Zusammenhang bestehen ebenso Pläne der Bundesregierung ein Klagerecht der Gewerkschaften auch legislativ zu regeln.

[65] BAG 4.12.74 AP Nr. 2 zu § 3 TVG; BAG 5.10.93 AP Nr. 42 zu § 1 BetrAVG Zusatzversorgungskassen

[66] Auskunft der IGM. Die gesamte Sparte ist mittlerweile unter dem Namen „Infinion" ausgegliedert.

[67] Blank, die Tarifzuständigkeit der DGB-Gewerkschaften, 24 ff.

[68] So wurde bei Siemens z.B. das sog. „Gebäudemangement", das Hausmeister- und sonstige Vermieterfunktionen übernimmt unter diesem Gesichtspunkt ausgegliedert. Eine gewerkschaftliche Gegenstrategie besteht derzeit in der Gründung einer sog. Dienstleistungsgewerkschaft („Ver.di" u.a. aus ÖTV und DAG) . Dabei dürften jedoch Konflikte innerhalb des DGB nicht auszuschließen sein, da diese vielfach Bereiche vormals anderer Gewerkschaften (z.B. der IGM) zugeordneter Betriebe erfassen könnte. Die Konflikte bestanden jedoch auch bereits zuvor, da sich für den Bereich Dienstleistung eine Vielzahl von Einzelgewerkschaften für zuständig erklärt haben. IG Metall, IG Chemie, HBV und Postgewerkschaft beanspruchen z.B. gemeinsam die Zuständigkeit für Mobilfunk, vgl. bei Blank, die Tarifzuständigkeit der DGB-Gewerkschaften, 23 mit weiteren Beispielen.

kann in diesem Zusammenhang etwa der Fall der Ausgliederung von Werkskantinen (in den meist niedrigeren Gaststättentarif) angeführt werden.
In größerem Maßstab ermöglicht die bereits am Beginn der Arbeit beschriebene „Holding Struktur" solche Strategien, weil hinsichtlich der Tarifbindung jedes Konzernunternehmen grundsätzlich selbständig ist[69], so daß diese entweder gar nicht oder „billiger" tarifgebunden sein können. Wegen der durch Umwandlungen drohenden Tarifumgehung wird dies von Gewerkschaftsseite bereits als sog. „Klassenkampf über das Handelsregister" betrachtet[70]. Tatsächlich steht hinter dem „Ausstieg aus dem Flächentarif" das aufgrund der seit Jahren anhaltenden Massenarbeitslosigkeit bestehende Marktungleichgewicht einerseits und der Kostendruck durch die Globalisierung andererseits. Mittlerweile nutzt auch die öffentliche Hand verstärkt das Instrumentarium von Umwandlungen, um in bestimmten Sektoren günstigere Tarife als den Bundesangestelltentarif zu erreichen. Das gilt vor allem in Bereichen, in denen auch die öffentliche Hand verstärkt in Wettbewerbsdruck gerät, etwa bei Verkehrsbetrieben.
Bei Firmentarifen und vor allem bei Betriebsvereinbarungen stellen sich die Probleme in ähnlicher Weise, hier kann jedoch der einzelne Arbeitgeber als unmittelbarer Vertragspartner selbst durch Verhandlung ggf. Veränderungen herbeiführen und zu betriebsnahen Lösungen kommen. Insbesondere im Bereich der Betriebsvereinbarungen gibt es auch viele Regelungen, die vor allem im unmittelbaren Arbeitgeberinteresse liegen (z.B. Torkontrolle) oder häufig jedenfalls keinen so „kostenträchtigen" Inhalt haben. Anderseits ist aber vor allem im Bereich von Betriebsvereinbarungen nicht zu verkennen, daß die tatsächlichen Machtverhältnisse für den einzelnen Arbeitgeber günstiger sind als bei Tarifverträgen mit Großgewerkschaften. Umgekehrt wird der Verbandstarif - obwohl durch Mitgliedschaft legitimiert - häufig als ein von außen aufgesetztes „Tarifkartell" empfunden, so daß sich vor allem hierauf Unterlaufensstrategien durch Umwandlungen konzentrieren.

Zentrale Norm für die Fortgeltung von Kollektivvereinbarungen des UmwG ist § 324 UmwG. Dort heißt es:

„§ 613a Abs 1 und 4 des BGB bleibt durch die Wirkungen der Eintragung einer Verschmelzung, Spaltung oder Vermögensübertragung unberührt".

---

69 BAG 11.9.91 EzA Nr. 29 internationales Privatrecht, Kempen/Zachert § 2 TVG Rdnr. 74; Löwisch/Rieble § 2 TVG Rdnr. 58
70 Klebe/Trittin, 6; Blank/Blanke/Klebe/Kümpel/Wendeling-Schröder/Wolter, 69 ff.

Damit verweist das Gesetz auf die eigentlich für den rechtsgeschäftlichen Betriebsübergang geschaffene Vorschrift des § 613a BGB. Die Bedeutung des Verweises ist jedoch umstritten und hat zu erheblichen Irritationen geführt[71]. Andererseits hängen von diesem Verweis in erheblichem Umfang arbeitsrechtliche Fragen - nämlich die hier zu untersuchende Fortgeltung von Kollektivnormen ab - so daß dem Verweis für die arbeitsrechtlichen Folgen zentrale Bedeutung zukommt und durchaus als „Schlüsselnorm" bezeichnet werden kann[72]. Der Arbeitgeber ist außerdem im Spaltungsplan bzw. Verschmelzungsvertrag zu Angaben über das Schicksal von Kollektivverträgen verpflichtet (§§ 5 I Nr. 9; 126 I Nr. 11 UmwG), so daß auch hieraus Klärungsbedarf besteht. Im folgenden soll daher systematisch unter Zugrundelegung der klassischen Auslegungsmethoden versucht werden, Bedeutung und Umfang der Verweisung zu ermitteln

---

[71] Kittner /Trittin § 324 UmwG Rdnr. 1; Herbst AiB 1995, 1, 5, 10; Düwell NZA 1996, 393; Kreßel BB 1995, 925, 928

[72] so etwa Boecken Rdnr. 63

B. Das Verhältnis von § 613a BGB zu § 324 UmwG

§ 324 UmwG verweist für die gesellschaftsrechtliche Gesamtrechtsnachfolge erstmals auf den an sich für den einzelrechtsgeschäftlichen Betriebsübergang konstruierten § 613a BGB, der diesen Anwendungsbereich auf den ersten Blick jedoch selbst durch das Merkmal „durch Rechtsgeschäft" als Gegenbegriff zur Gesamtrechtsnachfolge gleich wieder ausschließt.

I. Entstehungsgeschichte

§ 613a BGB wurde durch das Betriebsverfassungsgesetz von 1972 in das BGB eingeführt. Ziel war es zunächst, den zwingenden Übergang von Arbeitsverhältnissen mit allen Rechten und Pflichten bei Betriebsinhaberwechseln sicherzustellen, was ohne diese Vorschrift nicht selbstverständlich und vor Einführung des § 613a BGB 1972 nur durch dreiseitigen Vertrag möglich war. Entsprechende Versuche einer Analogie zu § 571 BGB („Kauf bricht nicht Miete") [73] hatten sich nicht durchsetzen können, das Bundesarbeitsgericht hatte dieses jedenfalls für Angestellte, die höhere Dienste zu verrichten hatten, abgelehnt[74].
Abs 1 des § neuen § 613a BGB 1972 stellte den Übergang der Arbeitsverhältnisse sicher und enthielt dabei bereits das nunmehr umstrittene Merkmal „durch Rechtsgeschäft", das vom Gesetzgeber ausdrücklich als Ausgrenzung der Gesamtrechtsnachfolge verstanden wurde.
Im Jahre 1980 wurde der § 613a BGB durch das Gesetz über die Gleichbehandlung von Männern und Frauen am Arbeitsplatz und über die Erhaltung von Ansprüchen beim Betriebsübergang reformiert. Motiv dieser Änderung war die Umsetzung der Richtlinie 77/187 EWG[75]. Diese ist das Produkt der Intensivierung der gemeinschaftlichen Sozialpolitik in den 70er Jahren. Bereits zu dieser Zeit wurde die zu starke Ausrichtung der damaligen EWG an rein wirtschaftlichen Interessen als ein „Europa der Geschäfte" oder „Europa des Kapitals" kritisiert. Mehr und mehr bestanden Bedenken eine wirtschaftliche Integration durchzuführen[76], ohne Sozial- und Gesellschaftspolitik anzunähern[77]. Insoweit sollte - gestützt auf Art. 100 EGV u.a. mit der Richtlinie 77/187 EWG -

---

[73] Nikisch I § 46 II 4 (660 f.); ausführlich auch Posth, 19 ff.; Krejci, 179 ff.
[74] BAG 12.2.59 AP Nr. 6 zu § 419 BGB Betriebsnachfolge
[75] vgl. BT-Drucksache 8/3317, 7,11, Abl. EG 1977, L 61, 26 ff.
[76] vgl. den sog. Werner Plan aus dem Jahre 1970 zur Einführung einer Wirtschafts- und Währungsunion Abl. EG 1972 C 38, 3 ff.
[77] Tegtmeier/Weinstock EA 1972, 803

diesen Bedenken Rechnung getragen werden und ein einheitlicher Mindestschutz im Bereich des Betriebsübergangs eingeführt werden[78].
Mit den neu eingefügten S. 2-4 des § 613a BGB wurde in Umsetzung der Richtlinie ein einjähriger Bestandsschutz für Betriebsvereinbarungen und Tarifverträge eingefügt[79]. Diese werden dabei nach § 613a I S. 2-4 BGB in individualrechtliche Normen transformiert. Motiv dieser kompliziert anmutenden Transformation - die zu zahlreichen Problemen führt - war vor allem das Bestreben des Gesetzgebers Eingriffe in die sog. negative Koalitionsfreiheit des Erwerbes von vornherein zu vermeiden[80]. Daneben wurde das Kündigungsverbot „wegen Betriebsüberganges" in Absatz 4 eingefügt. Am Merkmal „durch Rechtsgeschäft" und damit an der Ausgrenzung der Gesamtrechtsnachfolge hat der Gesetzgeber indessen auch durch die Novelle des Jahres 1980 festgehalten. Durch § 324 UmwG sollte schließlich die Anwendung der Vorschrift auch auf die Gesamtrechtsnachfolge sichergestellt werden. Mittlerweile ist auch der europäische Gesetzgeber wieder aktiv geworden und hat die Richtlinie 77/187 EWG durch Richtlinie 95/50 EG reformiert.

II. Anwendung des § 613a BGB auf Unternehmensumwandlungen

Vor Einführung des UmwG wurde von der damaligen hM. davon ausgegangen, § 613a BGB sei aufgrund des Merkmales „durch Rechtsgeschäft" als Abgrenzungskriterium zur Gesamtrechtsnachfolge nicht (auch nicht analog) anwendbar[81]. Gestützt wurde diese Auffassung vor allem auf die Gesetzesbegründung bei Schaffung des § 613a BGB 1972, in der ausdrücklich davon ausgegangen wurde, daß für die Gesamtrechtsnachfolge eine derartige Vorschrift nicht erforderlich sei[82]. Dies war insoweit zutreffend, weil bei der Gesamtrechtsnachfolge der Übergang der Arbeitsverhältnisse im Sinne des § 613a BGB 1972 ohnehin sichergestellt war. Das Bundesarbeitsgericht hat sich dieser Auffassung in seiner Rechtsprechung überwiegend angeschlossen[83] und ist zu dieser Zeit lediglich im Jahre 1974 bei der Verschmelzung zweier Genossenschaften abgewichen[84].

[78] Blainplain/Schmidt/Schweibert Rdnr. 451
[79] von Rieble, Arbeitsmarkt Rdnr. 1242 als „Nachbesserung" bezeichnet
[80] Müko-Schaub § 613a BGB Rdnr. 145 gegen eine in der Literatur z.T. favorisierte kollektive Lösung: Binkert JZ 1979, 747, 750; Seiter DB 1980, 877, 879 f; hierzu auch Waas in: Weiss/Gagel Handbuch des Arbeits- und Sozialrechts § 18 A Rdnr. 72
[81] Jung RdA 1981, 360; Müko-Schaub 2. Aufl. § 613a BGB Rdnr. 3; Staudinger-Richardi/Annuß § 613a BGB Rdnr. 85; Oetker/Busche NZA 1991; Beil 1, 18, 20; RGRK-Ascheid § 613a BGB Rdnr. 3, 76;
[82] BT-Drucksache 6/1786, 59
[83] vgl. etwa BAG 31.1.85 AP 36 zu § 613a BGB; BAG 22.05.85 AP Nr. 45 zu § 613a BGB
[84] BAG 4.12.74 AP Nr. 2 zu § 3 TVG

Auch mit Einführung des arbeitsrechtlichen EG-Anpassungsgesetzes und der entsprechenden Ergänzung des § 613a BGB ist die hM. von dieser Linie dogmatisch nicht abgerückt und hat die Anwendung von § 613a BGB verneint[85]. Damit begab sich diese Ansicht jedoch in Widerspruch zu europäischem Recht. Die hinter § 613a BGB stehende Richtlinie 77/187 EWG/EG nennt in Art. 1 ausdrücklich auch die Verschmelzung, d.h. einen Fall der gesellschaftsrechtlichen Gesamtrechtsnachfolge[86].
Unter diesem Einfluß sind deshalb immer wieder Bestrebungen unternommen worden § 613a BGB zur Anwendung zu bringen, überwiegend wurde eine „entsprechende", d.h. analoge Anwendung erwogen[87]. Ein anderer, vor allem gesellschaftsrechtlich motivierter Vorschlag, beruht darauf § 613a BGB nunmehr tatbestandlich anzuwenden. Diese gründen sich im wesentlichen auf die Vorstellung einer sog. „rechtsgeschäftlichen Gesamtrechtsnachfolge", die von *K. Schmidt* für gesellschaftsrechtliche Gesamtrechtsnachfolgen entwickelt wurde[88]. Bereits zuvor war eine ähnliche Konstruktion von *Pietzko* in die Diskussion eingebracht worden[89]. Gesellschaftrechtliche Gesamtrechtsnachfolgen sind nach dieser Auffassung rechtsgeschäftlicher Natur, weil ihnen ein Vertrag (z.B. Verschmelzungsvertrag, Spaltungsplan) zugrunde liegt und erfüllen damit den Tatbestand „durch Rechtsgeschäft" des § 613a BGB[90].
Auch diese Konstruktion konnte damit für sich in Anspruch nehmen, die europarechtlichen Vorgaben der Richtlinie 77/187 EWG zu erfüllen.

III. Anwendbarkeit des § 613a I S. 2-4 BGB auf die Gesamtrechtsnachfolge des SpTrUG

Mit der Einführung des SpTrUG wurde ein Teil des UmwG im Zuge der deutschen Einheit vorweggenommen, um die Restrukturierung der durch die Treuhand verwalteten Unternehmen vereinfacht durch Gesamtrechtsnachfolge vornehmen zu können. Eine Regelung der arbeitsrechtlichen Fragestellungen fehlt in diesem Gesetz fast völlig. § 2 I Nr. 10 SpTrUG forderte lediglich die Angabe der auf die neuen Rechtsträger übergehenden Arbeitsverhältnisse.

---

[85] vgl. D. Gaul, Betriebsübergang, 42 f. ; Müko-Schaub (2. Aufl.) § 613a BGB Rdnr. 3; Staudinger-Richardi/Annuß § 613a BGB Rdnr. 85 ; RGRK-Ascheid § 613a BGB Rdnr. 3, 76; noch BAG NZA 1995, 479, 480
[86] worauf im Hinblick auf die Eurparechtswidrigkeit bereits kurz nach Inkrafttreten des § 613a I S. 2-4 BGB, Seiter, Betriebsinhaberwechsel, 147 zutreffend hingewiesen hat.
[87] so etwa Erman-Hanau § 613a BGB Rdnr. 34
[88] K. Schmidt AcP 1991, 495 ff.
[89] Pietzko, Tatbestand, 127 ff.; K.Schmidt AcP 1991, 495 ff.
[90] K. Schmidt AcP 1991, 495 ff.

Auch hier zeichnete sich der gleiche Streitstand hinsichtlich der Anwendbarkeit des § 613a BGB ab, die Gegner einer Anwendung verwiesen im wesentlichen auf das Merkmal „durch Rechtsgeschäft", das eine Anwendung des § 613a auch auf die Gesamtrechtsnachfolge nach dem SpTrUG ausschließen würde[91].
Von den Befürwortern einer Anwendung des § 613a BGB wurde z.T. an die von *K.Schmidt* geschaffene Konstruktion der „rechtsgeschäftlichen Gesamtrechtsnachfolge" angeknüpft, um § 613a BGB auf das SpTrUG tatbestandlich anzuwenden[92]. Andere Stimmen sprachen sich für die analoge Anwendung von § 613a BGB aus[93]. Für eine Anwendung des § 613a BGB sprach jedenfalls der Wille des Gesetzgebers, der von einer Anwendbarkeit des § 613a BGB ausgegangen war[94], im übrigen galten auch für das SpTrUG die europarechtlichen Vorgaben der Richtlinie 77/187 EWG. Auch in der Rechtsprechung des Bundesarbeitsgerichts war unter diesem Eindruck eine Trendwende zu beobachten, zur Gesamtrechtsnachfolge nach dem Einigungsvertrag wurde unter dem Eindruck der europarechtlichen Vorgaben § 613a „entsprechend" auf Verschmelzungen angewandt, ohne allerdings auf das Merkmal „Rechtsgeschäft" des § 613a BGB einzugehen[95]. Allerdings wurde diese Rechtsprechung nicht konsequent durchgehalten, noch 1995 hat das Bundesarbeitsgericht erneut die Anwendbarkeit des § 613a BGB auf die Gesamtrechtsnachfolge verneint[96].
Erkennbar ist jedoch, daß das SpTrUG wegen der neu aufgetretenen Relevanz der gesellschaftsrechtlichen Gesamtrechtsnachfolge eine Trendumkehr hin zur einer Anwendbarkeit des § 613a BGB bedeutete, wenngleich Umfang und Dogmatik nach wie vor unklar blieben.

IV. Derzeitiger Meinungstand zum Verweis des § 324 UmwG

1) § 324 UmwG als Rechtsgrundverweisung

Eine starke Meinungsgruppe sieht § 324 UmwG als Rechtsgrundverweisung auf § 613a BGB[97]. Aus § 324 UmwG wird die Entscheidung des Gesetzgebers entnommen, sich

---

[91] Oetker/Busche NZA 1991 Beilage 1, 18
[92] Weimar/Alfes NZA 1991, 833, 834
[93] Kempen BB 1991, 2006, 2011; ausführlich Stuber, 63 ff.; generell auch Erman-Hanau § 613a BGB Rdnr. 268
[94] BT-Drucksache 12/254, 17, 19, 31; BR-Drucksache 71/91, 31
[95] BAG DB 1994, 1683
[96] BAG NZA 1995, 479, 480; ablehnend auch BAG 5.10.93 AP Nr. 42 zu § 1 BetrAVG Zusatzversorgungskassen
[97] Boecken Rdnr. 63 ff.; Däubler RdA 1995, 136, 139; Gussen/Dauck Rdnr. 313; Kallmeyer-Willemsen § 324 UmwG Rdnr. 2; KR-Pfeiffer § 613a BGB Rdnr. 38; Mengel, 99; Spirolke, 39

dogmatisch der vor dem UmwG vor allem auf *K. Schmidt* zurückgehenden Meinung zur Anwendbarkeit des § 613a im Hinblick auf das Merkmal „durch Rechtsgeschäft" anzuschließen, nach der gesellschaftrechtliche Gesamtrechtsnachfolge immer auch auf einem Rechtsgeschäft beruhe[98]. Die früher überwiegende Ansicht sei von einer unzureichenden, eher vom Erbrecht geprägten Vorstellung der Gesamtrechtsnachfolge beeinflußt. Bei der Unternehmensumwandlung sei grundsätzlich immer ein entsprechendes Rechtsgeschäft (Verschmelzungsvertrag § 5 UmwG, Spaltungsplan § 126 UmwG) Grundlage für die Gesamtrechtsnachfolge, so daß tatbestandlich der Anwendung von § 613a BGB hinsichtlich des Merkmales „durch Rechtsgeschäft" eigentlich ohnehin nichts entgegensteht[99]. Diese tatbestandliche, d.h. direkte Anwendung stelle § 324 UmwG nunmehr sicher. Dogmatisch soll das zur Unterscheidung eines „arbeitsrechtlichen Übergangs", bei dem kein Betrieb im Sinne von § 613a BGB übergeht und eines „umwandlungsrechtlichen Überganges führen, so daß im letzteren Fall § 613a BGB nicht eingreifen soll.

Umstritten ist in dieser Meinungsgruppe indessen, welche teleologischen Konsequenzen sich aus der Auslegung des § 324 UmwG als Rechtsgrundverweisung ergeben[100]. Vor allem kurz nach Erscheinen des Umwandlungsgesetzes ist von Vertretern dieser Meinungsgruppe die Auffassung - unter Hinweis auf die insoweit mißverständliche Gesetzesbegründung[101] - vertreten worden, die Rechtsfolgen würden sich wegen der tatbestandlichen Anwendung nunmehr als lex specialis stets nach § 613a BGB richten[102]. Andere wollen für die Vorschrift dagegen die beim rechtsgeschäftlichen Betriebsübergang bekannten Auslegungsgrundsätze heranziehen. Die Rechtsfolgen des § 613a I S. 2-4 BGB sollen daher auch bei der gesellschaftrechtlichen Gesamtrechtsnachfolge lediglich einen Auffangtatbestand darstellen, so daß jeweils der Vorrang kollektiver Weitergeltung zu prüfen ist[103].

---

[98] K. Schmidt AcP 1991, 495, 497, 502

[99] Lutter UmwG-Joost § 324 Rdnr. 3

[100] Bachner/Trittin/Köstler/Trümner, 122 ff.; Bauer/Lingemann NZA 1994, 1062; Boecken Rdnr. 56 ff.; ders. ZIP 1994, 1087, 1090; Fitting/Kaiser/Heither/Engels § 111 BetrVG Rdnr. 42; Gussen/Dauck Rdnr. 313; Herbst AiB 1995, 11; Lutter UmwG-Joost § 324 Rdnr. 3; S.Peiffer, 131 ff.; Schnitker, 43; Waas in: Weiss/Gagel, Hdb. des Arbeits- und Sozialrechts § 18 A Rdnr. 41

[101] BR-Drucksache 75/94, 78 *„für das Recht der einzelnen Arbeitsverhältnisse gilt § 613a BGB ...."*

[102] so kurz nach Erscheinen des UmwG: Bauer/Lingemann NZA 1994, 1062; Boecken ZIP 1994, 1089; Herbst AiB 1995, 11; ausdrücklich auch heute noch S.Peiffer, 131 ff.; 150 ff.

[103] Boecken Rdnr. 56 ff.; Fitting/Kaiser/Heither/Engels § 111 BetrVG Rdnr. 42; Lutter UmwG-Joost § 324 Rdnr. 16; Schnitker, 43; Gussen/Dauck Rdnr. 313 ff. ; Waas in: Weiss/Gagel, Hdb. des Arbeits und Sozialrechts § 18 A Rdnr. 41; im Ergebnis aber auf den kollektiven Vorrang von Betriebsvereinbarungen beschränkt

2) § 324 UmwG als partielle Rechtsfolgenverweisung

Andere sehen § 324 UmwG als (partielle) Rechtsfolgenverweisung. Zwar stehe das Merkmal „durch Rechtsgeschäft" einer tatbestandlichen Anwendung des § 613a BGB nach wie vor entgegen, § 324 UmwG stelle jedoch sicher, daß die Anwendung an diesem Merkmal nicht scheitern soll. Von der Prüfung des Merkmales „Betrieb" befreie § 324 UmwG dagegen nicht, so daß auch diese Ansicht zwischen einem „umwandlungsrechtlichen Übergang", auf den § 613a BGB mangels Vorliegens eines übergehenden Betriebes nicht anwendbar sein soll, und einem „arbeitsrechtlichen Übergang" nach § 613a BGB unterscheiden will[104].

3) Analogielösung

Eine weitere Meinungsgruppe geht von einer weiterhin nur analogen Anwendbarkeit des § 613a BGB auf die Fälle der Gesamtrechtsnachfolge aus. Einer direkten Anwendbarkeit soll nach wie vor das Merkmal „durch Rechtsgeschäft" entgegenstehen[105]. *Oetker* will die Analogie über Art. 3 I GG rechtfertigen, weil eine Ungleichbehandlung von rechtsgeschäftlichem und Betriebsübergang durch Gesamtrechtsnachfolge sachlich nicht gerechtfertigt sei[106]. *Kempen/Zachert* und *Bachner* stützen sich für ihre Auffassung § 613a I S. 2-4 BGB weiterhin auf die teleologische Funktion des § 613a I S. 2-4 als Auffangtatbestand, so daß § 324 UmwG dahingehend verstanden werden soll, daß dessen Schutzzweck nicht unterlaufen werden soll[107].

V. Stellungnahme

1) Wortlaut

Der Wortlaut des § 324 UmwG ist aufgrund der ungewöhnlichen Formulierung „bleibt unberührt" für den Verweis auf § 613a I S. 2-4 BGB ambivalent und läßt grundsätzlich eine Vielzahl von Interpretationen zu. Auf den ersten Blick legt § 324 UmwG den Schluß nahe, für die Gesamtrechtsnachfolge gelte nunmehr stets § 613a BGB, wie es vor allem kurz nach Erscheinen des UmwG angenommen wurde. Diese Auslegung von § 324 UmwG führt jedoch zu einem Widerspruch mit dem Wortlaut, weil sie nicht erklä-

---

104 Balze/Rebel/Schuck, Outsourcing und Arbeitsrecht, 230; Hartmann ZfA 1997, 21, 24; Spirolke, 21 ff.
105 Bachner NJW 1995, 925, 928; B. Gaul NZA 1995, 717 ff.; Kempen/Zachert § 3 Rdnr. 46 ff.; Oetker in: Wiedemann § 3 TVG Rdnr. 168 ff.
106 Oetker in: Wiedemann § 3 TVG Rdnr. 171
107 Bachner NJW 1995, 925, 928; Kempen/Zachert § 3 TVG Rdnr. 46 ff.

ren kann , warum der Gesetzgeber dann nicht einfach den Wortlaut (und jedenfalls der Klarheit wegen wünschbar) „gilt stets § 613a BGB" verwandt hat[108]. Letztlich muß mit der vom Gesetzgeber gewählten Formulierung etwas anderes gemeint sein. Ein Parallelfall ergibt sich insoweit aus § 1 IV BSchFG. Bei dieser Vorschrift wird der Wortlaut „unberührt" ebenfalls nicht im Sinne einer genereller Anwendbarkeit interpretiert, sondern dahingehend, daß übrige Befristungstatbestände daneben bestehen und nicht verändert werden sollen[109]. Insoweit muß diese Betrachtung auch für § 324 UmwG gelten. § 324 UmwG/§ 613a BGB verdrängen also andere auf Umwandlungen anwendbare arbeitsrechtlichen Vorschriften nicht. Das legt konstruktiv wiederum die „Analogielösung" nahe[110] und würde die wie auch immer geartete direkte Anwendung des § 613a BGB ausschließen, denn vor Schaffung des § 613a BGB ging die ganz herrschende Meinung davon aus, daß die Vorschrift wegen des Merkmales „durch Rechtsgeschäft" nicht anwendbar sei oder zog allenfalls eine analoge Anwendung in Betracht[111]. Das läßt sich auch nicht alleine damit entkräften, daß der Auffangcharakter bei § 613a BGB beim rechtsgeschäftlichen Übergang nur für S.2-4, nicht aber für S. 1, d.h. den Tatbestand des Überganges gilt[112]. Durch die Gesamtrechtsnachfolge der Umwandlung könnte dieser nämlich ebenfalls als verzichtbar - weil an sich doppelt geregelt - angesehen werden. Die Arbeitsverhältnisse würden nämlich auch bereits durch das bloße Prinzip der Gesamtrechtsnachfolge übergehen. Indessen führt eine solche Auslegung allerdings zu dem Widerspruch, daß der Gesetzgeber damit auf eine Vorschrift verweisen würde, die nie anwendbar ist. Außerdem steht einer solchen Konstruktion auch der Wortlaut des § 613a III BGB entgegen, in dem ausdrücklich die Unanwendbarkeit des § 613a III BGB für Umwandlungen angeordnet wird, bei denen der Rechtsträger erlischt. Diese Anordnung in § 613a III BGB wäre ebenfalls sinnlos, wenn die Vorschrift selbst ohnehin nie anwendbar wäre[113]. Nach dieser Betrachtungsweise deckt der Wortlaut des § 324 UmwG wiederum auch eine direkte Anwendung. Welche Lösung insoweit vorzuziehen ist , muß insoweit an Hand weiterer Auslegungskriterien geklärt werden.

---

108 Kempen/Zachert § 3 TVG Rdnr. 49

109 Kittner/Däbler/Zwanziger-Däubler § 1 BSchFG Rdnr. 6; KR-Lipke § 1 BSchFG Rdnr. 43

110 Bachner NJW 1995, 925, 928; Kempen/Zachert § 3 TVG Rdnr. 49

111 BAG NZA 1995, 479, 480; D. Gaul, Betriebsübergang, 42; Müko-Schaub (2. Aufl.) § 613a BGB Rdnr. 3; Staudinger-Richardi /Annuß § 613a BGB Rdnr. 85; für eine Analogie bis dahin etwa Erman-Hanau § 613a BGB Rdnr. 81 erwogen auch BAG 5.10.93 AP Nr. 42 BetrAVG Zusatzversorgungskassen

112 aA Mengel, 75

113 wie hier: Boecken Rdnr. 59; Däubler RdA 1995, 136, 139

2) Entstehungsgeschichte

Angesichts des unklaren Wortlautes bietet es sich zunächst an, die Entstehungsgeschichte der Vorschrift für die Auslegung in Betracht zu ziehen, bei der nach dem Willen und den Normvorstellungen des Gesetzgebers zu fragen ist[114].
Die Vorschrift des § 324 UmwG ist erst auf Empfehlung des Rechtsausschusses in das UmwG aufgenommen worden und soll nach der Vorstellung des Gesetzgebers eine Zweifelsfrage, die im früheren Recht entstanden war und klären, ob § 613a BGB auch auf den Betriebsübergang aufgrund Gesamtrechtsnachfolge anwendbar ist. Der Gesetzgeber wollte mit der Vorschrift die Anwendbarkeit von § 613a BGB in sämtlichen Umwandlungsfällen klarstellen.
So heißt es etwa zur Begründung der Einfügung des § 324 UmwG durch den Rechtsausschuß:
„Anders als im Regierungsentwurf soll die Anwendbarkeit des § 613a I und IV BGB auf Umwandlungsfälle in einer besonderen Vorschrift klargestellt werden“[115].
Der Gesetzgeber ging dabei jedoch ohnehin von einer Anwendbarkeit des § 613a BGB aus, wie bereits die Formulierung „Klarstellung“ zeigt. Das bedeutet auch sonst aus Sicht des Gesetzgebers, daß die Gesetzeslage nicht verändert werden soll. So wurde etwa bei der Änderung des § 116 AFG im Jahre 1986 für mittelbar vom Streik betroffene Arbeitnehmer ebenfalls von einer „Klarstellung“, d.h. einer unveränderten Rechtslage ausgegangen[116]. Entsprechende Vorstellungen bestanden auch hinsichtlich § 613a BGB bei Unternehmensumwandlungen. So heißt es zur Begründung bereits im Regierungsentwurf, in dem § 324 UmwG noch nicht enthalten war:
„126 Abs. 9 UmwG gilt auch für Dauerschuldverhältnisse. Für die Rechte und Pflichten aus einem Arbeitsverhältnis schränkt § 613a BGB die Möglichkeit der Zuweisung auf einen bestimmten Rechtsträger ein, wenn nicht auch der Betrieb oder Betriebsteil, dem das Arbeitsverhältnis vor der Spaltung zuzurechnen war, auf denselben Rechtsträger übertragen wird“[117].
Mit Einfügung des Verweises auf § 613a BGB war man davon ausgegangen, daß *„für das Recht der einzelnen Arbeitsverhältnisse § 613a BGB gilt“*[118].

---

114 Bydlinski, Methodenlehre, S. 449; Larenz, Methodenlehre, 328 ff.
115 BT-Drucksache 12/7850, 145
116 zur Begründung durch die damalige Bundesregierung: BR-Drucksache 600/85 S. 1 ff, 13; was in der über Jahre währenden Debatte um § 116 AFG alledings stark umstritten war. Die Norm ist aber letztlich verfassungskonform BVerfGE 92, 365 ff.
117 BT-Drucksache 12/6699, 121
118 BR-Drucksache 75/94, 78

Diese Betrachtungsweise ergibt sich auch bei Betrachtung der maßgebend an der Beratung des Gesetzgebers beteiligten Personen. Das UmwG wurde im Rechtsausschuß zusammen mit der sog. „kleinen Aktiengesellschaft" beraten. Die rechtswissenschaftliche Beratung erfolgte dabei u.a. maßgeblich durch *K. Schmidt*[119], der bereits vor Erscheinen des UmwG davon ausgegangen war, daß § 613a BGB auch auf rechtsgeschäftliche Gesamtrechtsnachfolgen anwendbar war („rechtsgeschäftliche Gesamtrechtsnachfolge")[120]. Ausdrücklich ging etwa der Arbeitskreis Umwandlungsrecht davon aus, daß sogar eine Klarstellung der Anwendbarkeit des § 613a BGB *„angesichts des Meinungsstandes überflüssig sei"*[121]. Hieraus erklärt sich auch die Formulierung „unberührt". Der Gesetzgeber ist deshalb nach dieser Vorstellung dem System des § 1 IV BSchFG gefolgt, bei dem dort (zutreffend) von der Anwendbarkeit weiterer Befristungstatbestände ausgegangen wird[122]. Da der Gesetzgeber von der ohnehin gegebenen Anwendbarkeit des § 613a BGB ausging, hat er insoweit eine parallele Formulierung zur „Klarstellung der Anwendbarkeit" verwandt. Für § 613a BGB handelte es sich zum damaligen Zeitpunkt allerdings um eine Fehlvorstellung, weil die ganz herrschende Meinung einschließlich der Rechtsprechung des Bundesarbeitsgerichts gerade von der Unanwendbarkeit des § 613a BGB wegen des Merkmales „durch Rechtsgeschäft" ausging[123] und allenfalls die entsprechende Anwendung in Erwägung zog[124]. Genau diese Auslegung entspricht auch der des historischen Gesetzgebers des § 613a BGB, der das Merkmal „durch Rechtsgeschäft" als Abgrenzung zur Gesamtrechtsnachfolge verstanden hat. In der amtlichen Begründung wird ausdrücklich erklärt:
„In den Fällen der Universalsukzession - Umwandlung und Verschmelzung - ist eine derartige Vorschrift nicht erforderlich"[125].
Historisch erklärt sich das zunächst daraus, daß mit Einführung des § 613a BGB 1972 zunächst vor allem der Übergang von Arbeitsverhältnissen nach dem Prinzip „Kauf bricht nicht Miete" sichergestellt werden sollte. Die Problematik des weitergehenden Schutzes (Transformation von Kollektivvereinbarungen und einjähriger Weitergeltung) ist erst durch das arbeitsrechtlichen EG-Anpassungsgesetz in Umsetzung der Richtlinie

---

[119] vgl. BT-Drucksache 12/7848
[120] K. Schmidt AcP 1991, 497, 512
[121] Arbeitskreis Umwandlungsrecht ZGR 1993, 321, 322 zu dessen Mitgliedern u.a. auch K. Schmidt zählte
[122] KR-Lipke § 1 BSchFG Rdnr. 43
[123] zuletzt noch BAG NZA 1995, 479, 480; D. Gaul, Betriebsübergang 42 f.; Müko-Schaub 2. Aufl. § 613a BGB; Staudinger-Richardi/Annuß § 613a BGB Rdnr. 85; RGRK-Ascheid § 613a BGB Rdnr. 3, 76
[124] BAG 5.10.93 AP Nr. 42 zu § 1 BetrAVG Zusatzversorgungskassen mit Anmerkung Wiedemann, in der die Auffassung von rechtsgeschäftlichen Gesamtrechtsnachfolgen „als nicht mit dem Gesetz vereinbar" ausdrücklich abgelehnt wird; für entsprechende Anwendung: Erman-Hanau § 613a BGB Rdnr. 81 für eine direkte Anwendung bis dahin nur K.Schmidt AcP 1991, 497, 512; Pietzko, Tatbestand 127 ff.
[125] BT-Drucksache 6/1786, 59

77/187 EWG entstanden. Dennoch hat der Gesetzgeber an dem Wortlaut „Rechtsgeschäft" festgehalten, so daß darunter im Hinblick auf die Änderung des Jahres 1980 auch nichts anderes verstanden werden konnte. Die hM. ist insoweit systematisch zutreffend von einer weiteren Unanwendbarkeit ausgegangen.

Die Konstruktion der rechtsgeschäftlichen Gesamtrechtsnachfolge wurde gerade nur vereinzelt - und letztlich gegen die Vorstellung des Gesetzgebers des § 613a BGB - vertreten[126].

Insoweit ist zweifelhaft, ob damit im Hinblick auf diese Vorstellung Bindungswirkung für die Auslegung entfaltet wird[127], daß ausschließlich eine tatbestandliche Anwendung im Sinne „rechtsgeschäftlicher Gesamtrechtsnachfolgen" in Betracht käme[128]. Soweit Wortsinn und Bedeutungszusammenhang einen Auslegungsspielraum zulassen, ist grundsätzlich diejenige Auslegung vorzuziehen, die der Regelungsabsicht des Gesetzgebers und dem Zweck der Regelung am ehesten entsprechen. An solche Zwecke und gesetzlichen Wertentscheidungen besteht grundsätzlich Bindungswirkung[129]. Dies gilt indessen nicht für die näheren *Normvorstellungen* der an Vorbereitung und Abfassung beteiligten Personen, weil diese nicht den Willen des Gesetzgebers stellvertretend repräsentieren können und sich ihre Vorstellungen reregelmäßig nur auf einige, nicht jedoch auf alle Normanwendungsfälle erstrecken, so daß die Auslegung schon häufig aus diesem Grund genötigt ist, über sie hinauszugehen[130]. Für das Verhältnis von § 613a BGB zu § 324 UmwG bedeutet dieses, daß nach der Intention des Gesetzgebers die Anwendung des § 613a BGB durch das Merkmal „durch Rechtsgeschäft" nicht mehr ausgeschlossen werden kann, weil darin gerade das zentrale Regelungsziel der Vorschrift bestand. Dies folgt auch daraus, daß der Gesetzgeber ausdrücklich entsprechende europarechtlichen Vorgaben folgen wollte und eine zwingende einjährige Weitergeltung von in Kollektivvereinbarungen enthaltenen Arbeitsbedingungen sicherstellen wollte[131]. Nicht von der Bindungswirkung erfaßt ist dagegen, daß nunmehr zwingend von der Vorstellung „gesellschaftsrechtlicher Gesamtrechtsnachfolgen" im Rahmen von § 613a BGB und § 324 UmwG auszugehen ist. Dies gilt um so mehr als der Gesetzgeber lediglich von einer „Klarstellung" der Anwendbarkeit ausgegangen ist , also die Rechtslage umgekehrt auch gerade nicht verändern (sondern eben klarstellen) wollte, was aber bei einem Zugrundelegen dieser Konstruktion der Fall wäre, weil diese gera-

---

126 K. Schmidt AcP 1991, 497, 512; zuvor bereits ähnlich Pietzko, Tatbestand, 127 ff.

127 Henssler ZfA 1997 1, 14 spricht im Zusammenhang mit der unklaren Formulierung § 324 UmwG von „angeblich Sachverständigen"

128 ausdrücklich KR-Pfeiffer § 613a Rdnr. 36, 134; in dieser Richtung auch: Boecken Rdnr. 56 ff.; Mengel, 89

129 Larenz, Methodenlehre, 344

130 Larenz, Methodenlehre aaO.

131 BT-Drucksache 75/94, 78

de nicht der damaligen hM. zum Anwendungsrahmen des § 613a BGB entsprach. Daher ist eine vollständige Befolgung dieser gesetzgeberischen Intention ohnehin unmöglich. Die rechtsdogmatische Konstruktion ist vielmehr durch systematische Auslegung zu klären.

3) Systematische Auslegung

Im Rahmen der systematischen Auslegung ist die Norm im Lichte des Regelungskomplexes, dem sie angehört, zu untersuchen[132].

a) § 324 UmwG als generelle Rechtsfolgenverweisung ?

Weit überwiegend wird in der umwandlungsrechtlichen Literatur § 324 UmwG meist ohne nähere Begründung als eine Rechtsgrundverweisung gesehen[133]. Angesichts der bereits im Rahmen der Entstehungsgeschichte geschilderten Schwierigkeiten einer tatbestandlichen Anwendung könnte jedoch auch davon ausgegangen werden, § 324 UmwG bewirke den Anwendungsbefehl auf § 613a BGB, so daß es sich um eine Rechtsfolgenverweisung handelt[134]. Dem steht jedoch die Systematik entgegen. Dies zeigt ein Vergleich mit der Parallelvorschrift des § 1 IV BSchFG. Dort ist mit „unberührt" auch nicht eine Rechtsfolgenverweisung auf andere Befristungstatbestände, gemeint, vielmehr müssen deren Tatbestandvoraussetzungen vorliegen[135]. Auch außerhalb des engeren Kreises des Arbeitsrechts wird die „unberührt-Formel" so verstanden. So hat der Gesetzgeber diese Formulierung etwa auch im Zuge der deutschen Einheit in § 12 II SchuldRAnpG verwendet. Dieser regelt die Entschädigung für in der DDR auf gepachteten Grundstücken errichtete Bauwerke. Neben dieser speziellen Regelung bleibt eine Entschädigung nach den Vorschriften der ungerechtfertigten Bereicherung unberührt. Auch damit ist insoweit gemeint, daß die Tatbestandsvoraussetzungen des § 812 BGB für eine Entschädigung vorliegen müssen[136].
Im übrigen läge bei einem anderen legislatorischen Willen ein deutlicherer Wortlaut (gilt stets etc.) des § 324 UmwG nahe. Auch die bereits dargestellte Entstehungsgeschichte zeigt, daß sich der Streit auf das Merkmal „Rechtsgeschäft" konzentriert hat. Das macht

---

132 Larenz, Methodenlehre, 324 ff.
133 Boecken Rdnr. 71; Däubler RdA 1995, 136, 139; Gussen/Dauck Rdnr. 313; KR-Pfeiffer § 613a BGB Rdnr. 38 ; Lutter § 324 UmwG-Joost Rdnr. 5; Mengel 99; Spirolke, 39
134 Bachner NJW 1995, 2881, 1882; Kreßel BB 1995, 925, 928
135 KR-Lipke § 1 BSchFG Rdnr. 43
136 Krauss, Schuldrechtsanpassung, 600

aber nur Sinn, wenn diese Voraussetzung überhaupt geprüft werden muß, so daß § 324 UmwG letztlich als Rechtsgrundverweisung zu behandeln ist.

b) Rechtsgeschäft

Systematisch ist zunächst zu untersuchen, wie nunmehr das Merkmal „Rechtsgeschäft" des § 613a BGB im Hinblick auf § 324 UmwG aufzufassen ist. In der Literatur zum Umwandlungsgesetz wird weitgehend an die Auffassung *K.Schmidts* anknüpfend angenommen, die Gesamtrechtsnachfolge des UmwG sei eine sog. „rechtsgeschäftliche Gesamtrechtsnachfolge", so daß das Merkmal „durch Rechtsgeschäft" des § 613a BGB erfüllt sei[137]. Grundlage dieses Rechtsgeschäfts sei der Verschmelzungsvertrag (§§ 4 ff UmwG) oder der Spaltungsplan (§ 126 UmwG).
Damit wird indessen von der bislang herrschenden Dogmatik des deutschen Zivilrechts abgewichen, nach der bei der Übertragung zwischen Einzelrechtsnachfolge und Gesamtrechtsnachfolge zu unterscheiden ist, was der Gesetzgeber ursprünglich durch das Merkmal „durch Rechtsgeschäft" in § 613a BGB gerade zum Ausdruck gebracht hat. Zweifelhaft ist im übrigen dann die Abgrenzung zum anderen „klassischen" Fall der Gesamtrechtsnachfolge, dem Erbrecht. Auch hierbei kann Grundlage ein entsprechendes Testament oder ein Erbvertrag sein. Dieser Fall der Gesamtrechtsnachfolge soll jedoch nach wie vor nicht von § 613a BGB erfaßt sein, was sich aber nur über das Merkmal „durch Rechtsgeschäft" als Abgrenzung zur Gesamtrechtsnachfolge erreichen läßt[138]. Der klassische Fall der Gesamtrechtsnachfolge ist durch einen Übergang der gesamten Vermögensmasse durch einen Akt geprägt (§ 1922 BGB)[139]. Im Gegensatz dazu läßt das Umwandlungsgesetz allerdings nicht nur diese Form der Gesamtrechtsnachfolge zu, sondern auch die sog. „partielle Universalsukzession", bei der eine Aufteilung der Vermögensgegenstände im Spaltungsplan erfolgen kann (§ 126 UmwG), so daß diese Form dogmatisch der Einzelübertragung näher rückt und insoweit dem zugrunde liegenden Rechtsgeschäft größere Bedeutung zukommen läßt. Demgegenüber kennt das Erbrecht ebenfalls die Figur der partiellen Universalsukzession, dies betrifft die sog. Höfeordnung, im Mietrecht § 569 a,b BGB (Fortsetzung des Mietverhältnisses nicht mit dem Erben, sondern mit dem Ehegatten oder den Familienangehörigen des Erblassers)[140], sowie die Kollision zwischen Gesellschaftsrecht und Erbrecht, in der eine Son-

---

[137] Boecken Rdnr. 56 ff.; Gussen/Dauck Rdnr. 304; Mengel, 81 ff. ; Schalle, 60
[138] Bauer/Lingemann NZA 1994, 1057,1062; Gussen/Dauck Rdnr. 32; KR-Pfeiffer § 613a BGB Rdnr. 38, 134; Seiter, Betriebsinhaberwechsel, 144; Spirolke, 39; Staudinger-Richardi/Annuß § 613a BGB Rdnr. 86
[139] Lange/Kuchinke, 135 ff; 1266 ff.; Müko-Leipold § 1922 Rdnr. 58;
[140] vgl. dazu bei Lange/Kuchinke, 135 ff.; 1266 ff.

dererbfolge an Gesellschaftsanteilen zugelassen wird[141], so daß die partielle Universalsukzession keine Besonderheit der gesellschaftsrechtlichen Gesamtrechtsnachfolge ist. Im übrigen ist etwa die Verschmelzung gerade keine partielle, sondern eine ungeteilte Gesamtrechtsnachfolge (§ 20 UmwG). Die Möglichkeit der partiellen Universalsukzession unterscheidet die gesellschaftrechtliche Gesamtrechtsnachfolge daher gerade nicht von der erbrechtlichen Gesamtrechtsnachfolge. Eine Unterscheidung zwischen gesellschaftsrechtlicher und erbrechtlicher Gesamtrechtsnachfolge ist daher auf dieser Grundlage nicht möglich. Insoweit ist zweifelhaft , ob nicht das dingliche Rechtsgeschäft zu einer solchen Unterscheidung führt. Der dingliche Vollzug erfolgt bei der gesellschaftlichen Gesamtrechtsnachfolge letztlich durch Registereintrag, beim Erbrecht naturgemäß durch den Tod des Erblassers (§ 1922 I BGB). Das zugrunde liegende Rechtsgeschäft, d.h. Spaltungsplan oder Verschmelzungsvertrag, ist beim Umwandlungsgesetz demgegenüber also nur schuldrechtlicher Natur[142]. In beiden Fällen bedarf es also noch des dinglichen Vollzuges. Eine tatbestandliche Anwendung des § 613a BGB auf Umwandlungen ließe sich insoweit ohne weiteres annehmen, wenn man meint „Rechtsgeschäft" im Sinne des § 613a BGB sei ohnehin nur das Verpflichtungsgeschäft[143]. Diese Auffassung ist jedoch weder mit dem Wortlaut, noch dem Schutzzweck des § 613a BGB vereinbar. § 613a BGB knüpft an die Rechtsfolgen des Überganges eines Betriebes bzw. Betriebsteiles an. Diese treten aber nicht schon dann ein, wenn sich jemand durch Vertrag zur Übernahme verpflichtet. Entscheidend ist vielmehr der Zeitpunkt, in dem der Erwerber in die Organisation eintritt und deren Leitung nach außen übernimmt[144].

Für Umwandlungen wird dieses zum Teil mit dem Argument umgangen, daß die dingliche Rechtsfolge privatautonom eintritt (Einreichung beim Registergericht) und damit - im Gegensatz zum Erbrecht - als auf einem Rechtsgeschäft beruhend angesehen werden könne[145].

Einer solchen Betrachtung ist allerdings entgegenzuhalten, daß sie damit gegen das Abstraktionsprinzip verstößt, weil sie dingliches und schuldrechtliches Rechtsgeschäft letztlich vermischt[146]. Eine Übereinstimmung mit dem Abstraktionsprinzip läßt sich nur dann erreichen, wenn man Verschmelzungvertrag und Spaltungsplan sowohl als Verpflichtungs- als auch als Verfügungsgeschäft sieht[147]. Ein Verfügungsgeschäft setzt

---

[141] BGH Z 68, 225, 228; Baumbach/Hopt § 139 HGB Rdnr. 17; Müko-Ulmer § 727 BGB Rdnr. 31

[142] Dehmer § 4 UmwG Rdnr. 7; Lutter in Lutter (Hrsg.) § 126 UmwG Rdnr. 6

[143] Seiter, Betriebsinhaberwechsel, 41

[144] Staudinger-Richardi/Annuß § 613a BGB Rdnr. 87

[145] K. Schmidt AcP 191,495, 517 f; ihm folgend Mengel, 78

[146] Berscheid FS Stahlhacke 15, 27; Stuber, 52

[147] so Mayer in: Widmann/Mayer § 4 UmwG Rdnr. 23, der den Verschmelzungsvertrag als schuldrechtliches und dinglich wirkenden Vertrag ansieht.

jedoch die unmittelbare Einwirkung auf ein bestimmtes Recht durch Belastung, Inhaltsänderung oder Aufhebung voraus[148]. Der dingliche Vollzug erfolgt jedoch gerade aufgrund Gesetzes, nämlich dem Registereintrag (§ 131 UmwG) und damit nicht „aufgrund Rechtsgeschäfts". Mit dem Abstraktionsprinzip ist es deshalb nicht vereinbar, Spaltungsplan oder Verschmelzungsvertrag als Verfügungs- und Verpflichtungsgeschäft anzusehen, denn das deutsche Zivilrecht baut gerade auf der Trennung beider Rechtsgeschäfte auf.

Gegen diese Betrachtung läßt sich auch der Vergleich mit der Einzelrechtsnachfolge nach § 873 BGB anführen, mit der Argumentation, „niemand sei bisher auf den Gedanken verfallen, Auflassung und Eintragungsantrag im Grundbuch seien gewissermaßen nur Vorstufen des kraft Gesetz erfolgten Rechtsüberganges"[149]. Dem steht entgegen, daß in diesen Fällen immer sowohl ein privatautonomes Verpflichtungsgeschäft zu Grunde liegt und hiervon ein (getrenntes) Verfügungsgeschäft (Auflassung etc.) existiert, so daß keine entsprechende Vermischung zwischen Verpflichtungs- und Verfügungsgeschäften, wie es eine „rechtsgeschäftliche Gesamtrechtsnachfolge" erfordert, stattfindet. Im übrigen gibt es nach wie vor den Tatbestand der sog. „Registersperre" (z.B. für die Verschmelzung §§ 16 II 125, 198 III UmwG) für Anfechtungsklagen von Minderheiten gegen Umwandlungen, mit denen diese im Hinblick auf die kaufmännisch zu befürchtenden Schäden ein erhebliches Erpressungspotential haben können und die Gefahr besteht, daß solche Klagen nur erhoben werden, um sich den „Lästigkeitswert" abkaufen zu lassen[150]. Der Gesetzgeber hat deshalb im Umwandlungsgesetz ein erleichtertes Verfahren ggf. ohne mündliche Verhandlung vorgesehen, um die „Sperre" wieder zu beseitigen. Der Akt der Eintragung ist deshalb keineswegs völlig bedeutungslos. Auch der Wortlaut des § 324 UmwG spricht gegen eine solche Betrachtung. Dieser knüpft ausdrücklich an die *Wirkung* der Registereintragung für das „unberührt bleiben" des § 613a BGB an.

Will man das Merkmal „Rechtsgeschäft" des § 613a BGB deshalb durch die Umwandlung als erfüllt sehen, so wäre diese deshalb nur mit der Annahme möglich, es komme ohnehin nur auf das Verpflichtungsgeschäft an[151]. In diese Richtung geht auch der von *Boecken* angeführte Fall der Verpachtung als Rechtsgeschäft im Sinne von § 613a BGB[152] mit dem Argument, daß dieser Fall Rechtsgeschäft im Sinn der Vorschrift sei, *„obwohl eine dingliche Übertragung im Wege der Einzelsukzession überhaupt nicht in*

148 allgemeine Meinung: vgl. etwa: BGH Z 101, 26; Palandt-Bassenge Einl. § 854 BGB Rdnr. 16
149 Däubler RdA 1995, 136, 142
150 K. Schmidt, Gesellschaftsrecht § 13 III 2, 360
151 Mengel, 78
152 BAG 14.11.78, 25.2.82, AP Nr. 14, 24 zu § 613a BGB; Erman-Hanau § 613a BGB Rdnr. 27; Seiter, Betriebsinhaberwechsel, 41

Betracht käme"[153]. Indessen erfolgt bei der Verpachtung auch der dingliche Vollzug privatautonom, er wird nämlich durch Verschaffung der tatsächlichen Verfügungsgewalt vollzogen und beruht insoweit nicht auf Gesetz wie ein Registereintrag[154]. Zutreffend sind deshalb auch Befürworter der Verpachtung als Rechtsgeschäft im Sinne von § 613a BGB von einer tatbestandlichen Unanwendbarkeit ausgegangen und nahmen allenfalls eine entsprechende, d.h. analoge Anwendung der Vorschrift an[155].

Würde man nur auf das Verpflichtungsgeschäft abstellen, dann müßte indessen der Anwendungsbereich auch auf das Erbrecht ausgedehnt werden, weil das zugehörige Verpflichtungsgeschäft (Testament, Erbvertrag) ebenfalls ein privatautonomes Rechtsgeschäft darstellt. Es stellt sich dann aber die Frage nach der systematischen Funktion des Merkmals „Rechtsgeschäft". Der Gesetzgeber wollte ursprünglich durch das Merkmal „Rechtsgeschäft" die Gesamtrechtsnachfolge ausnehmen, so daß die hM. deshalb nach wie vor von der Unanwendbarkeit auf das Erbrecht ausgeht[156]. Eine so weitgehende Annahme mit Ausdehnung auf das Erbrecht ginge methodisch auch über den Regelungsbereich von § 324 UmwG hinaus, da dieser nur für den gesellschaftsrechtlichen Bereich bei Umwandlungen geschaffen wurde.

Für die Umwandlung greift indessen § 324 UmwG ein, der § 613a BGB durch die Wirkung der Eintragung der entsprechenden Umwandlung „unberührt" lassen will. Dieser stellt also gerade auch auf das dingliche Vollzugsgeschäft - dem jedenfalls ein (schuldrechtliches) Rechtsgeschäft zugrunde liegt - ab. Der Wortlaut des § 613a BGB trifft über die Qualität des Rechtsgeschäfts keine Aussage, so daß eine solche weite Auslegung nur auf das schuldrechtliche Rechtsgeschäft möglich ist. Im Hinblick auf die Bindungswirkung hinsichtlich des Regelungszieles des Gesetzgebers[157] ist diese Auslegung auch geboten, der die Anwendung des § 613a BGB durch § 324 UmwG gerade klarstellen wollte, um die europarechtlichen Vorgaben der Richtlinie 77/187 EWG umzusetzen. Damit folgt eine solche Interpretation auch gleichzeitig dem Gebot der europarechtskonformen Auslegung (Art. 5, 189 EWG Vertrag). Andererseits läßt sich damit die ursprüngliche Vorstellung des Gesetzgebers harmonisieren, daß das Merkmal „Rechtsgeschäft" gerade als Abgrenzung zur Gesamtrechtsnachfolge verstanden und geschaffen wurde. Das entspricht auch der bisherigen Rechtsprechung des Bundesar-

---

[153] Boecken Rdnr. 48, hierauf beruft sich zur Begründung der tatbestandlichen Anwendung auch bereits Pietzko, 139

[154] MünchArbR-Wank § 120 Rdnr. 175; Spirolke, 39

[155] Erman-Hanau § 613a BGB Rdnr. 27; Seiter, Betriebsinhaberwechsel, 41; gegen tatbestandliche Anwendung wegen entgegenstehenden Merkmales „Rechtsgeschäft" auch: BAG 4.12.74 AP Nr. 2 zu § 3 TVG; BAG 5.10.93 AP Nr. 42 zu § 1 BetrAVG Zusatzversorgungskassen; BAG NZA 1995, 479, 480

[156] Erman-Hanau § 613a BGB Rdnr. 39; D. Gaul, Betriebsübergang, 16; Schlachter FS Däubler 180, 189; Seiter DB 1980, 877 ff; Staudinger-Richardi § 613a BGB Rdnr. 76; RGRK-Ascheid § 613a BGB Rdnr. 3, 76

[157] Larenz, Methodenlehre, 324

beitsgerichts und Literatur bis zum Inkrafttreten des UmwG, die allenfalls eine „entsprechende“ Anwendung in Erwägung zogen[158]. Insoweit ist aus § 324 UmwG zu entnehmen, daß das schuldrechtliche Rechtsgeschäft in Form des Verschmelzungsvertrages oder des Spaltungsplanes als „Rechtsgeschäft“ im Sinne des § 613a BGB ausreichend sein soll, die den Anstoß für den Registereintrag geben. § 324 UmwG wird damit indessen nicht zu einer „partiellen Rechtsfolgenverweisung“ [159], weil es bei der Prüfung des Merkmals - eben beschränkt auf das Verpflichtungsgeschäft - verbleibt. Eine Differenzierung der Verweisung ist außerdem weder dem Wortlaut des § 324 UmwG noch des § 613a I S. 2-4 BGB zu entnehmen. Daher ist das Merkmal „durch Rechtsgeschäft“ durch den Spaltungsplan bzw. den Verschmelzungsvertrag erfüllt.

c) Betrieb als Tatbestandsvoraussetzung für § 613a I S. 2-4 BGB

Zweifelhaft ist weiterhin, ob der Schutz des § 613a I S. 2-4 BGB für Betriebsvereinbarungen und Tarifverträge systematisch nur dann eingreift, wenn neben dem Merkmal „durch Rechtsgeschäft“ auch ein Betriebsübergang bei der Umwandlung vorliegt.
Sieht man dieses Merkmal „Betrieb“ als weitere zwingende Tatbestandsvoraussetzung für § 613a I S. 2-4 BGB, so können Schutzlücken bestehen, da eine Umwandlung nicht zwingend mit einem Betriebsübergang verbunden ist. Für die Verschmelzung ist dieses grundsätzlich ausgeschlossen, weil diese eine Nachfolge des gesamten Vermögens darstellt (§ 20 UmwG). Bei der Spaltung kann nach dem Grundsatz der partiellen Universalsukzession durch freie Zuordnung des Vermögens (§ 126 I Nr. 9 UmwG) diese auch so vorgenommen werden, daß der Übergang von Arbeitsverhältnissen nicht mit einem Betriebsübergang im Sinne von § 613a BGB verbunden ist.
In der Literatur werden folgende Fallgruppen von Umwandlungen (Spaltungen) genannt, die nicht mit einem Betriebsübergang verbunden sein sollen:

aa) es werden Arbeitsverhältnisse übertragen, ohne daß ein Betrieb oder Betriebsteil übertragen wird.
bb) mit dem Übergang eines Betriebes sollen Arbeitsplätze übertragen werden, die zu einem zurückbleibenden Betrieb bzw. Betriebsteil zugehören

---

158 D. Gaul, Betriebsübergang, 42 f.; Müko-Schaub (2. Aufl.) § 613a BGB Rdnr. 3; Staudinger-Richardi/Annuß Rdnr. 85; RGRK-Ascheid § 613a BGB Rdnr. 3, 76; zuletzt: BAG NZA 1995, 479, 480, für entsprechende Anwendung etwa Erman-Hanau § 613 BGB Rdnr. 39
159 so aber Spirolke, 39

cc) es werden Arbeitsverhältnisse übertragen, die im Rahmen einer Spaltung nicht direkt zugeordnet werden können[160].

Diese Fallgruppen sollen dann zu einer Differenzierung zwischen einem sog. „arbeitsrechtlichen" Übergang von Arbeitsverhältnissen (mit Übergang eines Betriebes) und einem „umwandlungsrechtlichen" Übergang von Arbeitsverhältnissen führen[161].
Für den bloßen Tatbestand des Überganges von Arbeitsverhältnissen ist diese Differenzierung zunächst unerheblich, weil der Übergang auch durch die vom Umwandlungsgesetz angeordnete Gesamtrechtsnachfolge erfolgen kann[162]. Der Gesetzgeber hat diesen Tatbestand mit § 613a I S. 1 BGB und der Gesamtrechtsnachfolge also gleichsam „doppelt" geregelt.
Für den Schutz von Kollektivvereinbarungen nach § 613a I S. 2-4 BGB gilt dieses jedoch nicht, denn § 613a I S. 2-4 BGB setzt tatbestandlich grundsätzlich den Übergang eines Betriebes voraus. Insoweit stellt sich die Frage der Anwendbarkeit dieser Schutznorm für die Fälle von Umwandlungen, in denen kein Betrieb oder Betriebsteil im Sinne von § 613a BGB übergeht.
Der Gesetzgeber hat diese Problematik übersehen. Die Gesetzesbegründung enthält zwar Aussagen über die tatbestandliche Anwendung des § 613a BGB[163] - was sich auch im Wortlaut des § 324 UmwG niederschlägt - die aber im Hinblick auf die Auslegung des Merkmales „Betrieb" zu entsprechenden Schutzlücken im Bereich von Umwandlungen führen kann. Anderseits wurde für die Folgen im Bereich von Kollektivvereinbarungen von einer generellen Geltung der Regelung des § 613a I S. 2-4 BGB ausgegangen[164].
Damit sollten nach dem Willen des Gesetzgebers vor allem die europarechtlichen Vorgaben[165] umgesetzt werden, so daß insoweit diese näher zu untersuchen sind.
Das nationale „Umsetzungsrecht" ist nach ständiger Rechtsprechung des EuGH europarechtskonform auszulegen. Der EuGH rechtfertigt dies aus § 5 EGV-Vertrag sowie aus § 189 EGV-Vertrag her, dabei sind „insbesondere" die zur Durchführung von Richtlinien erlassenen Vorschriften richtlinienkonform auszulegen[166]. In der Literatur wird zur

---

[160] vgl. bei Boecken Rdnr. 71; Däubler RdA 1995, 136 ff., 142, im Gesetzgebungsverfahren auch BR-Drucksache 75/94, 118; einschränkend Mengel, 105 hinsichtlich der fehlenden Zuordnung, weil dieses als Problem der Rechtsfolgenseite von § 613a BGB betrachtet wird.
[161] Boecken Rdnr. 71; Brinkmann, 112; Däubler RdA 1995, 136, 142; KR-Peiffer § 613a BGB Rdnr. 22; Mengel, 105; Schalle, 65
[162] Schalle, 65 will insoweit den Vorrang von § 613a I S.1 BGB annehmen.
[163] BR-Drucksache 75/94, 78, 118, 121, 175
[164] BR-Drucksache 75/94, 78 *„für das Recht der einzelnen Arbeitsverhältnisse gilt § 613a BGB ...."*
[165] BR-Drucksache 74/94 aaO.
[166] EuGH R 14/83 (Colson und Kammann/NRW). Slg 1984, 1891 LS 1; EuGH Rs 79/83 (Harz/Tradax) Slg 1984, 1921 LS 1

europarechtskonformen Auslegung hinsichtlich des Merkmales „Betrieb" für die Auslösung der Rechtsfolgen des § 613a I S. 2-4 BGB zunächst vor allem auf die Spaltungs- und Verschmelzungsrichtlinie zurückgegriffen[167]. Die Verschmelzungsrichtlinie (Art. 12) und die Spaltungsrichtlinie (Art. 11) ordnen an, daß die Wahrung von Ansprüchen der Arbeitnehmer der sich verschmelzenden bzw. der an Spaltung beteiligten Gesellschaften „gemäß Richtlinie 77/187 EWG" (also der „Betriebsübergangsrichtlinie" hinter § 613a BGB, die eine einjährige Weitergeltung von Kollektivvereinbarungen anordnet), geregelt wird[168]. Streitig ist insoweit, ob es sich um eine Rechtsgrund- oder Rechtsfolgenverweisung handelt, auf die auch Art. 1 der Betriebsübergangsrichtlinie Bezug nehme. Befürworter einer Rechtsgrundverweisung nehmen insoweit an, daß eine Anwendung der Richtlinie 77/187 EWG bei einem rein „umwandlungsrechtlichen Übergang" von Arbeitsverhältnissen im Rahmen der Spaltung ausgeschlossen sei[169]. *Vollrath* führt zur Begründung weiterhin an, daß eine entsprechende Anwendung europarechtlich nicht geboten sei, da die Ansprüche des Arbeitnehmers bereits aufgrund der Universalsukzession gewahrt sind und ein Schutz vor Änderungskündigungen nach allgemeinem Recht erfolgt. Eine Analogie verbietet sich auch, weil dem Arbeitnehmer für den umwandlungsrechtlichen Übergang ein Zustimmungsrecht - statt des sonst bei § 613a I S. 2-4 BGB üblichen Widerspruchsrechts - zustehe. Im übrigen sei § 613a I S. 2-4 BGB analogieunfähig[170].

Solche Zweifel bestehen allerdings nur hinsichtlich der Formulierung der bisherigen Richtlinie, weil diese den Anwendungsrahmen in Art. 1 mit „Betrieben, Betriebsteile und Unternehmen" beschrieben hat, obwohl die Spaltung damit nicht zwingend verbunden sein muß. Indessen war das bereits nach dieser Rechtslage zweifelhaft, weil der Verweis der Spaltungsrichtlinie (Art. 12) dann bewußt lückenhaft gewesen wäre[171], so daß der europäische Gesetzgeber letztlich bewußt unterschiedliche rechtliche Behandlung gewollt haben müßte. Im Hinblick auf die identische Formulierung der Verschmelzungsrichtlinie - bei der solche Lücken nicht entstehen können, weil zumindest immer „Unternehmen" (§ 20 I UmwG - und nicht nur Unternehmensteile - eine partielle Universalsukzession ist hier gerade ausgeschlossen) übergehen - ist das nicht anzunehmen. Der Verweis in der Verschmelzungsrichtlinie hat ohnehin deklaratorischen Charakter, weil

---

167 Bartoduziej BuW 1994, 788 ff ; 793 f.; Boecken Rdnr. 178

168 Richtlinie 78/855 EWG; Richtlinie 82/891 EWG; vgl. auch Blainplain/Schmidt/Schweibert Rdnr. 477, 478

169 Bartoduziej BuW 1994, 788 ff, 793 f; Brinkmann, 194/95; Vollrath in: Widmann/Mayer § 324 UmwG Rdnr. 55

170 Vollrath in: Widmann/Mayer § 324 UmwG Rdnr. 55, 56 unter Berufung auf BAG NZA 1995, 479 f.; gegen die Analogie auch Spirolke, 36

171 Boecken Rdnr. 179, im Ergebnis auch für alle Fälle der Spaltung ohne nähere Begründung: Düwell NZA 1996, 793, 796; Gussen/Dauck Rdnr. 314; KR-Peiffer § 613a BGB Rdnr. 22

die Richtlinie 77/187 EWG für den Anwendungsrahmen in Art. 1 das Wort „Verschmelzung" selbst enthält.

Darauf kommt es im übrigen auch nicht mehr an. Der europäische Gesetzgeber hat die „Betriebsübergangsrichtlinie" 77/187 EWG durch die Richtlinie 98/50 EG reformiert[172] und die Problematik darin klargestellt. Der generelle Anwendungsbereich der Betriebsübergangsrichtlinie wird dabei nunmehr in Art. 1 I a wie folgt formuliert:

„Diese Richtlinie ist auf Übergang von Unternehmen, Betrieben, ***Unternehmens-*** *bzw. Betriebsteilen auf einen anderen Inhaber, durch vertragliche Übertragung oder durch Verschmelzung anwendbar"*[173].

Deutlich wird hieran, daß die Richtlinie nicht nur bei Übergang von Betrieben, sondern auch bei dem Übergang von Unternehmen und Unternehmensteilen Anwendung findet. Für den Übergang von Unternehmen kommt es daher auf europäischer Ebene nicht darauf an, ob gleichzeitig ein Übergang von Betrieben vorliegt, das Merkmal „Unternehmen" reicht für sich aus, um die Anwendung der Richtlinie auszulösen. Das gilt auch für die partielle Universalsukzession der Spaltung, weil in die reformierte Richtlinie nunmehr ausdrücklich das Wort „Unternehmensteile" aufgenommen wurde, was somit auch Spaltungen ohne Betriebs- oder Betriebsteilübergang erfaßt. Damit wird deutlich, daß richtlinienkonform, spätestens durch die Richtlinie 98/50 EG, der Schutz des § 613a I S. 2-4 BGB auch auf den sog. „umwandlungsrechtlichen Übergang" ausgedehnt werden muß[174]. Damit muß europarechtlich vor allem die Jahresfrist (Art. 3 III Richtlinie 98/50 EG) in nationales Recht auch bei „umwandlungsrechtlichem Übergang" umgesetzt werden. Gegen eine Ausdehnung des § 613a I S. 2-4 BGB auf diese Fallgruppe läßt sich deshalb der Tatbestand der Universalsukzession und der allgemeine Schutz vor Änderungskündigungen nicht mehr anführen[175], weil damit Art. 3 III der Richtlinie nicht Rechnung getragen werden kann. Ebensowenig kann ein Zustimmungsrecht für den „umwandlungsrechtlichen Übergang" an den europarechtlichen Vorgaben etwas ändern oder diese gar unterlaufen.

Europarechtlich ist somit von einer Anwendung der Richtlinie 98/50 EG auf alle Formen von Unternehmensumwandlungen auszugehen.

---

[172] die Umsetzungsfrist läuft im Jahre 2001 ab

[173] abgedruckt NZA 1998, 1211 ff., das fett gedruckte Wort ist neu eingefügt

[174] Im Ergebnis ebenso B. Gaul BB 1999, 526; aA Vollrath in: Widmann/Mayer § 324 Rdnr. 55. In vielen Darstellungen zum Unwandlungsrecht ist die Änderung der Richtlinie noch nicht enthalten vgl. etwa Willemsen/Willemsen, Umstrukturierung Rdnr. G 38 (1999)

[175] so noch zur alten Fassung der Richtlinie 77/187 EWG Vollrath: in Widmann/Mayer § 324 UmwG Rdnr. 55, was wegen der Verweisungen in Spaltungs- und Verschmelzungsrichtlinie auch dort nach hiesiger Auffassung nicht zutreffend ist.

In Teilen der Literatur wird im Hinblick auf die Richtlinie eine generelle Analogie für die Geltung des § 613a I S. 2-4 BGB bei „rein" umwandlungsrechtlichen Betriebsübergängen angenommen[176]. Andere wollen eine solche Ausdehnung mit dem Hinweis des Fehlens einer planwidrigen Regelungslücke ablehnen, so daß § 613a I S. 2-4 BGB keine Anwendung finden soll[177]. Direkt läßt sich die Richtlinie im Hinblick auf „Unternehmensteile" dann ebenfalls nicht anwenden, weil eine „vertikale" Direktwirkung von Richtlinien ausgeschlossen ist. Grundsätzlich läßt sich auch § 613a I S. 2-4 BGB die generelle Analogiefähigkeit - wie bei anderen Normen auch - nicht absprechen[178]. Die von *Vollrath* angeführte Rechtsprechung des Bundesarbeitsgerichts[179] läßt sich gegen eine solche Ausdehnung nicht ins Feld führen. Diese ist zu einer Gesamtrechtsnachfolge außerhalb des UmwG erfolgt und damit auch vor dem Verweis des § 324 UmwG. Tatbestandlich lag außerdem kein „umwandlungsrechtlicher Übergang" vor, sondern es wurde angenommen, daß das Merkmal „Rechtsgeschäft" einer Anwendung auf die Gesamtrechtsnachfolge entgegensteht. Das Bundesarbeitsgericht hat die (weitere) Analogiefähigkeit im übrigen gerade mit der Beschränkung der Umsetzung der EG-Richtlinie begründet[180]. Gerade diese Vorgaben sind hier aber maßgebend und waren Hintergrund der Einfügung des § 324 UmwG. Im übrigen hat das Bundesarbeitsgericht auch in der Vergangenheit die Analogiefähigkeit in anderen Entscheidungen bejaht[181]. Systematisch erscheint eine generelle Analogie des § 613a I S. 2-4 BGB in der Tat auf den ersten Blick problematisch, weil damit das Tatbestandsmerkmal „Betrieb" letztlich für die Umwandlung weitgehend überflüssig wird und die zunächst getroffene Unterscheidung zwischen „arbeitsrechtlichem" und „umwandlungsrechtlichem" Übergang darüber wieder aufgegeben wird.

Vor einer solchen generellen Analogie kann deshalb zunächst eine weite Auslegung des Merkmales „Betrieb" bzw. „Betriebsteil" vorgenommen werden. Nur soweit dies nicht möglich ist, besteht die Regelungslücke, weil die Problematik des „umwandlungsrechtlichen Überganges" im Gesetzgebungsverfahren bezogen auf Tarifverträge und Betriebsvereinbarungen nicht gesehen wurde. Die Fallgruppe des sog. „umwandlungs-

---

176 Boecken Rdnr. 197 ff., 210; Gussen/Dauck Rdnr. 314; KR-Peiffer § 613a BGB Rdnr. 38; offen lassend: Kallmeyer-Willemsen § 324 UmwG Rdnr. 23

177 so Spirolke, 26 ff.; Vollrath in: Widmann/Mayer § 324 UmwG Rdnr. 56

178 prinzipiell analogiefähig ist jede Norm: Larenz Methodenlehre, 370 ff.

179 BAG NZA 1995, 479 f.

180 BAG NZA 1995, 479, 482 *„Es fehlt bereits an Anhaltspunkten im Gesetzgebungsverfahren, daß der Gesetzgeber* ***über die konkreten Vorgaben der genannten EG-Richtlinie*** *die individualrechtliche Fortgeltung von Kollektivnormen auch außerhalb der genannten Tatbestände zulassen wollte".* Das BAG hat eine Ausdehnung des aus der Richtlinie 77/187 EWG (bzw. 98/50 EG) direkt folgenden Anwendungsrahmens „Rechtsgeschäft" bzw. „Verschmelzung" geprüft und damit eine Anwendung des § 613a I S. 2-4 BGB auf eine Gesamtrechtsnachfolge nach dem Einigungsvertrag abgelehnt. Die Spaltungs- und Verschmelzungsrichtlinie und deren Verweis auf die Richtlinie 77/187 EWG bzw. 90/50 EG sind nicht geprüft.

181 BAG 4.12.74 AP Nr. 2 zu § 3 TVG

rechtlichen Überganges" betrifft vor allem die des Überganges von Arbeitsverhältnissen, ohne daß Betriebsmittel übergehen.

Der Betriebsbegriff des § 613a BGB ist in Rechtsprechung und Literatur seit langem heftig umstritten. Insoweit kann hier an die Entwicklung der Rechtsprechung angeknüpft werden, nach der die Übernahme von Arbeitnehmern für sich bereits ausreichend sein kann, um einen Betriebsübergang herbeizuführen[182].

Bisher ging die Rechtsprechung davon aus, daß die Übernahme von Personal nicht zu einem Betriebsübergang führt[183]. Dies hängt im wesentlichen mit dem im deutschen Arbeitsrecht traditionell verwendeten Betriebsbegriff zusammen, wonach der Betrieb die arbeitstechnische Einheit ist, innerhalb derer ein Arbeitgeber allein oder mit Arbeitnehmern mit Hilfe von sächlichen und immateriellen Betriebsmitteln arbeitstechnische Zwecke verfolgt[184]. Hieran anknüpfend folgt das Erfordernis des Überganges von Betriebsmitteln.

Der EuGH verwendete jedoch eine vor allem funktionale Betrachtungsweise, deren „Spitze" die Auftrags- und Funktionsnachfolgerechtsprechung der sog. „Christel Schmidt" Entscheidung (Übergang eines Reinigungsauftrages) bildet[185]. Diese Problematik spielt für sich genommen bei Umwandlungen keine große Rolle und dürfte im Hinblick auf die sog „Ayse Süzen" Entscheidung weitgehend geklärt sein[186].

Der EuGH definiert einen Betriebsübergang im Sinne einer ihre Identität wahrende wirtschaftliche Einheit im Sinne einer organisierten Zusammenfassung von Ressourcen zur Verfolgung einer Haupt- und Nebentätigkeit[187]. Diese Begriffsbestimmung wird auch durch Richtlinie 98/50 EG - die insoweit Betriebsübergangsrichtlinie 77/187 EWG ändert - klargestellt (Art. 1 b), deren Umsetzungsfrist im Jahr 2001 abläuft[188], so daß im Wege richtlinienkonformer Auslegung die diesbezüglichen Vorgaben auch für das deutsche Arbeitsrecht maßgeblich sind. Diesem Betriebsbegriff folgend, soll nach Auffas-

---

182 insbesondere EuGH DB 1997, 628 f. „Ayse Süzen"

183 BAG 29.9.89 EzA Nr. 85 zu § 613a BGB; Loritz RdA 1987, 67, 77

184 vgl. BAG aaO. zum „traditionellen" Betriebsbegriff und Übergang von Arbeitsverhältnissen; vgl. auch: BAG 25.2.81 AP Nr. 24 zu § 613a BGB; Blank/Blanke/Kümpel/Wendeling-Schröder/Wolter, 227 ff.; Soergel-Raab § 613a BGB Rdnr. 19

185 EuGH NZA 1994, 612 „Christel Schmidt"

186 EuGH DB 1997, 628 f „Ayse Süzen"; so haben das jedenfalls der 8. Senat des BAG und das Bundesverfassungsgericht verstanden. Nach der „Ayse Süzen" Entscheidung des EuGH hat das BAG seine Vorlage auf „besondere Anregung aus Luxemburg" (Müller-Glöge NZA 1999, 449 ff.) zurückgenommen (BAG NZA 1997, 1050 = AP Nr. 15 zu EWG-Richtlinie 77/187). Das BVerfG hat eine Vorlagepflicht für die Funktionsnachfolge verneint, weil der EuGH die Frage abschließend beantwortet habe (BVerfG NZA 1997, 931 = AP Nr. 52 zu Art. 101 GG)

187 EuGH DB 1997, 628 f. „Ayse Süzen"

188 Art. 1b lautet nunmehr: *vorbehaltlich Buchstabe a) und der nachstehenden Bestimmungen dieses Artikels gilt als Übergang im Sinne der Richtlinie der Übergang einer ihre Identität wahrenden wirtschaftlichen Einheit im Sinne organisatorischer Zusammenfassung von Ressourcen zur Verfolgung einer wirtschaftlichen Haupt- oder Nebentätigkeit.*

sung des EuGH die Übernahme von Arbeitskräften für sich genommen bereits ein hinreichendes Indiz für einen Betriebsübergang sein, auch wenn keine weiteren Betriebsmittel übergehen[189]. Das soll jedenfalls bei Übernahme der Hauptbelegschaft gelten. Der EuGH mißt dabei jedoch auch der Übernahme eines Teiles der Belegschaft für einen Betriebsübergang großes Gewicht bei. Danach soll für das Vorliegen eines Betriebsüberganges wesentlich von Belang sein, wenn „der Erwerber einen nach Zahl und Sachkunde wesentlichen Teil des Personals übernimmt"[190]. Das Bundesarbeitsgericht hat sich dieser Rechtsprechung mittlerweile im Bereich von Dienstleistungsbetrieben angeschlossen, soweit etwa ein sog. „Know-how"- Träger übernommen wird[191]. Für einen Betriebsübergang kann dabei etwa bereits die Übernahme eines Kochs genügen[192]. Es gibt indessen eine Tendenz in der Rechtsprechung, diese Fallgruppe ausdehnen. Das Bundesarbeitsgericht ist neuerdings der Auffassung, daß es für einen Betriebsübergang durch bloße Übernahme von Arbeitsverhältnissen eines besonderen Fachwissens der Arbeitnehmer nicht bedarf. Das soll jedenfalls dann gelten, wenn eine größere Anzahl von Arbeitnehmern übernommen wird[193], was vor allem Dienstleistungsbetrieben Rechnung trägt, in denen die Beschäftigten nur einer geringen Qualifikation bedürfen[194]. Im Ergebnis bedeutet diese Rechtsprechung daher eine Verlagerung auf Gesichtspunkte aus dem unternehmerischen Bereich[195]. Methodisch wird dieser Rechtsprechung vor allem entgegengehalten, sie trenne nicht hinreichend scharf zwischen Tatbestand und Rechtsfolge des § 613a BGB, der Übergang von Arbeitsverhältnissen sei nicht Tatbestandsvoraussetzung, sondern Rechtsfolge (sog. „Konfusionsargument")[196]. Teleologisch begründet sich das „Konfusionsargument" vor allem mit der Überlegung, daß es dem Arbeitgeber ansonsten möglich wäre, einen „ansonsten" bzw. „eigentlich" stattfindenden Betriebsübergang zu vermeiden, aus dem sich der Übergang der Arbeitsverhältnisse ergeben müsse[197]. Diese Befürchtungen begründen sich im Hinblick auf die Rechtsprechung des Reichsgerichts, nach der die Übernahme von Arbeitsverhältnissen zwar freiwillig, im Fall der Übernahme aber ein ununterbro-

---

189 EuGH DB 1997, 628 f. „Ayse Süzen"
190 EuGH DB 1997, 628 „Ayse Süzen"
191 BAG BB 1998, 698 = BAG 11.12.97 AP Nr. 172 zu § 613a BGB; BAG DB 1997, 2540, hierfür auch Müko-Schaub § 613a BGB Rdnr. 29; zur Entwicklung vgl. auch Annuß, NZA 1997, 70 ff. sowie Ascheid FS Dieterich, 10 ff.
192 BAG DB 1997, 2540
193 BAG 11.12.97 AP Nr. 172 zu § 613a BGB; ErfK-Preis § 613a BGB Rdnr. 15
194 Schlachter FS Däubler, 180, 182
195 Moll RdA 1999, 233, 234
196 Erman-Hanau § 613a BGB Rdnr. 10; KR-Peiffer § 613a BGB Rdnr. 24; noch BAG DB 1988, 712; Trittin FS Däubler 171, 177
197 Moll RdA 1999, 233, 234

chenes und unverändertes Arbeitsverhältnis angenommen wurde[198]. Anknüpfungspunkt war also die (freiwillige) Rechtsnachfolge durch Übernahme der Arbeitsverhältnisse. Für die Umwandlung steht dem jedoch entgegen, daß der Verweis auf § 613a I und IV BGB nicht geschaffen wurde, um einen Übergang von Arbeitsverhältnissen zu gewährleisten - denn dieser ergibt sich auch bereits durch die Gesamtrechtsnachfolge des UmwG als solcher. Ein Mißbrauch ließe nur bei der Spaltung im Rahmen der Zuordnungsfreiheit annehmen (§ 126 I Nr. 9 UmwG), während er bei einer ungeteilten Gesamtrechtsnachfolge ohnehin ausgeschlossen ist. Deshalb war der Gesetzgeber auch im Jahre 1972 davon ausgegangen, daß eine Anwendung des § 613a BGB auf Umwandlungen nicht erforderlich sei. Es ging vielmehr darum, den Schutz des § 613a I S. 2-4 sowie des IV BGB den europäischen Vorgaben folgend zu implementieren[199]. Zentrales Regelungsziel ist also der von § 613a BGB bezweckte Arbeitnehmerschutz. § 613a BGB selbst schützt im letztlichen vor den Rechtsfolgen eines Arbeitgeberwechsels. Die Vorschrift soll die Arbeitnehmer davor schützen, ihren Arbeitsplatz nur deswegen zu verlieren bzw. zu schlechteren Bedingungen arbeiten zu müssen, weil die Person des Arbeitgebers wechselt, die Arbeitsaufgabe innerhalb der Organisationseinheit aber erhalten bleibt. Die Organisationseinheit ist aber keineswegs an konkrete Betriebsmittel gebunden, wie bereits *Joost* zutreffend nachgewiesen hat. Die Veräußerung einer Maschine kann Arbeitsplatzverlust mit sich bringen, muß es aber nicht, denn diese kann genau so gut entbehrlich geworden sein oder ersetzt werden. Soweit sie arbeitsrechtlich von Bedeutung ist, erfolgt die unternehmerische Tätigkeit gerade durch die Beschäftigung von Arbeitnehmern[200]. Dem Schutzziel wird insoweit vor allem bei Dienstleistungsbetrieben nicht genügt, wenn man die Übernahme von Arbeitnehmern ohne Betriebsmittel vom Schutz des § 613a BGB ausschließt, denn es handelt sich dabei ebenso um einen Arbeitgeberwechsel wie bei Übernahme von Betriebsmitteln. In einer sich abzeichnenden Dienstleistungsgesellschaft ist ein Anknüpfen ausschließlich an Betriebsmittel indessen auch zu eng, weil in dieser an die Bedeutung der „klassischen“ Betriebsmittel, an denen der aus den 20er Jahren und damit der klassischen Industriegesellschaft stammende „klassische Betriebsbegriff“ entwickelt wurde, abnimmt[201]. Die Bedeutung von Maschinen etc. nimmt damit ab und die Bedeutung des sog. „Humankapitals“ zu, so daß der Betriebsbegriff sich insoweit im Fluß dieser allgemeinen Entwicklung befindet. Insoweit erscheint die ursprüngliche Rechtsprechung des Reichsarbeitsgerichts mit Anknüpfung an der Übernahme von Arbeitnehmern wieder

---

198 RAG 26.10.1927 ARS 1, 14; RAG 1.10.1930 ARS 11, 208

199 BR-Drucksache 75/94, 78

200 Joost, Betrieb und Unternehmen als Grundbegriffe des Arbeitsrechts, 382

201 der „traditionelle Betriebsbegriff“ geht auf Jacobi, Festschrift für Ehrenberg 1926, 9 zurück

„erstaunlich modern“[202], denn Rechtsprechung scheint hier gewissermaßen wieder zurückzukehren.
Eine solch weite Auslegung ist jedenfalls für Umwandlungen geboten, wenn man die hinter § 613a BGB stehende Richtlinie 98/50 EG hinzuzieht, in dem als Anwendungsrahmen auch „Unternehmen und Unternehmensteile“ auftauchen (Art. 1a), so daß damit jede Umwandlung mit Übergang von Arbeitsverhältnissen in den Schutzbereich einbezogen wird. Für die als Übergang ohne Betriebsmittel regelmäßig in Betracht kommende Spaltung muß eine solche Zuordnung von Arbeitnehmern seitens der Parteien auch gezielt im Spaltungsplan § 126 I Nr. 9 UmwG erfolgt sein, so daß es bei einer Spaltung mit „bloßem“ Übergang von Arbeitsverhältnissen den Parteien regelmäßig gerade gezielt ausschließlich auf diese Arbeitnehmer angekommen sein muß, es sich also gerade um die willentliche Übernahme handelt.
Insoweit greift hier zweckgerichtet das vom EuGH angenommene Interpretationskriterium für einen Betriebsübergang. Damit läßt sich die unvollständige Umsetzung der Richtlinie im Hinblick auf Unternehmens- und Unternehmensteilübergänge durch weite Auslegung des Betriebsbegriffes durch die Übernahme von Arbeitsverhältnissen ausgleichen. Im Bereich der öffentlichen Hand würde ansonsten nach der Rechtsprechung des EuGH zur Direktwirkung von Richtlinien[203] nach Ablauf der Umsetzungsfrist im Jahr 2001 der Richtlinie 98/50 EG, die den Begriff „Unternehmensteile“ neu eingefügt hat, ohnehin eine Direktwirkung eingreifen, mit der Folge, daß § 613a I S. 2-4 BGB auch ohne die Voraussetzung „Betrieb“ angewandt werden muß. Von dieser Direktwirkung werden öffentlich beherrschte Unternehmen der Privatwirtschaft erfaßt, weil der EuGH einen weiteren Begriff von Staat verwendet. Staat im Sinne einer Anwendbarkeit der Direktwirkung von Richtlinien ist jede Einrichtung, unabhängig von ihrer Rechtsform, die kraft staatlichen Rechtsakts unter staatlicher Aufsicht eine Dienstleistung im öffentlichen Interesse zu erbringen hat und hierzu mit besonderen Rechten ausgestattet ist, die über das, was zwischen Privaten gilt, hinausgehen[204]. Methodisch vorrangig ist jedoch vor einer Direktwirkung (gegen den Wortlaut des § 613a BGB im Hinblick auf das Merkmal „Betrieb“) die europarechtskonforme Auslegung durch weite Auslegung des Betriebsbegriffes. Für weite Auslegung spricht auch der Wille des Gesetzgebers, der bei Schaffung des § 324 UmwG gerade davon ausgegangen war, damit eine Regelung für alle Umwandlungsfälle geschaffen zu haben und der dabei die Problematik des Betriebsbegriffes im Hinblick auf „Unternehmensteilübergänge“ übersehen hat[205]. Durch

---

202 Moll RdA 1999, 233, 234
203 Für den Bereich des Arbeitsrechts (Diskriminierung bei Kündigungen): EuGH Foster/British Gas Slg. 1990, I 3313 = DB 1990, 2428
204 EuGH Foster/British Gas Slg. 1990, I 3313 = DB 1990, 2428
205 BR-Drucksache 75/94, 78

erweiternde Auslegung – im Bereich der öffentlichen Hand notfalls Direktwirkung der Richtlinie 98/50 EG – greift daher § 613a I S. 2-4 BGB tatbestandlich bei allen Fällen der Umwandlung.

d) Unterlaufen der Beschränkung der Zuordnung durch erweiternde Auslegung ?

Indessen könnten Zweifel dahingehend bestehen, ob mit einer Verlagerung auf die Tatbestandsseite durch den bloßen Übergang von Arbeitsverhältnissen der andere, mit dem Merkmal „Betrieb" in § 613a BGB verfolgte Schutzzweck, leerlaufen würde. Vielfach wird in der Fallgruppe der bloßen Übernahme von Arbeitsverhältnissen als Betriebsübergang eine Einladung zum Mißbrauch gesehen[206].
Um solchem Mißbrauch durch Umwandlung vorzubeugen, wird das Merkmal „Betrieb" deshalb funktional auch dahingehend gedeutet, daß § 613a BGB die Zuordnungsfreiheit des Arbeitgebers im Spaltungsplan beschränken soll, um so rechtsmißbräuchliche Gestaltungen zu verhindern[207].
Das UmwG enthält hierfür auch noch den § 323 UmwG. Nach § 323 II UmwG wird die Zuordnung von Arbeitsverhältnissen in einem Interessenausgleich nur auf grobe Fehlerhaftigkeit überprüft.
Vor allem in anfänglichen Stellungnahmen wurde angenommen, diese Vorschrift ermögliche von Gesetzes wegen eine leichtere Zuordnung über § 613a BGB auch ohne Zustimmung der betroffenen Arbeitnehmer hinaus[208].
Tatsächlich spricht auf den ersten Blick einiges für diese Auffassung, weil der Verweis durch die „unberührt-Formel" gerade den Auffangcharakter der Vorschrift zum Ausdruck bringen soll[209], so daß es naheliegend wäre, die Zuordnung nach § 323 II UmwG als vorrangig zu betrachten. Damit käme es auf den Schutzzweck der Beschränkung der Zuordnungsfreiheit bei der Umwandlung erst gar nicht an.
Dies ist indessen zu weitgehend, weil der Gesetzgeber die Vorschrift ausdrücklich nur hinsichtlich der Beweisregel („grobe Fehlerhaftigkeit" nach dem Vorbild des § 25 InsO) einfügen wollte[210] und ansonsten von einer Beschränkung der Zuordnungsfreiheit gerade durch § 613a BGB ausgegangen ist[211]. Somit verbleibt für §§ 613a BGB iVm 324

---

206 Lorenz DB 1997, 531, 533; KR-Peiffer § 613a BGB Rdnr. 24b; Trittin FS Däubler 171, 177

207 Boecken, 126; Lutter § 323 UmwG-Joost Rdnr. 35 f.; Mengel, 110 ff.; Schnitker, 28 ff.

208 Bauer/Lingemann NZA 1994, 1057, 1061; Goutier/Knopf/Tulloch-Bermel § 323 UmwG Rdnr. 15

209 BAG 24.6.98 AP Nr. 1 zu § 20 UmwG

210 Boecken Rdnr. 127; Wlotzke DB 1995, 136, 141; BT-Drucksache 12/7850, 145

211 BT-Drucksache 12, 6699, 121: *„Für die Rechte und Pflichten aus einem Arbeitsverhältnis schränkt § 613a BGB die Möglichkeit der Zuweisung auf einen bestimmten Rechtsträger ein, wenn nicht auch der Betrieb oder Betriebsteil, dem das Arbeitsverhältnis vor der Spaltung zuzurechnen war, auf denselben Rechtsträger übertragen wird".*

UmwG grundsätzlich auch die Beschränkung der Zuordnungsfreiheit. Diese Funktion läuft jedoch bei einem bloßen Übergang von Arbeitsverhältnissen, bei denen es gar keinen „klassischen" Betrieb mit Betriebsmitteln gibt, ohnehin leer. Für den Übergang ohne „Betriebsmittel" kann jedoch insoweit zurückgegriffen werden. Hat der Betrieb keinen Betriebsrat, verbleibt damit § 315 BGB als Überprüfungsmaßstab, da die Befugnisse des Betriebsrates grundsätzlich immer nur das erfassen, was der Arbeitgeber sonst im Rahmen des Direktionsrechts vornehmen könnte. Insoweit hat § 323 II UmwG neben § 613a BGB nicht nur lediglich deklaratorische Bedeutung[212]. Für die Fälle des bloßen Übergang von Arbeitsverhältnissen kommt daher § 323 II UmwG bzw. 315 BGB zur Anwendung, so daß einem Mißbrauch durch Verlagerung auf die Tatbestandsseite wirksam begegnet werden kann.
In der Literatur wird als weitere Fallgruppe für einen „umwandlungsrechtlichen Übergang" die mangelnde Zuordnung von Arbeitsverhältnissen zu einem Betrieb oder Betriebsteil bei Spaltung angeführt[213]. Zu einer solchen unklaren Situation kann es kommen, wenn ein einzelner Arbeitsplatz in zwei oder mehr Betriebsteile eingegliedert ist. An sich dürfte diese Situation tatsächlich weitgehend beseitigt sein. Dies hängt mit der Prüfungspflicht der Registergerichte zusammen. Der Vollzug der Umwandlung erfolgt durch Eintragung, der Verschmelzungsvertrag oder der Spaltungsplan ist als Anlage beizufügen, § 17 UmwG, § 125 UmwG. Das Registergericht hat zu prüfen, ob die Umwandlung dem Gesetz entspricht. Die Rechtsprechung geht im Hinblick auf die Eintragung durch die Registergerichte dabei davon aus, daß eine Spaltung nur eingetragen werden darf, wenn eine solche Zuordnung im Spaltungsplan konkret erfolgt ist, insoweit also Klarheit geschaffen wurde. Der bloße Hinweis auf die Geltung des § 613a BGB im Spaltungsplan genügt zur Eintragung nicht[214]. Kurz nach Inkrafttreten des UmwG hat es allerdings Unklarheiten über die konkreten arbeitsrechtlichen Angaben gegeben, so daß schon im Hinblick auf den unklaren Verweis des § 324 UmwG nur auf § 613a BGB verwiesen wurde[215]. Meist handelt es sich aber um Umwandlungen mit klassischen Betriebsmitteln, bei denen die Zuordnung der Arbeitsverhältnisse in der oben beschriebenen „stiefmütterlichen" Weise erfolgt ist, so daß sich das Problem materiell über § 613a I S. 1 BGB lösen läßt.

---

[212] so etwa Bachner/Trittin/Köstler/Trümner, 103

[213] Boecken Rdnr. 159. Bei der Verschmelzung ist eine entsprechende Fallgestaltung nicht möglich, weil es sich hierbei um eine ungeteilte Gesamtrechtsnachfolge handelt, so daß der Rechtsnachfolger neben allen Betriebsmitteln auch alle Arbeitsverhältnisse übernehmen muß, § 20 UmwG.

[214] OLG Düsseldorf GmbHR 1998, 745 ff., nach dem die Registergerichte insoweit auch ein materielles Prüfungsrecht zusteht

[215] Zur anfänglichen Problemen beim Umfang arbeitsrechtlicher Angaben: Joost ZIP 1995, 976 ff.; Kass-ArbR-Düwell 6.8 Rdnr. 58

Die Zuordnung von Arbeitsverhältnissen erfolgt insoweit nach dem Schwerpunkt der Tätigkeit im Rahmen von § 613a I S. 1 BGB[216], so daß grundsätzlich § 613a I S. 1 BGB tatbestandlich eingreift. Ist das nicht möglich, so verbleibt als Lösung nur eine Zuordnung im Rahmen von § 315 BGB/323 II UmwG nach den oben beschriebenen Grundsätzen im Spaltungsplan. Fehlt die Zuordnung im Spaltungsplan (und wird entgegen der Rechtsprechung trotzdem eingetragen), so wird in dieser Konstellation ausnahmsweise ein Wahlrecht des Arbeitnehmers in Anknüpfung an das Widerspruchsrecht angenommen[217]. Eine andere Lösung durch Zuordnung im Wege der Änderungskündigung im Hinblick auf Bedenken dahingehend, daß dem Arbeitgeber kein Vertragspartner aufgezwungen werden darf[218] und bei der die Rechtfertigung nach § 323 II UmwG nur auf grobe Fehlerhaftigkeit überprüft werden soll[219], scheidet aus, weil hier das Kündigungsverbot des § 613a IV BGB eingreifen würde, zumal der Arbeitgeber auf diese Weise auch die Jahresfrist des § 613a I S. 2-4 BGB ansonsten umgehen könnte. Das Wahlrecht muß der Arbeitnehmer ebenso wie das Widerspruchsrecht grundsätzlich vor der Umwandlung ausüben. Erfährt er erst später von der Umwandlung, so muß er sich unverzüglich, d.h. gemäß §§ 4, 7 KSchG analog innerhalb von 3 Wochen ausüben[220]. Damit ist gewährleistet, daß sich kein dauernder Schwebezustand ergibt.
Kommt es zu einem Übergang von Arbeitsverhältnissen, so greift nach der hier vertretenen Auslegung § 613a I S. 2-4 BGB in extensiver Auslegung des Betriebsbegriffes ein, zumal dem Arbeitnehmer der Schutz des § 613a I S. 2-4 BGB nicht deswegen genommen werden kann, weil eine Spaltung eingetragen wird, obwohl arbeitsrechtliche Angaben fehlen.
Durch die weite Auslegung des Betriebsbegriffes für die Rechtsfolgen des § 613a I S. 2-4 BGB wird daher die damit beabsichtigte Beschränkung der Zuordnungsfreiheit durch den Betriebsbegriff im Rahmen des Spaltungsplanes nicht unterlaufen, so daß die Vorschrift auf dieser Seite leerlaufen würde.

---

216 Annuß NZA 1998, 70, 78; Erman-Hanau § 613a BGB Rdnr. 47; so auch bereits v. Hoyningen-Huene/Windbichler RdA 1977, 329, 334

217 Boecken Rdnr. 76; Erman-Hanau § 613a BGB Rdnr. 47 Kallmeyer-Willemsen § 324 UmwG Rdnr. 23; v. Hoyningen-Huene/Windbichler RdA 1977, 329, 334

218 Schnitker, 193 der diese Änderungskündigung im Hinblick auf § 323 UmwG dann nur auf grobe Fehlerhaftigkeit prüfen will. Eine Umgehung des § 613a BGB soll wegen mangelnder Zuordnung nicht vorliegen.

219 Schalle, 124

220 zum rechtsgeschäftlichen Übergang: BAG 22.4.93 EzA Nr. 112 zu § 613a BGB; Staudinger-Richardi/Annuß § 613a BGB Rdnr. 126

4) teleologische Auslegung

Im Rahmen der teleologischen Auslegung ist nach dem Zweck, den der Gesetzgeber mit der Norm zu erreichen sucht, abzustellen, wobei das Kriterium einer Einbettung der Norm in ihrem Rechtsbereich einerseits und das rechtsethische Kriterium der diesen Bereich beherrschenden Prinzipien andererseits zu berücksichtigen sind[221].
Die teleologische Auslegung wird hierbei - nachdem die systematische Auslegung bereits die dogmatische Konstruktion des Verweises klären konnte - für den Umfang der Verweisung benötigt. Der Verweis auf § 613a I S. 2-4 BGB durch § 324 UmwG scheint auf den ersten Blick zu einer generellen Transformation in das Einzelarbeitsverhältnis mit einjähriger zwingender Weitergeltung zu führen. Vor allem mit diesem Argument wird in Teilen der Literatur § 613a I S. 2-4 BGB als speziellere Regelung verstanden[222]. Grundsätzlich läßt sich gegen eine solche teleologische Interpretation jedenfalls nicht mehr die generelle Unanwendbarkeit des § 613a I S. 2-4 BGB anführen. Indessen heißt es im Wortlaut des § 324 UmwG gerade nicht „gilt stets § 613a", so daß hier teleologischer Interpretationsbedarf besteht.
Zu Interpretation kann im Wege der teleologischen Auslegung auf die Auslegung des § 613a I S. 2-4 BGB zurückgegriffen werden.
Weit überwiegend wird dort angenommen, daß § 613a I S. 2-4 BGB die individualrechtliche Fortgeltung von Kollektivvereinbarungen nur für die Fälle anordnet, in denen diese nicht kollektiv fortgelten[223]. Dies zeigt sich bereits an dem Fall, wenn ein Betriebserwerber derselben Tarifbindung unterliegt. Die normative Wirkung von Tarifverträgen gilt hier ohne Berücksichtigung von § 613a BGB ohne weiteres nach § 3 I TVG fort[224]. Für Betriebsvereinbarungen wird gegen den Wortlaut des § 613a I S. 2-4 BGB eine kollektive Fortgeltung bei Erhalt der sog. Betriebsidentität angenommen[225].

---

221 Larenz, Methodenlehre, 333

222 Bauer/Lingemann NZA 1994, 1062; Herbst AiB 1995, 11; neuerdings S.Peiffer, 152

223 Blank/Blanke/Kümpel/Wendeling-Schröder/Wolter, 241; Däubler Tarifvertragsrecht Rdnr. 1531; Hanau/Vossen FS Hilger/Stumpf, 271, 288; Henssler FS Schaub, 310, 312, Hromadka/Maschmann/Wallner Rdnr. 336; Jung RdA 1981, 360, 362; Kania DB 1995, 625; Kempen/Zachert § 3 TVG Rdnr. 47; Müko-Schaub § 613a BGB Rdnr. 89; MünchArbR/Wank § 120 Rdnr. 168; Staudinger-Richardi/Annuß § 613a BGB Rdnr. 184; Waas in: Weiss/Gagel Handbuch des Arbeits- und Sozialrechts § 18 A Rdnr. 72, 73

224 Hanau/Vossen FS Hilger/Stumpf, 271, 288; Kempen/Zachert § 3 TVG Rdnr. 58: Stein, Tarifvertragsrecht, Rdnr. 180; Oetker in: Wiedemann § 3 TVG Rdnr. 163

225 BAG 5.2.91 AP Nr. 89 zu § 613a BGB; 27.7.94 AP Nr. 118 zu § 613a BGB Fitting/Kaiser/Heither/Engels § 77 BetrVG Rdnr. 145; GK-Kreutz § 77 BetrVG Rdnr. 326; Däubler/Klebe/Kittner-Berg § 77 BetrVG Rdnr. 51; Bopp in: Rieder, Betriebsübergang, 145, 156; Staudinger-Richardi/Annuß § 613a BGB Rdnr. 6; Waas in: Weiss/Gagel Handbuch des Arbeits- und Sozialrechts § 18 A Rdnr. 74; Weiss/Weyand § 77 BetrVG Rdnr. 44

Rechtstechnisch ist die Aufrechterhaltung kollektiver Weitergeltung allerdings für den rechtsgeschäftlichen Betriebsübergang nur über den Kunstgriff einer teleologischen Reduktion möglich, da der Wortlaut des § 613a I S. 2-4 BGB dieser Auffassung eigentlich entgegensteht. Der Gesetzgeber hat bei der Neuregelung keine umfassende Regelung der Arbeitsrechtsfragen beabsichtigt, sondern mit dem arbeitsrechtlichen EG-Anpassungsgesetz vor allem europarechtliche Vorgaben umsetzen wollen, was ihm nach verbreiteter Ansicht durch den Wortlaut - der an sich einen abschließenden Charakter erweckt - mißglückt ist[226]. Es ist deshalb davon auszugehen, daß der Gesetzgeber den Schutz der Arbeitnehmer durch § 613a I S. 2-4 BGB nicht verschlechtern, sondern dahingehend verbessern wollte, daß kollektivvertragliche Defizite im Sinne der Richtlinie 77/187 EWG kompensiert werden. § 613a I S. 2-4 BGB ist als individualrechtlicher Auffangtatbestand zu verstehen, der Formen kollektiver Fortgeltung nach Tarifrecht oder Betriebsverfassungsrecht nicht verdrängen kann, weil ansonsten die Regelungsintention des Gesetzgebers gleichsam „auf den Kopf" gestellt würde[227]. Im Gegensatz zur an sich abschließenden Formulierung des § 613a I S. 2-4 BGB beim rechtsgeschäftlichen Betriebsübergang hat aber § 324 UmwG durch die Aussage des „unberührt bleibens" (statt „gilt") dieses Konstrukt vom individualrechtlichen Auffangtatbestand aufgenommen und bestätigt[228], denn diese Formel „unberührt" betont den Auffangcharakter der Vorschrift. Insoweit kann systematisch wiederum auf den Parallelfall des § 1 IV BSchFG zurückgegriffen werden, der andere Befristungstatbestände ebenfalls tatbestandlich nicht ausschließen will, so daß für die Fälle von einem individualrechtlichen Auffangtatbestand auszugehen ist, der nur dann eingreift, wenn eine kollektive Weitergeltung ausgeschlossen ist. Genau das bringt § 324 UmwG zum Ausdruck. Eine andere teleologische Handhabung als im originären Anwendungsbereich läßt sich bei einem Verweis - noch dazu bei dessen Wortlaut im konkreten Fall - nicht rechtfertigen. Bei § 324 UmwG ging es dem Gesetzgeber, ebenso wie bei § 613a BGB, um die Umsetzung europäischer Richtlinien, also namentlich der Betriebsübergangsrichtlinie (77/187 EWG bzw. nunmehr 98/50 EG), deshalb sollte die Anwendbarkeit des § 613a BGB „klargestellt" werden. Daß der Gesetzgeber durch den nachträglich eingefügten § 324 UmwG eine Verdrängung der Gesamtrechtsnachfolge und damit kollektive

---

226 Hromadka/Maschmann/Wallner Rdnr. 326; Kempen/Zachert § 3 TVG Rdnr. 47; Seiter DB 1080, 882; Wank NZA 1987, 505

227 BAG 5.2.91 AP Nr. 89 zu § 613a BGB (*„§ 613a I S. 2-4 BGB ist nicht zu entnehmen, daß der Betriebserwerber von aus anderen Gründen bestehenden Bindungen an kollektiv-rechtliche Normen frei werden soll"*) BAG 27.7.94 AP Nr. 118 zu § 613a BGB; Blank/Blanke/Kümpel/Wendeling-Schröder/Wolter, 249; Hanau/Vossen FS8 Hilger/Stumpf, 271, 283; Jung RdA 1981, 361; Däubler RdA 1995, 136, 139 Kempen/Zachert § 3 TVG Rdnr. 57; Däubler, Tarifvertragsrecht Rdnr. 1534; Rdnr. 163, 166; Stein, Tarifvertragsrecht, Rdnr. 175 ff.; Oetker in: Wiedemann § 3 TVG Rdnr. 159

228 für den Firmentarif bei Verschmelzung: BAG 24.6.98 AP Nr. 1 zu § 20 UmwG

Verschlechterungen gegenüber der vorherigen Rechtslage vornehmen wollte, läßt sich daher nicht annehmen. Einer solchen Auslegung stehen auch verfassungsrechtliche Bedenken, vor allem im tarifrechtlichen Bereich entgegen. § 613a I S. 2-4 BGB bedeutet wegen der Begrenzung auf die Jahresfrist und die Transformation in den Einzelarbeitsvertrag einen Eingriff in die positive Koalitionsfreiheit. Diese Transformation würde nämlich auch dann eingreifen, wenn auch nach der Umwandlung nach wie vor beidseitige Tarifbindung bestünde. Nach der neueren Rechtsprechung des Bundesverfassungsgerichts bedarf dieser Eingriff nach Aufgabe der Kernbereichslehre der verfassungsrechtlichen Rechtfertigung[229]. Einen solchen Rechtfertigungsgrund für den Eingriff in die Koalitionsfreheit gibt es aber bei fortbestehender beidseitiger Tarifbindung nicht. Selbst wenn man den Zweck des § 613a I S. 2-4 BGB auch darin sieht, dem neuen Arbeitgeber im Hinblick auf die Tarifbindung Gestaltungsfreiheit zu ermöglichen, um so die Arbeitsbedingungen vereinheitlichen zu können[230], so ist dieser Zweck bereits vollständig erfüllt. Der Arbeitgeber vereinheitlicht die tariflichen Arbeitsbedingungen durch Fortsetzung der ursprünglichen Tarifbindung. Ein staatlicher Eingriff ist deshalb nicht mehr erforderlich. Auch aus Arbeitnehmersicht bedarf es keines staatlichen Schutzeingriffes durch § 613a I S. 2-4 BGB, weil der Tarif als Ausdruck seiner koalitionsmäßigen Betätigung ohne weiteres fortgelten kann und § 613a I S. 2-4 BGB den vom Gesetzgeber gewollten Schutz nicht entfalten kann, sondern ihn durch die Transformation sogar reduzieren würde. Dogmatisch bringt § 613a I S. 2-4 BGB durch den Vorrang eines neuen Tarifvertrages nach S. 3 (der hier eben nur der alte ist) dieses Prinzip letztlich auch zum Ausdruck. Es verbleibt daher auch bei der Gesamtrechtsnachfolge teleologisch bei einem Auffangtatbestand.

---

229 BVerfGE 94, 268, 287

230 Gussen/Dauck Rdnr. 233; Heinze FS Schaub, 275, 289 ff; Henssler FS Schaub, 310, 320; Müko-Schaub § 613a BGB Rdnr. 181; Seiter, Betriebsinhaberwechsel, 94; Zöllner DB 1995, 1401, 1404 f.

C. Verbandstarifvertrag

Da § 613a I S. 2-4 BGB nach dem oben gefundenen Ergebnis nur als Auffangtatbestand eingreift, soll im folgenden Kapitel das Eingreifen vorrangiger kollektiver Fortgeltung bei Unternehmensumwandlungen untersucht werden.

I. Anwendung von § 3 I TVG

Als vorrangige kollektive Weitergeltung kommt zunächst § 3 I TVG in Betracht.
Das Eingreifen dieser Vorschrift setzt indessen das Bestehen der Mitgliedschaft in den jeweils tarifschließenden Verbänden voraus und begründet damit zwingend die Tarifgebundenheit[231]. Insoweit ist also für die Anwendung des § 3 I TVG maßgeblich, wie sich die Umwandlung auf Arbeitgeberseite auf seine Mitgliedschaft im Arbeitgeberverband auswirkt.
Hinsichtlich der Anwendung von § 3 I TVG ist dabei zwischen dem übertragenden und dem neuen bzw. aufnehmenden Rechtsträger zu unterscheiden.

1) übertragendes Unternehmen

Unproblematisch ist zunächst die Rechtslage beim übertragenden Unternehmen (nach der Dogmatik des UmwG „Rechtsträger"), wenn dieser bei der Umwandlung erhalten bleibt (Ausgliederung, Abspaltung § 123 UmwG). Dieser war bereits tarifgebunden, so daß die hier keine Übertragung der Tarifbindung d.h. der Mitgliedschaft stattfinden muß. Die Tarifgebundenheit bleibt deshalb nach § 3 I TVG bestehen. Eine Ausnahme hiervon kann sich nur dann ergeben, wenn der übertragende Rechtsträger mit der Umwandlung keine Arbeitnehmer mehr beschäftigt oder wenn er aus dem fachlichen Geltungsbereich des Tarifvertrages herausfällt. Im letzteren Fall gilt der Tarifvertrag - wie sonst beim Herausfallen aus dem fachlichen Geltungsbereich - nach § 4 V TVG weiter[232]. § 613a I S. 2-4 BGB kommt hier nicht in Betracht, weil auf Seiten des übertragenden Rechtsträgers kein Betriebsübergang vorliegt. Problematisch ist alleine die Situation bei Übertragung der Mitgliedschaft durch den übertragenden Rechtsträger §§ 38, 40 BGB, wenn die Satzung des Verbandes diese zuläßt. Wird diese übertragen, so ist zweifelhaft, ob der übertragende Rechtsträger hierdurch seine Mitgliedschaft verliert oder ob es zu einer Vervielfältigung der Mitgliedschaft kommt. *Oetker* nimmt insoweit

[231] BAG 16.2.62 AP Nr. 12 zu § 3 TVG Verbandszugehörigkeit; BAG NZA 1995, 638; Kempen/Zachert § 3 TVG Rdnr. 1; Löwisch/Rieble § 3 TVG Rdnr. 1; Oetker in: Wiedemann § 3 TVG Rdnr. 18
[232] Oetker in: Wiedemann § 3 TVG Rdnr. 174

einen automatischen Verlust der Mitgliedschaft an[233]. Dieser Auffassung ist nicht zuzustimmen. Ob ein Verbandaustritt gewollt ist, kann nur durch Auslegung gemäß §§ 133, 157 BGB geklärt werden. Wird die Mitgliedschaft nur übertragen, so fehlt es regelmäßig am Willen des übertragenden Rechtsträgers selbst, austreten zu wollen, weil sich aus einem Übertragungsakt keine Austrittserklärung ergibt. Ebensogut kann auch die Vervielfältigung der Mitgliedschaften gewollt sein. Ergibt die Auslegung ausnahmsweise den Willen den Verband zu verlassen, so ist nach den Regeln des Verbandsaustritts zu verfahren. Für den übertragenden Rechtsträger greift daher § 3 III TVG tatbestandlich ein.

2) aufnehmendes oder neu gegründetes Unternehmen

a) Unübertragbarkeit der Mitgliedschaft bei Gesamtrechtsnachfolge

Tritt das aufnehmende oder neu gegründetes Unternehmen („Rechtsträger" im Sinne des UmwG) selbst dem Arbeitgeberverband bei, so gilt der Tarifvertrag ohne weiteres nach § 3 I TVG fort, die Auffangregel des § 324 UmwG iVm § 613a I S. 2-4 BGB wird durch diese koalitionsmäßige Betätigung verdrängt[234].

Zweifelhaft ist indessen die Rechtslage beim aufnehmenden Rechtsträger, wenn dieser nicht von sich aus dem tarifschließenden Arbeitgeberverband beitritt.

Eine Anwendung des 3 I TVG würde hier voraussetzen, daß sich die Mitgliedschaft im Wege der Gesamtrechtsnachfolge überträgt.

Die Fortsetzung der Mitgliedschaft im Arbeitgeberverband richtet sich regelmäßig nach Vereinsrecht, da diese die Rechtsform eines eingetragenen Vereins besitzen. Allein aus der Rechtsfolge der Umwandlung wird der Nachfolger nach Vereinsrecht nicht im Wege der Gesamtrechtsnachfolge zwangsweise Mitglied im Arbeitgeberverband. Die Mitgliedschaft ist grundsätzlich nicht auf einen Rechtsnachfolger übertragbar (§ 38 I BGB), deshalb wird die Mitgliedschaft von der Gesamtrechtsnachfolge bei Umwandlung nicht erfaßt[235]. Das TVG enthält von diesem Prinzip keine Ausnahme.

Etwas anderes gilt auch nicht, wenn bei der Ausgliederung § 123 UmwG ein Unterordnungskonzern entsteht (§ 18 AktG) oder ohnehin nur konzernintern umstrukturiert wurde. Aus der bloßen Tatsache eines Abhängigkeitsverhältnisses folgt nicht die Tarifbin-

---

233 Oetker in: Wiedemann § 3 TVG Rdnr. 174

234 Hanau/Vossen FS Hilger/Stumpf, 271, 288; Kallmeyer-Willemsen § 324 UmwG Rdnr. 13; Kempen/Zachert § 3 TVG Rdnr. 50; Stein, Tarifvertragsrecht, Rdnr. 180; Oetker in: Wiedemann § 3 TVG Rdnr. 163; Willemsen/Hohenstatt, Umstrukturierung Rdnr. E 66

235 BAG 4.12.74 AP Nr. 2 zu § 3 TVG; BAG 5.10.93 AP Nr. 42 § 1 BetrAVG Zusatzversorgungskassen; BAG 13.7.94 AP Nr. 14 zu § 3 Verbandszugehörigkeit

dung von Tochtergesellschaften, da die rechtliche Selbständigkeit der Tochter einer solchen Annahme entgegensteht[236].

In jüngerer Zeit wird von *Kittner/Trittin* erwogen, die Mitgliedschaft in einem Arbeitgeberverband von dieser Vorschrift als nicht erfaßt anzusehen, weil diese im Gegensatz zu anderen Mitgliedschaften nur geringer höchstpersönlicher Charakter zukomme. Vielmehr ginge es um die Tarifbindung und die normative Wirkung des Tarifvertrages, außerdem seien die sozialpolitischen Folgen zu berücksichtigen[237]. Für eine solche Auslegung stellt sich allerdings die Frage des Verstoßes gegen den Wortlaut des § 38 BGB, der nur von „Mitgliedschaft" spricht. Grundsätzlich bildet der mögliche Wortsinn die Grenze jeder Auslegung[238]. Etwas anderes könnte nur dann erwogen werden, wenn sich ausnahmsweise eine verdeckte Gesetzeslücke ermitteln ließe, so daß die Legitimation entstünde von der bloßen Auslegung zur Rechtsfortbildung überzugehen[239]. Dann ließe sich die entsprechende Lücke mittels teleologischer Reduktion des § 38 BGB schließen.

In der Vergangenheit ist mit diesem Argument versucht worden, eine teleologische Reduktion des § 38 BGB vorzunehmen, weil der Gesetzgeber bei Schaffung des § 38 BGB nicht bedacht habe, daß die Tarifgebundenheit an die Mitgliedschaft in Arbeitgeberverbänden anknüpfe. Danach soll die Tarifbindung auch im Rahmen der Gesamtrechtsnachfolge mit übergehen[240].

Für eine solche Auffassung ist jedoch im Rahmen des § 324 UmwG die Grundlage entzogen, weil der Gesetzgeber ausdrücklich durch Verweis auf § 613a BGB - ausweislich der Gesetzesbegründung sogar von der generellen Regelung - des tarifrechtlichen Bereiches durch § 613a BGB ausgegangen ist[241]. Insoweit läßt dies den Rückschluß zu, daß der Gesetzgeber zumindest stillschweigend von der grundsätzlichen Unübertragbarkeit der Mitgliedschaft auch bei Arbeitgeberverbänden ausgegangen ist. Das ergibt sich jedenfalls systematisch, weil im tarifrechtlichen Bereich der Verweis auf § 613a I S. 2-4 BGB sonst inhaltsleer wäre, da eine fortbestehende Tarifbindung nach § 3 I TVG dem Auffangtatbestand § 613a BGB vorgeht[242]. Tatsächlich hat es auch beim Umwandlungsgesetz Forderungen nach einer umfassenden Regelung gegeben[243], die sich

---

236 BAG 11.9.91 EzA Nr. 29 internationales Privatrecht; Kempen/Zachert § 3 TVG Rdnr. 9; Stein, Tarifvertragsrecht, Rdnr. 195; Oetker in: Wiedemann § 3 TVG Rdnr. 49

237 Kittner/Trittin (3. Auflage) § 613a Rdnr. 97, stillschweigend ohne nähere Begründung aufgegeben: Kittner/Däubler/Zwanziger-Zwanziger, KSchR, Rdnr. 57 f.

238 Larenz, Methodenlehre, 320 f.

239 Bydlinski, Methodenlehre, 441; Canaris, die Feststellung von Lücken im Gesetz, 136

240 Sernetz, 206

241 BT-Drucksache 12/7850 58, 145, weil zunächst nur der Verweis auf das „allgemeine Recht" vorhanden war und zu diesem auch § 613a BGB zählen sollte.

242 BAG 24.6.98 AP Nr. 1 zu § 20 UmwG

243 Henssler FS Schaub, 310

insoweit politisch nicht durchsetzen konnten. *Canaris*[244] hat für die über § 38 BGB entstehenden Lücken des Tarifrechts eine Anwendung von § 242 BGB unter dem Gesichtspunkt des widersprüchlichen Verhaltens erwogen. Der Gedanke ließe sich bei Umwandlungen grundsätzlich fortführen, weil der Arbeitgeber die zur Legitimation des Tarifvertrages durch Abstimmung im Arbeitgeberverband eingesetzten Arbeitsverhältnisse durch die Umwandlung der Geltung des Tarifvertrages entzieht[245]. Eine Anwendung von § 242 BGB unter dem Gesichtspunkt des widersprüchlichen Verhaltens würde jedoch auch nach dieser Vorstellung voraussetzen, daß durch § 38 BGB eine Lücke im Tarifrecht besteht. An einer solchen Lücke fehlt es jedoch. Das Tarifrecht selbst geht nicht von Gleichlauf zwischen Vereinsmitgliedschaft und Tarifgebundenheit aus. Zwar begründet grundsätzlich die Mitgliedschaft nach § 3 I TVG die Wirkung des Tarifvertrages für das Mitglied. Das Tarifrecht deutet in § 3 III TVG vielmehr darauf hin, daß dem Gesetzgeber die vereinsrechtliche Regelung des BGB und selbst die vereinsrechtliche Privatautonomie nicht immer so wichtig erschien, wie der Bestand der Tarifgebundenheit. Deshalb sieht das Tarifrecht durch § 3 III TVG eine Bindung des Arbeitgebers bis zum Ende der Laufzeit vor, was letztlich eine Verlängerung über die Vereinsmitgliedschaft des BGB bedeutet. Die Vorschrift hat nämlich nur Sinn für Mitglieder der Tarifvertragsparteien, die vor Ablauf des Tarifvertrages nach BGB Vereinsrecht ausscheiden[246]. Damit enthält das TVG letztlich ansonsten das nach § 242 BGB geschützte Verbot widersprüchlichen Verhaltens, weil der Schutzzweck der Vorschrift darin liegt, daß sich der Arbeitgeber nicht durch einseitige Maßnahme (z.B. Austritt) des von ihm selbst legitimierten Tarifvertrages entziehen kann[247]. Selbst wenn man diese Vorschrift im Bereich von Umwandlungen für nicht anwendbar hält, so wird derselbe Zweck durch § 324 UmwG iVm § 613a I S. 2-4 BGB erreicht, weil dieser zumindest zu einer befristeten Bindung auf individualrechtlicher Ebene an den ursprünglich legitimierten Verbandstarif bedeutet. Daher können Rechtsscheingesichtspunkte im Anwendungsbereich dieser Vorschriften nicht durchgreifen.

b) Tarifgebundenheit kraft Rechtsschein bei Umwandlungen

In der Literatur existiert weiterhin die Fallgruppe einer sog. Tarifgebundenheit kraft Rechtsscheins, bei der der Arbeitgeber durch sein Verhalten den Rechtsschein einer

---

[244] Canaris, Vertrauenshaftung, 263

[245] so für die Spaltung: Kempen/Zachert § 3 TVG Rdnr. 24, 46

[246] Sernetz, 199

[247] BAG 4.8.93 AP Nr. 15 zu § 3 TVG, Däubler, Tarifvertragsrecht Rdnr. 1508; Hromadka/Maschmann/Wallner Rdnr. 226; Kempen/Zachert § 3 TVG Rdnr. 21; Löwisch/Rieble § 3 TVG Rdnr. 72; Oetker in: Wiedemann § 3 TVG Rdnr. 46

Tarifgebundenheit setzt[248]. Der Gedanke der Tarifgebundenheit kraft Rechtsschein beruht auf den allgemeinen Gedanken einer Haftung durch einen zurechenbar veranlaßten Rechtsschein gegenüber einem gutgläubigen Dritten nach § 242 BGB[249]. Für Umwandlungen würde das voraussetzen, daß der neue oder übernehmende Rechtsträger gegenüber einem gutgläubigen Arbeitnehmer den Anschein einer Mitgliedschaft im Arbeitgeberverband erweckt hat, obwohl er nicht (mehr) Mitglied ist. Das ergibt sich vor allem dann, wenn der Arbeitgeber im Anschein kollektiver Weitergeltung spätere Tarifänderungen mitvollzieht, da diese weder von § 3 III TVG noch von § 613a I S. 2-4 BGB erfaßt werden, die beide lediglich einen statischen Schutz darstellen. Es handelt sich dabei letztlich um eine Art Unterfall der Bezugnahme auf einen Tarifvertrag durch betriebliche Übung, wobei der Arbeitgeber jedoch den Eindruck einer kollektiven und nicht lediglich individualrechtlichen Geltung erweckt hat.

Fink lehnt einer solche „kollektive" betriebliche Übung ab, weil sich aus der Erbringung tarifgemäßer Leistungen nach §§ 133, 157 BGB keine Willenserklärung zur Tarifbindung entnehmen ließe[250]. Das kann nur dann zutreffen, wenn etwa bei einer einzelvertraglichen Bezugnahme eines nichttarifgebundenen Arbeitgebers nie der Rechtsschein einer Tarifbindung gegeben war. Für Umwandlung eines zuvor tarifgebundenen Arbeitgebers trifft dies jedoch nicht zu. Die Anwendung des Tarifvertrages vor der Umwandlung hat sich gerade durch Mitgliedschaft ergeben und nicht lediglich durch Bezugnahme. Wird die Tarifwirkung ohne weiteres nach der Umwandlung fortgesetzt und werden damit kollektive Veränderungen des Tarifvertrages mitvollzogen, so entsteht damit der Rechtsschein, daß die Mitgliedschaft fortbesteht und der Tarifvertrag somit kollektiv anwendbar sein soll. Diesen Anschein kann der Arbeitgeber durch entsprechende Erklärungen für die Zukunft – auch nach dem Muster der „negativen Betriebsübung"[251] - zerstören.

Problematisch ist im Zusammenhang mit einer „kollektiven" Betriebsübung allenfalls die Konstruktion des Bundesarbeitsgerichts zur Betriebsübung aus konkludenten Willenserklärungen (sog. Vertragstheorie)[252]. Durch stillschweigendes Angebot und Annahme seitens Arbeitgeber und Arbeitnehmer kann keine (konkludente) Tarifbindung begründet werden, da dem einzelnen Arbeitnehmer die Tariffähigkeit fehlt (§ 3 I TVG) und im übrigen auch das Schriftformerfordernis nach § 1 II TVG entgegensteht. Insoweit kann eine solche „kollektive" Übung nur auf die Vertrauenshaftung nach § 242 BGB gestützt

---

[248] Canaris, Vertrauenshaftung, 263 ff.; Oetker in: Wiedemann § 3 TVG Rdnr. 51 Löwisch/Rieble § 3 TVG Rdnr. 19

[249] BGH Z 17, 13, 18; 62, 217, 222 zum HGB

[250] Fink, 223

[251] BAG 18.10.88 AP Nr. 8 zu § 242 BGB Betriebliche Übung; ErfK-Preis § 611 BGB Rdnr. 278

[252] BAG 23.6.88 AP Nr. 33 zu § 242 BGB Betriebliche Übung

werden. Lehnt man eine solche „kollektive" Betriebsübung ab, so entstünde aber zumindest eine einzelvertragliche stillschweigende Bezugnahme auf den Tarifvertrag. Auch *Löwisch/Rieble* wollen eine Tarifgebundenheit kraft Rechtsscheins nicht anerkennen. Statt dessen soll sich der Arbeitgeber lediglich nicht auf die fehlende Mitgliedschaft berufen können. Der wesentliche Unterschied dieser Auffassung zur sog. Tarifgebundenheit kraft Rechtsscheins besteht darin, daß sie die Wirkungen des § 3 III TVG im Bereich der Rechtsscheinhaftung ausschließen soll[253]. Insoweit würde es für die Zukunft genügen, den Rechtsschein der fehlenden Mitgliedschaft zu beseitigen, um die kollektive Wirkung zu beenden. Diese Argumentation erscheint jedoch nicht überzeugend. Wer den Anschein einer Mitgliedschaft erweckt, schafft damit auch den Rechtsschein einer Geltung des Tarifvertrages bis zum Ende der Laufzeit nach § 3 III TVG. Das ergibt sich daraus, daß Inhalt und Laufzeit des Tarifvertrages gerade Ergebnis der Mitgliedschaft (und der sich bei tatsächlicher Mitgliedschaft daraus ergebenden Mitwirkungsmöglichkeit an der tariflichen Willensbildung) sind. Wird somit der Rechtsschein einer solchen Mitgliedschaft erweckt, so liegt die Konsequenz in der Wirkung des § 3 III TVG. Beseitigt der Arbeitgeber den Rechtsschein der Mitgliedschaft, so tritt die Rechtsfolge des § 3 III TVG ein. Ansonsten ist jedoch eine generelle Fortgeltung eines Verbandstarifes über eine Mitgliedschaft nach § 38 BGB ausgeschlossen, weil hierfür die gesetzlichen Voraussetzungen fehlen.

c) Gesetzesumgehung der Tarifbindung durch Umwandlung ?

Zu überlegen bliebe weiterhin, ob sich eine Umwandlung als gezielte Gesetzesumgehung des TVG erweisen kann. Dieser Gedanke ist in jüngerer Zeit von *Fink* unter dem dogmatischen Gesichtspunkt des § 242 BGB für den Bereich von Ausgliederungen befürwortet worden. Eine Gesetzesumgehung soll vorliegen, wenn die Umwandlung nur zu einer scheinbaren Selbständigkeit des beherrschten Unternehmens führt, wobei mit diesem Argument eine analoge Anwendung von § 3 III TVG befürwortet wird[254]. Diese Auffassung knüpft an einen zuvor bereits in der Literatur angenommenen Gedanken einer Tarifumgehung durch Umwandlungen an, nach der eine Umwandlung jedenfalls dann rechtsmißbräuchlich sein soll, wenn sie ausschließlich zum Zwecke der Tarifumgehung erfolgt[255].

---

[253] Löwisch/Rieble § 3 TVG Rdnr. 19

[254] Fink, 181 ff.

[255] Kempen/Zachert § 3 TVG Rdnr. 50, ihnen insoweit folgend: Gussen/Dauck Rdnr. 205

Zivilrechtlich ist für den Tatbestand einer Tarifumgehung zunächst an die Überlegungen zur Gesetzesumgehung nach § 134 BGB anzuknüpfen. Nach der Rechtsprechung des Bundesarbeitsgerichts liegt eine Gesetzesumgehung dann vor, wenn der Zweck der zwingenden Norm dadurch vereitelt wird, daß eine andere rechtliche Gestaltungsmöglichkeit mißbräuchlich verwendet wird. Entscheidend ist die objektive Funktionswidrigkeit des Rechtsgeschäfts[256]. Das Tarifrecht fällt dabei in den grundsätzlichen Anwendungsrahmen, weil es sich bei den maßgeblich §§ 3 I bzw. § 3 III TVG um zwingendes Recht handelt.

Zutreffend muß bei dem Gedanken der Tarifumgehung im Bereich von Spaltungen jedoch die Anknüpfung an § 3 I TVG erfolgen. Tatsächlich wird diese Vorschrift umgangen, wenn das beherrschende Unternehmen Mitglied im Arbeitgeberverband bleibt. Zwar kann der einzelne Arbeitgeber grundsätzlich mit der Rechtsfolge § 3 III TVG aus dem Verband austreten. Ein solcher Austritt ist jedoch vereinsrechtlich nicht lediglich teilweise möglich, was letztlich durch die (rechtsmißbräuchliche) Ausgliederung ermöglicht wird[257]. Der Vorteil einer solchen Konstruktion kann insoweit darin bestehen, mit der Konzernmutter – mit relativ wenigen Arbeitsverhältnissen – die Dienstleistungen des Verbandes in Anspruch zu nehmen, ohne jedoch mit der überwiegenden Anzahl der Arbeitsverhältnisse tarifgebunden zu sein. Es kann also im Extremfall letztlich eine faktische Mitgliedschaft „ohne Tarifbindung" entstehen. Diese ist im selben Verband jedoch nach überwiegender Ansicht unzulässig, weil 3 I TVG eine solche abgestufte Mitgliedschaft nicht kennt, sondern die Tarifgebundenheit für Mitglieder der Tarifvertragsparteien von Gesetzes wegen anordnet[258]. Auch das Bundesarbeitsgericht geht insoweit davon aus, daß ein Rechtsmißbrauch auch gerade in der Ausnutzung vereinsrechtlicher Gestaltungsmöglichkeiten liegen kann[259]. Deshalb liegt in einer Gestaltung von Umwandlungen als „faktische OT-Mitgliedschaft" eine Umgehung von § 3 I TVG, die somit von § 3 III TVG oder § 613a I S. 2-4 BGB nicht abgedeckt wird, so daß in dieser Fallkonstellation § 3 I TVG unter Rechtsmißbrauchsgesichtspunkten angewandt werden kann. Darlegungs- und beweispflichtig hierfür ist grundsätzlich der Arbeitnehmer, der sich auf die Mitgliedschaft berufen will. Da es bei der Gesetzesumgehung jedoch nicht auf einen Vorsatz im Sinne einer bewußten Umgehung ankommt[260], reicht

205

256 st. Rspr. BAG 12.10.60 AP Nr. 16 zu § 620 befristeter Arbeitsvertrag; zuletzt etwa BAG NJW 1996, 143, 151 (Scientology)

257 was auch in der Konsequenz des § 134 BGB liegt, weil dieser an sich zur Gesamtnichtigkeit der Umwandlung führen würde. Regelmäßig dürfte jerdoch über §§ 139, 140 BGB eine Umdeutung in eine Umwandlung ohne Tarifumgehung in Betracht kommen. Vgl. dazu allgemein Lutter § 5 UmwG-Priester Rdnr. 91

258 Kempen/Zachert § 2 TVG Rdnr. 90 mwN.

259 BAG NJW 1996, 143, 151 (Scientology)

260 BGH Z 37, 363, 366; 51, 255, 262; Soergel-Hefermehl § 134 BGB Rdnr. 40

die Darlegung und der Beweis der objektiven Sachlage aus. Insoweit kommt allerdings der Anscheinsbeweis in dieser Fallgruppe nicht zum Zuge[261], weil mit Hilfe dieses Instruments hier nur von der objektiven Gestaltung auf die Umgehungsabsicht geschlossen werden kann. Über die genannte Fallgruppe hinaus dürfte eine Gesetzesumgehung allerdings regelmäßig ausscheiden, weil das Umwandlungsgesetz nach dem Gesetzeszweck gerade die Flexibilität von Umstrukturierungen erhöhen sollte, so daß tarifrechtliche Folgewirkungen auch bei abhänigen Unternehmen nicht generell als Mißbrauch kategorisiert werden können.

d) Kollektive Fortgeltung durch satzungsrechtliche Regelung

Nach § 40 BGB ist die Unübertragbarkeit der Mitgliedschaft durch Satzung nach § 38 BGB grundsätzlich durch Satzung dispositiv. Insoweit sind Regelungen der Arbeitgeberverbände denkbar, die die Mitgliedschaft auch auf Rechtsnachfolger bei Unternehmensumwandlungen erstrecken. Grundsätzlich werden solche Regelungen unter Hinweis auf § 40 BGB für zulässig gehalten[262]. Nach der Regelung des § 40 BGB müßten diese aber ausdrücklich getroffen werden, davon haben die Arbeitgeberverbände bislang ersichtlich keinen Gebrauch gemacht. Für Unternehmensverbände wird von *Hennrichs* angenommen, § 38 BGB sei bereits konkludent bzw. durch ergänzende Vertragsauslegung gemäß § 40 BGB abbedungen. Auch diese Argumentation beruft sich im wesentlichen auf das Argument der Lückenhaftigkeit der Satzung und will die Ergänzung auf den konkludenten Parteiwillen stützen[263]. Die Überlegung einer stillschweigenden Auslegung ist auch in älterer Literatur bereits erwogen worden[264] und geht letztlich auf Aussagen in einer Entscheidung des Reichsgerichts zurück, in der ein Unternehmer eine Firma erworben hatte und nunmehr die Feststellung der Mitgliedschaft in dem zugehörigen Unternehmerverband begehrte. In der entsprechenden Satzung war § 38 BGB nicht abbedungen. Das Reichsgericht gab den Instanzgerichten insoweit auf, die Frage der stillschweigenden Auslegung zu prüfen. Anknüpfungspunkt sollten die in der Satzung aufgeführten Beendigungsgründe sein, mit der Folge, daß ein Umkehrschluß auf nicht aufgeführte Tatbestände möglich sein könnte[265].

---

261 aA Fink, 179

262 BAG 4.12.74 AP Nr. 2 zu § 3 TVG; BAG NZA 1994, 948; Däubler, Tarifvertragsrecht Rdnr. 1577; Düwell NZA 1996, 393, 395; Spirolke, 76; Waas, 15

263 Hennrichs, 52 f, 62 ff.; für eine Auslegung der Satzung auch Oetker in: Wiedemann § 3 TVG Rdnr. 164, der offenbar aber keinen Automatismus der Übertragung befürwortet, sondern nur die „verbandsrechtlichen Voraussetzungen für die Bindung des Rechtsnachfolgers" geschaffen sieht.

264 Sernetz, 153

265 RG Warneyer 1918, Nr. 48

Diese Argumentation greift jedoch für Arbeitgeberverbände mit der sich daraus ergebenden Rechtsfolge der Tarifbindung nicht durch.
Zweifelhaft ist bereits, ob die Grundsätze der ergänzenden Vertragsauslegung überhaupt eingreifen können, weil die Vereinssatzung vielfach nicht als Vertrag (Vertragstheorie) , sondern als Vereinsverfassung (Normentheorie) betrachtet wird[266]. Die Vereinsatzung hat insoweit ambivalenten Charakter, weil Schaffung mindestens durch Gründungsmitglieder an sich auf Willenserklärung nach Personenrechts erfolgt, die dann aber auf Dauer angelegte Regeln für eine körperschaftlich organisierte mitgliederunabhängige Vereinigung schafft[267]. Auch die Begründung der Mitgliedschaft hat eher Vertragscharakter, weil der einzelne sich durch Willenserklärung zunächst der kollektiven Regelung der Satzung unterwerfen muß, damit die Regeln für ihn Gültigkeit erlangen. Der Unterschied liegt darin, daß nach der Normentheorie nur die Grundsätze von Gesetzesauslegungen herangezogen werden können, die Auslegung also objektiv erfolgt, während bei der Vertragstheorie auch subjektive Kriterien einfließen können. Der Streit liegt also ähnlich wie bei der Auslegung von Tarifverträgen[268]. Auch die Vertreter der Vertragstheorie erkennen jedoch an, daß für die Auslegung besondere Grundsätze gelten müssen[269]. Die Satzung kann grundsätzlich nur aus sich heraus ausgelegt werden[270]. Daraus folgt, daß sich die Auslegung sowohl zeitlich als auch teleologisch nicht an den Gründern (wie §§ 133, 157 BGB dies nach den Grundsätzen der Vertragsauslegung eigentlich vorschreiben würden) und an der Entstehungsgeschichte orientieren kann[271]. Verfassungsrechtlich ist bei einer Auslegung im übrigen die Satzungsautonomie, die Vereinen wie auch Koalitionen gewährleistet ist, zu respektieren, so daß eine ergänzende Auslegung von Vereinssatzungen nur ausnahmsweise zulässig sein kann.
Die Koaltionsfreiheit und die Rechtsfolge der Tarifbindung nach § 3 I TVG unterscheidet die Situation der Arbeitgeberverbände wesentlich von dem Blickwinkel der Entscheidung des Reichsgerichts aus dem Jahre 1918[272].
An sich obliegt dem Verein im Rahmen seiner Satzungsautonomie selbst die Anpassung seiner Satzung, so daß hier regelmäßig die Wortlautgrenze für die Auslegung gelten muß.

---

266 Müko-Reuter § 25 BGB Rdnr. 21; BGH Z 21, 370 ff.;
267 Staudinger-Weick § 25 BGB Rdnr. 16
268 vgl. dazu Kempen/Zachert Grundl. Rdnr. 309; Schaub NZA 1994, 597 ff,
269 so etwa Staudinger-Weick § 25 BGB Rdnr. 16
270 BGH Z 47, 172, 180; 96, 50; 113, 240
271 Staudinger-Weick § 25 BGB Rdnr. 16; BGH Z 47, 172, 180
272 RG Warneyer 1918 Nr. 48

Eine ergänzende Vertragsauslegung erfolgt auch bei Zugrundelegung der Vertragstheorie nach dem mutmaßlichen Parteiwillen §§ 133, 157 BGB. Dabei muß nach den obigen Kriterien aber zeitlich auf den heutigen Horizont zurückgegriffen werden, d.h. die heutigen Entscheidungsträger von Arbeitgeberverbänden müßten das Problem der Unternehmensumwandlungen übersehen haben und deshalb die Satzung ihrem mutmaßlichen Willen nach nicht ergänzt haben. Im Hinblick auf die große Bedeutung von Unternehmensumwandlungen und die gezielte Vornahme, um Tarifverträge zu unterlaufen, läßt sich das Argument nicht halten. Wenn die Arbeitgeberverbände von einer solchen Regelungsmöglichkeit bislang keinen Gebrauch gemacht haben[273], dann offenbar deshalb, weil dies nicht gewollt war und dafür ggf. Mehrheiten in den Verbänden gefehlt haben. Insbesondere läßt sich angesichts der dortigen Kritik am Flächentarif und entsprechender Unterlaufenstendenzen eine ergänzende Auslegung nicht mehr damit rechtfertigen, daß der ununterbrochene Bestand der Mitgliedschaft regelmäßig auch dem Interesse der Arbeitgeber entspricht[274]. Das Fehlen der entsprechenden Mehrheit im Verband steht dabei dem mutmaßlichen Willen entgegen. Dieser Umstand kann aber nicht durch ergänzende Auslegung kompensiert werden.

Des weiteren ist zweifelhaft, ob die Arbeitgeberverbände die (zwangsweise) Übertragung der Mitgliedschaft - sei ausdrücklich oder konkludent - überhaupt regeln können oder ob eine Satzung alleine die Übertragbarkeit gestatten kann.

Die Übertragung der Mitgliedschaft muß dann in den einschlägigen Abmachungen, z.B. dem Verschmelzungsvertrag oder dem Spaltungsplan vereinbart werden. Da hier ein autonomer Beitritt des neuen Rechtsträgers erfolgt, bestehen im Hinblick auf die negative Koalitionsfreiheit insoweit keine Bedenken. Die Übertragbarkeit ist daher durch Satzung ohne weiteres möglich, § 40 BGB. Für diesen Fall ist dann allerdings kein dreiseitiges Rechtsgeschäft mehr erforderlich[275], weil der neue oder übernehmenden Rechtsträger kraft Gesamtrechtsnachfolge in die Mitgliedschaft eintritt, so daß es zu einer ununterbrochenen Tarifgeltung des Verbandstarifes kommt.

Im übrigen besteht bei Arbeitgeberverbänden auch bereits aus der Koalitionsfreiheit des potentiellen Mitglieds zumindest dann Aufnahmezwang, wenn der Arbeitgeberverband eine überragende Machtstellung hat, ein wesentliches Interesse an der Mitgliedschaft besteht und kein sachlicher Grund für die Versagung gegeben ist[276], so daß der neue Rechtsträger auch ohne satzungsrechtliche Regelung ein Beitrittsrecht hat. Eine solche Regelung hätte daher lediglich deklaratorische Bedeutung.

---

[273] was tatsächlich bislang nicht der Fall ist: Däubler, Tarifvertragsrecht Rdnr. 1577; Spirolke, 76
[274] Sernetz, 166
[275] aA Brinkmann, 171
[276] Löwisch/Rieble § 3 TVG Rdnr. 30; Hromadka/Maschmann/Wallner Rdnr. 186

In der Literatur wird die Frage meist offengelassen[277] oder zum Teil eine „automatische“ Übertragung durch Satzung ohne nähere Begründung nach § 40 BGB befürwortet[278], andere sehen darin einen Verstoß gegen die negative Koalitionsfreiheit[279].
Die negative Koalitionsfreiheit schützt grundsätzlich vor staatlichem Zwang zum Koalitionsbeitritt[280]. In diesem Zusammenhang wird bei der Vereinigungsfreiheit davon ausgegangen, daß dort der zwingende Grundsatz herrscht, daß niemand ohne entsprechende Willenserklärung Mitglied eines Vereines werden kann[281].
Durch Satzung kann deshalb die Mitgliedschaft nicht auf einen außenstehenden Dritten übertragen werden, auch wenn dieser Funktionsnachfolger dieses Mitgliedes ist[282]. Diese Grundsätze gelten für Koalitionen trotz des weit geringeren personenrechtlichen Einschlages ebenso, weil die Koalitionsfreiheit auch die Freiheit enthält, einer Koalition fernzubleiben oder aus ihr auszutreten[283]. Entsprechendes muß auch für die Satzung der Verbände gelten, weil Art. 9 III GG die Satzungsautonomie der Verbände insoweit beschränkt.
Bei der Spaltung zur Neugründung sind jedoch ursprünglicher und neuer Rechtsträger wirtschaftlich völlig identisch[284], die Eigentumsanteile wachsen entweder dem „alten“ Rechtsträger selbst (Ausgliederung § 123 III UmwG) oder den Anteilseignern des Unternehmens zu (Aufspaltung, Abspaltung §§ 123 I, II). Deshalb können sie nicht lediglich als ein „außenstehender Dritter“ betrachtet werden, da sie letztlich die eigene wirtschaftliche Betätigung mittelbar fortsetzen und auch die Satzung § 25 BGB mit der Übertragung entweder durch Beitritt bzw. Abstimmung über die Änderung legitimiert haben. Die Austrittsfreiheit bleibt insoweit in vollem Umfang erhalten, weil der neue Rechtsträger - wie andere Mitglieder auch - jederzeit aus dem Verband austreten kann (allerdings mit der Folge, daß der Tarifvertrag nach § 3 III TVG kollektiv bis zum Ende der Laufzeit weitergilt[285]).
Die Spaltung kann jedoch sowohl zur Neugründung, wie auch zur Aufnahme auf einen vorhandenen Rechtsträger erfolgen. Handelt es sich um eine Spaltung zur Aufnahme,

---

277 vgl. etwa Oetker in: Wiedemann § 3 TVG Rdnr. 164
278 so ausdrücklich Kittner/Trittin (3. Auflage) § 324 UmwG Rdnr. 2, bei Kittner/Däubler/Zwanziger-Zwanziger, KSchR, § 324 UmwG Rdnr. 7 nicht mehr näher erörtert; Spirolke, 76
279 Mengel, 176, Mösenfechtel/Schmitz RdA 1976, 108, 110
280 BVerfGE 50, 290, 367; BVerfGE 55, 7, 21; 62, 208, 213; Gamillscheg, Kollektives Arbeitsrecht I, 385; Kempen/Zachert Grundl. Rdnr. 132; Oetker RdA 1999, 96, 97
281 Staudinger-Weick § 38 BGB Rdnr. 3
282 vgl. generell zum Idealverein BGH DB 1980, 2331; RG Warn 1918 Nr. 48; Erman-Westermann § 38 BGB Rdnr. 2
283 BVerfGE 50, 290, 367
284 Kempen/Zachert § 3 TVG Rdnr. 46
285 BAG 4.8.93 AP Nr. 15 zu § 3 TVG; Kempen/Zachert § 3 TVG Rdnr. 25; Löwisch/Rieble § 3 TVG Rdnr. 77

so gilt die obige Betrachtung von der Übertragung der Mitgliedschaft nur, wenn der übernehmende Rechtsträger ebenfalls tarifgebunden war.

Ist dies nicht der Fall, so bedeutet die Satzungsregelung eine Zwangsmitgliedschaft eines zuvor nicht erfaßten Teiles des Rechtsträgers, weil Mitgliedschaften nicht teilbar sind, so daß hier ausschließlich die Übertragbarkeit geregelt werden kann. Übernimmt der neue Rechtsträger die Mitgliedschaft nicht, so stellt sich allerdings die Frage der Anwendung des § 3 III TVG.

Bei der Verschmelzung ist nach den gleichen Grundsätzen zu verfahren. Waren die beiden ursprünglichen Rechtsträger vor der Verschmelzung zur Neugründung im selben Arbeitgeberverband, dann ist die Satzung vollständig durch die „alten" Rechtsträger legitimiert, die wiederum Mitgliedschaftsrechte am neuen Rechtsträger erhalten. Die für diesen Fall an sich entstehende Doppelmitgliedschaft des neuen Rechtsträgers ist vereinsrechtlich auf eine Mitgliedschaft zu reduzieren[286]. War nur einer der ursprünglichen Rechtsträger tarifgebunden bzw. waren beide unterschiedlich tarifgebunden, so bedeutet die Übertragung durch Satzung wie bei der Spaltung zur Aufnahme eine Zwangsmitgliedschaft, da sie nunmehr auch die neu hinzukommenden Teile des Unternehmens erfaßt, die zuvor nie tarifgebunden waren. Eine solche Regelung stößt insoweit auf Bedenken wegen Verstoßes gegen den Wesensgehalt der negativen Koalitionsfreiheit, weil sie Zwangsmitgliedschaften des zuvor nicht tarifgebundenen Teiles bewirken würde.

Man könnte allerdings davon ausgehen, daß die Verschmelzung als solche freiwillig erfolgt und damit auch die Erstreckung auf das gesamte Unternehmen. Eine solche Betrachtungsweise stellt jedoch eine unzulässige Verknüpfung zwischen Mitgliedschaft und der Verschmelzung dar, weil damit eine Art. „Koppelungsgeschäft" verbunden wird. Insoweit kann eine Parallele zum anglo-amerikanischen „closed shop" Prinzip gezogen werden, bei dem der Arbeitgeber durch Vereinbarung gezwungen wird, nur gewerkschaftlich organisierte Arbeitnehmer zu beschäftigen. Eine solche Regelung verstößt gegen die negative Koalitionsfreiheit, weil sie „taktischen Beitrittszwang" ausübt. Danach ist eine zwingende Verknüpfung zwischen Abschluß eines Arbeitsvertrages und Mitgliedschaft in einer Gewerkschaft unzulässig[287], weil das Grundgesetz keine staatliche Koalitionspflicht kennt[288]. In diesem Bereich kann sich die tatsächliche Situation zwar überschneiden, die untere Grenze bildet jedoch mindestens das Kriterium der Unwiderstehlichkeit des Gewerkschaftsbeitrittes[289]. Folgt man der Rechtsprechung des

---

[286] Reichert/van Look Vereinsrecht Rdnr. 474, 487

[287] Kempen/Zachert Grundl. Rdnr. 187, Löwisch/Rieble § 1 TVG Rdnr. 259

[288] BVerfGE 50, 290, 367

[289] Kempen/Zachert Grundl. Rdnr. 132

Bundesarbeitsgerichts im Bereich der Differenzierungsklauseln, so reicht bereits „sozialinadäquater Druck" aus[290]. Entsprechend läßt sich aus beiden Ansätzen der Schluß ziehen, daß Verknüpfungen zwischen Mitgliedschaften und anderen Rechtsgeschäften keine „Freiwilligkeit" darstellen und daher gegen die negative Koalitionsfreiheit verstoßen. Durch Satzung kann für die Verschmelzung zur Neugründung außerhalb vorheriger beiderseitiger Tarifbindung daher keine Übertragung der Mitgliedschaft und damit Tarifbindung nach § 3 I TVG geschaffen werden.

e) Begrenzung der Übertragung durch Satzung durch die allgemeinen Regeln des Tarifrechts

Des weiteren wird die Autonomie der Arbeitgeberverbände bei der Regelung des § 40 BGB durch das allgemeine Tarifrecht begrenzt. Das gilt sowohl für die Übertragung als auch die Übertragbarkeit. Kommt es hiernach zu einer Übertragung der Mitgliedschaft, so gilt der hierüber vermittelte Verbandstarif nur dann weiter, wenn auch nach der Umwandlung noch der fachliche Geltungsbereich des Tarifvertrages eröffnet ist und die Tarifzuständigkeit der tarifschließenden Gewerkschaft gegeben ist[291]. Dies kann vor allem bei Umwandlungen auf einen vorhanden Rechtsträger, der fachlich anders ausgerichtet ist oder gezielter Ausgliederung an sich fachfremder Unternehmensteile (z.B. Elektrounternehmen gliedert seine Kantine aus), der Fall sein. Hierfür kann auch nicht auf § 3 III TVG zurückgegriffen werden, weil dieser die Mitgliedschaft des § 3 I TVG nur verlängert[292], so daß als Auffangtatbestand § 324 UmwG auf § 613a I S. 2-4 BGB verweist.

f) Vereinbarung der weiteren Tarifbindung bei Umwandlung ?

Angesichts der grundsätzlich nicht mit übergehenden Mitgliedschaft wird aus gewerkschaftlicher Sicht als Gegenstrategie bei Restrukturierungen durch Umwandlungen die Vereinbarung des Erhaltes der Tarifbindung befürwortet[293]. Eine entsprechende Verfah-

---

290 BAG 29.11.67 AP Nr. 13 zu Art 9 GG

291 im Ergebnis ebenso Oetker in: Wiedemann § 3 TVG Rdnr. 164

292 BAG 4.8.93 AP Nr. 15 zu § 3 TVG; Kempen/Zachert § 3 TVG Rdnr. 21; Richardi, Kollektivgewalt, 221

293 vgl. das Vertragsmuster bei Trittin (2.Auflage), 53 nach Inkrafttreten des UmwG: *„Die X-AG, Y Gmbh und Z-Gmbh halten ihre Mitgliedschaft im Arbeitgeberverband aufrecht.*
Alternativ: Die X-AG hält ihre Mitgliedschaft im Arbeitgeberverband aufrecht. Die Y-Gmbh und die Z-Gmbh begründen ihre Mitgliedschaft im Arbeitgeberverband mit Wirkung vom 1.6.99. Beide Seiten sind sich darüber einig, daß für die Beschäftigten aller drei Gesellschaften eine originäre Tarifbindung bestehen soll".
Banke/Gebhardt/Heuermann, Leitfaden Rdnr. 191:

rensweise bietet sich vor allem dann an, wenn nur abhängige Tochterunternehmen geschaffen werden, also innerhalb von Konzernen bzw. bei Ausgliederungen. Das gilt etwa auch im Zusammenhang mit Privatisierungen im öffentlichen Dienst, wenn z.B. der städtische Verkehrsbetrieb ausgegliedert wird und eine privatrechtliche Rechtsform erhalten soll. Auch aus Arbeitgebersicht kann eine solche Vereinbarung sinnvoll sein, da §§ 5 I Nr. 9 UmwG und 126 I Nr. 11 UmwG für den Verschmelzungvertrag und den Spaltungsplan Angaben der kollektivarbeitsrechtlichen Änderung verlangen. Das setzt insoweit auch die Angabe des Schicksales der Tarifverträge voraus[294], bei denen die gesetzliche Regelung des § 324 UmwG zu den hier beschriebenen Schwierigkeiten führt. Insbesondere ist in diesem Zusammenhang nach wie vor streitig, ob fehlerhafte arbeitsrechtliche Angaben zur Anfechtbarkeit der Umwandlung führen können. Zwar sind die Anteilseigner nicht direkter Schutzadressat der Vorschriften, jedoch können falsche Angaben zu erheblichen finanziellen Mehrbelastungen führen[295].
Eine solche Vereinbarung ist häufig aber nur mit dem übertragenden Rechtsträger möglich - nicht jedoch mit dem neuen, weil dieser erst durch die Umwandlung geschaffen wird (Neugründung). Mit dem neuen Rechtsträger ist eine solche Vereinbarung des Beitrittes zwar verfassungsrechtlich möglich, weil auf Grundrechte und damit auch auf die negative Koalitionsfreiheit durch eigenen Willensakt bis zum Wesensgehalt des Art.19 II GG verzichtet werden kann[296]. Nicht genommen werden kann dabei allerdings die zukünftige Möglichkeit auszutreten, da ansonsten eine dauerhafte Zwangsmitgliedschaft entstünde, die mit dem Wesensgehalt der negativen Koalitionsfreiheit nicht vereinbar ist[297]. Hier greift dann allerdings die Rechtsfolge des § 3 III TVG, wie auch sonst beim Verbandsaustritt. Wird die Vereinbarung nur mit dem übertragenden Rechtsträger getroffen, so stellt sich auch hier das Problem der negativen Koalitionsfreiheit des neuen Rechtsträgers. „Tarifbindung" des neuen Rechtsträgers ist nämlich nur durch Beitritt zum Arbeitgeberverband möglich, so daß der neue Rechtsträger zwangsweise eintreten müßte (und ggf. je nach Formulierung auch kein Recht zum Austritt hätte). Damit wären dem neuen Rechtsträger das Recht zum Fernbleiben und Austritt im Sinn der Definition der negativen Koalitionsfreiheit der Mitbestimmungsentscheidung von vornherein genommen, so daß eine solche Vereinbarung gegen die ne-

---

„Zum Zwecke der weiteren Tarifbindung der (....-) gesellschaft verpflichtet sich diese, unverzüglich Mitglied im kommunalen Arbeitgeberverband zu werden".

294 Lutter § 5 UmwG-Lutter Rdnr. 45

295 vgl. Lutter § 126 UmwG-Priester mwN. Im übrigen besteht auch ein formelles Prüfungsrecht der Registergerichte, daß zumindest offensichtliche Unrichtigkeiten bei arbeitsrechtlichen Angaben erfaßt, vgl. aaO.

296 Bleckmann JZ 1988, 59 f; Kempen ArbGW 1988, 78 ff, 92; Waltermann RdA 1990, 142

297 zum Fernbleiberecht bzw. zur Austrittsfreiheit als Schutzbereich der negativen Koalitionsfreiheit BVerfGE 50, 290, 369

gative Koalitionsfreiheit verstößt. Die Vereinbarung kann den neuen Rechtsträger daher nicht binden, zumal sie auch nach zivilrechtlichen Grundsätzen einen Vertrag zu Lasten Dritter darstellen würde, wenn der neue Rechtsträger der Vereinbarung nicht nachträglich beitritt[298]. Das letzte Problem stellt sich auch dann, wenn die Vereinbarung dahingehend „entschärft" wird, daß nicht originäre Tarifbindung verabredet wird, sondern nur eine Anwendung in Form der Bezugnahme, wenn damit ausschließlich der neue Rechtsträger „im vorhinein" verpflichtet wird[299].

Indessen kann eine solche Vereinbarung den übertragenden Rechtsträger binden. Der übertragende Rechtsträger kann sich selbst zur Einwirkung auf durch Umwandlung geschaffene Tochterunternehmen verpflichten, dort die Geltung des vorhandenen Tarifvertrages weiter zu gewährleisten. Das setzt aber voraus, daß dieser durch die Umwandlung erhalten bleibt, so daß dieser nur bei Abspaltung und Ausgliederung greifen kann. Hier wachsen dem Rechtsträger selbst bzw. seinen Inhabern auch die Gesellschaftsanteile zu, so daß eine solche Einwirkungsmöglichkeit dann auch weiterhin besteht. Handelt es sich lediglich um Restrukturierungen, so entstehen regelmäßig 100%ige Töchter. Das Bundesarbeitsgericht hat in der sog. „Goethe Instituts Entscheidung" eine solche Einwirkungspflicht ausdrücklich für die Ausgliederung eines abhängigen Tochterunternehmens (als Bestandteil der Durchführungspflicht) bejaht[300]. Diese Einwirkungspflicht kann allerdings nur solange bestehen, wie der Tarifvertrag bei dem beherrschenden Unternehmen weiter normativ gilt. Dieser kann also wie sonst auch aus dem Verband austreten, da er im Hinblick auf den Wesensgehalt der negativen Koalitionsfreiheit auch selbst nicht zu einer Dauermitgliedschaft gezwungen werden kann. Der Tarifvertrag gilt dann zunächst nach § 3 III TVG fort, nach Ablauf dieser Geltung endet die normative Wirkung.

Bleibt die Einwirkung des übertragenden Rechtsträgers ohne oder hinreichende Wirkung, so macht sich der übertragende Rechtsträger schadensersatzpflichtig. Hierbei sind grundsätzlich zwei Fallgestaltungen denkbar. Stehen dem alten Rechtsträger – etwa aufgrund entsprechender Gesellschaftsmehrheiten – hinreichende Einwirkungsmöglichkeiten zu Verfügung und kommt er seiner Pflicht nicht nach, so besteht Verzug, 326 BGB.

---

298 Was meist vorgesehen wird. Vgl. das Muster bei Trittin, 67

299 Vgl. etwa das Muster Anhang bei Blanke/Trümner, Handbuch Privatisierung, 747, daß allerdings die insoweit unproblematische Vereinbarung mit dem übernehmenden Rechtsträger vorsieht. Ansonsten gehen die beim alten Rechtsträger vorhandenen Bezugnahmeklauseln als einzelvertragliche Vereinbarungen nach § 613a I S.1 BGB auf den neuen Rechtsträger über.

300 BAG 11.9.91 EzA Nr. 29 internationales Privatrecht. Die Einwirkungspflicht kann dann von einer Tarifvertragspartei mit der Leistungsklage verfolgt werden: BAG 29.4.92 EzA Nr. 2 zu § 1 TVG Durchführungspflicht

Bestehen die Einwirkungsmöglichkeiten tatsächlich nicht mehr, weil etwa ein Beherrschungsverhältnis endet, so liegt ein Fall der nachträglichen Unmöglichkeit gemäß § 325 BGB vor, da die Vereinbarung regelmäßig vor einer Umwandlung getroffen wird.
Nach dem Grundsatz der Naturalrestitution nach § 249 BGB ist deshalb ggf. die Tarifdifferenz ausgleichen. Zweifelhaft ist allerdings, wer diesen Schaden geltend machen kann, da der Schaden in Form der Tarifdifferenz den betroffenen Arbeitnehmern entstanden ist, Vertragspartner der Vereinbarung jedoch die jeweilige Gewerkschaft ist. Insoweit handelt es sich um einen Vertrag mit Schutzwirkung für Dritte. Maßgeblich für den Drittschutz eines Vertrages ist die ergänzende Vertragsauslegung gemäß §§ 133, 157 BGB[301] oder nach anderer Ansicht die richterliche Rechtsfortbildung nach den Grundsätzen von Treu und Glauben[302]. Im Bereich der ergänzenden Vertragsauslegung ist entscheidend, daß die Vereinbarung letztlich gerade dem Schutz der einzelnen Arbeitnehmer zum Erhalt ihrer Tarifansprüche dienen soll. Insoweit fallen diese gerade typischerweise in den Schutzbereich. Zum gleichen Ergebnis gelangt man aber auch bei einem Abstellen auf Treu und Glauben, da sich der Arbeitgeber ohne einen Schadensersatzanspruch der Vereinbarung letztlich beliebig entziehen könnte, ohne daß diejenigen, zu deren Schutz sie gedacht ist, ihren Schaden mangels Anspruches liquidieren könnten.
Eine andere Frage ist, ob auch die Gewerkschaft selbst entsprechende Schadensersatzansprüche gleichsam stellvertretend für ihre Mitglieder geltend machen kann. Es drängt sich insoweit zunächst die Parallele zum Unterlassungsanspruch der Gewerkschaft aus § 1004 BGB analog, Art. 9 III GG gegen tarifwidriges Verhalten auf[303]. Konstruktiv kann dabei allerdings nicht auf § 1004 BGB zurückgegriffen werden, da es nicht um Unterlassung, sondern um Geltendmachung eines Schadensersatzanspruches geht. Da für die abschließende Gewerkschaft der Schaden zum Anspruch gezogen werden müßte, kommt insoweit die Figur der Drittschadensliquidation in Betracht. Verträge können dabei - auch stillschweigend – einer Vertragspartei das Recht zugestehen, mit einem Schadensersatzanspruch wegen Vertragsverletzung einen Drittschaden zu liquidieren. Maßgeblich ist hierbei die ggf. auch ergänzenden Auslegung des Vertrages §§ 133, 157 BGB. Rechtsprechung und Literatur nehmen das vor allem dann an, wenn ein Vertragspartner dem anderen die Besorgung der Interessen eines Dritten anvertraut, wie bei der Fallgruppe der sog. „mittelbaren Stellvertretung“[304]. Damit ist

---

301 vgl. Soergel-Hadding Anh. § 328 BGB Rdnr. 6 mwN.

302 Müko-Gottwald § 328 BGB Rdnr. 180; die Rechtsprechung läßt die Frage meist offen BGH NJW 1984, 355 stellt etwa auf Vertragsauslegung ab; BGH WM 1988, 1928, 1830 auf Treu und Glauben.

303 BAG NZA 1999, 887, 889 f.

304 vgl etwa BGH Z 15, 224, 228 f.; 25, 250, 258; Müko-Grunsky vor § 249 BGB Rdnr. 119; Soergel-Mertens vor § 249 BGB Rdnr. 248

grundsätzlich die Situation des Tarifrechts betroffen, weil dieses auf kollektiver Organisation beruht. Die Gewerkschaft „besorgt" insoweit die Interessen der Arbeitnehmer, der Arbeitgeberverband die des einzelnen Arbeitgebers. Regelmäßig fällt allerdings hier Schaden und Anspruch nicht auseinander, weil tarifrechtlich jeweils direkte Ansprüche der tarifgebundenen Arbeitnehmer entstehen. Das ist aber nicht für die konkrete Vereinbarung der Einwirkung auf weitere Tarifbindung der Fall, weil es hier an einem direkten Anspruch der Arbeitnehmer des neuen oder übernehmenden Rechtsträgers fehlt (eben weil dieser nicht tarifgebunden ist und kein Arbeitsverhältnis mehr mit dem alten Rechtsträger besteht).

Das tariflich gewollte Ergebnis hätte aber ebensogut einzelvertraglich durch Bezugnahme hinsichtlich des nach einer Umwandlung anzuwendenden Tarifvertrages erreicht werden können, weil die Bezugnahme nach § 613a I S. 1 BGB iVm § 324 UmwG ohne weiteres auf den Rechtsnachfolger übergeht. Die Bezugnahme auf einen „fremden" Tarifvertrag, d.h. ohne entsprechende Tarifbindung des Arbeitgebers ist zulässig, da die Bezugnahme alleine auf Privatautonomie beruht[305], so daß auch die Mitgliedschaft des Arbeitgebers gleichsam einzelvertraglich „ersetzt" werden kann. Das Auseinanderfallen von Schaden und Anspruch beruht alleine auf dem Umstand der kollektiven Organisation, also der Einschaltung eines Dritten. Für den aus der Einwirkungspflicht entstehenden Schadensersatzanspruch sind daher die Grundsätze der Drittschadensliquidation anwendbar. Das ist allerdings nur denkbar, wenn man ein Nebeneinander von Vertrag mit Schutzwirkung für Dritte und Drittschadensliquidation für möglich hält, was zum Teil damit verneint wird, daß der eigene Ersatzanspruch des Dritten (Vertrag mit Schutzwirkung) der Drittschadensliquidation stets vorgeht[306]. Dahinter steht letztlich die Überlegung, daß ein direkter Anspruch des Geschädigten effektiver ist. Für die Situation der tariflichen Ansprüche überzeugt das aber gerade nicht, weil gerade der einzelne Arbeitnehmer aufgrund des Abhängigkeit auf die gerichtliche Durchsetzung tariflicher Ansprüche verzichtet. Gerade hierauf beruht ja letztlich die Überlegung des Klagerechts der Gewerkschaften beim Unterlassungsanspruch aus § 1004 BGB analog, Art. 9 III GG, denn direkte tarifliche Ansprüche der Arbeitnehmer bestehen auch hier ohne weiteres. Insoweit kann der Vorrang des Vertrages mit Schutzwirkung auch hier im Wege der verfassungskonformen Auslegung nicht durchgreifen.

---

[305] BAG 10.6.1965 AP Nr. 13 zu § 9 TVG a.F.; Löwisch/Rieble § 3 TVG Rdnr. 110; einschränkend bei anderer Mitgliedschaft des Arbeitgebers: Kempen/Zachert § 3 TVG Rdnr. 76

[306] Müko-Gottwald § 328 BGB Rdnr. 96; aA für Vorrang der Drittschadensliquidation Soergel-Hadding Anh. § 328 Rdnr. 12

g) Möglichkeit einer Übertragung der Mitgliedschaft durch den Gesetzgeber

Im Gesetzgebungsverfahren zum UmwG hat es auch (vor allem gewerkschaftliche) Versuche gegeben, durch Änderung des TVG eine kollektive Weitergeltung zu erreichen[307], die allerdings dort als „nicht erforderlich" angesehen wurde[308]. Soweit sich die gegenwärtige Regelung als rechtspolitisch unbefriedigend erweisen sollte, könnte der (mit geänderten Mehrheitsverhältnissen gegenüber 1994/95 ausgestattete) Gesetzgeber versucht sein, insoweit die Mitgliedschaft im Verband de lege ferenda als von der Gesamtrechtsnachfolge erfaßt anzusehen, um so ggf. auch Widersprüche zum Firmentarif zu vermeiden, bei dem die Fortgeltung von Tarifverträgen nicht über Mitgliedschaften vermittelt wird. Tatsächlich war auch bereits in den Entwürfen *Sinzheimers* eine grundsätzliche kollektive Fortgeltung für Tarifverträge im Bereich der Gesamtrechtsnachfolge vorgesehen[309].

Im übrigen ist seit den 70er Jahren auch ein vom Vereinsrecht losgelöstes spezielles Verbändegesetz immer wieder in der Diskussion[310], weil das Vereinsrecht des BGB rechtlich als Typus auf einen lokalen Geselligkeitsverein zugeschnitten ist und deshalb für die Binnenverfassung von Arbeitgeberverbänden und Gewerkschaften unpassende Strukturen enthält, die nur bei Ausschöpfung der Möglichkeiten des § 40 BGB eine effizient agierende Massenorganisation zulassen[311].

Denkbar ist im Hinblick auf den bei Arbeitgeberverbänden weitaus geringen persönlichen Bezuges die Umkehrung des Prinzips des § 38 BGB mit der Folge, daß die Mitgliedschaft im Wege der Gesamtrechtsnachfolge übertragen wird[312]. § 38 BGB will die Höchstpersönlichkeit der Mitgliedschaft schützen und ist damit vom Gesetzgeber prototypisch auf den „lokalen Geselligkeitsverein" mit persönlichem Einschlag zugeschnitten[313]. So heißt es in den Protokollen des BGB ausdrücklich, die Vorschrift sei vorzugsweise für den „Verein mit idealer Tendenz" geschaffen[314]. Dies Prinzip paßt auf Arbeitgeberverbände nicht. Ihre Mitglieder haben in der Regel keinen persönlichen Be-

---

307 Henssler, FS Schaub, 310, 312

308 BR-Drucksache 75/94, 78 in der § 613a BGB als ausreichend angesehen wird.

309 Sinzheimer, Arbeitsgesetze 1916, 54, 93 vgl. des § 5 des Entwurfes: *"War der Inhaber eines Betriebes an einem Tarifvertrag beteiligt, so tritt sein Nachfolger in alle Rechte und Pflichten ein, die der Vorgänger aus dem Tarifvertrag hatte"*

310 vgl. zu entsprechenden rechtspolitischen Vorstellungen etwa Leßmann NJW 1978, 1545

311 Oetker RdA 1999, 96; neuerdings stellt sich im Rahmen der Umwandlung auch das Problem von Gewerkschaftszuammenschlüssen (etwa die geplante Dienstleistungsgewerkschaft „Ver.di"), die über das UmwG aber nur dann vollzogen werden können, wenn diese die Struktur eines eingetragenen Vereins (statt bisher des nichteingetragenen Vereins) annehmen.

312 so bereits im Wege der Rechtsfortbildung Kittner/Trittin (3. Auflage) § 613a BGB Rdnr. 97, stillschweigend ohne nähere Begründung aufgegeben: Kittner/Däubler/Zwanziger-Zwanziger, KSchR, Rdnr. 57 f.

313 Erman-Westermann § 38 BGB Rdnr. 1; RGZ 163, 203

314 Prot. 534, 525 vgl. bei Staudinger-Weick § 38 BGB Rdnr. 3

zug zur Verbandsmitgliedschaft, sondern sind selbst mit einer mitgliederunabhängigen Rechtsform ausgestattet.
Der Schutzzweck des § 38 BGB greift daher für sie nicht ein.
Bei einer Umkehrung des Prinzips des § 38 BGB stellt sich erneut die Frage nach dem Wesensgehalt der negativen Koalitionsfreiheit. Bei der bloßen Umkehrung des Prinzips bei Fortsetzung einer vorhandenen Mitgliedschaft ohne entsprechende Ausdehnung der Mitgliedschaft ist der Eingriff in die negative Koalitionsfreiheit vergleichsweise gering. Die negative Koalitionsfreiheit ist in ihrem Wesensgehalt berührt, wenn ein Zwang statuiert wird, einer Koalition beizutreten[315]. Dieser Schutz wird bei einem bereits tarifgebundenen übertragenden Rechtsträger in geringem Maße tangiert, da der von ihm durch Umwandlung geschaffene Rechtsträger die Möglichkeit des Austritts hat. Hierdurch liegt jedenfalls noch kein Verstoß gegen den Wesensgehalt der negativen Koalitionsfreiheit vor. Es geht dabei nur um die Fortsetzung einer vorhandenen Mitgliedschaft und nicht um die grundsätzliche Schaffung einer neuen Mitgliedschaft im Sinne einer Erweiterung. Die Rechtfertigung eines Eingriffes in die Koalitionsfreiheit ist außerhalb des Wesensgehaltes durch andere Grundrechte möglich[316]. In Betracht kommt hier die positive Koalitionsfreiheit, also wiederum Art. 9 III GG selbst. Zum einen läßt sich der Eingriff durch die positive Koalitionsfreiheit der Arbeitnehmer rechtfertigen. Durch ihre koalitionsmäßige Betätigung haben sie über ihren Verband den Verbandstarifvertrag abgeschlossen. Dessen weitere Wirksamkeit hängt aber an der Mitgliedschaft auf Arbeitgeberseite, so daß ihre Koalitionsfreiheit, d.h. das Ergebnis ihrer koalitionsmäßigen Betätigung mit der Umwandlung gleichsam „auf null" reduziert wird, wenn es ausschließlich zu einer individualrechtlichen Transformation nach § 613a BGB kommt, zumal dessen zwingende Jahreswirkung durch einen anderen, ggf. schlechteren Tarifvertrag verdrängt werden kann, für den nach teilweise vertretener Auffassung sogar alleine arbeitgeberseitige Tarifbindung ausreichen soll[317]. In gleicher Weise ist im übrigen die positive Koalitionsfreiheit der übrigen Verbandsmitglieder berührt, da der Zweck des Verbandstarifvertrages die Schaffung gleicher Wettbewerbsbedingungen (Ord-

---

315 BVerfGE 50, 290, 367; BVerfGE 55, 7, 21; 62, 208, 213; Kempen/Zachert Grundl. Rdnr. 132; Oetker RdA 1999, 96, 97; Neumann RdA 1989, 243 ff.
316 ausdrücklich nach Aufgabe der Kernbereichslehre BVerfGE 94, 268, 287, ausführlich hierzu S. 103 ff.
317 Zöllner DB 1995, 1401, 1404 f.; Hromadka/Maschmann/Wallner Rdnr. 354; Moll RdA 1996, 275 f, 280 zuvor bereits Röder DB 1981, 1980, 1982; zutreffend und überwiegend wird allerdings vom Erfordernis beiderseitiger Tarifbindung augegangen Erman-Hanau § 613a BGB Rdnr. 95; Kempen/Zachert § 3 TVG Rdnr. 59; Kania DB 1995, 626; B. Gaul 323; Gussen/Dauck Rdnr. 233; Hanau/Vossen FS Hilger/Stumpf, 271, 282, 292; Hanau/Kania FS Schaub 239, 256; Müko-Schaub § 613a BGB Rdnr. 149 ff.; MünchArbR-Wank § 120 Rdnr. 217; Staudinger-Richardi/Annuß § 613a BGB Rdnr. 192; Oetker in: Wiedemann § 3 TVG Rdnr. 199; Waas in: Weiss/Gagel Handbuch des Arbeits- und Sozialrechts § 18 A Rdnr. 85; offen lassend BAG DB 1986, 1575; bejahend BAG 20.4.94 AP Nr. 108 zu § 613a BGB (obiter dictum).

nungsfunktion) ist, aus der sich ein einzelnes Mitglied durch Umwandlung und der Möglichkeit anderer Abmachung nunmehr entzieht.
Schwieriger ist die Lage allerdings, wenn die Übertragung der Mitgliedschaft zur Tarifbindung zuvor nicht tarifgebundener Teile führen würde. Eine solche Ausdehnung würde eine Zwangsmitgliedschaft bedeuten, so daß eine Umkehrung des Prinzips des § 38 BGB nur bei Einräumung eines entsprechenden sofortigen Austrittes im Zeitpunkt der Umwandlung möglich wird, mit der Folge, daß die Mitgliedschaft sich nicht ausdehnt. Zu denken wäre zur Vermeidung der Problematik des Wesensgehaltes daneben eine Übernahme der Parteistellung in Form eines Firmentarifes durch die Gesamtrechtsnachfolge, wie dies in den Entwürfen zum Tarifvertragsgesetz von *Nipperdey* vorgesehen wurde[318]. Ein Verstoß gegen die negative Koalitionsfreiheit würde hierin nicht liegen, weil die Geltung als Firmentarif nicht mehr über eine Koalition vermittelt würde. Das Bundesarbeitsgericht hat die Übernahme der Parteistellung im Bereich des Firmentarifes entsprechend für zulässig gehalten[319], zumal es sich dabei um eine Vertragsübernahme durch Übernahme der tariflich geregelten Arbeitsverhältnisse handelt, wie sie sonst auch dem Prinzip der Gesamtrechtsnachfolge immanent ist.
Eine solche Veränderung des § 38 BGB läßt sich allerdings rechtsmethodisch mangels verdeckter Lücke nicht ohne den Gesetzgeber im Wege der Rechtsfortbildung vollziehen[320], so daß hier gesetzgeberische Handlungen abgewartet werden müssen. Derzeit ist damit von der Vorschrift des § 38 BGB ausgehen, so daß Bestandsschutz nur über die vorhandenen Vorschriften § 3 III TVG, § 4 V TVG oder § 613a BGB erreicht werden kann.

3) Formwechsel

Eine Ausnahme von den oben genannten Prinzipien zur Übertragung der Mitgliedschaft gilt nur für den Formwechsel. Der Gesetzgeber ist beim Formwechsel ausdrücklich davon ausgegangen, daß an dieser Umwandlungsform letztlich nur ein Rechtsträger be-

---

[318] Nipperdey, Beiträge, 186 ff.:
§ 8 des Entwurfes:
„Tarifangehörige sind, soweit im Tarifvertrag nicht eine Einschränkung vorgesehen ist:
1. *Arbeitgeber die Partei eines Tarifvertrages sind,*
2. *Arbeitgeber und Arbeitnehme, die Mitglieder der farifvertragsschließenden Parteien*
3. *Arbeitgeber un Arbeitnehmer, die sich mit Zustimmung der Parteien des Tarifvertrages dem Tarifvertrag freiwillig unterworfen haben,*
4. *Arbeitgeber, die Rechtsnachfolger des Inhabers eines Unternehmens sind, der zur Zeit der Rechtsnachfolge nach Ziff. 1, 2 oder 3 tarifangehörig war."*

[319] BAG 24.6.98 AP Nr. 1 zu § 20 UmwG
[320] aA Kittner/Trittin (3. Auflage) § 613a BGB Rdnr. 97

teiligt ist, der lediglich sein Rechtskleid wechselt (sog. „Identitätsthese")[321], zum Teil wird dasselbe Ergebnis über die Konstruktion einer Fiktion der Identität erreicht[322]. Der Gesetzgeber hat diese Auffassung durch beredtes Schweigen in § 324 UmwG bestätigt, in dem nämlich dort der Formwechsel, anders als die anderen Umwandlungsarten, nicht aufgeführt ist. Dies bedeutet, daß § 613a BGB weder direkt noch anlog Anwendung findet, weil gar kein wirklich neuer Rechtsträger vorliegt, der Gesetzgeber ist also durch die „Identität" vom Erhalt der Tarifbindung ausgegangen. Deshalb ist eine Anwendung von § 613a BGB weder erforderlich noch gewollt.
Die Tarifbindung bleibt erhalten, weil der „neue" Arbeitgeber nach wie vor Mitglied des Arbeitgeberverbandes ist. Eine Übertragung - der § 38 BGB entgegensteht - hat wegen der rechtlichen Identität der Unternehmen, nicht stattgefunden.
Die Tarifbindung bleibt deshalb gemäß § 3 I TVG bestehen, da bei Identität die Mitgliedschaft im Verband erhalten bleibt. Wird aus Anlaß des Formwechsels der Verband verlassen, so gilt tatbestandlich - und nicht analog - § 3 III TVG, da dieses als „normaler" Verbandsaustritt eines Unternehmens zu behandeln ist, den § 3 III TVG ohne weiteres erfaßt[323].

4) Allgemeinverbindlichkeit

Eine Weitergeltung des Tarifvertrages kann sich außerhalb der weiteren Tarifbindung auch über den Umstand der Allgemeinverbindlichkeit nach § 5 IV TVG ergeben. Diese Regelung spielt insbesondere im Bereich der tariflichen Alterssicherung eine große Rolle, da diesbezügliche Tarifverträge häufig allgemeinverbindlich sind[324]. Ist der Rechtsnachfolger dem räumlichen und fachlichen Geltungsbereich eines allgemeinverbindlichen Tarifvertrages zuzuordnen, so gilt der Tarifvertrag nach § 5 IV TVG kraft Gesetzes weiter, ohne daß es einer Übertragung der Mitgliedschaft bedarf[325]. Sowohl das Bundesarbeitsgericht als auch das Bundesverfassungsgericht halten die Allgemeinverbindlichkeit für verfassungskonform, weil die Interessen der Außenseiter insoweit durch

[321] BR-Drucksache 75/94 137, 144, vgl. auch zustimmend Dehmer UmwG § 1 Rdnr. 23 und 190 Rdnr. 1; Gussen/Dauck Rdnr. 317
[322] so etwa Hennrichs ZIP 1995, 794, 796
[323] zum Verbandsaustritt als zentraler Fall des § 3 III TVG: BAG 4.8.93 AP Nr. 15 zu § 3 TVG; Kempen/Zachert § 3 TVG Rdnr. 35 f; Oetker in: Wiedemann § 3 TVG Rdnr. 48
[324] vgl. etwa TV Zusatzversorgung der Bauindustrie. Dies führt allerdings damit zu einer Vielzahl von Prozessen um den fachlichen Geltungsbereich des Tarifertrages, weil in der Bauindustrie zunehmend Abteilungen verselbständigt werden, die keine unmittelbare baulichen Leistungen erbringen. Siehe auch Schaub, Arbeitsrechtshandbuch § 118 Rdnr. 53. Für Umwandlungen („Herausumwandeln" aus dem fachlichen Geltungsbereich): BAG 5.10.93 AP Nr. 42 Zusatzversorgungskassen; weitere Beispiele zur AVE von Tarifverträgen bei Kempen/Zachert § 5 TVG Rdnr. 6
[325] Hromadka/Maschmann/Wallner Rdnr. 579; Staudinger-Richardi/Annuß § 613a BGB Rdnr. 175; Willemsen/Hohenstatt, Umstrukturierung Rdnr. E 66

die Mitwirkung des Ministers für Arbeit und Sozialordnung hinreichend demokratisch vertreten werden[326]. Für den Fall der Allgemeinverbindlichkeit schützt also § 5 IV TVG die Arbeitnehmer wirksam grundsätzlich vor einem Unterlaufen von Tarifverträgen, auch durch Umwandlung[327]. Eine Anwendung des § 613a I S. 2-4 BGB kommt insoweit auch über § 324 UmwG nicht in Betracht, da dieser Vorschrift gegenüber der zwingenden Allgemeinverbindlichkeit nur Auffangcharakter zukommt. Relevant wird diese Regelung nur dann, wenn die Umwandlung gleichzeitig aus dem fachlichen Geltungsbereich herausführt, da für diesen Fall § 5 TVG nicht greift[328]. Insoweit kommt aber auch bei gezieltem Unterlaufen durch „Herausumwandlung" durch Verschmelzung mit Unternehmen desselben Arbeitgebers, die eine andere fachliche Ausweitung aufweisen, eine Anwendung von § 3 III TVG in Betracht[329].

II. Bestandsschutz bei wegfallender Tarifbindung

Wird die Mitgliedschaft im Arbeitgeberverband nicht übertragen oder durch den neuen oder übernehmenden Rechtsträger nicht neu begründet, so gilt der Verbandstarif nicht kraft originärer Tarifbindung weiter nach § 3 I TVG weiter, so daß sich die Frage des weiteren Schicksals der Tarifnormen stellt.

1) in Betracht kommende Vorschriften und ihre Wirkung

Gesetzlich bieten sich für die Fortgeltung von Verbandstarifverträgen grundsätzlich drei denkbare Lösungsmöglichkeiten an, nämlich die Anwendung von § 3 III TVG, § 4 V TVG oder § 613a BGB. In den Konsequenzen unterscheiden sich die drei Vorschriften erheblich. § 3 III TVG würde als verlängerte Tarifgebundenheit zu einer kollektivrechtlichen und deshalb durch einzelvertragliche Abmachung nicht abdingbaren Weitergeltung des Tarifvertrages führen, der Betriebsnachfolger bliebe deshalb an das zwingende Tarifrecht grundsätzlich gebunden. § 4 V TVG ist zwar ebenfalls eine Vorschrift, die zur kollektiven Fortgeltung führt, diese ist jedoch abdingbar, sie erhält damit die unmittelbare, nicht aber die zwingende Wirkung von Tarifverträgen[330]. § 613a I S. 2-4 BGB ordnet dagegen die zwingende Weitergeltung für ein Jahr und gleichzeitig die Transformation der Tarifnormen in einzelvertragliche Abmachungen an. Nach Ablauf der Jah-

---

[326] BVerfGE 44, 322 ff; BAG 28.3.90 AP Nr. 25 zu § 5 TVG
[327] zum (historischen) SchutzzwecK: Sinzheimer, Grundzüge 271; Kempen/Zachert § 5 TVG Rdnr. 1
[328] BAG 5.10.93 AP Nr. 42 zu § 1 BetrAVG Zusatzversorgungskassen
[329] vgl. dazu S.129
[330] BAG 29.1.75 AP Nr. 8 zu § 4 TVG Nachwirkung; BAG 3.12.85 AP Nr. 2 zu § 74 BAT; Däubler, Tarifvertragsrecht Rdnr. 1449, Kempen/Zachert § 4 TVG Rdnr. 293; Löwisch/Rieble § 4 TVG Rdnr. 228;

resfrist ist daher bei einer Anwendung des § 613a BGB auch eine abweichende Abmachung zulässig. Auf Änderung gerichtete einzelvertragliche Abmachungen wie z.B. Änderungskündigungen oder Aufhebungsverträge sind daher nach Ablauf von einem Jahr zulässig.

2) Meinungsstand

a) Literatur

aa) § 613a I S. 2-4 BGB als „lex specialis" für den Verbandstarif

In der Literatur zum Umwandlungsgesetz wird überwiegend angenommen, daß trotz der grundsätzlich befürworteten Geltung des § 613a I S. 2-4 BGB als Auffangtatbestand im Falle des Verbandstarifvertrages diese Vorschrift als „lex specialis" - insbesondere auch vor § 3 III TVG - zu betrachten sei. Hauptgedanke dieser Ansicht ist, daß eine Analogie zu 3 III TVG - der ausschließlich den Verbandsaustritt regele - nicht gezogen werden könne. Dies wird aus der unmittelbaren Anwendbarkeit des § 613a BGB gefolgert, so daß es an der erforderlichen Regelungslücke fehle[331]. Teleologisch wird angeführt, daß § 3 III TVG keine Auffangregel im Gegensatz zu § 613a I S. 2-4 BGB darstelle, so daß für Umwandlungen § 324 UmwG iVm § 613a I S. 2-4 BGB als Spezialregelung eingreife und daß damit wie beim rechtsgeschäftlichen Übergang zu verfahren sei[332].
Ergänzend wird meist angeführt, daß eine kollektive Weitergeltung einen Verstoß gegen die negative Koalitionsfreiheit gemäß Art. 9 III GG bedeute, weil durch die Umwandlung der neu entstehende Rechtsträger zwingend und kollektiv an von ihm nicht geschlossene Tarifverträge gebunden werde[333]. Außerdem wird auf den Rechtsgedanken des § 613a I S. 2-4 BGB, nach einer Übergangsfrist „Gestaltungsfreiheit" zu ermöglichen, verwiesen[334].

---

331 Boecken Rdnr. 186; Henssler FS Schaub 310, 316; Mengel, 134 f.; Müller-Ehlen, 110; S.Peiffer, 158; mit historischer Begründung Kania DB 1995, 625, 629; Spirolke, 76 f. übergeht § 3 III TVG ohne Begründung; gegen eine Anwendung von § 3 III TVG auch Wellenhofer-Klein ZfA 1999, 239, 245, die aber ausschließlich mit einer hiermit verbundenen Betriebszweckänderung und damit einem Herausfallen aus dem fachlichen Geltungsbereich abstellt.
332 Bachner NJW 1995, 2881, 2882; Berscheid FS Stahlhacke, 15, 30; Boecken Rdnr. 185; Dehmer UmwG § 131 Rdnr. 56; B. Gaul NZA 1995, 717, 719; Henssler FS Schaub, 310, 311; Gussen/Dauck Rdnr. 366; Hromadka/Maschmann/Wallner Rdnr. 236; KassArbR-Düwell 6.8 Rdnr. 175, 279; Kittner/Däubler/Zwanziger-Zwanziger, KSchR, § 613a BGB Rdnr. 59; Picot, C Rdnr. 36; Wlotzke DB 1995, 40, 41; Oetker in: Wiedemann § 3 TVG Rdnr. 49; Willemsen/Hohenstatt, Umstrukturierung Rdnr. E 75
333 Gussen/Dauck Rdnr. 366; Hromadka/Maschmann/Wallner Rdnr. 236; Lutter § 324 UmwG-Joost Rdnr. 17; Mengel, 201
334 so ausdrücklich Bremkamp, Flexiblisierung, 333; Kania DB 1995, 625, 629

bb) § 4 V TVG

Vor allem in der älteren Literatur wird eine Anwendung von § 4 V TVG auf den Verbandstarif erwogen. Verwiesen wurde hierbei insbesondere auf die Überbrückungsfunktion von § 4 V TVG, die mangels Übertragbarkeit der Mitgliedschaft nach § 38 TVG eingreifen sollte[335]. Diese Auffassung wird auch nach Inkrafttreten des UmwG noch vereinzelt vertreten. Insbesondere *Bachner/Trittin/Köstler/Trümner* wollen § 4 V TVG nach wie vor anwenden, weil sie die individualrechtliche Lösung des deutschen Gesetzgebers im Rahmen von § 613a I S. 2-4 BGB für europarechtswidrig halten und § 4 V TVG zur kollektiven Weitergeltung führe[336]. Andere wollen die Vorschrift zumindest dann anwenden, wenn bei der Umwandlung nicht gleichzeitig ein „Betrieb" übergeht („umwandlungsrechtlicher Übergang")[337].

cc) § 3 III TVG

Bereits vor der Einführung des UmwG wurde in Teilen der Literatur davon ausgegangen, daß § 3 III TVG auf die Fälle der gesellschaftsrechtlichen Gesamtrechtsnachfolge anzuwenden und daß damit eine kollektive Weitergeltung des Tarifvertrages anzunehmen sei. Überwiegend wurde hierbei konstruktiv von einer analogen Anwendung der Vorschrift ausgegangen[338]. Die letzte größere Untersuchung vor Inkrafttreten des UmwG, die eine Anwendung von § 3 III TVG auf Gesamtrechtsnachfolgen befürwortet, stammt von *Quander*. Dieser will § 3 III TVG auf alle Neugründungen anwenden, weil die Tarifumgehung offenkundig sei. Dem Argument des Verstoßes gegen die negative Koalitionsfreiheit wird mit dem Einwand begegnet, daß § 3 III TVG kein mitgliedschaftliches Verhältnis zum Verband begründet[339].
Auch nach Einführung des UmwG gibt es erneut Stimmen, die § 3 III TVG anwenden wollen. *Däubler* will § 3 III TVG auf alle Fälle der Umwandlungen anwenden, § 3 III TVG dabei aber auf die übergegangenen Arbeitsverhältnisse beschränken. Im Ergebnis

---

[335] vgl. etwa noch Wiedemann/Stumpf (5. Aufl. 1977) § 3 TVG Rdnr. 80, nunmehr nach Einführung des § 324 UmwG für Anwendung des § 613a BGB I S. 2-4 BGB auf den Verbandstarif: Oetker in: Wiedemann § 3 TVG Rdnr. 56 ff.
[336] Bachner/Trittin/Köstler/Trümner, 112; für die Europarechtswidrigkeit insbesondere auch v. Alvensleben 306 ff.; Däubler, Tarifvertragsrecht Rdnr. 1577 a, b, die allerdings beide keine Anwendung von § 4 V TVG befürworten.
[337] Für die Auffassung im Ergebnis Spirolke, 94; Vollrath in: Widmann/Mayer § 324 UmwG Rdnr. 55, 56, beide unter Verweis auf BAG NZA 1995, 479, 480; ablehnend auch bei „umwandlungsrechtlichem Übergang" indessen Boecken Rdnr. 197
[338] Birk AuR 1975, 312, 315 f.; Martens SAE 1976, 83, 84; Neumann DB 1960, 63; Seiter, Betriebsinhaberwechsel, 148 f.; ders. AR Blattei D Betriebsinhaberwechsel, 1 ff.
[339] Quander, 272 ff.

läßt er aber das Verhältnis zu einer erweiternden Auslegung des § 613a I S. 2-4 BGB offen[340]. *Kempen/Zachert* befürworten eine Anwendung auf alle Fälle der Spaltung. Die Anwendung wird mit der Übernahme der stimmrechtsbildend eingesetzten Arbeitsplätze befürwortet. Die Begrenzung alleine auf die Spaltung wird mit dem Untergang des ursprünglichen Rechtsträgers bei der Verschmelzung gerechtfertigt, der die ursprünglichen Tarifverträge mitgliedschaftlich legitimiert hat. Bei der Verschmelzung liege daher bloße wirtschaftliche Identität vor, für die § 3 III TVG nicht ausreichen soll[341]. *Gussen/Dauck* lehnen eine solche weite Auslegung zwar ab, wollen § 3 III TVG aber dann anwenden, wenn die Umwandlung alleine dem Zweck dient, die (verlängerte) Tarifgebundenheit rechtsmißbräuchlich zu umgehen[342]. In ähnliche Richtung geht die Auffassung von *Fink* , der § 3 III TVG bei rechtsmißbräuchlicher Tarifumgehung im Bereich von Ausgliederungen anwenden will. Der Mißbrauch soll sich im Hinblick auf eine mißbräuchliche Verwendung der Figur des sog. mittelbaren Arbeitsverhältnisses sowie einer Anwendung der Grundsätze der Durchgriffshaftung ergeben[343].

dd) Entwicklung der Rechtsprechung

Die Rechtsprechung für die Fälle der gesellschaftsrechtlichen Gesamtrechtsnachfolge war in der Vergangenheit uneinheitlich. Erwogen wurde sowohl eine entsprechende Anwendung von § 613a BGB als auch von § 4 V TVG[344]. In neuerer Zeit hat sich das Bundesarbeitsgericht unter dem Eindruck der europarechtlichen Vorgaben einer mindestens einjährigen zwingenden Weitergeltung für die entsprechende Anwendung von § 613a BGB ausgesprochen[345]. Diese Rechtsprechung hat das Bundesarbeitsgericht allerdings nicht immer durchgehalten. Noch 1995 wurde für tarifrechtliche Ansprüche wiederum auf § 4 V TVG (ohne § 613a BGB erkennbar zu prüfen) zurückgegriffen[346]. In dieser Entscheidung für die Gesamtrechtsnachfolge nach dem Einigungsvertrag kam es auf die Unterscheidung für die Weiterzahlung der dort in Streit stehenden tariflichen Vergütung auf die Unterscheidung allerdings auch nicht an.

---

340 Däubler, Tarifrecht Rdnr. 1577 b; ebenso offenlassend, aber mit der Tendenz § 613a I S. 2-4 BGB anzuwenden, Stein, Tarifvertragsrecht Rdnr. 196, ebenfalls im Hinblick auf eine Analogie offengelassen: Waas in: Weiss/Gagel Handbuch des Arbeits- und Sozialrechts § 18 A Rdnr. 94

341 Kempen/Zachert § 3 TVG Rdnr. 46, zuvor zum SpTrUG bereits Kempen BB 1991, 2006, 2011

342 Gussen/Dauck Rdnr. 205 unter Bezugnahme auf die Aussage von Kempen/Zachert § 3 TVG Rdnr. 50

343 Fink, 190 ff.

344 vgl. etwa BAG 4.12.74 AP Nr. 2 zu § 3 TVG; erwogen auch noch BAG 5.10.93 AP Nr. 42 zu § 1 BetrAVG; BAG NZA 1995, 479, 480

345 ausdrücklich im Hinblick auf die Richtlinie 77/187 EWG; BAG 5.10.93 AP Nr. 42 zu § 1 BetrAVG Zusatzversorgungskassen (= EzA § 1 BetrAVG Zusatzversorgung Nr. 6)

346 BAG NZA 1995, 479, 480

Dagegen hat das Bundesarbeitsgericht für den Fall der Verschmelzung die Anwendung von § 3 III TVG mehrfach ausdrücklich abgelehnt. Bereits im Jahre 1974 ist es für den Fall der Verschmelzung ausdrücklich davon ausgegangen, daß diese eher einer Neugründung und nicht einem Verbandsaustritt gleichkomme[347]. Auch in späteren Entscheidungen hat das Bundesarbeitsgericht bei Verschmelzungen eine Analogie damit abgelehnt, daß eine Gesamtrechtsnachfolge unvergleichbar mit einem Verbandsaustritt sei und außerdem einen Verstoß gegen die negative Koalitionsfreiheit bedeute[348]. Allerdings wurde die negative Koalitionsfreiheit hier im Hinblick auf eine weitere Mitgliedschaft in der Zusatzversorgungskasse (gemeinsame Einrichtung gemäß § 4 II TVG) als tangiert angesehen. Die Aussage ist allerdings insofern zu relativieren, als eine Fallgestaltung vorlag, in dem die Verschmelzung zur geänderten fachlichen Ausrichtung (Metall statt zuvor Bau) geführt hat, für den § 3 III TVG ohnehin nicht anwendbar ist[349]. Dennoch betont das Bundesarbeitsgericht in seiner Rechtsprechung zu § 613a I S. 2-4 BGB den Auffangcharakter dieser Vorschrift, der denklogisch auch eine Anwendung des § 3 III TVG ermöglicht[350]. In neuerer Zeit hat das Bundesarbeitsgericht die Frage des § 3 III TVG ausdrücklich - insbesondere im Hinblick auf einen möglichen Verstoß gegen die negative Koalitionsfreiheit - offen gelassen[351]. In der sog. „Goethe Instituts Entscheidung" aus dem Jahre 1991 hat das Bundesarbeitsgericht dagegen bei einem Haustarif eine Einwirkungspflicht auf eine nach Abschluß dieses Tarifvertrages rechtlich verselbständigte Tochter angenommen, dort den Haustarif ebenfalls anzuwenden, weil sie tatsächlich wie eine unselbständige Unternehmensabteilung beherrscht werde[352].

Zum Umwandlungsgesetz von 1995 selbst ist erst eine Entscheidung zur Verschmelzung zum Firmentarif vorhanden, in einem obiter dictum ist das Bundesarbeitsgericht erneut davon ausgegangen, daß anders als beim Firmentarif, bei der Umwandlung in Form der Verschmelzung eine kollektivrechtliche Weitergeltung nicht erfolge. Allerdings wurde § 3 III TVG hierbei erkennbar nicht geprüft, dagegen jedoch der durch den Wortlaut des § 324 UmwG zum Ausdruck kommende Auffangcharakter der Verweisung

---

347 BAG 4.12.72 AP Nr. 2 zu § 3 TVG

348 BAG 5.10.93 AP Nr. 42 zu § 1 BetrAVG Zusatzversorgungskassen

349 Kempen/Zachert § 3 TVG Rdnr. 27, ausschließlich unter dem Aspekt der Betriebszweckänderung gegen eine Anwendung von § 3 III TVG: Wellenhofer/Klein ZfA 1999, 239, 245. Eine Umwandlung ist damit aber nicht notwendig verbunden. Ansonsten hätte für den Fall des BAG ohnehin die Allgemeinverbindlichkeit gegriffen, da die Zusatzversorgung im Baubereich allgemeinverbindlich ist. Für den Fall des Herausfallens aus dem fachlichen Geltungsbereich greift jedoch auch die Allgemeinverbindlichkeit nicht.

350 BAG 5.2.91 AP Nr. 89 zu § 613a (*„§ 613a I S. 2-4 BGB ist nicht zu entnehmen, daß der Betriebserwerber von aus anderen Gründen bestehenden Bindungen an kollektiv-rechtliche Normen frei werden soll"*), so auch BAG 27.7.94 AP Nr. 118 zu § 613a BGB

351 BAG NZA 1995, 479, 480

352 BAG 11.9.91 EzA Nr. 29 internationales Privatrecht

auf § 613a BGB, ausdrücklich für die Unternehmensumwandlung, nochmals betont[353]. Die Rechtslage ist daher nach wie vor offen, wenn jedoch von einem gewissen Trend der Rechtsprechung § 3 III TVG - zumindest in den Fällen der Verschmelzung - nicht anzuwenden und statt dessen für die Verschmelzung auf § 613a I S. 2-4 BGB für den Verbandstarif zurückzugreifen, auszugehen ist.

III. Stellungnahme

1) Unanwendbarkeit des § 4 V TVG

Einer Anwendung von § 4 V TVG ist nach Einführung des § 324 UmwG nicht mehr beizutreten[354].

Bereits 1979 hat das Bundesarbeitsgericht entschieden, daß im Anwendungsbereich des § 613a BGB eine (entsprechende) Anwendung von § 4 V TVG nicht möglich sein soll[355], so daß inhaltlich die Berufung auf die Rechtsprechung des Bundesarbeitsgerichts nach Einfügung § 324 UmwG überholt ist.

Schutzzweck von § 4 V TVG ist es, zu verhindern, daß Arbeitsverhältnisse nach dem Wegfall der Tarifbindung inhaltsleer werden und dies den Arbeitgeber veranlaßt, eine einseitige Bestimmung im Rahmen des Direktionsrechtes vorzunehmen. Es handelt sich also um eine Überbrückungsfunktion[356]. Sinn und Zweck legen es daher durchaus nahe, die Vorschrift anzuwenden, wenn der Tarifvertrag durch Umwandlung seine Gültigkeit verliert.

Problematischer ist dagegen die Berücksichtigung der europarechtskonformen Auslegung (§ 5 EWG, 189 EWG-Vertrag), die nach ständiger Rechtsprechung des EuGH auch bei der Auslegung nationalen Rechts anzuwenden ist, wenn dieses auf Umsetzung einer Richtlinie beruht[357]. Nach Art. 3 III der hinter § 613a stehenden Richtlinie 98/50 EG[358] müssen die tariflichen Regeln mindestens für ein Jahr zwingend weiter-

---

[353] BAG 24.6.98 AP Nr. 1 zu § 20 UmwG unter Verweis auf Mengel, 182, die eine Analogie von § 3 III TVG mangels Regelungslücke ablehnt

[354] so aber: Bachner/Trittin/Köstler/Trümner, 112; beschränkt auf „umwandlungsrechtlichen Übergang" Spirolke, 94; Widmann/Mayer § 324 UmwG Rdnr. 55, 56

[355] BAG 26.9.79 AP Nr. 17 zu § 613 BGB; Oetker in: Wiedemann § 3 TVG Rdnr. 186, die Entscheidung BAG NZA 1995, 479, 480 ist zur Gesamtrechtsnachfolge nach dem Einigungsvertrag d.h. außerhalb des UmwG ergangen

[356] BAG NZA 1995, 479, 480 f.; B. Gaul NZA 1995, 719; Kempen/Zachert § 4 TVG Rdnr. 293; Löwisch/Rieble § 3 TVG Rdnr. 74

[357] EuGH Rs 14/83 (Colson und Kammann/NRW). Slg 1984, 1891 LS 1; EuGH Rs 79/83 (Harz/Tradax Slg 1984, 1921 LS 1, 11)

[358] entspricht Art. 3 II der Richtlinie 77/187 EWG

gelten. Der Anwendungsrahmen erstreckt sich nach dem hier gefundenen Ergebnis auf alle Umwandlungsfälle.
Das kann die abdingbare Vorschrift der Nachwirkung nach § 4 V TVG jedoch nicht leisten. Insoweit ist der Hinweis auf die mögliche Europarechtswidrigkeit des § 613a BGB im Hinblick auf die Anwendung von § 4 V TVG wenig überzeugend, denn § 613a stellt zumindest im Rahmen der individualrechtlichen Lösung eine zwingende einjährige Weitergeltung sicher . § 4 V TVG scheidet im Hinblick auf die europarechtskonforme Auslegung als Regelung daher aus[359]. Im übrigen hat sich der Gesetzgeber durch § 324 UmwG jedenfalls (ausdrücklich in Erfüllung der europarechtlichen Vorgaben[360]) mindestens für eine einjährige zwingende Weitergeltung durch Verweis auf § 613a BGB entschieden, so daß eine entgegenstehende Auslegung auch gegen den erklärten Willen des Gesetzgebers verstößt. Deshalb ist auch der Verweis auf eine Entscheidung des Bundesarbeitsgerichts aus dem Jahre 1995 für eine Gesamtrechtsnachfolge außerhalb des UmwG überholt[361]. Als europarechtskonforme Alternativen verbleiben deshalb nur § 613a BGB oder § 3 III TVG. Das gilt nach hier vertretener Auffassung durch extensive Auslegung des Betriebsbegriffes für alle Umwandlungsformen.
Auch wenn man eine Differenzierung zwischen „arbeitsrechtlichem“ und „umwandlungsrechtlichem Übergang“ von Arbeitsverhältnissen, bei dem kein Betrieb im Sinne von § 613a BGB übergeht, vornimmt[362], so kann auch für den „umwandlungsrechtlichen Übergang“ § 4 V TVG nicht als teleologisch vorrangig betrachtet werden[363]. Dies ergibt sich im Hinblick auf die Vorgaben der Richtlinie 95/50 EG, die auf alle Fälle der Umwandlung, d.h. insbesondere der Spaltung Anwendung findet[364], deren Vorgaben mangels zwingender Wirkung § 4 V TVG aber nicht entspricht. Insoweit müssen europarechtskonforme Auslegungsmöglichkeiten vorgezogen werden, die eine zwingende Weitergeltung ermöglichen.
Diese bestehen nach der derzeitigen Rechtslage in § 3 III TVG bzw. § 613a BGB. § 3 III TVG setzt tatbestandlich das Merkmal „Betrieb“ nicht voraus, so daß auch bei einem „umwandlungsrechtlichen Übergang“ eine Anwendung möglich ist.

---

359 Däubler, Tarifvertragsrecht Rdnr. 1577b; B. Gaul NZA 1995, 720 f.
360 BR-Drucksache 75/94, 78
361 Bachner/Trittin/Köstler/Trümner, 112; Spirolke, 94; Vollrath: in Widmann/Mayer § 324 UmwG, jeweils unter Hinweis auf BAG NZA 1995, 479, 480
362 Boecken Rdnr. 53 ff; Mengel, 75 ff.; ähnlich Spirolke, 56
363 so aber Spirolke, 94
364 vgl. ausführlich auch S. 35 f.

2) Verhältnis von § 3 III TVG zu § 613a I S. 2-4 BGB

a) Wortlaut der §§ 324 UmwG, § 613a I S. 2-4 BGB

Der Wortlaut der Vorschrift des § 613a I S. 2-4 BGB läßt auf das Verhältnis beider Vorschriften zu § 3 III TVG grundsätzlich noch keine Schlüsse zu. Der Wortlaut des § 324 UmwG stellt indessen durch die Formulierung „bleibt unberührt" den generellen Auffangcharakter der Vorschrift gegenüber einer kollektiven Weitergeltung sicher[365]. Für die Vorschrift des § 3 III - die eine solche kollektive Weitergeltung darstellt - kann der Wortlaut deshalb keine anderen Schlüsse zulassen. Auch bei § 1 IV BSchFG, der ebenfalls eine solche „bleibt unberührt" Formel aufweist, wird dieses im Sinne einer generellen weiteren Geltung aller weiteren Befristungstatbestände verstanden[366].

b) Wortlaut des § 3 III TVG

Insoweit ist im Rahmen der wörtlichen Auslegung zu fragen, ob der Wortlaut des § 3 III TVG eine Anwendung auf Unternehmensumwandlungen ermöglicht, da der mögliche Wortsinn grundsätzlich die Schranke jeder Auslegung bildet[367]. In § 3 III TVG heißt es:

„Die Tarifgebundenheit bleibt bestehen, bis der Tarifvertrag endet".

Der Wortlaut der Vorschrift beschränkt die Vorschrift damit nicht nur auf den Verbandsaustritt (den der Gesetzgeber historisch lediglich als Hauptfall im Auge hatte), sondern will allgemein eine verlängerte Tarifgebundenheit fingieren und knüpft dafür lediglich am Zeitfaktor des Tarifvertrages an[368]. Dies wird selbst von Teilen der Literatur eingeräumt, wenn der Wortlaut des § 3 III TVG als praktisch über das Ziel (ausschließlich den Verbandsaustritt zu regeln) hinausschießend bezeichnet wird[369].
Da eine Unternehmensumwandlung, wenn sie vor Ablauf des Tarifvertrages vorgenommen wird, die Tarifbindung begründende Mitgliedschaft grundsätzlich beendet (§§ 38, 40 BGB), ist nach dem Wortlaut der Anwendungsrahmen eröffnet. Das Argument, § 3 III TVG könne hier allenfalls analog angewandt werden, wofür es aber im Hinblick auf

---

365 BAG 24.6.98 AP Nr. 1 zu § 20 UmwG
366 Kittner/Däubler/Zwanziger-Däubler, KSchR, § 1 BSchFG Rdnr. 6; KR-Lipke § 1 BSchFG Rdnr. 43
367 Bydlinski, Methodenlehre, 441; Larenz, Methodenlehre, 343
368 Herschel ZfA 1973, 183
369 Löwisch/Rieble § 3 TVG Rdnr. 77; Rieble SAE 1994, 159

§ 324 UmwG/§613a BGB an der Regelungslücke fehle[370], überzeugt daher im Hinblick auf die wörtliche Auslegung der Vorschrift nicht. Das gilt erst recht, wenn Teile der umwandlungsrechtlichen Literatur § 613a I S. 2-4 BGB auch nur - wie § 3 III TVG - analog anwenden wollen[371], weil sich hieraus dann kein Vorrangverhältnis des § 613a I S. 2-4 BGB ergeben kann.

c) Historische Auslegung der §§ 324 UmwG und 613a I S. 2-4 BGB

Des weiteren ist hinsichtlich der Bestimmung des Verhältnisses der beiden Vorschriften nach der Entstehungsgeschichte zu fragen.
In den einschlägigen Materialien zum UmwG ist die Vorschrift des § 3 III TVG erkennbar übersehen worden, es wurde (fehlerhaft)[372] von einer ausschließlichen Geltung des § 613a I S. 2-4 BGB für das gesamte Tarifrecht ausgegangen. Indessen sind dabei die näheren Umstände des Gesetzgebungsverfahrens beachtenswert. Zum einen wurde das Umwandlungsgesetz noch zum Schluß der 12. Wahlperiode verabschiedet. Die arbeitsrechtliche und damit tarifrechtliche Relevanz wurde zum Schluß und damit in der „heißen Phase" entdeckt und kam im wesentlichen erst im Vermittlungsverfahren zustande. Zuvor wurden arbeitsrechtliche Vorschriften stets als „systemfremd" und „nicht erforderlich" zur vor allem gesellschaftsrechtlichen Prägung des Umwandlungsgesetzes abgelehnt. Nicht verkannt werden kann in diesem Zusammenhang die Zuständigkeitsverteilung. Beim Umwandlungsgesetz handelt es sich um einen Gesetzentwurf der Bundesregierung. Intern ist dort für das Gesellschaftsrecht das Justizministerium, für das Arbeitsrecht und damit auch für das TVG das Arbeitsministerium zuständig. Der Entwurf des Umwandlungsgesetzes entstammt demnach der Feder des Justizministeriums und hat deshalb das TVG nicht berücksichtigt, sondern eben übersehen und ist ausschließlich von § 613a I S. 2-4 BGB ausgegangen. In diesem Zusammenhang erklären sich auch erste Stellungnahmen zum UmwG. Zutreffend geht jedoch auch mittlerweile das Bundesarbeitsgericht davon aus, daß etwa § 3 I TVG vorrangig vor § 613a I S. 2-4 BGB Anwendung auf Umwandlungen findet[373]. Insoweit läßt sich aus der Ent-

---

[370] Henssler FS Schaub 310, 316; Mengel, 134; wohl auch Boecken Rdnr. 185; Gussen/Dauck Rdnr. 366 mit dem Argument der „Unvergleichbarkeit". Für rechtsmißbräuchliche Tarifumgehung soll § 3 III TVG nach Gussen/Dauck aaO. aber gelten. Spirolke, 76 übergeht § 3 III TVG ohne Begründung

[371] Oetker in: Wiedemann § 3 TVG Rdnr. 170 ff. für „umwandlungsrechtlichen Übergang" Boecken Rdnr. 197 ff.; Mengel, 134

[372] vgl. BAG 24.6.98 AP Nr. 1 zu § 20 UmwG nach der für Firmentarife bei Verschmelzung nicht generell § 613a BGB gilt, sondern grundsätzlich eine Übernahme der Parteistellung durch Gesamtrechtsnachfolge erfolgt und somit eine kollektive Fortgeltung nach § 3 I TVG anzunehmen ist.

[373] BAG 24.6.98 AP Nr. 1 zu § 20 UmwG

stehungsgeschichte gerade nicht schließen, daß § 3 III TVG ausgeschlossen werden sollte.
Aus der Entstehungsgeschichte des § 613a BGB folgt im übrigen, daß diese Vorschrift nur als (zusätzlicher) individualrechtlicher Auffangtatbestand konzipiert war, der eine kollektive Fortgeltung nicht verdrängen sollte, weil es dem Gesetzgeber nur darum ging, die einschlägige EG-Richtlinie 77/187 EWG durch das sogenannte arbeitsrechtliche EG-Anpassungsgesetz umzusetzen. Er ist dabei ausdrücklich von der Auffangfunktion des § 613a BGB ausgegangen, so findet sich etwa für Betriebsvereinbarungen ausdrücklich die kollektive Weitergeltung bei Erhaltung der „Betriebsidentität" in der amtlichen Begründung[374], so daß eine individualrechtliche Transformation nach § 613a I S. 2-4 BGB nicht erfolgt . Anders als im Tarifrecht fehlt es hierfür an einem direkten normativen Anknüpfungspunkt. Für Tarifverträge kann insoweit nichts anderes gelten. Dies zeigt sich schon daran, daß der Tarifvertrag ohne weiteres kollektiv weitergilt, wenn auch der Erwerber bei einem Betriebsübergang Verbandsmitglied ist (§ 3 I TVG)[375]. Diese Auffassung kommt insoweit für Umwandlungen durch den Wortlaut des § 324 UmwG zum Ausdruck[376]. Demnach ist § 3 III TVG als vorrangige (kollektive) Vorschrift nach der Entstehungsgeschichte des UmwG bzw. des § 613a BGB zu betrachten.

d) historische Auslegung des § 3 III TVG

Dieses Vorrangverhältnis kommt jedoch nur dann zur Geltung, wenn die historische Auslegung des § 3 III TVG auch eine Anwendung auf Unternehmensumwandlungen deckt. In der Literatur wird jedoch insoweit versucht, diesen Schutzzweck des § 3 III TVG alleine auf den Verbandsaustritt zu reduzieren und damit § 3 III TVG zumindest im Wege der Auslegung nach der Entstehungsgeschichte für unanwendbar zu erklären[377]. Tendenziell enthält auch eine Entscheidung des Bundesarbeitsgerichts zur Verschmelzung zweier Genossenschaften diese Aussage, wenn dort als Begründung ein Vergleich zwischen Verbandsaustritt und Verschmelzung gezogen wird[378]. Tatsächlich hatte der Gesetzgeber historisch vor allem den Verbandsaustritt im Auge, so forderte Sinzheimer bereits im Jahre 1916 in dem von ihm aufgestellten Entwurf eines Arbeitstarifgesetzes, daß der Ausschluß und Austritt keinen Einfluß auf die unmittelbare Wirkung

---

[374] vgl. BT-Drucksache 8/3317, 7, 11
[375] Hanau/Vossen FS Hilger Stumpf, 271, 272; Müko-Schaub § 613a BGB Rdnr. 131
[376] BAG 24.6.98 AP Nr. 1 zu § 20 UmwG
[377] Hromadka/Maschmann/Wallner Rdnr. 236; Kania DB 1995, 625, 629; Löwisch/Rieble § 3 TVG Rdnr. 72
[378] BAG 4.12.74 AP Nr. 2 zu § 3 TVG

haben dürfte[379]. Dieser Gedanke war auch Leitgedanke des § 3 III TVG. Eine ähnliche Vorschrift enthielt bereits § 1 II TVVO in der Weimarer Zeit, die aber durch Kündigung und anschließenden Neuabschluß des Arbeitsverhältnisses umgangen werden konnte[380]. Die heutige Regelung des § 3 III TVG verdankt ihre Entstehung gerade der Lükkenhaftigkeit im früheren Tarifvertragsrecht. So stellt *Herschel* zur Entstehung rückblickend fest: *„Insbesondere war an Maßnahmen des Bestandsschutzes gedacht, die nicht zuletzt aufgrund älterer Erfahrungen - mit der Möglichkeit rechnen mußte, daß Mitglieder denen ein bestimmter Tarifvertrag lästig war, austreten, um sich diesen Wirkungen zu entziehen. Deshalb wurde die Möglichkeit verbaut, indem das Ende der Tarifgebundenheit ausschließlich mit dem Ende des Tarifvertrags synchronisiert wurde"*[381]. Diese historischen Aussagen berücksichtigen jedoch nur die damaligen Vorstellungen des Gesetzgebers zur „Tarifumgehung", da Umwandlungen im Umfang des Umwandlungsgesetzes nicht bekannt waren. Sie zeigen aber, daß es historisch gerade um die Schließung vom Umgehungslücken ging und ein Festhalten („ausschließlich" wie Herschel formuliert) bis zum Ende der Laufzeit Zielsetzung des § 3 III TVG ist. Eine spezielle Regelung nur für diesen Fall wurde aber bewußt nicht getroffen, dieses ergibt sich schon aus dem erkennbar weiteren Wortlaut, der lediglich auf den Zeitfaktor abstellt. Im übrigen bindet eine solche historische Vorstellung von Anwendungsfällen bis zur Wortlautgrenze auch nicht für eine Auslegung, da sich historische Normvorstellungen nie auf alle möglichen zukünftigen Anwendungsfälle erstrecken können[382]. Die historische Auslegung führt bei § 3 III TVG deshalb nicht zu einer entsprechenden Beschränkung.

e) Teleologische Auslegung des Verhältnisses beider Vorschriften

Schutzzweck des § 3 III ist es, ein Unterlaufen von Tarifverträgen durch einseitige Maßnahmen zu verhindern. Es geht also um den Mißbrauch privatrechtlicher Gestaltungsmacht[383]. § 3 III TVG knüpft deshalb ausschließlich an den zeitlichen Bestand des Tarifvertrages selbst an, so daß es an sich einer tarifgebundenen Partei nicht ermöglicht werden soll, sich einseitig den von ihm mitgliedschaftlich legitimierten Tarifverträgen zu entziehen. Das Gesetz unterscheidet nicht, aus welchen Gründen die Beendigung erfolgt[384]. Damit kann eine Tarifbindung nicht willkürlich abgestreift werden. Eine

---

379 Sinzheimer, Arbeitstarifgesetz 90, 91

380 Hueck, das Recht des Tarifvertrages, 1920 102; Oetker in: Wiedemann § 3 TVG Rdnr. 45

381 Herschel ZfA 1973, 183, 192

382 Larenz, Methodenlehre, 344

383 BAG 4.8.93 AP Nr. 15 zu § 3 TVG; Däubler, Tarifvertragsrecht Rdnr. 1508; Hromadka/Maschmann/Wallner Rdnr. 226; Kempen/Zachert § 3 TVG Rdnr. 21; Löwisch/Rieble § 3 TVG Rdnr. 72; Oetker in: Wiedemann § 3 TVG Rdnr. 46

384 Kempen/Zachert § 3 TVG Rdnr. 21, 22; Oetker in: Wiedemann § 3 TVG Rdnr. 46

solche willkürliche Maßnahme zur Beendigung der Tarifbindung stellt die Umwandlung ebenfalls dar, zumal entsprechende Maßnahmen auch gezielt zur Tarifumgehung herbeigeführt werden können und in der Wirkung dann einem (teilweise oder ganzen) Verbandsaustritt gleichkommen. Die Aussage des Bundesarbeitsgerichts zur Verschmelzung zweier Genossenschaften aus dem Jahre 1974, daß eine Unternehmensumwandlung unvergleichbar mit einem Verbandsaustritt sei, steht einer solchen Auslegung damit teleologisch auch nicht entgegen. Das Bundesarbeitsgericht ist nämlich bei seiner Auslegung ausdrücklich davon ausgegangen, daß „es kaum Fälle gäbe, in denen die Verschmelzung von zwei Genossenschaften deshalb erfolgt, damit die Tarifbindung der übertragenden Genossenschaft wegfällt"[385]. Mit der Ausweitung von Unternehmensumwandlungen durch das Umwandlungsgesetz haben viele Unternehmen Umwandlungen gerade entdeckt, um einem sonst langwierigen Verbandsaustritt, mit der Folge der zwingenden Geltung bis zum Ende der Laufzeit § 3 III TVG und anschließender Nachwirkung § 4 V TVG, zu umgehen[386]. Umwandlungen können deshalb durchaus dazu benutzt werden, um sich der Tarifbindung zu entziehen. Im übrigen handelte es sich bei dem vom Bundesarbeitsgericht im Jahre 1974 entschiedenen Fall um (damals) gewerkschaftliche Betriebe, nämlich die Konsumgenossenschaft „co op" (die „co op" Lübeck wurde zur Aufnahme mit der „co op" Kiel gemäß § 93a GenG verschmolzen)[387], so daß die dortigen Aussagen zur Tarifumgehung auch deshalb schwerlich auf die heutigen wirtschaftlichen Verhältnisse übertragen werden können.

Der Schutzzweck des § 3 III TVG Tarifumgehung zu verhindern, greift deshalb bei Unternehmensumwandlungen in gleicher Weise wie bei einem Verbandsaustritt. Der Schutzzweck des § 3 III TVG ist auch keineswegs auf den Verbandaustritt begrenzt, so daß der Wortlaut letztlich „überschießend" wäre[388]. Gegen einen in diesem Sinne interpretierten Anwendungsrahmen wird neuerdings die Rechtsprechung des Bundesarbeitsgerichts zur Anwendung des § 3 III TVG auf die Problematik der Auflösung von Arbeitgeberverbänden angeführt[389]. Das Bundesarbeitsgericht nimmt dabei zwar an, daß § 3 III TVG für diesen Fall nicht eingreift, weil der Gesetzgeber die Rechtsfolgen der Auflösung einer Tarifvertragspartei im Hinblick auf den Fortbestand der von ihr abgeschlossenen Tarifverträge nicht geregelt habe[390]. Das läßt sich aber ohnehin nur damit rechtfertigen, daß der originäre Vertragspartner des Verbandstarifes, im Unter-

---

[385] BAG 4.12.74 AP Nr. 2 zu § 3 TVG

[386] Wellenfofer-Klein ZfA 1999, 239, 240; zum Verbandsaustritt: BAG 8.3.92 AP Nr. 13 § 3 TVG; Bieback DB 1989, 478 ff.; Däubler, Tarifvertragsrecht Rdnr. 1511; Kempen/Zachert § 3 TVG Rdnr. 34

[387] BAG 4.12.74 AP Nr. 2 zu § 3 TVG

[388] so aber Löwisch/Rieble § 3 TVG Rdnr. 77; Rieble SAE 1994, 159

[389] Kittner/Däubler/Zwanziger-Zwanziger, KSchR, § 613a BGB Rdnr. 59

[390] BAG 15.10.86 AP Nr. 4 zu § 3 TVG; BAG 28.5.97 AP Nr. 27 zu § 4 TVG Nachwirkung

schied etwa zum Verbandsaustritt, wegfällt. Bereits das ist zweifelhaft, weil die Auflösung letztlich einem Massenaustritt gleichkommt und auch nach Auflösung noch als ein möglicher Liquidationsverein zur „Abwicklung" des Tarifvertrages bis zum Ende der Laufzeit bestünde[391]. Für Umwandlungen können diese Bedenken schon deshalb nicht durchgreifen, weil der Arbeitgeberverband nach wie vor besteht und sich lediglich ein Mitglied durch Übertragung des gesamten Unternehmens oder von Unternehmensteilen der Geltung des Verbandstarifes entzieht. Die Situation kommt daher dem Verbandsaustritt viel näher als der der Verbandsauflösung. Auch zur Verbandsauflösung hat das Bundesarbeitsgericht im übrigen betont, daß der Schutzzweck des § 3 III TVG darin besteht, *„daß die unmittelbare und zwingende Wirkung eines Tarifvertrages durch eine einseitige Maßnahme des Arbeitgebers (oder Arbeitnehmers) wie insbesondere Verbandsaustritt beseitigt werden kann"*[392]. Aus der Formulierung („insbesondere") ist gerade nicht zu entnehmen, daß § 3 III TVG nur für den Verbandsaustritt gelten kann. Eine einseitige Maßnahme des Arbeitgebers ist sowohl der Verbandsaustritt als auch die Umwandlung, während die Verbandsauflösung qualitativ darüber hinaus auch eine Maßnahme des Verbandes selbst ist.

Bei § 3 III TVG geht es um die Konsequenz der Befugnis zur kollektiven Normsetzung, die zu einer Art dreiseitigem Verhältnis führt. Zum einen schaffen die verbandsangehörigen Arbeitgeber (bzw.) Arbeitnehmer untereinander gleiche Wettbewerbsbedingungen. Diesen Schutz konkretisiert § 3 III TVG, in dem sich der einzelne nicht aus der kollektiven Normsetzung, an der als Mitglied selbst mitgewirkt hat, wieder entziehen kann, in dem er sich z.B. durch Austritt einen Wettbewerbsvorteil verschafft. Diese Funktion entfällt zwar bei der Verbandsauflösung, weil die Mitglieder hier kollektiv auf sie verzichten, nicht aber bei Umwandlungen, weil die übrigen Mitglieder an den Tarifvertrag gebunden bleiben und nur das umgewandelte Unternehmen aus der kollektiven Bindung befreit würde.

Daneben verbleibt die jeweilige tarifliche Gegenseite und deren Mitglieder. Diese haben den Tarifvertrag auf eine bestimmte Laufzeit mit dem jeweils anderen Arbeitgeberverband und deren Mitgliedern abgeschlossen. § 3 III TVG stellt mit der Geltung bis zum Ende der Laufzeit letztlich nur die Einhaltung dieser vertraglichen Zusage durch Mitglieder, die den Vertrag verbandsintern legitimieren, sicher[393]. Dies ist Konsequenz der Befugnis zur kollektiven Normsetzung. Die Koalitionsfreiheit ist letztlich Fortsetzung der privatautonomen Selbstbestimmung mit anderen – nämlich kollektiven- Mitteln[394]. Ein

---

[391] Kempen/Zachert § 3 TVG Rdnr. 39; selbst einräumend auch Kittner/Däubler/Zwanziger-Zwanziger, KSchR, § 622 BGB Rdnr. 27

[392] BAG 28.5.97 AP Nr. 27 zu § 4 TVG Nachwirkung

[393] Schaub BB 1994, 2006; Rieble RdA 1996, 151, 155

[394] Kempen/Zachert Grundl. 127

Verband als Ausdruck dieser kollektiven Selbstbestimmung kann sich vertraglich nur dann sinnvoll verpflichten, wenn die Mitglieder intern eine Einstandspflicht trifft[395], denn ansonsten ließe sich die dem Schuldverhältnis immanente Vertragserfüllung nicht sicherstellen. Die Besonderheit des Tarifvertrages als Gestaltungsmittel besteht gerade darin, daß die Erfüllung letztlich durch die Mitglieder und nicht durch die Verbände zu leisten ist. Diese daraus resultierende Einstandspflicht der Mitglieder stellt § 3 III TVG sicher, in dem er unabhängig von dem Fortbestand der Mitgliedschaft, die Mitglieder selbst an den von ihnen legitimierten Normen festhält.
Der Regelungsgehalt des § 3 III TVG umfaßt daher den Schutz des Vertrauens der Arbeitnehmer (wie der Arbeitgeber) in den Bestand der von ihnen geschaffenen kollektiven Ordnung. Die Regelung des § 3 III TVG stellt damit die unentbehrliche Ordnungsfunktion des Tarifvertragssystems (und damit der Tarifautonomie) sicher[396].
Auch § 613a I S. 2-4 BGB iVm § 324 UmwG will im tariflichen Bereich ein Unterlaufen von Tarifverträgen bei Betriebsübergängen verhindern und schützt durch die Jahresfrist gleichzeitig die ursprüngliche koalitionsmäßige Betätigung (in Gestalt der individualrechtlichen Fortgeltung). § 3 III TVG und § 613a I S. 2-4 BGB verfolgen in diesem Punkt also ein gleichartiges Regelungsziel, wobei § 613a I S. 2-4 BGB durch die Jahresfrist aber zu einer Verkürzung gegenüber § 3 III TVG führt.
Indessen wird teilweise angenommen § 613a I S. 2-4 BGB schütze darüber hinaus das Prinzip der Tarifeinheit[397]. Anknüpfungspunkt bildet im wesentlichen die Regelung der Verdrängung durch anderweitige Tarifbindung (§ 613a I S. 4 BGB). Das legt zunächst nahe, daß § 613a I S. 2-4 BGB teleologisch vorrangig ist, wenn dieser Schutzzweck nicht auch von § 3 III TVG verfolgt würde. Indessen ist über § 613a I S. 2-4 BGB nicht das Prinzip der Tarifeinheit geschützt, sondern lediglich über § 613a I S. 3 BGB der Vorrang kollektiver Regelungen vor individualrechtlichen Regelungen[398]. Die Regelung ist also gerade Ausdruck von Art. 9 III GG und soll nicht etwa den hierüber bezweckten Schutz der Koalitionsfreiheit verkürzen, sondern umgekehrt koalitionsmäßige Betätigung für die Zukunft nicht blockieren. Deshalb ist für die Verdrängung durch einen anderen Tarifvertrag nach zutreffender Ansicht beidseitige Tarifbindung nötig[399]. Das vom Bundesarbeitsgericht verwandte Prinzip der Tarifeinheit führt aber gerade zur Verdrängung eines Tarifvertrages gegen den Willen mindestens einer Partei, die nämlich an-

---

[395] Oetker: in Wiedemann § 3 TVG Rdnr. 11

[396] BAG 4..8.93 AP Nr. 15 zu § 3 TVG; Kempen/Zachert § 3 TVG Rdnr. 25; Lieb NZA 1994, 337; Oetker in: Wiedemann § 3 TVG Rdnr. 185 („status quo")

[397] Hanau/Vossen FS Hilger/Stumpf, 271, 278; Hromadka/Maschmann/Wallner Rdnr. 534; Zöllner DB 1995, 1401, 1407

[398] Soergel-Raab § 613a BGB Rdnr. 124; BR-Drucksache 353/79, 18

[399] Kempen/Zachert § 3 TVG Rdnr. 60; Müko-Schaub § 613a BGB Rdnr. 136; MünchArbR/Wank § 120 Rdnr. 217; aA Zöllner DB 1995, 1401, 1403 f.; ausführlich 177 f.

derweitig tarifgebunden ist und deren tarifliche Bindung verdrängt wird. § 613a I S. 3 BGB räumt deshalb lediglich beiden Parteien eine vereinheitlichende Gestaltung auf kollektiver Ebene ein.

Entsprechendes würde nach Rechtsprechung des Bundesarbeitsgerichts auch bei Anwendung des § 3 III TVG erreicht. So sollen etwa beim Verbandswechsel im Rahmen des § 3 III TVG die Grundsätze der Tarifkonkurrenz greifen[400].

Insoweit bleibt bei identischem Schutzzweck das systematische Verhältnis beider Vorschriften zu überprüfen. In der Literatur findet sich dazu vielfach die Aussage § 613a I S. 2-4 BGB sei gegenüber § 3 III TVG Spezialvorschrift[401].

Das erscheint indessen im Hinblick auf die generelle Zielrichtung des § 613a I S. 2-4 BGB zweifelhaft.

Bei identischem Schutzzweck ist systematisch damit auf die Verweisungsnorm des § 324 UmwG zurückzugreifen. „Unberührt" bedeutet danach, daß der Verweis auf die Vorschrift des § 613a I S. 2-4 BGB lediglich als Auffangregelung greift, die eine kollektive Weitergeltung nicht verdrängen kann[402]. Dieses entspricht auch der Auslegung des § 613a I S. 2-4 BGB zum rechtsgeschäftlichen Betriebsübergang, bei dem dieser Gedanke von der hM. zugrunde gelegt wird, in dem § 613a I S. 2-4 BGB als individualrechtlicher Auffangtatbestand verstanden wird[403]. Dies gilt etwa bei der Fortgeltung von Betriebsvereinbarungen selbst dann, wenn sich kein direkter normativer Anhaltspunkt durch eine konkrete Vorschrift ergibt, da eine ausdrückliche Vorschrift für die kollektive Fortgeltung im Betriebsverfassungsgesetz fehlt, jedoch weit überwiegend angenommen wird, daß bei Erhalt der Betriebsidentität eine kollektive Fortgeltung anzunehmen ist[404].

Die (großzügigere) kollektive Fortgeltung von Betriebsvereinbarungen wird auch deshalb als „zumutbar" betrachtet, da der Rechtsnachfolger kündigen kann, § 77 V BetrVG[405].

Den Verbandstarif wiederum kann bei kollektiver Fortgeltung nur der Verband selbst kündigen, nicht aber der einzelne Arbeitgeber, was bewirkt, daß der einzelne Arbeitgeber ohne Mitgliedschaft an langfristige Tarifverträge (vor allem Mantel- oder Rahmenta-

---

400 BAG 26.10. 1983, AP Nr. 3 zu § 3 TVG, was aber zum Leerlaufen des Schutzzwecks führen kann und deshalb abzulehnen ist. Ein neuer Tarifvertrag führt aber zur Verdrängung der Wirkung des § 3 III TVG.

401 Boecken, Rdnr. 185; Gussen/Dauck Rdnr. 366; Hromadka/Maschmann/Wallner Rdnr. 236; Kreßel BB 1995, 925, 936; Löwisch/Rieble § 3 TVG Rdnr. 81 f.

402 BAG 24.6.98 AP Nr. 1 zu § 20 UmwG für den Firmentarif bei Verschmelzung

403 Blank/Blanke/Kümpel/Wendeling-Schröder/Wolter, 241, Hanau/Vossen FS Hilger/Stumpf, 271, 288; Jung RdA 1981, 360 ff; Kempen/Zachert § 3 TVG Rdnr. 58, Müko-Schaub § 613a BGB Rdnr. 128

404 BAG 5.2.91 AP Nr. 89 zu § 613a BGB; BAG 27.7.94 AP Nr. 118 zu § 613 BGB; Bopp in Rieder: Betriebsübergang, 145, 156; Däubler/Klebe/Kittner-Berg § 77 BetrVG Rdnr. 50; GK-BetrVG-Kreutz § 77 BetrVG Rdnr. 16 ff.

405 mit dieser Erwägung ausdrücklich Müko-Schaub § 613a BGB Rdnr. 346

rifverträge) über Jahre zwingend gebunden bleibt[406] und diese selbst nach Ablauf dieser Frist nach der Rechtsprechung des Bundesarbeitsgerichts nachwirken (§ 4 V TVG). Darin wird vielfach die Gefahr der „Endloshaftung" gesehen, die praktisch allerdings regelmäßig durch das Veralten der Tarifnormen und des sich damit letztlich für beide Seiten ergebenden Änderungsbedarfes vermieden wird. Nicht zu verkennen ist in diesem Zusammenhang die Debatte um die „Flexibilisierung des Flächentarifes", die rechtspolitisch von der Vorstellung einer stärkeren Verlagerung von Entscheidungen auf die Betriebsebene geprägt ist und damit dem einzelnen Arbeitgeber eine höhere Dispositionsfreiheit gewähren will. Für diese rechtspolitische Vorstellung wird die oben beschriebene Wirkung des § 3 III TVG als zentrales Hindernis gesehen. Von Kritikern wird deshalb seit Jahren vorgeschlagen, diese Vorschrift entweder ganz zu streichen oder die zwingende Wirkung jedenfalls zu begrenzen[407]. So hat erst 1996 der Sachverständigenrat zur Begutachtung der gesamtwirtschaftlichen Entwicklung einen entsprechenden Befristungsvorschlag für § 3 III TVG gemacht[408]. *Rieble* und *Siebert* plädieren in diesem Zusammenhang insoweit für eine Jahresfrist, um Austrittsfreiheit und Vertragstreue in ein „vernünftiges Verhältnis" zu bringen[409]. Diese Vorstellung läuft damit letztlich auf den Regelungsgehalt des § 613a I S. 2-4 BGB hinaus. Damit kommt die Nichtanwendung des § 3 III TVG dem Wunsch nach einer schnelleren Anpassung der Arbeitsbedingungen bei Umwandlungen - vor allem im Hinblick auf die Möglichkeit des § 613a I S. 3 BGB (Ablösung durch einen anderen Tarifvertrag) - entgegen. Dahinter steht die Überlegung, daß § 3 III TVG durch seinen offenen Wortlaut letztlich über das Regelungsziel - alleine die Flucht aus dem Arbeitgeberverband durch Austritt zu verhindern - hinausschießt[410]. Hieraus erklärt sich insoweit die Tendenz, § 3 III TVG - im Gegensatz etwa zur Fortgeltung von Betriebsvereinbarungen - sehr restriktiv und ausschließlich bezogen auf den historischen Anwendungsrahmen auszulegen. Indessen bleibt zu berücksichtigen, daß eine Änderung des § 3 III TVG bislang politisch offenbar wegen Fehlens entsprechender Mehrheiten nicht erfolgt ist und sich verfassungsrechtliche Bedenken bislang nicht durchgesetzt haben[411]. Deshalb lassen sich entsprechende Forderungen, § 3 III TVG in seinem Wirkbereich zu begrenzen, auch nicht im Wege der

---

[406] Kempen/Zachert § 4 TVG Rdnr. 45 insoweit auch für die außerordentliche Kündigung; aA Löwisch/Rieble § 3 TVG Rdnr. 74 und § 1 Rdnr. 127 f. die eine entsprechende Kündigungsmöglichkeit des einzelnen Arbeitgebers annehmen

[407] Biedenkopf, 99 ff.

[408] Sachverständigengutachten zur Begutachtung der gesamtwirtschaftlichen Lage 1995/96, 227

[409] vgl. etwa Rieble RdA 1996, 151, 155; Siebert, 12 f., generelle Streichung Beuthien/Meick DB 1993, 1518 ff.

[410] Löwisch/Rieble § 3 TVG Rdnr. 77; Rieble SAE 1994, 159

[411] Biedenkopf, 99 f., ablehnend BAG 4.8.93; AP Nr. 15 zu § 3 TVG, ausführlich hierzu und Hinblick auf die Anwendung auf Umwandlungen S. 95 ff.

„teleologischen Reduktion" erreichen[412], weil die hierfür erforderliche verdeckte Gesetzeslücke nicht vorhanden ist[413]. Eine entsprechende ausschließlich restriktive Auslegung ist damit nicht gerechtfertigt. Eine rechtspolitisch im Sinne einer stärkeren Flexibilität gewünschte Veränderung des § 3 III TVG, etwa durch eine zeitliche Begrenzung des § 3 III TVG, bleibt Aufgabe des Gesetzgebers.
Deshalb kann für das Verhältnis § 613a BGB/§ 324 UmwG grundsätzlich kein anderer Gedanke als für das sonstige Verhältnis zu anderen kollektiven Fortgeltungsnormen eingreifen. § 3 III TVG vermittelt jedoch durch eine fortbestehende kollektive Weitergeltung einen solchen weitergehenden Schutz. Daher ist § 3 III TVG auch nach der teleologischen Auslegung vorrangig.

f) europarechtskonforme Auslegung

Die „Betriebsübergangsrichtlinie" 98/50 EG enthält nach Art. 7 ausdrücklich nur einen Mindestschutz, den der Gesetzgeber durch die einjährige Mindestfrist umgesetzt hat. Bessere Regelungen sind ohne weiteres zulässig, so daß § 3 III TVG durch § 613a BGB im Hinblick auf europarechtliche Vorgaben nicht verdrängt werden kann. Zweifelhaft ist aber insoweit, ob aus der Richtlinie auf ein Vorrangverhältnis einer Vorschrift zu schließen ist. Die Richtlinie spricht insoweit von Arbeitsbedingungen in Kollektivverträgen. Diese müssen gemäß Art. 3 III der Richtlinie „in gleichem Maße aufrechterhalten werden".
Zunächst gilt es zu bedenken, daß die Tarifnormen durch Transformation in Normen des Einzelarbeitsvertrages nach § 613a I S.2-4 BGB iVm § 324 UmwG schon ihren kollektiven Charakter verlieren. Der nationale Gesetzgeber ist bei der Umsetzung von europäischen Richtlinien hinsichtlich des sog. „Umsetzungmittels" nicht gebunden (Art. 189 II EGV a.F. = Art. 249 II EGV n.F.), weil der europäische Gesetzgeber damit Besonderheiten der einzelnen Mitgliedsstaaten Rechnung tragen wollte. Der individualrechtliche Normcharakter, den der deutsche Gesetzgeber gewählt hat, um Befürchtungen im Hinblick auf einen Verstoß gegen die negative Koalitionsfreiheit zu entgehen, ist deshalb selbst noch nicht richtlinienwidrig. Bindungswirkung besteht aber im Hinblick auf das Ziel. Form und Mittel des nationalen Gesetzgebers müssen geeignet sein, das von der Richtlinie verbindlich vorgeschriebene Ziel zu erreichen[414]. Die individualrechtliche Lösung des deutschen Gesetzgebers führt dazu, daß bei der Transformation nur

---

[412] so aber Rieble SAE 1994, 159; Adomeit, Regelung von Arbeitsbedingungen und ökonomische Notwendigkeiten, 54 f.
[413] Canaris, Die Feststellung von Lücken im Gesetz, 136
[414] EuGH Emmot/Minister for Social Welfare and Attorney General Slg 1991, I, 4269; EuGH Kommission/Deutschland Slg 1995, I, 2303

solche Normen erhalten werden können, deren individualrechtliche Transformation auch technisch möglich ist. Daraus folgt, daß bei einer individualrechtlichen Transformation durch § 613a I S. 2-4 BGB nach dem Wortlaut grundsätzlich nur Inhaltsnormen des Tarifvertrages erfaßt werden[415]. In der Literatur gibt es im Hinblick auf die unvollständige Transformation seit langem Stimmen, die § 613a I S. 2-4 BGB insoweit für europarechtswidrig halten[416].

Eine Reduktion auf Inhaltsnormen läßt sich nur mit einer engen Auslegung des Begriffes „Arbeitsbedingungen" im Sinne der Richtlinie rechtfertigen, der nur Ansprüche erfassen soll, die die Rechte und Pflichten des einzelnen Arbeitsverhältnisses regeln[417]. Dem Wortlaut der Richtlinie ist jedoch eine solche Reduktion nicht zu entnehmen. Auch der EuGH geht - dem Wortlaut der Richtlinie folgend - davon aus, daß die „Arbeitsbedingungen in gleichem Maße" aufrecht zu erhalten sind, wie sie in dem ursprünglichen Kollektivvertrag vereinbart wurden[418], so daß sich aus dessen Rechtsprechung keine Einschränkung entnehmen läßt. Auch in den Ausführungen des Memorandums der EU Kommission zur Auslegung der Betriebsübergangsrichtlinie ist keine solche Differenzierung enthalten[419]. Dies stimmt insoweit auch mit der englischen Fassung („terms and conditions") und der französischen Fassung überein. Tatsächlich ist die Richtlinie im europäischen Gesetzgebungsverfahren hier sogar noch präzisiert worden, in dem zusätzlich noch der Wortlaut „in gleichem Maße" eingefügt wurde[420], was gerade darauf hindeutet, daß kein Wegfall bestimmter Normgruppen gewollt ist. Auch aus teleologischer Sicht erscheint eine solche Einschränkung widersinnig. Die Arbeitnehmer sollen durch die Richtlinie umfassend geschützt werden. Ziel ist Wahrung von Ansprüchen, unabhängig davon, ob sie individualrechtlicher Natur sind, oder die Arbeitnehmerschaft als Ganzes betreffen, wie etwa bei betriebs- und betriebsverfassungsrechtlichen Normen oder gemeinsamen Einrichtungen. Solche Normen enthalten vielfach individualisierbare Ansprüche, die dem Schutz des einzelnen Arbeitnehmers dienen (z.B. Ur-

---

415 Gussen/Dauck Rdnr. 202; Hanau/Vossen FS Hilger/Stumpf, 271, 291; Kempen/Zachert § 3 Rdnr. 56; KR-Pfeiffer § 613a BGB Rdnr. 91; Löwisch/Rieble § 3 Rdnr. 83; Müko-Schaub § 613a BGB Rdnr. 161 ff.; Staudinger-Richardi/Annuß § 613a BGB Rdnr. 180; Seiter DB 1980, 878; Waas in: Weiss/Gagel Handbuch des Arbeits- und Sozialrechts § 18 A Rdnr. 77

416 ausführlich v. Alvensleben 306 ff; Däubler, Tarifvertragsrecht Rdnr. 1541.; Löw, Betriebsveräußerung, 70; Zöllner DB 1995, 1401; für erweiternde Auslegung auch Kempen/Zachert § 3 TVG Rdnr. 56

417 hierfür Debong, 47; Staudinger-Richardi/Annuß § 613a BGB Rdnr. 180

418 EuGH 12.11.92 EzA Nr. 124 zu § 613a BGB Pkt. 29; aA KR-Peiffer § 613a BGB Rdnr. 91
Unter Punkt 29 heißt es: *Zudem ist der Erwerber nach Artikel 3 Absatz 2 der Richtlinie verpflichtet, die in einem Kollektivvertrag vereinbarten Arbeitsbedingungen bis zur Kündigung oder bis zum Ablauf des Kollektivvertrages bzw. bis zum Inkrafttreten oder bis zur Anwendung eines anderen Kollektivvertrages aufrechtzuerhalten, wie sie in dem Kollektivvertrag für den Veräußerer vorgesehen war. Die Mitgliedsstaaten können diesen Zeitraum begrenzen, er darf jedoch nicht weniger als ein Jahr betragen".*

419 abgedruckt DB 1997, 1030 mit Anmerkung Bauer

420 v. Alvensleben, 244; Blanke/Trümner u.a., Handbuch Privatisierung Rdnr. 585

laubskassen), die ebensogut einzelvertraglich vereinbart werden könnten. Ziel der Richtlinie ist es, gemäß der verwendeten Überschrift gerade „Ansprüche der Arbeitnehmer" zu wahren.

Nicht erklärbar ist sonst auch, warum die Richtlinie 98/50 EG für Ansprüche auf betriebliche Altersversorgung, d.h. einen prototypischen Fall von Normen über gemeinsamen Einrichtungen, ausdrücklich eine Ausnahme von der Übertragung anordnet, sofern die Mitgliedsstaaten dies nicht anders vorsehen. Die Mitgliedsstaaten sind indessen verpflichtet, dann andere „notwendige" Maßnahmen zum Schutz der Arbeitnehmer zu ergreifen[421]. Die Ausnahme bei Zusatzversorgungen in der Richtlinie macht keinen Sinn, wenn Normen über gemeinsame Einrichtungen ohnehin nicht unter den Begriff „Arbeitsbedingungen" der Richtlinie fallen würden. Dagegen spricht auch nicht die Protokollnotiz des Rates zu Art. 3 II der Richtlinie 77/187 EWG[422], wonach die Mitgliedsstaaten nicht verpflichtet sind, die Richtlinie auf Pflichten des Veräußerers auszudehnen, die sich ihrem Wesen nach nicht dazu eignen, auf den Erwerber überzugehen oder von diesem aufrechterhalten zu werden[423], denn diese Fälle regelt Art. 3 IV der Richtlinie durch den möglichen Ausschluß bei der Zusatzversorgung. Im übrigen ist eine Weitergeltung über Inhaltsnormen hinaus selbst individualrechtlich über vertragliche Einheitsregelungen möglich[424], so daß das Argument „mangelnder Eignung" nicht durchgreift.

Im übrigen ist zu beachten, daß die überwiegende Anzahl der Mitgliedsstaaten die Richtlinie im Sinne eines weiten Verständnisses von Arbeitsbedingungen umgesetzt haben und die Richtlinie z.T. wörtlich übernommen haben[425]. Das erklärt sich mit der bewußt unvollständigen Regelung des deutschen Gesetzgebers, weil dieser Bedenken im Hinblick auf die negative Koalitionsfreiheit (die im europäischen Ausland eine geringere Rolle spielt) aus dem Wege gehen wollte, ändert aber nichts an der Reichweite der europäischen Vorgaben. Daher ist der Begriff der Arbeitsbedingungen umfassender

---

[421] Art. 3 IV Richtlinie 77/187 EWG, 98/50 EG zuvor Art. 3 III dieser Richtlinie (die Hervorhebungen sind durch Richtlinie 98/50 neu eingefügt)
a) Sofern die Mitgliedsstaaten nicht anderes vorsehen, gelten die Absätze 1 und 3 nicht für die Rechte der Arbeitnehmer auf Leistung bei Alter, Invalidität, oder für Hinterbliebene aus betrieblichen oder überbetrieblichen Zusatzversorgungseinrichtungen außerhalb der gesetzlichen Systeme der sozialen Sicherheit der Mitgliedsstaaten
b) Die Mitgliedsstaaten treffen *auch dann, wenn sie gemäß Buchstabe a nicht vorsehen, daß die Absätze 1 und 3 für die unter Buchstabe a genannten Rechte gelten*, die notwendigen Maßnahmen zum Schutz der Arbeitnehmer sowie der Personen, die zum Zeitpunkt des Übergangs bereits aus dem Betrieb ausgeschieden sind, hinsichtlich ihrer Rechte oder Anwartschaftrechte auf Leistungen bei Alter, einschließlich Leistungen für Hinterbliebene aus den unter a genannten Zusatzversorgungseinrichtungen

[422] entspricht Art. 3 III der neuen Richtlinie 98/50 EG

[423] zitiert auch Hanau/Vossen FS Hilger/Stumpf im französischen Original bei v. Alvensleben, 248

[424] Däubler, Tarifvertragsrecht Rdnr. 1541; Kempen/Zachert § 3 TVG Rdnr. 56; Schreiber RdA 1982, 146

[425] v. Alvensleben, 245; Wollenschläger/Pollert ZfA 1996, 537, 548

als die bloße Transformation von Inhaltsnormen zu verstehen. Die Umsetzung der Richtlinie 77/187 EWG ist im deutschen Recht daher unvollständig, soweit Normen, die auch dem individuellen Schutz der Arbeitnehmer dienen, bei der Transformation entfallen.

Selbst Vertreter der Gegenmeinung wollen die individualrechtliche Lösung dadurch europarechtlichen Vorgaben anpassen, daß ein Rechtsverlust möglichst vermieden wird[426]. Das geht aber nur, wenn § 613a I S. 2 BGB letztlich über seinen Wortlaut hinaus, etwa bei Abschluß- und Beendigungsnorm weit ausgelegt wird, denn selbst bei enger Auslegung enthält etwa tariflicher Kündigungsschutz Rechte und Pflichten aus einem einzelnen Arbeitsverhältnis. Gar nicht transformierbar sind aber jedenfalls Normen über gemeinsame Einrichtungen (§ 4 II TVG) wie z.B. Urlaubskassen oder die Zusatzversorgung, weil der Zugang zu diesen Einrichtungen nur Verbandsmitgliedern offensteht oder bei Allgemeinverbindlichkeit jedenfalls ein Verbleiben im fachlichen Geltungsbereich voraussetzt. Gerade im Bereich von Zusatzversorgung und Urlaubskassen werden jedoch individuelle Leistungen erbracht, die sich kaum aus dem Begriff „Arbeitsbedingungen" der Richtlinie heraus definieren lassen. Hier ist eine Aufrechterhaltung aber nur mit der Annahme möglich, daß § 613a I S. 2 BGB letztlich unter Vertrauensschutzgesichtspunkten zu einer gleichwertigen arbeitsvertraglichen Zusage verpflichtet[427], was aber systematisch bereits eine erweiternde Auslegung des § 613a I S. 2-4 BGB über den eigentlichen Transformationsmechanismus hinaus bedeutet.

Dennoch verbleiben bei der individualrechtlichen Lösung grundsätzlich Transformationslücken, etwa bei betriebs- und betriebsverfassungsrechtlichen Normen.

Solche Probleme bestehen jedoch nicht bei einer Anwendung von § 3 III TVG, weil dieser in seinem tatbestandlichen Anwendungsbereich zu einer vollständigen Weitergeltung führt, so daß es zu keinerlei Rechtsverlusten kommt. Das ist auch für die Zusatzversorgung zulässig, da die Richtlinie den Mitgliedsstaaten ausdrücklich auch eine Übertragung gestattet, wenn dies durch Gesetz vorgesehen ist (Art. 3 IV a Richtlinie 98/50 EG). Die insoweit vorgesehene anderweitige Schutzregelung (Art. 3 IV b Richtlinie 98/50 EG) hat der deutsche Gesetzgeber ausdrücklich nicht getroffen, denn die Rechtsfolge einer vergleichbaren einzelvertraglichen Zusage geht letztlich über das Transformationssystem des § 613a I S. 2-4 BGB hinaus, was § 3 III TVG systematisch insoweit nicht ausschließen kann. Zweifel an einer insoweit euoparechtskonformen Anwendung des § 3 III TVG könnte man allenfalls deshalb haben, weil § 3 III TVG auch zu einer Verkürzung der zwingenden Jahresfrist führt, wenn die Laufzeit des Tarifvertrages

---

[426] vgl. etwa KR-Peiffer § 613a BGB Rdnr. 91 c

[427] BAG 5.10.93 AP Nr. 42 zu § 1 BetrAVG; Kempen/Zachert § 3 TVG Rdnr. 56; aA Gussen/Dauck Rdnr. 202 ff.

eben vor Ablauf der Jahresfrist endet[428] und danach nur eine Nachwirkung nach § 4 V TVG erfolgt. Das verstößt aber nicht gegen die Richtlinie 95/50 EG, weil eine Aufrechterhaltung eben nur in gleichem Maße erfolgen muß. Endete der Tarifvertrag kollektiv daher vorher, fordert die Richtlinie somit keine weitergehende zwingende Weitergeltung.
In europarechtskonformer Auslegung ist deshalb § 3 III TVG einerseits als weitere deutsche Umsetzungsvorschrift zur Richtlinie 98/50 EG (bzw. vormals 77/187 EWG) zu sehen, denn nur so genügt das deutsche Recht überhaupt den europarechtlichen Vorgaben. Ihr kommt wegen der in der Richtlinie vorgesehen generellen kollektiven Weitergeltung im Rahmen für mindestens 1 Jahr Vorrangcharakter vor § 613a BGB zu, da sich nur bei einer weitgehenden kollektiven Aufrechterhaltung Widersprüche zur „Betriebsübergangsrichtlinie" 98/50 EG vermeiden lassen.
Dies gilt auch noch aus einem weiteren Grund. § 613a BGB stellt grundsätzlich auf das Merkmal „Betrieb" ab. Für die Richtlinie reicht nach ihrem Wortlaut aber ein auch ein Unternehmensübergang aus, ohne daß es auf das Vorliegen eines Betriebes ankommt. Die derzeitige überwiegende Meinung will jedoch § 324 UmwG als Rechtsgrundverweisung auch auf § 613a I S. 2-4 BGB betrachten, so daß dessen Mindestschutz für Tarifverträge aber nur dann eingreifen kann, wenn gleichzeitig ein „Betrieb" mit übergeht[429]. Ohne das Merkmal „Betrieb" besteht damit die Gefahr, daß der Mindestschutz der Richtlinie von einem Jahr überhaupt nicht greift. Tatsächlich wird hier in der Literatur bereits die (insoweit richtlinienwidrige) Anwendung des abdingbaren § 4 V TVG vorgeschlagen[430]. Dieses läßt sich durch vorrangige Anwendung des § 3 III TVG, jedenfalls in seinem Anwendungsbereich, im Rahmen der richtlinienkonforme Auslegung vermeiden. § 3 III TVG ist daher insgesamt europarechtlich als (vorrangige) Umsetzung der Richtlinie 77/187 EWG bzw. 98/50 EG zu qualifizieren.

g) Verfassungskonforme Auslegung

Unter den rechtsethischen Grundentscheidungen, an denen die Auslegung sich zu orientieren hat, kommt den in Verfassungsrang erhobenen Prinzipien eine gesteigerte Bedeutung zu. Dabei sind vor allem die Prinzipien und Wertentscheidungen des Grundrechtsteiles des GG bei der Auslegung zugrundezulegen. Im Hinblick auf das hier zu betrachtende Tarifrecht kommt vor allem Art. 9 III GG in Betracht. Insoweit ist zu fra-

---

428 so Oetker in: Wiedemann § 3 TVG Rdnr. 173
429 siehe hierzu S. 32, für diese Ansicht Boecken Rdnr. 56 ff.; Däubler RdA 1995, 136, 139; KR-Peiffer § 613a BGB Rdnr. 38
430 Spirolke, 92, der § 3 III TVG allerdings nicht prüft

gen, ob aus Art. 9 III ein Vorrang der Anwendung des gegenüber § 613a BGB I S. 2-4 weitergehenden § 3 III TVG folgt. Ein solches Verständnis könnte sich hier vor allem dann ergeben, wenn Art. 9 III GG eine Schutzpflicht zugunsten der Tarifautonomie enthält und § 3 III TVG eben gerade diese (weitergehend gegenüber § 613a I S. 2-4 BGB) verwirklicht.

Zunächst ist daher zu fragen, ob Art. 9 III GG eine solche Schutzpflicht enthält. Grundsätzlich ist Art. 9 III GG kein sog. verfassungsunmittelbar schutzbewehrtes Grundrecht wie etwa Art. 1 I oder 3 II GG, in denen solche Pflichten ausdrücklich enthalten sind. Grundrechte und damit auch Art. 9 III GG sind grundsätzlich Freiheitsrechte und damit in erster Linie Abwehrrechte. Für die Koalitionsfreiheit bedeutet dieses damit zunächst nur Regelung von Arbeits- und Wirtschaftsbedingungen außerhalb von staatlicher Einflußnahme vornehmen zu dürfen[431].

Seit dem ersten Urteil zur sogenannten Fristenlösung beim Schwangerschaftsabbruch hat das Bundesverfassungsgericht jedoch auch anerkannt, daß Grundrechte sog. Schutzpflichten enthalten können[432]. Zunächst wurde das vor allem im Bereich dieser Thematik für Art. 2 GG am Beispiel vom Schutz von Leben und Gesundheit entwickelt. Deshalb ist der Staat zum Schutz der Rechtsgüter des Art. 2 I und Art. 2 II GG verpflichtet[433]. Insoweit ist zu fragen, ob sich dieser Gedankengang auf die Tarifautonomie übertragen läßt.

Generell geht das Bundesverfassungsgericht davon aus, daß den Grundrechten Ausstrahlungswirkung in das Privatrecht zukommt. Maßgeblich stellt das Bundesverfassungsgericht dabei auf die „objektiven Wertentscheidungen des Grundgesetzes" ab[434]. Diese Wirkung in das Privatrecht wird heute in der Grundrechtsdogmatik vielfach dem Schutzpflichtenkonzept zugeordnet[435].

Mit der sog „Handelsvertreterentscheidung" hat das Bundesverfassungsgericht das Schutzpflichtenkonzept über Art. 2 GG auch auf andere Grundrechte - hier namentlich auf Art. 12 GG - erweitert. Dieser Handlungsauftrag des Staates wird damit gerechtfertigt, daß es in diesem Bereich „am annähernden Kräftegleichgewicht der Beteiligten fehlt". Danach soll der Staat dann kompensierend eingreifen müssen, wenn eine Partei ein so starkes Übergewicht hat, daß sie vertragliche Regelungen faktisch einseitig setzen kann[436]. Die dortigen Aussagen lassen sich auch auf die Tarifautonomie übertra-

---

431 BVerfGE 39, 1, 44; ausdrücklich nochmals zur Reform des § 218 StGB nach der deutschen Einheit BVerfGE 88, 203 LS 1

432 BVerfGE 92, 393

433 BVerfGE 39, 1, 41f.; 49, 89, 141 f; 53, 30, 57; 56, 54, 73; 77, 170, 214; 79, 174, 201 f., 88, 203

434 so bereits BVerfGE 7, 198, 205; in neuerer Zeit BVerfGE 81, 242, 255

435 Dreier in: Dreier I Art. 2 GG Rdnr. 49; Murswiek in Sachs: Art. 2 GG Rdnr. 37

436 BVerfGE 81, 242, 255

gen[437]. Das Tarifvertragssystem ist nach der Rechtsprechung des Bundesverfassungsgerichts zum Arbeitskampf darauf angelegt, die „strukturelle Unterlegenheit" der Arbeitnehmer beim Abschluß von Arbeitsverträgen durch kollektives Handeln auszugleichen und damit ein annähernd gleichgewichtiges Aushandeln der Löhne zu ermöglichen. Funktionsfähig ist die Tarifautonomie deshalb nur bei einem annähernden Kräftegleichgewicht[438]. Entsprechend führt das Bundesverfassungsgericht in der Entscheidung zur Rechtmäßigkeit der Aussperrung - mit insoweit parallelen Formulierungen zur „Handelsvertreterentscheidung"[439] aus: *„Hat einer der Vertragsteile ein so starkes Übergewicht, daß er vertragliche Regelungen faktisch einseitig setzen kann, bewirkt dieses für den anderen Vertragsteil Fremdbestimmung. Wo es an einem annähernden Kräftegleichgewicht der Beteiligten fehlt, ist mit den Mitteln des Vertragsrechts alleine kein Ausgleich der Interessen zu gewährleisten. Wenn bei einer solchen Sachlage über grundrechtlich verbürgte Positionen verfügt wird, müssen staatliche Regelungen eingreifen, um den Grundrechtsschutz zu sichern (...). Gesetzliche Vorschriften, die sozialem und wirtschaftlichem Ungleichgewicht entgegenwirken, verwirklichen hier die objektiven Grundentscheidungen des Grundrechtsabschnittes und damit zugleich das grundgesetzliche Sozialstaatsprinzip (Art. 20 I, 28 I GG)"*[440].
Zu Art. 9 III GG finden sich ähnliche Aussagen in der Entscheidung zu § 116 AFG. Danach erfordert der *„Schutz (der Koalitionsfreiheit), daß die aufeinander bezogenen Grundrechtspositionen nebeneinander bestehen können. Die Möglichkeit des Einsatzes von Kampfmitteln setzt Rahmenbedingungen voraus, die sichern, daß Sinn und Zweck dieses Freiheitsrechts sowie die Einbettung in die verfassungsrechtliche Ordnung gewahrt bleiben"*[441]. Der Begriff „Ausgestaltung" kann insoweit nur einen Handlungsauftrag für den Gesetzgeber bedeuten, also eine Schutzpflicht für die Tarifautonomie. Das zeigt sich im weiteren Verlauf der Argumentation des Bundesverfassungsgerichts:
„Die Koalitionsfreiheit schützt auch die Selbstbestimmung der Koalitionen über ihre eigenen Organisation, das Verfahren ihrer Willensbildung und die Führung ihrer Geschäfte. Der Staat muß, um diesen Schutz zu gewährleisten, den Koalitionen geeignete Rechtsformen zur Verfügung stellen, die eine hinreichende rechtliche Handlungsmöglichkeit gewährleisten"[442].

---

[437] Kempen/Zachert Grundl. § 3 TVG Rdnr. 151; zuvor bereits eingehend der Kempen FS Gitter 427 ff.; generell für alle Grundrechte auch Murswiek in: Sachs Art. 2 GG Rdnr. 37 beide unter Berufung auf BVerfGE 81, 242, 255
[438] BVerfGE 84, 212, 229; 92, 365, 395
[439] BVerfGE 81, 242, 255
[440] BVerfGE 84, 212, 255
[441] BVerfGE 92, 365, 394
[442] BVerfGE 92, 365, 403

Diese Schutzpflicht für die Tarifautonomie rechtfertigt sich mit der strukturellen Unterlegenheit, die diese durch kollektiven Zusammenschluß ausgleicht.
Wirtschaftlich steht hinter dieser Theorie die nur eingeschränkte Geltung der marktwirtschaftlichen Lenkung von Angebot und Nachfrage auf Arbeitnehmerseite. Dieses Marktregulierungssystem führt im Bereich der Arbeitnehmer zu einem vom ansonsten üblichen Marktmechanismus abweichenden Ergebnis (sog. „Konkurrenzparadoxon"). Arbeitnehmer können bei einem Überangebot von Arbeitskräften nicht beliebig zurücknehmen, um marktkonforme Verhältnisse zu schaffen, da für sie die Grenze der Rücknahme mindestens beim Existenzminimum liegt. Wird dieses mit dem vorhandene Arbeitsleistung aufgrund schlechter Nachfrage nicht erreicht, muß der Arbeitnehmer sein Angebot an sich marktwidrig erhöhen (deshalb „paradox"), um wieder das Existenzminimum zu erreichen. Dadurch verstärkt sich das Überangebot an Arbeit aber weiter. Hieraus folgt bei struktureller Arbeitslosigkeit eine Schraube des gegenseitigen Unterbietens[443], die insoweit durch kollektiven Zusammenschluß überwunden wird. Die Schutzpflicht des Art. 9 III GG besteht aber keineswegs immer in einem einseitigen Handlungsauftrag zum Schutz zugunsten der Arbeitnehmer. Maßgeblich ist das gleichgewichtige Verhältnis beider kollektiven Parteien. Das kann insoweit auch zu Verschlechterungen auf Arbeitnehmerseite führen, wie etwa die Beschränkung des § 116 AFG zeigt[444].
Damit läßt sich aus Art. 9 III GG eine Schutzpflicht zugunsten der Tarifautonomie entnehmen, die dem Gesetzgeber aufgibt, die Funktionsfähigkeit der Tarifautonomie im Rahmen seiner Kompetenzen nach Art. 74 Nr. 11, 12 GG sicherzustellen. Die aus Art. 9 III GG folgende Schutzpflicht setzt der Staat wiederum durch Ausgestaltung der Koalitionsfreiheit, d.h. durch Regelungen, die die Grundrechtsausübung ermöglichen[445]. Eine solche Ausgestaltung der Schutzpflicht ist letztlich auch in der neuen Rechtsprechung des Bundesarbeitsgerichts zum Unterlassungsanspruch der Gewerkschaft zu sehen, da sich dieser verfahrensrechtliche Schutz vor dem Unterlaufen von Tarifverträgen durch nach § 77 III BetrVG materiell nichtige Betriebsvereinbarungen letztlich über die Funktionsfähigkeit des Tarifvertragssystems nach Art. 9 III GG rechtfertigt[446]. Zu dieser Funktionsfähigkeit gehört insoweit eine effektive Verfahrensordnung. Diese Verfahrensordnung ist zunächst vorrangig im TVG zu sehen.
Im zweiten Schritt ist nunmehr also zu fragen, ob § 3 III TVG (vor § 613a I S. 2-4 BGB) als Umsetzung dieser Schutzpflicht anzusehen ist, d.h. als im Sinne dieser Schutz-

---

443 zum volkswirtschaftlichen Mechanismus vgl. bei Rieble, Arbeitsmarkt, Rdnr. 90
444 BVerfGE 92, 365 ff.
445 Wiedemann in: Wiedemann Einl. Rdnr. 134
446 BAG NZA 1999, 887, 889 f.

pflicht Ausgestaltung der Koalitionsfreiheit. In seiner Entscheidung zum Unterlassungsanspruch des Betriebsrates hat das Bundesarbeitsgericht den Schutzbereich der Koalitionsfreiheit auch auf *„Abreden oder Maßnahmen, die zwar nicht die Entstehung oder den rechtlichen Bestandteil eines Tarifvertrages betreffen, aber darauf gerichtet sind, dessen Wirkung zu vereiteln oder leerlaufen zu lassen"* erstreckt, weil ansonsten eine Tarifnorm ihren Zweck Arbeits- und Wirtschaftsbedingungen zu ordnen nicht erfüllen kann[447]. Dem in dieser Schutzpflicht zum Ausdruck kommenden Gedanken folgt § 3 III TVG, in dem er die zwingende Weitergeltung des (kollektiv abgeschlossenen) Tarifvertrages anordnet und somit die Wirkungen der koalitionsmäßigen Betätigung in vollem Umfang, auch bei Verlassen derselben, sicherstellt. § 3 III TVG unterscheidet dabei im Wortlaut nicht, durch welche Seite die Tarifgebundenheit aufgegeben wird[448]. Die Überlegung des Arbeitgeberverbandsaustritts ist lediglich historisch bedingter Auslöser der Regelung[449]. Damit schützt § 3 III TVG sowohl die Koalitionsfreiheit von Arbeitgebern und also auch Arbeitnehmern. § 3 III TVG will vom Schutzzweck den Mißbrauch privatrechtlicher Gestaltungsmöglichkeiten verhindern. Eine tarifgebundene Partei soll sich nicht durch einseitige Maßnahmen der von ihr legitimierten Tarifverträge entziehen können[450].

Art. 9 III GG schützt nach der herrschenden Vorstellung sowohl die individuelle, als auch die kollektive Koalitionsfreiheit[451].

Transportiert auf das Schutzpflichtenkonzept bedeutet das, daß einerseits die koalitionsmäßige Betätigung des einzelnen Arbeitnehmers bzw. Arbeitgebers der Schutzpflicht unterliegt, andererseits aber die der Koalition selbst. Eben diese kollektive Koalitionsfreiheit schützt auch § 3 III TVG. Das kommt hier vor allem auf der Arbeitgeberseite zum Ausdruck.

§ 3 III TVG schützt die Ordnungsfunktion des Tarifvertrages, was im Hinblick auf den grundrechtlichen Schutz eine Parallelität zum vom Bundesarbeitsgericht zuerkannten

---

447 BAG NZA 1999, 887, 891

448 Däubler, Tarifvertagsrecht Rdnr. 299; Hanau/Kania DB 1995, 1229, 1230; Löwisch/Rieble § 3 TVG Rdnr. 75; Oetker in: Wiedemann § 3 TVG Rdnr. 46

449 Herschel ZfA 1973, 183, 192

450 BAG 4.8.93 AP Nr. 15 zu § 3 TVG; Däubler, Tarifvertragsrecht Rdnr. 1508; Gamillscheg, Kollektives Arbeitsrecht I, 724; Kempen/Zachert § 3 TVG Rdnr. 22; Koberski/Claßen/Menzel § 3 TVG Rdnr. 72; Stein, Tarifvertragsrecht Rdnr. 169; Oetker in: Wiedemann § 3 TVG Rdnr. 46

451 BVerfGE 17, 319, 333; ständige Rechtsprechung vgl. etwa zuletzt zur Aussperrung BVerfGE 84, 212, 224; Kempen/Zachert Grundl. Rdnr. 70; Wiedemann in: Wiedemann Einl. Rdnr. 89; aA Scholz, Koalitionsfreiheit, 135; ders. MD Art. 9 Rdnr. 170; Zöllner AöR 98, 71, 77, weil die Koalitionen letztlich nur Summe ihrer Mitglieder seien. Dem steht indessen entgegen, daß es Art. 9 III GG gerade um diese Summierung geht und hierdurch die Befugnis zur Normsetzung folgt, die den Einzelpersonen privatautonom nicht zustünde. Zu Recht weist Wiedemann aaO. darauf hin, daß Freiheitsausübung im Kollektiv auch für den einzelnen eine andere Qualität hat.

Unterlassungsanspruch bedingt[452]. Das betrifft allerdings nicht alleine das Interesse der Tarifvertragsparteien an der Aufrechterhaltung ihrer Ordnung selbst[453], sondern vielmehr das Interesse der einzelnen Mitglieder. Das betrifft vor allem die Seite der Arbeitgeber.

Durch das Festhalten aller Verbandsmitglieder an den von ihnen legitimierten Rechtsnormen bis zum Ende der Laufzeit, werden zunächst alle übrigen Arbeitgeber der Arbeitgeberkoalition geschützt (individuelle Koalitionsfreiheit). Diese haben den Verbandstarifvertrag nämlich auch deshalb abgeschlossen, um untereinander gleiche Wettbewerbsbedingungen zu schaffen. Geschützt ist damit das Funktionieren des kollektiven Zusammenschlusses (kollektive Koalitionsfreiheit).

In beiden kommt die Ordnungsfunktion der Tarifautonomie zum Ausdruck, die wiederum ein wesentlicher Zweck der Koalitionsfreiheit ist[454]. Auch diese schützt somit § 3 III TVG. Ohne die über § 3 III TVG geschützte Ordnungsfunktion wäre letztlich kein Arbeitgeberverband in der Lage, Tarifverträge über eine längere Zeitdauer zu schließen[455]. Die Schutzpflicht des § 3 III TVG schützt also sowohl die Arbeitnehmerseite im Vertrauen auf die von ihr abgeschlossenen Tarifverträge, als auch die übrigen verbandsangehörigen Arbeitgeber.

Beide Funktionen können durch § 613a I S. 2-4 BGB nicht in gleicher Weise sichergestellt werden. Die Tarifnormen bleiben transformiert auf die individualrechtliche Ebene für ein Jahr erhalten. Dies gilt aber eben nur für ein Jahr, hat der Tarifvertrag eine längere Laufzeit, so wird dieser Schutz durch § 613a I S. 2-4 BGB verkürzt. Daneben ist auch vor dieser Jahresfrist eine Ablösung durch einen anderen Tarifvertrag möglich (§ 613a I S. 3 BGB). Außerdem weist § 613a I S. 2-4 BGB durch die Transformation in das Arbeitsverhältnis erhebliche Lücken auf, weil nach hM. grundsätzlich nur Inhaltsnormen in das Einzelarbeitsverhältnis transformiert werden können[456]. Betriebs- und betriebsverfassungsrechtliche Normen oder Normen über gemeinsame Einrichtungen aus denen etwa Sozialleistungen wie z.B. Zusatzversorgung gewährt werden, sind jedoch ebensogut Ergebnis einer koalitionsmäßigen Betätigung. § 613a I S. 2-4 BGB führt also gegenüber § 3 III TVG zu einer Verkürzung des Schutzes der Arbeitnehmer vor anderen Abmachungen durch den Arbeitgeber (Ausgleich der strukturellen Unterlegenheit), anderseits damit aber auch zur Reduzierung der Ordnungsfunktion, auf die

---

452 BAG NZA 1999, 887 ff.

453 unter diesem Aspekt: Richardi, Kollektivgewalt, 224

454 BVerfGE 18, 18, 28; Kempen/Zachert Grundl. Rdnr. 91;.

455 Rieble, Arbeitsmarkt Rdnr. 1534

456 hM. : Gusssen/Dauck Rdnr. 202; Hanau/Vossen FS Hilger/Stumpf, 271, 291; KR-Pfeiffer § 613a BGB Rdnr. 91; Löwisch/Rieble § 3 Rdnr. 83; Müko-Schaub § 613a BGB Rdnr. 161 ff. ; Seiter DB 1980, 878; aA Däubler, Tarifvertragsrecht Rdnr. 1541 ff.; Kempen/Zachert § 3 TVG Rdnr. 56, siehe zum Umfang der Weitergeltung auch S.155 ff.

die anderen tarifgebundenen Arbeitgeber bei Abschluß des Tarifvertrages vertraut haben. Allerdings führt § 3 III TVG keineswegs immer zu „besserem" Schutz der Arbeitnehmerseite. Gegenüber dem Wortlaut des § 613a I S. 2-4 BGB kann sich eine Verkürzung des Schutzes über die Anwendung des § 3 III TVG grundsätzlich dann ergeben, wenn der Tarifvertrag vor Ablauf der Laufzeit endet, weil § 3 III TVG eine zwingende Wirkung nur bis zum Ende der Laufzeit vorsieht[457]. Die danach eintretende Nachwirkung nach § 4 V TVG[458] hat demgegenüber keinen zwingenden Charakter. Verfassungsrechtlich geht das auch über Art. 9 III geschützte Vertrauen auf den Bestand des Tarifvertrages ohnehin nur bis zum Ablauf der Laufzeit (Befristung, bei unbefristeten Tarifverträgen durch Kündigung[459]), so daß der weitergehende Wortlaut des § 613a I S. 2-4 BGB zu keiner Verdrängung führen kann. Wollte man das annehmen, müßte § 613a I S.2-4 BGB auch bei fortbestehender Mitgliedschaft zu einer Verdrängung der kollektiven Fortgeltung führen, weil der Tarifvertrag ebenfalls eine kürzere Laufzeit haben kann. Im Hinblick auf den insoweit „überschießenden" § 613a I S. 2-4 BGB ist dort - wie bei einem ohnehin nur nachwirkenden Tarifvertrag - eine Reduktion der zwingenden Jahresfrist zu erwägen. Aus der verfassungsrechtlichen Schutzpflicht des Art. 9 III GG folgt daher ein Vorrang des § 3 III TVG vor § 613a I S. 2-4 BGB, d.h. der kollektiven Weitergeltung. § 3 III TVG ist deshalb auf die Unternehmensumwandlung grundsätzlich im Rahmen der verfassungskonformen Auslegung vor einer Transformation in das Einzelarbeitsverhältnis anwendbar.

3) § 3 III TVG als Verstoß gegen die negative Koalitionsfreiheit bei Umwandlungen

a) Meinungsstand

Eine solche vorrangige kollektive Fortgeltung muß jedoch ihrerseits die von der Verfassung gezogenen Grenzen beachten. Bedenken bestehen im Hinblick auf die Beeinträchtigung der negativen Koalitionsfreiheit des Rechtsnachfolgers[460], die im folgenden untersucht werden soll.

---

457 u.a. mit diesem Argument rechtfertigt Oetker in: Wiedemann § 3 TVG Rdnr. 173 die Nichtanwendung von § 3 III TVG.

458 zum Verbandsaustritt: BAG 18.3.92 AP Nr. 13 zu § 3 TVG; Bieback DB 1989, 478 f; Däubler, Tarifvertragsrecht Rdnr. 1511; Schaub BB 1994, 2005, 2006

459 Kempen/Zachert § 3 TVG Rdnr. 31; Oetker in: Wiedemann § 3 TVG Rdnr. 66

460 BAG 5.10.93 AP Nr. 42 zu § 1 BetrAVG Zusatzversorgungskassen aber nunmehr ausdrücklich offengelassen: BAG NZA 1995, 479, 480; Boecken Rdnr. 185; Gussen/Dauck Rdnr. 367; Hromadka/Maschmann/Wallner Rdnr. 236; Löwisch/Rieble § 3 Rdnr. 82; Brinkmann, 168

Die vor allem von *Biedenkopf*[461] begründete Annahme, § 3 III TVG verstoße generell gegen die negative Koalitionsfreiheit, weil er eine auf staatlicher Anordnung beruhende Zwangsmitgliedschaft bewirke, hat sich bislang nicht durchsetzen können. Das Bundesarbeitsgericht sieht die Vorschrift als Fiktion einer atypischen Tarifgebundenheit. Die verfassungsrechtlichen Bedenken wurden mit einer sehr stark verkürzten Begründung durch einen Vergleich zur Allgemeinverbindlichkeit zurückgewiesen und an ein hierfür ergangenes Urteil des Bundesverfassungsgerichts angeknüpft[462]. Im Hinblick auf die unterschiedliche Legitimation beider Normen (Allgemeinverbindlichkeit nach § 5 TVG erfolgt unter Mitwirkung des Staates, d.h. den Bundesminister für Arbeit und Sozialordnung) sind entsprechende Bedenken allerdings nicht verstummt[463]. Direkt hat das Bundesverfassungsgericht über die Verfassungsmäßigkeit tariflicher Normsetzung für Außenseiter bzw. ehemalige Mitglieder (§§ 3 II, § 3 III TVG) im Hinblick auf Art. 9 III GG bislang nicht entschieden[464]. Verfassungsrechtlich gerechtfertigt wird § 3 III TVG in der Literatur vor allem über die Ordnungsfunktion der Tarifverträge[465].

Für die Umwandlungen wird mit ähnlichen Begründungen wie für die generelle Verfassungswidrigkeit die negative Koalitionsfreiheit gegen eine Anwendung von § 3 III TVG angeführt. Dieses gründet sich auch auf entsprechende Aussagen des Bundesarbeitsgerichts, das solche Bedenken in der Vergangenheit geäußert hat[466]. Indessen hat das Bundesarbeitsgericht in jüngster Zeit einen Verstoß gegen die negative Koalitionsfreiheit hinsichtlich einer Anwendung von § 3 III TVG ausdrücklich offen gelassen[467]. Die Argumente im Hinblick auf einen Verstoß gegen die negative Koalitionsfreiheit gleichen vielfach denen, die generell gegen § 3 III TVG angeführt werden. Das Hauptargument liegt darin, daß eine Anwendung von § 3 III TVG zur Tarifbindung eines neuen Rechtsträgers führen würde, der nie tarifgebunden war, also eine Zwangsmitgliedschaft bewirken würde[468].

Gegen diese Ansicht ist für entsprechende Regelungen außerhalb des UmwG eingewandt worden, daß § 3 III TVG keine Zwangsmitgliedschaft bewirkt, weil keine vereinsrechtliche Beziehung des neuen Rechtsträgers zu dem Arbeitgeberverband entsteht.

---

461 Biedenkopf, 232

462 BAG 4.8.93 AP Nr. 15 zu § 3 TVG unter Verweis auf BVerfG 24.5.1977 AP Nr. 15 zu § 5 TVG = BVerfGE 44, 322 ff.

463 Biedenkopf 232; neuerdings Bauer/Diller DB 1993, 1085, 1086; Reuter RdA 1996, 201, 203

464 § 3 II TVG hält BAG 26.4.90 AP Nr. 57 zu Art 9 GG für verfasssungskonform

465 Kempen/Zachert § 3 TVG Rdnr. 23; Löwisch/Rieble § 3 Rdnr. 72 ff.; Richardi, Kollektivgewalt 218 ff.; Scholz, Koalitionsfreiheit, 270; Oetker in: Wiedemann § 3 TVG Rdnr. 48

466 BAG 5.10.93 AP Nr. 42 zu § 1 BetrAVG Zusatzversorgungskassen; zuvor auch BAG 4.12.74 AP Nr. 2 zu § 3 TVG

467 BAG NZA 1995, 479, 480

468 Boecken Rdnr. 185; Gussen/Dauck Rdnr. 366; Löwisch/Rieble § 3 TVG Rdnr. 81f.; Hromadka/Maschmann/Wallner Rdnr. 236; Mösenfechtel/Schmitz RdA 1976, 108, 110

Außerdem wird die Haftung zeitlich bis zum Ablauf des Tarifvertrages beschränkt und Änderungen des Tarifvertrages wirken sich im Rahmen des § 3 III TVG nicht mehr aus[469].

Dieses Argument kann in dieser Form allerdings nur dann durchgreifen, wenn der Schutz der negativen Koalitionsfreiheit alleine darin bestünde, den einzelnen vor einer Zwangsmitgliedschaft in einer Koalition zu schützen, also auf das rein mitgliedschaftliche Verhältnis zum Verband beschränkt wäre[470]. Hierfür lassen sich durchaus Anhaltspunkte finden. So gibt es bereits zur Parallelbestimmung des Art. 159 WRV Aussagen dahingehend, „daß der Schutz des einzelnen vor der Koalition darin nicht verankert sei"[471]. Das Bundesverfassungsgericht hebt bei der negativen Koalitionsfreiheit, etwa in der sog. Mitbestimmungsentscheidung, vor allem die Freiheit des einzelnen einer Koalition fernzubleiben oder aus ihr auszutreten[472], damit also vor allem das mitgliedschaftliche Verhältnis zur Koalition selbst, hervor. An anderer Stelle äußert das Bundesverfassungsgericht: *„allein dadurch, daß jemand den Vereinbarungen fremder Tarifvertragsparteien unterworfen wird, ist ein solcher koalitionsrechtlicher Aspekt nicht betroffen"*[473]. Eine solche Betrachtung liefe jedoch auf den Schutz der negativen Koalitionsfreiheit im Sinne der mittlerweile aufgegebenen Kernbereichslehre hinaus[474].

Indessen wird vielfach darauf hingewiesen, daß es kurz gegriffen sei, die negative Koalitionsfreiheit lediglich auf das mitgliedschaftliche Verhältnis zum Verband zu beschränken. So weist *Zöllner* etwa darauf hin, daß sich negative Koalitionsfreiheit sich nicht darin erschöpfen könne, formell nicht Mitglied eines Verbandes zu sein und keine Beiträge entrichten zu müssen[475]. Funktional wäre damit jedenfalls ein weitgehendes Leerlaufen der negativen Koalitionsfreiheit verbunden. Mit dieser Argumentation wird der Schutzbereich der negativen Koalitionsfreiheit dergestalt erweitert, daß auch jede Erfassung von nichttarifgebundenen durch tarifliche Normsetzung in den Schutzbereich

---

[469] Quander, 254; in dieser Richtung auch Seiter AR-Blattei D Betriebsinhaberwechsel, 1 ff.; einschränkender aber bereits ders. Betriebsinhaberwechsel, 143 f. im Hinblick auf die Nichtanwendung durch BAG 4.12.74 AP Nr. 2 zu § 3 TVG, Birk AuR 1975, 312 ff.; Martens SAE 1976, 86 ff.

[470] Däubler, Grundrecht auf Mitbestimmung, 286 ff.; Gamillscheg, Differenzierung 91 f. ; Kempen/Zachert Grundl. Rdnr. 132; Säcker, Grundprobleme, 35 ff., Weyand, Tarifvertragliche Mitbestimmung, 91 f.; wohl auch Oetker in: Wiedemann § 3 TVG Rdnr. 25 (dort als „an sich naheliegend" bezeichnet); sowie Wiedemann in: Wiedemann Einl. Rdnr. 294

[471] Sinzheimer, Grundzüge Rdnr. 82; Berghäuser, 196 ff.; darauf berufen sich insbesondere Kempen/Zachert Grundl. 130

[472] BVerfGE 50, 290, 367; diese Grundaussage ist weitgehend unstreitig: BAG 29.11.1967 AP Nr. 13 zu Art. 9 GG; Kempen/Zachert Grundl. Rdnr .132; MD-Scholz Art. 9 Rdnr. 169; v. Münch/Kunig-Löwer Art. 9 Rdnr. 70; Wiedemann in: Wiedemann Einf. Rdnr. 294

[473] BVerfGE 64, 208, 213

[474] für diesen Schutzumfang der negativen Koalitionsfreiheit: BAG 26.11.67 AP Nr. 13 zu Art. 9 GG

[475] Zöllner, Rechtsnatur, 22 f.

der negativen Koalitionsfreiheit fällt[476]. Hieraus wird insbesondere von *Scholz* ein gegenüber der positiven Koaltionsfreiheit gleichberechtigtes Fernbleiberecht entnommen[477]. Auf Umwandlungen übertragen wird deshalb angenommen, daß Art 9 III GG auch eine „Zwangsunterwerfung" des neuen oder übernehmenden Rechtsträgers durch Gesamtrechtsnachfolge verbietet[478].

b) Definition des Schutzbereich der negativen Koalitionsfreiheit

Ob die negative Koalitionsfreiheit alleine auf ein mitgliedschaftliches Verhältnis zu beschränken ist, läßt sich nur durch die Definition des Schutzbereichs ermitteln. Daß die negative Koalitionsfreiheit als solche aus Art. 9 III GG abzuleiten ist und nicht lediglich aus Art. 2 I GG folgt[479], ist sowohl durch das Bundesverfassungsgericht als auch durch das Bundesarbeitsgericht mehrfach entschieden worden und wird auch in Literatur überwiegend anerkannt[480].
Die ältere Rechtsprechung des Bundesverfassungsgerichts ist noch davon ausgegangen, daß der Schutzbereich der Koalitionsfreiheit auf einen sog. Kernbereich beschränkt sei. Dieser Kernbereich sollte sich von vornherein auf diejenigen Tätigkeiten konzentrieren, die für den Erhalt der Koalitionen unerläßlich sind. Ansonsten sollte das Grundrecht des Art. 9 III der Ausgestaltung durch den Gesetzgeber unterliegen[481]. Geht man von dieser Definition des Schutzbereiches aus, so ließe es sich durchaus denken, auch die negative Koalitionsfreiheit von vornherein auf den Wesensgehalt, d.h. das mitgliedschaftliche Verhältnis zum jeweiligen Verband, zu beschränken. Damit ließe sich die Fortgeltung nach § 3 III TVG als von vornherein nicht vom Schutzbereich erfaßt ansehen, sondern vielmehr als gesetzgeberische Ausgestaltung eben der negativen Koalitionsfreiheit. Aus dieser Zeit stammt insbesondere auch die Mitbestimmungsentscheidung, die diese Beschränkung an sich nahelegt[482].

---

[476] Buchner, Tarifvertragsgesetz und Koalitionsfreiheit, 55 f., 60; Zöllner, Rechtsnatur, 22 f.; Schleussner ZTR 1998, 100, 102.; Säcker/Oetker, Grundlagen, 141; Schüren RdA 1988, 139; Schwarze, 194 f. ; Wagenitz, 44 f.

[477] MD-Scholz Art. 9 Rdnr. 226

[478] Brinkmann, 168

[479] AK-Kittner Art. 9 III Rdnr. 4; Gamillscheg, Kollektives Arbeitsrecht I, 385

[480] BVerfGE 38, 281, 298; 50, 290, 367; 64; 208, 213; 73, 261, 270; BAG GS 29.11.67 AP Nr. 13 zu Art. 9 GG; BAG 21.1.87 AP Nr. 46 zu Art. 9 GG; Löwisch/Rieble § 1 TVG Rdnr. 158; Kempen/Zachert § 3 TVG Rdnr. 131; Wiedemann in: Wiedemann Einl. Rdnr. 294

[481] BVerfGE 4,96 f. ,108; 28, 95 f., 304; 38, 281, 395; 50, 290, 368; zuletzt 58, 233, 247, die Ausgestaltungsbedürftigkeit wird insbesondere in der Mitbestimmungsentscheidung BVerfGE 50, 290, 368 hervorgehoben: *„mehr noch als die in Art. 9 I Vereinigungsfreiheit bedarf die Koalitionsfreiheit der gesetzgeberischen Ausgestaltung"* . So auch noch Loritz, Tarifautonomie, 32: *„Es kann kein Zweifel daran bestehen, daß die Tarifautonomie durch den Gesetzgeber in weitgehendem Umfang eingeschränkt werden kann"*.

[482] BVerfGE 50, 290, 363. Auch in die Entscheidung BVerfGE 64, 208, 213 ist vor Aufgabe der Kernbereichslehre ergangen.

In Teilen der Literatur hält sich die Definition des Schutzbereiches vom Art. 9 III GG im Sinne der Kernbereichslehre nach wie vor[483]. Diese sog. Kernbereichslehre befand sich jedoch seit langem in der Kritik, es hatte sich insoweit das Schlagwort vom „verfassungsrechtlichen Kern ohne verfassungsrechtliche Schale" entwickelt, weil sich damit letztlich beliebige Eingriffsmöglichkeiten eröffnen[484], zumal es für die von vornherein ausgesprochene Beschränkung auf einen sog. „Kernbereich" verfassungsrechtlich keine Grundlage gab und gibt. Auch andere Grundrechte sind insoweit nicht von vornherein nur auf ihren „Kern" (ohne „Schale") beschränkt. Mit der reinen Beschränkung auf den Kernbereich würde Art. 9 III GG faktisch nur auf eine Institutsgarantie im Sinne *C. Schmitts* beschränkt[485].

Tatsächlich hat das Bundesverfassungsgericht neben dieser „Kernbereichsformel" eine Abwägungsformel verwandt, die insoweit auf das herkömmliche Grundrechtsverständnis hindeutete, in dem von einer Beschränkung durch Grundrechte Dritter die Rede war[486]. Diese beiden Ansätze waren nicht mehr miteinander in Einklang zu bringen und sind insoweit nebeneinander verwandt worden[487]. Das Bundesverfassungsgericht hat indessen - letztlich der massiven Kritik der Literatur folgend[488] - die sog. Kernbereichslehre in mehreren Schritten aufgegeben und unter Rückgriff auf allgemeine Grundrechtslehren verändert[489]. Bereits seit der Entscheidung zur Aussperrung greift das Bundesverfassungsgericht nicht mehr auf die Kernbereichslehre zurück, sondern spricht nur von einem vorbehaltlos gewährleisteten Grundrecht[490]. Alleine die aus der Kernbereichslehre stammende sog. Abwägungsformel wird in dieser Entscheidung, wie auch in späteren Entscheidungen zum zweiten Schiffsregister und zu § 116 AFG noch erwähnt[491]. Sodann sah sich das Bundesverfassungsgericht veranlaßt „eine Klarstellung" dahingehend vorzunehmen, daß das Grundrecht der Koalitionsfreiheit nicht von

483 Schmidt-Bleibetreu/Klein Art. 9 III Rdnr. 12b (1999), die aber insoweit nur auf die älteren Entscheidungen (BVerfGE 38, 386, 393) abstellen. Mit Einschränkung nach wie vor auch Höfling in: Sachs Art. 9 III GG Rdnr. 78

484 Wiedemann in: Wiedemann Einl. Rdnr. 104; zur Kritik auch: Kempen/Zachert Grundl. Rdnr. 108 ff.; Farthmann/Coen in: Benda/Mayrhofer/Vogel, Handbuch des Verfassungsrechts, 851 ff.; Gamillscheg, Kollektives Arbeitsrecht I, S. 227 ff.

485 Carl Schmitt, Verfassungsrechtliche Aufsätze,140, 143 ff., neuderdings zu einer Institutsgarantie: Kemper, 13 ff., der insoweit aber ein Leerlaufverbot befürwortet, 131 ff.

486 BVerfGE 28, 295, 306

487 Wiedemann in: Wiedemann Einl. Rdnr. 106

488 AK-Kittner Art. 9 III Rdnr. 34; Butzer NZA 1994, 381 f.; Farthmann/Coen in: Benda/Mayrhofer/Vogel, Handbuch des Verfassungsrechts, 851 ff.; Gamillscheg, Kollektives Arbeitsrecht I, 227 ff.; Kempen/Zachert Grundl. Rdnr. 108

489 Butzer RdA 1994, 375; Kempen/Zachert Grundl. 108; ders. AuR 1996, 336; Söllner NZA 1996, 897; Walker ZfA 1996, 353 f, 355; Wiedemann in: Wiedemann Einl. Rdnr. 105, 106; Zachert NZA 1994, 629, 533;

490 BVerfGE 84, 212, 228, so auch die spätere Selbsteinschätzung des Bundesverfassungsgerichts in BVerfGE 93, 352, 359,

491 BVerfGE 92, 26 ff; BVerfGE 92, 365 ff.

vornherein auf einen Kernbereich beschränkt ist[492]. Den Schlußpunkt dieser Entwicklung bildet die Entscheidung zum Hochschulbefristungsgesetz. Hierin wurde die Rechtsfigur der sog. Kernbereichslehre ausdrücklich aufgeben und davon ausgegangen, daß der Schutzbereich der Koalitionsfreiheit nicht von vornherein auf einen sog. Kernbereich beschränkt ist. Diese Entscheidung betrifft zunächst die positive Koalitionsfreiheit, im Konkreten das Verhältnis zwischen tariflicher und gesetzgeberischer Normsetzung[493]. Daraus läßt sich jedoch schließen, daß eine Einschränkung oder Behinderung der Koaltionsfreiheit auch in Abreden oder Maßnahmen liegt, die zwar nicht die Entstehung oder den rechtlichen Bestand des Tarifvertrages betreffen, aber darauf gerichtet sind, dessen Wirkungen leerlaufen zu lassen[494]. Entsprechend hat letztlich das Bundesarbeitsgericht die Aufgabe der Kernbereichslehre durch Zuerkennung eines Unterlassungsanspruches gegenüber „tarifuntreuen" verbandstarifgebundenen Arbeitgebern nachvollzogen[495].

Damit müssen aber entsprechende Rückschlüsse auch für den Schutzbereich der negativen Koalitionsfreiheit gezogen werden. Dieses kann dann ebenfalls nicht mehr nur auf einen „Kernbereich"[496] im Sinne des mitgliedschaftlichen Verhältnisses beschränkt werden, denn die negative Koalitionsfreiheit kann letztlich nur den Widerschein der positiven Koalitionsfreiheit bilden. In der Literatur wird vielfach angeführt, positive und negative Koalitionsfreiheit müßten nicht gleich bewertet werden[497]. Das läßt sich insoweit rechtfertigen, als tarifliche Normsetzung tatsächlich faktisch nicht ohne die Erfassung Nichttarifgebundener auskommen kann, da viele Regelungen ansonsten gar nicht denkbar wären. Das kann aber systematisch nur eine Frage der verfassungsrechtlichen Rechtfertigung und nicht des Schutzbereiches sein, weil ansonsten die Kernbereichslehre letztlich beschränkt auf die negative Koalitionsfreiheit erhalten bliebe. Der Schutzbereich der negativen Koalitionsfreiheit muß daher in einem weiteren Sinne verstanden werden und schützt nicht ausschließlich vor der Zwangsmitgliedschaft, sondern auch vor weiterer Erfassung durch tarifliche Normsetzung. Damit läßt sich die Erfassung nicht mehr mitgliedschaftlich gebundener nach § 3 III TVG - auch wenn kein

---

492 BVerfGE 93, 352, 360 zur gewerkschaftlichen Betätigung im Betrieb

493 in § 57 HRG hat der Gesetzgeber abweichend von Tarifverträgen des öffentlichen Dienstes in erweitertem Umfang die Befristung von Arbeitsverträgen von wissenschaftlichen Mitarbeitern zugelassen. § 57a II HRG sichert diese die Regelung durch eine Tarifsperre ab. Das Bundesverfassungsgericht hat das - allerdings durch die Wissenschaftsfreiheit gerechtfertigten - Eingriff in die positive Koalitionsfreiheit gewertet BVerfGE 94, 268, 287 mit abweichendem Votum Kühling

494 ausdrücklich mit dem „Leerlaufargument" BAG NZA 1991, 887, 891

495 BAG NZA 1999, 887, 891 unter ausdrücklicher Aufgabe der Kernbereichslehre; Berg FS Däubler, 495 ff.; Wolfarth NZA 1999, 962 ff.

496 so noch BAG 29.11.67 AP Nr. 13 zu Art. 9 GG unter dem Einfluß der Kernbereichslehre des Bundesverfassungsgerichts und insoweit Berufung auf BVerfGE 50, 290, 368

497 Wiedemann in: Wiedemann § 3 TVG Rdnr. 294

mitgliedschaftliches Verhältnis zum Verband besteht - nicht von vornherein als nicht vom Schutzbereich erfaßt ansehen.

c) Einschränkung des Wesensgehaltes ?

Das einzelne Mitglied verzichtet durch den Beitritt zum Arbeitgeberverband auf seine negative Koaltionsfreiheit und nimmt im Gegenzug an der kollektiven Normsetzung des Verbandes teil, aus der Inhalt und Laufzeit (§ 3 III TVG) des Tarifvertrages folgen. § 3 III TVG ist deshalb Ausdruck der positiven Koalitionsfreiheit unter Verzicht auf die negative Koaltionsfreiheit. Grundrechte können gemäß Art. 19 II GG allerdings nicht in ihrem Wesensgehalt eingeschränkt werden, hierin liegt gleichzeitig auch die normative verfassungsrechtliche Verzichtsgrenze[498]. Insoweit ist zu prüfen, ob § 3 III TVG bei Umwandlungen den Wesensgehalt der negativen Koalitionsfreiheit verletzt, wenn der neue Arbeitgeber durch freiwillige Übernahme der Arbeitsverhältnisse auch den Tarifinhalt bis zum Ende der Laufzeit nach § 3 III TVG übernehmen müßte. Zum Wesensgehalt der negativen Koalitionsfreiheit wird man indessen schon aufgrund der geschilderten historischen Grundlagen alleine den verbotenen Beitrittszwang und damit das mitgliedschaftliche Verhältnis zum Verband betrachten können, insoweit läßt sich auch die Aussage des Bundesverfassungsgerichts in der Mitbestimmungsentscheidung verstehen, in der die Freiheit des einzelnen hervorgehoben wird, einer Koalition fernzubleiben oder aus ihr auszutreten[499]. Unter diesem Aspekt wurde die Allgemeinverbindlichkeit ebenso für verfassungskonform erachtet[500], wie die Erfassung nicht organisierter Heimarbeiter[501]. Dabei wurde zur Allgemeinverbindlichkeit angenommen, daß ein gewisser Druck zum Beitritt durch die hierdurch erfolgte Normsetzung für Nichttarifgebundene nicht zur Verletzung der negativen Koalitionsfreiheit führe[502]. Diese Normsetzung ist zwar als solche anders legitimiert als die des § 3 III TVG, der alleine auf der tariflichen Willensbildung beruht, während die Allgemeinverbindlichkeit durch Mitwirkung des Staates legitimiert wird (§ 5 TVG)[503]. Bei Umwandlungen (wie auch beim Verbandsaustritt) entsteht durch die Erfassung des neuen bzw. übernehmenden Rechtsträgers ebenfalls ein gewisser Beitrittsdruck, der übernehmende bzw. neugegründete

---

[498] Bleckmann JZ 1988, 59 f; Kempen ArbGW 1988, 78 ff, 92; Waltermann RdA 1990, 142

[499] BVerfGE 50, 290, 369

[500] BVerfGE 44, 322 f.; für § 3 III TVG stützt sich hierauf generell: BAG 4.8.93 AP Nr. 15 zu § 3 TVG, für § 3 II TVG Oetker in: Wiedemann § 3 TVG Rdnr. 137

[501] BVerfGE 38, 281, 305, 306

[502] BVerfGE 55, 7, 22, bestätigt auch bei BVerfGE 64, 208, 213 f.

[503] worauf im Zusammenhang mit der Rechtfertigung des § 3 II TVG Oetker in: Wiedemann § 3 TVG Rdnr. 137; Kempen/Zachert § 3 TVG Rdnr. 18 hinweisen, die § 3 II TVG aber im Ergebnis für verfassungskonform erachten.

Rechtsträger insoweit den Wunsch haben kann, nunmehr aktiv auf das weitere Schicksal des Tarifvertrages im Verband einzuwirken. Beide Entscheidungen zeigen aber, daß die grundsätzliche Erfassung Nichttarifgebundener nicht gegen den Wesensgehalt verstößt. Auf die Legitimation kommt es insoweit bei der Rechtfertigung verfassungsrechtlicher Eingriffe an, die aber beim Wesensgehalt eines Grundrechts ohnehin ausgeschlossen sind.

Einer weitergehenden Betrachtung steht auch die Funktion der Tarifautonomie, d.h. der Regelung von „Arbeits- und Wirtschaftsbedingungen" entgegen, denn vielfach sind Regelungen ohne Eingriff in die Rechte von Nichtorganisierten nicht möglich, wie etwa betriebs- und betriebsverfassungsrechtliche Normen als positive Anerkennung dieses Prinzips zeigen (§ 3 II TVG). Von der Regelungsbefugnis der Tarifvertragsparteien muß deshalb aufgrund der positiven Koalitionsfreiheit auch die Erfassung von Außenseitern möglich sein. Insoweit sind die Tarifvertragsparteien zutreffend auch befugt, in diesem Bereich Normen zu setzen. Den Tarifvertragsparteien kommt eine ähnliche Rolle wie dem Gesetzgeber zu, dem die Nichttarifgebundenen ebenso unterworfen sind wie Gesetzen von Bund, Ländern und Gemeinden. Dem wird z.T. Art. 38 II GG entgegengehalten, wonach die Abgeordneten Vertreter des ganzen Volkes sind und damit unmittelbar durch das Volk legitimiert sind, weil der einzelne Bürger Mitglied der Körperschaft „Staat" ist. Die Tarifvertragsparteien sollen deshalb, da sie nur durch ihre Mitglieder legitimiert sind, auch grundsätzlich nur zur Normsetzung für ihre Mitglieder befugt sein[504]. Diese Bedenken greifen indessen nicht durch. Staatliche Körperschaften dürfen auch dann Normen setzen, wenn der Einzelne sie nicht legitimiert hat, so z.B. wenn der Bürger sich an der Wahl nicht beteiligt. Der Einzelne ist innerstaatlich außerdem auch Normen unterworfen, bei denen er überhaupt nicht zur Legitimation durch Wahl befugt ist. Bei der Normsetzung durch Gemeinden sind Ortsfremde gar nicht Mitglied der entsprechenden Gebietskörperschaft , aber trotzdem ihren Normen unterworfen[505]. Auch die kollektive Ordnung des Arbeitsrechts kennt entsprechende Normsetzung, so sind auch diejenigen Arbeitnehmer den Normen von Betriebsvereinbarungen unterworfen, die nicht an der Betriebsratswahl teilgenommen haben[506]. Die Erfassung von Nichtorganisierten durch die Normsetzung der Koalitionen fällt deshalb nicht in den Wesensgehalt der negativen Koalitionsfreiheit.

Hinsichtlich § 3 III TVG ist also zu prüfen, ob es sich lediglich um eine Erfassung Nichttarifgebundener handelt oder ob eine Anwendung von § 3 III TVG bei Umwandlungen zu einer Begründung von Tarifgebundenheit ohne Mitgliedschaft führen wür-

---

504 Schleussner ZTR 1998, 100, 102

505 Säcker, Grundprobleme, 36

506 Kempen FS Hanau 529, 543

de[507]. Erachtet man diese Annahme als zutreffend, so würde § 3 III TVG einen Verstoß gegen den Wesensgehalt der negativen Koalitionsfreiheit bedeuten. Diese Bedenken greifen jedoch nicht durch. § 3 III TVG führt nur zu einer Verlängerung in den tariflichen Wirkungen auf die Arbeitsverhältnisse bei dem neuen Rechtsträger bzw. übernehmenden Rechtsträger, nicht aber zu Begründung einer Mitgliedschaft.

§ 3 III TVG begründet in der Rechtswirkung keine Mitgliedschaft[508]. Das folgt bereits daraus, daß mitgliedschaftliche Pflichten selbst (z.B. Beitragszahlung) nach § 3 III TVG erst gar nicht entstehen. Die Verlängerung in den Wirkungen auf die Arbeitsverhältnisse ist Ausdruck der koalitionsmäßigen Betätigung.

Bei Verbandstarifverträgen bestimmt sich die Tarifbindung nach § 3 I TVG über die Mitgliedschaft im Arbeitgeberverband[509]. Mit dieser, im Zeitpunkt des Abschlusses des Tarifvertrages bestehenden Mitgliedschaft, legitimiert sich der Inhalt des Verbandstarifvertrages und seine Erstreckung auf den einzelnen Arbeitgeber. Dieser Vorgang ergibt sich aus dem Vereinsrecht des BGB, das den Arbeitgeberverbänden als eingetragenen Vereinen zugrunde liegt. Der Arbeitgeber überträgt insoweit seine individuellen tariflichen Gestaltungsmöglichkeiten auf den Verband, in dem er die Satzung durch Beitritt anerkennt (§ 25 BGB). Im Gegenzug gewinnt er vereinsrechtlichen Einfluß über die Mitwirkungsrechte als Mitglied auf dessen Entscheidungen, d.h. der verbandseigenen Tarifpolitik und damit der hierdurch erfolgten kollektiven Rechtsetzung in Form von Tarifverträgen[510]. Als Mitglied legitimiert er die dort demokratisch getroffenen tariflichen Entscheidungen des Verbandes und muß sich nach der Logik des § 3 III TVG an ihnen nach dem Muster der (kollektiven) „Ingerenzhaftung" an seinen mitgliedschaftlichen Entscheidungen festhalten lassen. Die Haftung beruht also nicht lediglich auf Gesetz und begründet damit kraft staatlicher Anordnung die Tarifbindung eines Außenseiters[511], sondern auf der Legitimation des Tarifvertrages durch das jeweilige Mitglied. Diese ist auch Ausdruck eines Zweckes des Verbandstarifvertrages, nämlich der Ordnungsfunktion, d.h. der Vereinheitlichung von Arbeitsbedingungen zur Schaffung gleicher Wettbewerbsbedingungen für Arbeitgeber und Arbeitnehmer[512]. Tatbestandlich verlängert deshalb § 3 III TVG die Tarifbindung, d.h. verbandsrechtlich legitimiertes

---

507 so generell vor allem Biedenkopf, 232; Boecken Rdnr. 185; Gussen/Dauck Rdnr. 366; Hromadka/Maschmann/Wallner Rdnr. 236; Löwisch/Rieble § 3 TVG Rdnr. 81f.; Mösenfechtel/Schmitz RdA 1976, 108, 110

508 BAG 4.8.93 AP Nr. 15 zu § 3 TVG Verbandszugehörigkeit; Hromadka/Maschmann/Wallner Rdnr. 227; Kempen/Zachert § 3 TVG Rdnr. 23; einschränkend im Hinblick auf die von ihnen befürwortete Kündigungsmöglichkeit nach 5 Jahren auch Löwisch/Rieble § 3 TVG Rdnr. 74

509 Löwisch/Rieble § 3 TVG Rdnr. 14

510 Kempen/Zachert § 3 TVG Rdnr. 23

511 so aber Biedenkopf, 232

512 zum Zweck vgl. BVerfGE 18, 18, 28; Wiedemann in: Wiedemann Einl. Rdnr. 7; Kempen/Zachert Grundl. Rdnr. 90

Verhalten, begründet sie aber nicht[513]. Die negative Koalitionsfreiheit des Arbeitgebers ist deshalb nicht in ihrem Wesensgehalt berührt, weil kein mitgliedschaftliches Verhältnis zum Arbeitgeberverband im Rahmen des § 3 III TVG besteht oder gar erst begründet würde.
Insoweit kann die negative Koalitionsfreiheit durch § 3 III TVG bei Umwandlungen eingeschränkt werden und schützt nicht absolut vor der Weitergeltung des Tarifvertrages.

d) Beschränkbarkeit der negativen Koalitionsfreiheit

Zur Beschränkung des Schutzbereichs der Koalitionsfreiheit und damit auch der negativen Koalitionsfreiheit wurden in der Vergangenheit unterschiedliche Auffassungen vertreten. Diese resultieren im wesentlichen aus grundrechtsdogmatischen Unklarheiten, die die Rechtsprechung des Bundesverfassungsgerichts im Zusammenhang mit der Kernbereichslehre mit sich gebracht hat. So heißt es noch in der Mitbestimmungsentscheidung, daß die Beschränkung der Koalitionsfreiheit „zum Schutz anderer Rechtsgüter im Ermessen des Gesetzgebers steht"[514].
Zum Teil wird davon ausgegangen, für die Koalitionsfreiheit würden die Schranken des Art. 9 II GG gelten, weil dieser ohnehin nur Unterfall der allgemeinen Vereinigungsfreiheit sei[515]. Indessen ist dem entgegengehalten worden, daß der systematische Aufbau der Vorschrift, nämlich die Stellung der Koalitionsfreiheit in Art. 9 III GG gegen eine solche Übertragung spricht[516]. Des weiteren wird darauf hingewiesen, daß im parlamentarischen Rat das Problem erörtert wurde, aber die Schranken des Art. 9 II GG bewußt nicht übernommen wurden[517]. Ebensowenig läßt sich die Annahme von *Scholz* rechtfertigen, die Schranken der Koalitionsfreiheit ergäben sich aus Art. 12, 14 GG[518]. Dies wird damit begründet, daß Art. 9 III GG lediglich das formale (koalitionsmäßige) Verfahren regele, nach welchem die Berufs- und Eigentumsfreiheit im Arbeitsleben auszuüben sei. Die kollektive Koalitionsfreiheit soll daher nur materielles Ausübungsrecht ohne eigenen materiellen Inhalt sein. Dieser „Inhalt" soll vielmehr durch Art. 12, 14 GG bestimmt werden. Diese „eher willkürlich anmutende"[519] Konstruktion hat sich ebenfalls nicht durchgesetzt. Gegen sie sprechen dieselben systematischen Argumente wie für eine Beschränkung durch Art. 9 III GG. Historisch sind im übrigen Gewerbefreiheit und

---

513 BAG 13.7.94 AP Nr. 14 zu § 3 TVG Verbandszugehörigkeit
514 BVerfGE 50, 290, 369
515 Butzer RdA 1984, 382 f.; v.Münch/Kunig-Löwer Art. 9 III GG Rdnr. 80
516 AK-Kittner Art. 9 III GG Rdnr. 36; Jarass/Pieroth Art. 9 GG Rdnr. 31
517 Kempen/Zachert § 3 TVG Rdnr. 126
518 Scholz, Koalitionsfreiheit Rdnr. 329; ders MD-Scholz Art. 9 GG Rdnr. 352
519 so ausdrücklich Kempen/Zachert Grundl. Rdnr. 124

Koalitionsfreiheit gerade Gegensätze. Eine Koalition stellt nämlich grundsätzlich ein an sich gegen das Prinzip der Gewerbefreiheit gerichtetes Kartell dar. Koalitionen haben sich also gerade gegen die Gewerbefreiheit gebildet[520], nämlich „zum Ausgleich der strukturellen Unterlegenheit" der Arbeitnehmer, die sich durch das marktwirtschaftlich anomale Verhalten des Arbeitsmarktes erklärt (sog. „Konkurrenzparadoxon")[521].
Tatsächlich resultieren die geschilderten Literaturansichten vor allem aus unklaren Aussagen des Bundesverfassungsgerichts hinsichtlich der Beschränkbarkeit von Art. 9 III GG. Das betrifft vor allem die Überlegung von der „Ausgestaltungsbedürftigkeit" des Grundrechts, das insoweit zu einer unklaren Schrankenziehung geführt hat[522]. Dieser unklaren Ausweitung der Beschränkbarkeit wurde lange entgegengehalten, daß Art. 9 III GG gerade keinen Schrankenvorbehalt enthält[523]. Mit Aufgabe der Kernbereichslehre haben sich auch die Aussagen des Bundesverfassungsgerichts zur Beschränkbarkeit von Art. 9 III GG verändert.
Mit den Entscheidungen zur Aussperrung und zu § 116 AFG ist das Bundesverfassungsgericht davon ausgegangen, daß Eingriffe in Art 9 III GG durch Grundrechte Dritter und anderer mit Verfassungsrang ausgestatteten Rechte gerechtfertigt werden kann[524]. Damit wird die Formel verwendet, die auch sonst für schrankenlose Grundrechte gilt. Mit der Entscheidung zum Hochschulbefristungsgesetz hat das Bundesverfassungsgericht auf die Beschränkung durch andere Grundrechte (hier Art. 5 GG) abgestellt und die Kernbereichslehre ausdrücklich aufgegeben[525]. Damit läßt sich aus Art. 9 III GG kein Schrankenvorbehalt mehr entnehmen, eine Beschränkung kommt vielmehr nur noch durch andere Grundrechte oder sonst mit Verfassungsrang ausgestatteter Rechtsgüter in Betracht.

e) Einschränkung der negativen Koalitionsfreiheit durch § 3 III TVG

Insoweit ist zu untersuchen, ob es eine verfassungsrechtliche Rechtfertigung für die Beschränkung der negativen Koalitionsfreiheit des übernehmenden Rechtsträgers bei Umwandlungen gibt. Das Bundesverfassungsgericht ist dabei nach Aufgabe der Kernbereichslehre vor allem von *anderen* Grundrechten wie z.B. Art. 5 GG beim Hochschul-

---

520 Kempen/Zachert Grundl. Rdnr. 124; Kübler/Schmidt/Simitis Rdnr. 197 ff.
521 siehe S. 91
522 BVerfGE 4, 96, 108; 28, 295, 304; 38, 281, 305; 50, 290, 368
523 AK-Kittner Art. 9 GG III Rdnr. 34; Butzer NZA 1994, 381 f.; Farthmann/Coen in: Benda/Mayrhofer/Vogel Handbuch des Verfassungsrechts, 851 ff .; Gamillscheg, Kollektives Arbeitsrecht I, 227 ff.; Kempen/Zachert Grundl. Rdnr. 108; Kühling AuR 1994, 1826
524 BVerfGE 84, 212, 228; 92, 26, 41
525 BVerfGE 94, 268, 287 zuvor bereits als „Klarstellung" BVerfGE 93, 362, 363 (gewerkschaftliche Betätigung im Betrieb)

befristungsgesetz ausgegangen[526]. Indessen kann, wenn eine Beschränkung durch andere Grundrechte zulässig ist, auch eine Beschränkung durch Art. 9 III GG *selbst* in Betracht kommen, wenn nämlich die Koalitionsfreiheit Dritter berührt wird. Nach der beschriebenen Aufgabe der Kernbereichslehre ist dieser Schutzbereich entsprechend weiter auszulegen und schützt deshalb auch vor Maßnahmen, die darauf gerichtet sind den Tarifvertrag in seiner Wirkung zu vereiteln oder leerlaufen zu lassen. Dies ist in der neuen Rechtsprechung des Bundesarbeitsgerichts zum Unterlassungsanspruch entsprechend umgesetzt worden, da dieser gerade auf Art 9 III GG gestützt wird[527]. Für § 3 III TVG kann insoweit an die Aussagen zur verfassungskonformen Auslegung des Verhältnisses zwischen § 613a I S. 2-4 BGB und § 3 III TVG angeknüpft werden. Art. 3 III TVG ist Ausdruck der Koalitionsfreiheit nach Art. 9 III in zwei Richtungen. Einerseits wird die positive Koalitionsfreiheit der Arbeitnehmer geschützt, denn diese haben aufgrund ihrer koalitionsmäßigen Betätigung einen Tarifvertrag bis zum Ende der Laufzeit des Tarifvertrages erwirkt. Zum anderen schützt der § 3 III TVG auch die Koalitionsfreiheit der übrigen verbandsangehörigen Arbeitgeber, weil diese nämlich den Tarifvertrag auch deshalb abschlossen haben, um untereinander gleiche Wettbewerbsbedingungen zu schaffen (Ordnungsfunktion). Stehen sich zwei Grundrechte bzw. zwei Grundrechtsträger gegenüber, darf das eine nicht generell hinter dem anderen zurücktreten. Nach der Entscheidung des Bundesverfassungsgerichts zum Hochschulbefristungsgesetz ist zunächst der sog. Verhältnismäßigkeitsgrundsatz als Prüfungsmaßstab für die Beschränkung des Art. 9 III GG durch andere Grundrechte zugrundezulegen[528]. Durch die Aufgabe der Kernbereichslehre sind zur genaueren Bestimmung der Verhältnismäßigkeit im Rahmen der Koalitionsfreiheit nur wenige Aussagen des Bundesverfassungsgerichts vorhanden. Es verbleibt zunächst eine Aussage in der Entscheidung zum Hochbefristungsgesetz. Danach kommt es im Rahmen der Verhältnismäßigkeitsprüfung wesentlich auf den Gegenstand der gesetzlichen Regelung an. Der Grundrechtsschutz ist demnach nicht für alle koalitionsmäßigen Betätigungen gleich[529]. Die Aussage müssen insoweit auf die Verfahrensordnung der Koalitionsfreiheit übertragen werden. Nach dem hier gefundenen Ergebnis enthält Art. 9 III GG eine Schutzpflicht zugunsten der positiven Koalitionsfreiheit der Arbeitnehmer sowie der Koalitionsfreiheit der übrigen Arbeitgeber des Verbandes (Ordnungsfunktion). Die aus Art. 9 III GG folgende Schutzpflicht setzt der Staat wiederum durch Ausgestaltung der Koalitionsfreiheit, d.h. durch Regelungen, die die Grundrechtsausübung ermöglichen, also hier eben

[526] BVerfGE 94, 268, 287
[527] BAG NZA 1999, 887; Wolfarth NZA 1999, 962
[528] BVerfGE 94, 268, 287, zum Prinzip praktischer Konkordanz: Hesse Verfassungsrecht Rdnr. 317 ff.; zum Verhältnismäßigkeitsgrundsatz Sachs in: Sachs Art. 20 GG Rdnr. 146 ff.
[529] BVerfGE 94, 268, 284, 285

durch § 3 III TVG. Das rechtfertigt verfassungsrechtlich entsprechende Ausgestaltungsgesetze als Umsetzung der Schutzpflicht aus Art. 9 III GG. Insoweit hat der Grundsatz von der „Ausgestaltungsbedürftigkeit", den das Bundesverfassungsgericht bereits in älteren Entscheidungen im Rahmen der „Kernbereichslehre" und zuletzt bei der Entscheidung zu § 116 AFG verwandt hat, mit dieser Maßgabe nach wie vor Gültigkeit[530].

Nach dem vom Bundesverfassungsgericht in der Entscheidung zum Hochschulbefristungsgesetz entwickelten Grundsätzen ist zunächst nach der Geeignetheit der Regelung zu fragen[531].

Geeignet ist § 3 III TVG um diese Schutzpflicht umsetzen, da dies dazu führen würde, daß der kollektive Regelungsrahmen auch nach der Umwandlung in gleichem Maße erhalten bleibt.

Daneben muß der Eingriff dem Grundsatz der Erforderlichkeit entsprechen. Das verpflichtet insbesondere den Staat zu einer gewissen Zurückhaltung bei der Erfassung Nichttarifgebundener, weil mit der Übertragung der Normsetzungsbefugnis auf die Tarifvertragsparteien für Nichttarifgebundene grundsätzlich ein demokratisches Legitimationsdefizit besteht, da diese nicht an der Normsetzung teilhaben. Für § 5 TVG wird diesem Grundsatz etwa über das Interessengebot des § 5 I Nr. 2 TVG und die Mitwirkung des Bundesarbeitsminsteriums genügt[532]. Bei § 3 III TVG besteht das Problem des Legitimationsdefizits grundsätzlich nicht, weil Inhalt und Laufzeit Ergebnis der Mitgliedschaft des „alten" Rechtsträgers sind. Der Eingriff besteht insoweit nur darin, daß die Mitgliedschaft früher enden kann als die kollektive Geltung des Tarifvertrages.

Man könnte insoweit unter diesem Aspekt als milderes Mittel für den Eingriff in die negative Koalitionsfreiheit des neuen bzw. übernehmenden Rechtsträgers bei Umwandlungen § 613a I S. 2-4 BGB iVm § 324 UmwG in Erwägung ziehen. Demgegenüber wäre damit eine starke Beschränkung der positiven Koalitionsfreiheit der Arbeitnehmer verbunden, denn mit der Eintragung der Umwandlung würde diese als Kollektivnorm aufhören zu bestehen. Dieser kollektive Charakter ist aber gerade Ausdruck der koalitionsmäßigen Betätigung. Die individualrechtliche Lösung des § 613a I S. 2-4 BGB führt mit der Auffassung der hM., nach der nur Inhaltsnormen transformiert werden können[533], zu einer nur unvollständigen Kompensation, weil sich der Wegfall ganzer Normgruppen nicht rechtfertigen läßt. Das ist mit der Schutzpflicht zugunsten des Grund-

---

530 BVerfGE 28, 295, 306; 92, 365, 394

531 BVerfGE 94, 268, 287

532 BVerfGE 44, 322, 344; BGH NZA 2000, 327, 333 (Tariftreueerklärung)

533 Binkert JZ 1979, 751; Hanau/Vossen FS Hilger/Stumpf, 271, 291; Müko-Schaub § 613a BGB Rdnr. 142; Löwisch/Rieble 3 TVG Rdnr. 83; Seiter DB 1980, 878

rechts der Koalitionsfreiheit nicht vereinbar. Es verbleibt somit verfassungskonform nur die (tatbestandliche) Anwendung des § 3 III TVG.
Insoweit bleibt im Rahmen der sog. engeren Verhältnismäßigkeitsprüfung zu fragen, ob der Eingriff durch Art. 9 III GG in die Grundrechte des umwandelnden Arbeitgebers disproportional ist. Dabei kann insbesondere auf eine Aussage des Bundesverfassungsgerichts zur Verfassungsmäßigkeit des § 116 AFG zurückgegriffen werden. Maßgeblich für das Auslösen der Schutzpflicht sind danach solche Disparitäten, die strukturell bedingt sind. Der Organisationsgrad einer Koalition, ihre Fähigkeit zur Anwerbung und Mobilisierung von Mitgliedern und ähnliche Faktoren liegen dagegen außerhalb der Verantwortung des Gesetzgebers[534]. Dies ist konsequent, weil es sich bei Tarifverträgen um ein marktgesteuertes Instrumentarium handelt. Dementsprechend müssen auch Gewerkschaften diesen Marktmechanismen ausgesetzt werden. Dennoch kann auch mit dieser Einschränkung die Schutzpflicht des Staates bei Umwandlungen als in erheblichem Maß berührt angesehen werden, weil diese gezielt eingesetzt werden können, um sich in Umgehung der §§ 3 III, § 4 V TVG beim regulären Verbandsaustritt der Geltung von Tarifverträgen zu entziehen, da § 324 UmwG iVm § 613a I S. 2-4 BGB eine vergleichsweise schwächere Bindung bewirkt[535]. Wirtschaftlich kommt damit das derzeit aufgrund der seit Jahren bestehenden Massenarbeitslosigkeit bestehende Ungleichgewicht des Arbeitsmarktes zum Ausdruck[536], da ein Unterlaufen von Tarifverträgen nur bei einem Überangebot von Arbeitskräften wirtschaftlich möglich ist. Hierbei handelt es sich um strukturelle Faktoren, die nicht auf innerer Schwäche der Koalitionen, wie etwa der nur langsamen Anpassung an die Dienstleistungsgesellschaft (z.B. durch die geplante Dienstleistungsgewerkschaft), beruhen. Umgekehrt hat der Einfluß der Kapitalseite, d.h. vor allem von Banken bzw. Fondsgesellschaften[537] immer stärker an Bedeutung gewonnen. Der Trend hierzu wird durch die enorme Expansion der Aktienmärkte in den letzten Jahren durch verstärkte private Anlagen bestätigt. Durch die Globalisierung der Finanzmärkte hat dies aber zur Folge, daß die zuvor weitgehend untereinander bestehende Verflechtung deutscher Unternehmen („Deutschland AG"), die insoweit Marktdruck in diesem Bereich gebremst haben mag, zugunsten international agierender Fonds und internationalen Kapitals verschoben wird. Auch die teilweise

[534] BVerfGE 92, 365, 396
[535] Wellenhofer-Klein ZfA 1999, 239, 240; im einzelnen auch S.11 f.
[536] die Arbeitslosenquote betrug in Deutschland 1991 6,7 % und 1998 11, 1 %. Für 1999 und 2000 werden nach Angaben des RWI 1999 10,5 % und 2000 9,7 %, vgl. zu den Zahlen RWI Konjunkturbericht zur Jahresmitte 1999, S. 60
[537] Der Einfluß von Banken und Fondsgesellschaften ist insoweit nicht neu (vgl. Böhm, der Einfluß der Banken auf Großunternehmen, 156) wird aber durch den schärferen Wettbewerb einerseits und die größere Kapitalmasse andererseits verstärkt. Das gilt nicht nur bei Aktienverwaltung, sondern auch bei der Fondskonzipierung. Vgl. bei Keller in: Theisen, Konzern im Umbruch, 194

Privatisierung von Sozialsystemen wie sie etwa in Großbritannien, Japan und den USA bereits üblich ist und auch in Deutschland als „dritte Säule“ zunehmend an Bedeutung gewinnt, verstärkt den Kapitalfluß zu institutionellen Anlegern und damit ihren Einfluß auf Unternehmen. Aus dieser Veränderung folgt wiederum Druck den Wert des Unternehmens, auch durch Umwandlungen, zu steigern. Außerdem herrscht auch unter diesen institutionellen Anlegern selbst zunehmender Wettbewerbsdruck. Damit richten sich Unternehmensziele immer stärker an den dortigen Interessen, d.h. vor allem am sog. „shareholder value“ Konzept aus, weil institutionelle Anleger von den Unternehmen Renditen fordern, die über der vergleichbarer Anlagemöglichkeiten liegen[538]. Vor allem die Börse wird damit zum bewußt eingesetzten Gradmesser für den Erfolg eines Unternehmens und des Managements[539], welchem häufig über Aktienbezugsrechte („stock options“) ein entsprechender Anreiz vermittelt wird[540].

Gerade diese Ausrichtung ist aber häufig Auslöser von Umwandlungen, zumal diese meist zu Kursteigerungen führen[541]. Die durch die „Globalisierung“ bestehende Möglichkeit Arbeitsplätze ins Ausland zu verlagern, tut ein übriges. Das bedeutet, daß die tatsächlichen Handlungsalternativen, wie die Durchsetzung eines Anerkennungstarifes mit gleichen Bedingungen gegenüber dem neuen Rechtsträger zu erreichen, strukturell geringer sind, mithin die sog. „strukturelle Unterlegenheit“ zunimmt. Solche Unterlaufensstrategien des Tarifrechts sind indessen nicht alleine als Lohndumping nur „sozialpolitisch zu verurteilen“[542] oder schlicht „hinzunehmen“[543], sondern sie haben Konsequenzen für die Schutzpflicht des Staates aus Art. 9 III GG. Eine Schutzpflicht beinhaltet insoweit die Verpflichtung des Staates das Gleichgewicht durch entsprechende Gegenmaßnahmen wieder herzustellen. Maßgeblich bei solchen Eingriffen in die negative Koalitionsfreiheit ist allerdings, daß die Interessen der betroffenen angemessen gewahrt werden. Eine Vorschrift muß deshalb bei der Erfassung Nichttarifgebundener von sachlichen Voraussetzungen ausgehen und demokratisch bzw. mitgliedschaftlich legitmiert sein[544]. Diese sachlichen Voraussetzungen liegen bei § 3 III TVG im Bereich von Umwandlungen vor. § 3 III TVG stellt bei Umwandlungen das Prinzip „pacta sunt ser-

---

538 Bühner ZfbF 1998, 809

539 Black, Konzepte, 23; Keller in: Theisen, Konzern im Umbruch, 194

540 Freundner DB 1999, 742, 743

541 vgl. bei Bühner ZfbF1998, 809, 826. Die Ankündigung von Unternehmensspaltungen führt nach der Untersuchung von *Bühner* im Durchschnitt zu einer abnormalen Rendite von 0, 75 %, im folgenden kurzen Zeitraum danach zu einer Steigerung von 3, 48 %

542 so Henssler NZA 1994, 294, 304; Bremkamp, Flexibilisierung, 336

543 so S.Peiffer, 157 im Hinblick auf die Tarifflucht

544 BGH NZA 2000, 327, 333 zur Tariftreuerklärung. Die dort geäußerten Bedenken bestehen deshalb für § 3 III TVG gerade nicht.

vanda"[545] sicher. Die Vorschrift führt zu einer Geltung des Tarifvertrages bis zum Ende der ursprünglich vereinbarten Laufzeit. Die Mitglieder oder Gesellschafter des jeweiligen Rechtsträgers legitimieren letztlich sowohl den Tarifvertrag und dessen Laufzeit (durch Abstimmung im Verband) als auch die Umwandlung selbst. Der neue Rechtsträger steht sich grundsätzlich also so wie bei der Übernahme anderer Schuldverhältnisse auch, er tritt in vollem Umfang in die Rechte und Pflichten ein. Er wird dabei bei Anwendung des § 3 III TVG nur mit einer zusätzlichen Leistungsverpflichtung gegenüber der übernommenen Belegschaft belastet, die Regelung des § 3 III TVG kommt deshalb eher einer Beschränkung der Vertragsfreiheit gleich, weil insoweit keine Arbeitsbedingungen unter dem Tarifniveau bis zum Ablauf des Tarifvertrages vereinbart werden können. In der Konsequenz geht die Wirkung des § 3 III TVG also nicht weiter als die weit überwiegend angenommene kollektive Fortgeltung von Firmentarifverträgen[546] oder von Betriebsvereinbarungen bei Erhalt der sog. Betriebsidentität als allgemeine Begrenzung kollektiver Geltung[547]. Eine Differenzierung im Bereich des Grundrechtsschutzes beim Verbandstarif (individualrechtliche Fortgeltung) im Vergleich insbesondere zum Firmentarif (kollektive Fortgeltung) wie sie *Hohenstatt* vornehmen will, überzeugt daher nicht[548]. Die Beschränkung der Vertragsfreiheit durch „Paketlösungen" (Übernahme der Arbeitsverhältnisse und dadurch auch der zugehörigen Ausgestaltung durch Tarifvertragsrecht) liegt im übrigen gerade in der Konsequenz einer - noch dazu etwa bei der Verschmelzung ungeteilten (§ 20 UmwG) - Gesamtrechtsnachfolge. Es ist auch bei anderen Schuldverhältnissen nicht möglich, einzelne Bedingungen aus Anlaß der Umwandlung einseitig abzustreifen, ohne daß dies etwa gegen Art. 12, 14 GG Grundgesetz (als „negative Vertragsfreiheit") des neuen oder übernehmenden Rechtsträgers verstoßen würde. Dieser wählt die Form der Gesamtrechtsnachfolge gegenüber der ansonsten möglichen Einzelrechtsnachfolge freiwillig, so daß damit letztlich hinsichtlich des durch § 3 III TVG definierten Inhaltes der Arbeitsverhältnisse (nicht hinsichtlich der Mitgliedschaft im Verband, §§ 38, 40 BGB) ein Grundrechtsverzicht durch Inanspruch-

---

[545] Schaub BB 1994, 2005, 2006 („Vertragstreue"); Rieble, RdA 1996, 151, 155; Kempen/Zachert § 3 TVG Rdnr. 28 unter Rückgriff auf das „venire contra factum proprium Prinzip".

[546] BAG 24.6.98 AP Nr. 1 zu § 20 UmwG; Bachner NJW 1995, 2881, 2882 f; Boecken Rdnr. 203; Düwell NZA 1996, 393, 396; Däubler RdA 1995, 140; B. Gaul NZA 1995, 136, 140; Hennrichs, 52; Hromadka/Maschmann/Wallner Rdnr. 37; Kallmeyer-Willemsen § 324 UmwG Rdnr. 13; Kempen/Zachert § 3 TVG Rdnr. 51; Lutter § 324 UmwG-Joost Rdnr. 18; Mengel, 182; Picot, C Rdnr. 37; Reichel/Koberski/Clasen/Menzel § 3 TVG Rdnr. 72; Spirolke, 82; Trittin AiB 1996, 349, 361; Wieland Rdnr. 287; Waas in: Weiss/Gagel Handbuch des Arbeits- und Sozialrechts § 18 A Rdnr. 95

[547] Bachner NJW 1995, 2881, 2882; Boecken Rdnr. 156; Fitting/Kaiser/Heither/Engels § 77 BetrVG Rdnr. 145; GK-Kreutz § 77 BetrVG Rdnr. 329; Gussen/Dauck; B. Gaul NZA 1995, 717, 724 ff; Kallmeyer-Willemsen § 324 UmwG Rdnr. 14; Mengel, 187 ff; Joost in Lutter (Hrsg): Verschmelzung, Spaltung, Formwechsel 297 ff, 311, 312; Lutter (Hrsg.) § 324 UmwG-Joost Rdnr. 24; Picot, C Rdnr. 38; Schnitker, 142; Spirolke, 99 ff.; Wlotzke DB 1995, 40, 41

[548] so aber Willemsen/Hohenstatt, Umstrukturierung Rdnr. E 75

nahme der Gesamtrechtsnachfolge anzunehmen ist. Die erfolgte Beschränkung durch § 3 III TVG ist in dieser Hinsicht deshalb ausreichend legitimiert.
Auch die sonst etwa bei § 3 II TVG geäußerten Bedenken bei der Erfassung von Nichtmitgliedern durch die Koalitionen greifen nicht durch. Das betrifft insbesondere die von *Biedenkopf* geforderte demokratische Legitimation für Normsetzung, die nicht bestimmten gesellschaftlichen Gruppen übertragen werden könne[549]. Dem ist einerseits entgegenzuhalten, daß auch die Erfassung von Nichttarifgebundenen - etwa im Rahmen von § 3 II TVG - einen gerechtfertigten Eingriff in die Koalitionsfreiheit bilden kann[550]. Durch § 3 III TVG wird er nicht einer Rechtssetzungsgewalt von ihm nicht legitimierter Tarifvertragsparteien unterworfen, er bleibt lediglich an die Rechtssätze gebunden, die von den Tarifvertragsparteien geschaffen wurden[551].
Die Wirkung des § 3 III TVG tritt deshalb ein, weil das einzelne Mitglied selbst durch die kollektive Willensbildung im Verband Inhalt und Laufzeit des Tarifvertrages legitimiert. § 3 III TVG ist deshalb an sich zunächst Ausdruck der positiven Koaltionsfreiheit. Die negative Koalitionsfreiheit wird bei Umwandlungen durch den Übernahmeakt im Wege der Gesamtrechtsnachfolge berührt. Der neue bzw. übernehmende Rechtsträger übernimmt die Arbeitsverhältnisse insoweit bei der Umwandlung freiwillig. In diesem Übernahmeakt liegt insoweit auch ein Grundrechtsverzicht auf die negative Koalitionsfreiheit, der bis zur Grenze des Wesensgehaltes (Art. 19 II GG) eines Grundrechtes möglich ist[552]. Umgekehrt müßte sich ansonsten auch § 613a I S. 2-4 BGB dem Vorwurf der Verfassungswidrigkeit aussetzen, weil auch hiermit - allerdings auf individualrechtlicher Ebene - zumindest bei Inhaltsnormen eine Bindung des Rechtsnachfolgers für ein Jahr erfolgt. Der hiermit erfolgte Eingriff in die negative Koalitionsfreiheit rechtfertigt sich jedoch durch das Sozialsstaatsprinzip und die positive Koalitionsfreiheit der Arbeitnehmer[553], also der grundrechtlich selben Schutzrichtung wie § 3 III TVG.
Der alte Rechtsträger bzw. dessen Anteilseigner erhalten regelmäßig als Gegenleistung Mitgliedschaftsanteile (Spaltung, Verschmelzung), betätigen sich also in Zukunft auf dem tariflich mitgestalteten Arbeitsmarkt. Die Mitgliedschaft im Verband ermöglicht insoweit die Abstimmung über den jeweiligen Tarifabschluß und legitimiert damit dessen Geltung für das jeweilige Mitglied. Es handelt sich damit auch bei Umwandlungen nicht um eine ausschließlich von außen aufgesetzte Normsetzung, sondern um die Konse-

---

549 Biedenkopf, 52
550 Löwisch/Rieble § 3 TVG Rdnr. 8; Kempen/Zachert § 3 TVG Rdnr. 18; Oetker in: Wiedemann § 3 TVG Rdnr. 137
551 Richardi, Kollektivgewalt, 221
552 Bleckmann JZ 1988, 59 f; Kempen ArbGW 1988, 78 ff, 92; Waltermann RdA 1990, 142
553 Die Verfassungskonformität ist mittlerweile weitgehend unbestritten. Vgl. Müko-Schaub § 613a BGB Rdnr. 6a; Seiter, Arbeitrechtsblattei D, Betriebsinhaberwechsel, 1 ff. Staudinger-Richardi/Annuß § 613a BGB Rdnr. 17

quenz des Prinzips der „sozialen Selbstbestimmung" des TVG[554], die über § 3 III TVG realisiert wird.

Auch die durch § 3 III TVG ausgelöste Schutzpflicht auf kollektiver Seite ist bei Umwandlungen in erheblichem Maße berührt. Dem einzelnen Arbeitgeber würde es ansonsten ermöglicht, sich durch gezieltes Herausumwandeln der Verbandssolidarität zu entziehen, während die anderen Verbandsmitglieder nach wie vor an ggf. teuere Tarifverträge gebunden blieben.

Dem kann auch nicht entgegengehalten werden, eine Umwandlung zur Tarifumgehung sei günstiger als ein Verbandsaustritt des gesamten Unternehmens[555], weil der Verbandsaustritt gerade die Folge des § 3 III TVG mit sich bringt. Teilweise wird in der Literatur die Ordnungsfunktion des Tarifvertrages deshalb als nicht berührt angesehen, weil Umwandlungen erheblichen organisatorischen Aufwand mit sich bringen[556]. Gegenüber der vorher erforderlichen Einzelübertragung hat der Gesetzgeber durch das UmwG den organisatorischen Aufwand aber gerade erheblich reduziert und den Vorgang außerdem steuerrechtlich neutral gestaltet. *Düwell* sieht in den hierdurch geschaffenen Möglichkeiten sogar eine „Autobahn" zur Tarifflucht[557]. Gerade bei einem hohen Lohnkostenanteil kann ein vorzeitiger Ausstieg - unter Umgehung des 3 III TVG - einen erheblichen Wettbewerbsvorteil mit sich bringen. Im übrigen widerlegt die derzeitige Umwandlungspraxis diese These, die solche Strategien als Ausfluß der „Krise des Flächentarifes" durchaus im Auge hat[558]. Grundsätzlich hat der Gesetzgeber indessen eine Einschätzungprärogative hinsichtlich der Umsetzung der Schutzpflicht, insbesondere auch der des Art. 9 III GG. Das gilt nach der Entscheidung des Bundesverfassungsgerichts zu § 116 AFG zur Prognose der Parität der Tarifvertragsparteien[559]. Das entspricht insoweit der allgemeinen Rechtsprechung des Bundesverfassungsgerichts zu Prognosespielräumen des Gesetzgebers, um den politischen Gestaltungsspielraum sicherzustellen[560]. Das bedeutet, daß der Gesetzgeber nicht zwingend gehalten wäre, eine Regelung des § 3 III TVG mit der Folge der Bindung bis zum Ende der Laufzeit zur Anwendung zu bringen. Im Rahmen der Einschätzungsprärogative kann der Gesetzge-

---

554 zum diesem Prinzip: Sinzheimer, Arbeitstarifgesetz, 181, 194

555 Mengel, 201 f., die insoweit daran zweifelt, ob die Schließung von Fluchtmöglichkeiten volkswirtschaftlich sinnvoll ist.

556 Henssler FS Schaub, 310, 315; S.Peiffer, 158

557 Düwell, NZA 1996, 393, 398; ähnlich auch Gamillscheg, Kollektives Arbeitsrecht I, 776 zu Ausgliederungen („Einladung zum Mißbrauch")

558 vgl. dazu ausführlich S. 11 ff. , sowie auch die zutreffende Darstellung bei Bremkamp, Flexibilisierung, 334, der einen gezielten Ausstieg am Beispiel von IBM schildert, wo eine weitgehende Verdrängung durch Betriebsvereinbarungen geplant war.

559 BVerfGE 92, 26, 41, die Vorschrift ist damit „noch" verfassungskonform; zum Einschätzungsrecht bei Art. 9 III GG auch Dörner FS Däubler, 31 ff.

560 BVerfGE 25, 1, 12 f; 30, 250, 263; 39, 210, 231; 96, 10, 23 ff; ; Sachs in: Sachs Art. 20 GG Rdnr. 151

ber bei Anwendung auf Umwandlung (wie auch auf den Austritt) die Anwendung des § 3 III TVG durch eine angemessene Frist, statt der Bindung bis zum Ende der Laufzeit begrenzen - wie es als Änderung der lege ferenda vorgeschlagen wird[561] -, um so dem durchaus nicht abweisbaren Bedürfnis nach unternehmerischer Flexibilität Rechnung zu tragen[562].

Als den Eingriff (nun auf Arbeitnehmerseite) rechtfertigende Grundrechtsposition müßte insoweit auf die positive und negative Koalitionsfreiheit des Arbeitgebers abgestellt werden, die durch § 3 III TVG beschränkt wird. Der Gesetzgeber ist bei einem solchen Einschätzungsrecht allerdings gehalten, dieses auch durch entsprechende Begründungen zu dem eingreifenden Gesetz wahrzunehmen[563].

Indessen hat der Gesetzgeber eine solche Begrenzung des § 3 III TVG bislang nicht vorgenommen. Damit kann nur vom gegenwärtigen Umfang des § 3 III TVG ausgegangen werden.

4) Umfang der kollektiven Weitergeltung

a) Tatbestandsvoraussetzung des § 3 III TVG

Im folgenden ist der Umfang der kollektiven Weitergeltung nach § 3 III TVG zu ermitteln. Hierbei kann zunächst auf den Wortlaut zurückgegriffen werden. Aus § 3 III TVG läßt sich dabei als Voraussetzung ableiten, daß zu einem Zeitpunkt Tarifbindung nach § 3 I TVG vorhanden gewesen sein muß[564], denn nur dann läßt sich Tarifgebundenheit begrifflich „verlängern". Bei dem Wortlaut handelt es sich um einen sehr offenen Regelungsrahmen, so daß sich konkretere Voraussetzungen letztlich nur aus dem verfolgten Regelungszweck ergeben. Greift man zunächst auf den klassischen Fall des Verbandsaustrittes zurück, so stellt § 3 IIII TVG den allgemeinen zivilrechtlichen Grundsatz „pacta sunt servanda" sicher[565]. Das ergibt sich daraus, daß der entsprechende Verbandstarif für eine bestimmte Laufzeit abgeschlossen wurde und sich die Mitglieder ansonsten durch Austritt der Wirkung des Tarifvertrages entziehen könnten. Der Gedanke der Vertragstreue alleine läßt sich zwar auch auf Umwandlungen übertragen,

---

561 Rieble, RdA 1996, 11 ff. , mit dem Vorschlag § 3 III TVG auf ein Jahr zu begrenzen.; Vorschläge des Sachverständigenrates zur Begutachtung der gesamtwirtschaftlichen Entwicklung 1995/96, 227 mit Vorschlag der Begrenzung der Laufzeiten.

562 indessen ist eine z.T. vorgeschlagene generelle Streichung des § 3 III TVG (Beuthien/Meik DB 1993, 1518 ff.) mit der Schutzpflicht aus Art. 9 III GG nicht vereinbar, weil damit ohne Übergangsfrist die maßgebliche zwingende Wirkung des Tarifvertrages wegfallen würde.

563 Dörner FS Däubler, 31, 37 der im Zusammenhang mit der Tarifautonmie eine Intensivierung der Begründungspflicht fordert.

564 BAG 4.8.93 AP Nr. 15 zu § 3 TVG Verbandszugehörigkeit

565 Schaub BB 1994, 2005, 2006 („Vertragstreue"); Rieble, RdA 1996, 151, 155

weil ohne § 3 III TVG die Umwandlung in den entsprechenden Arbeitsverhältnissen zum vorzeitigen Ende der normativen Geltung führt. Der Gedanke der Vertragstreue alleine kann aber noch nicht die Bindung eines neuen oder anderen Rechtsträgers an den Tarifvertrag nach § 3 III TVG führen, weil dieser vordergründig nicht Tarifverträge eines „fremden" Verbandes im Wege der „Vertragstreue" einhalten muß, in dem er nie Mitglied war[566]. Hieraus folgt letztlich das gegen eine Anwendung von § 3 III TVG vorgebrachte Argument der „Unvergleichbarkeit" zwischen Verbandsaustritt und Umwandlung, weil der ausgetretene Arbeitgeber selbst Mitglied des Verbandes war[567]. Sieht man hier bereits die Grenze der Anwendung des § 3 III TVG, so bliebe nur die von einem Teil der Literatur erwogene analoge Anwendung von § 3 III TVG, soweit die Umwandlung zur Tarifumgehung dient. Diese Ansicht stützt sich auf den Gedanken des Rechtsmißbrauches durch zweckwidrigen Einsatz des Rechtsinstitutes Umwandlung, die im Fall von nur „vorgeschobenen" Ausgliederungen ohne tatsächliche Eigenständigkeit gelten soll[568]. Eine analoge Anwendung von § 3 III TVG sieht sich allerdings der Frage nach der erforderlichen Regelungslücke ausgesetzt. Einen Schutz vor Rechtsmißbrauch im Sinne des Vertrauensschutzes hat der Gesetzgeber prinzipiell durch § 324 UmwG und den Verweis auf § 613a I S. 2-4 BGB vorgenommen, so daß eine Analogie im Hinblick auf Vertrauensschutz methodisch mangels Regelungslücke nicht möglich ist. Sieht man die Umwandlung als Rechtsmißbrauch im Bezug auf das Tarifrecht, so müßte außerdem nicht § 3 III TVG, sondern § 3 I TVG analog angewandt werden. Dem kann für Ausgliederungen nicht entgegengehalten werden, es würde nur § 3 III TVG umgangen, weil der Arbeitgeber auch austreten könne (mit der Folge des § 3 III TVG)[569]. Der Arbeitgeber kann nach Vereinsrecht nicht teilweise aus dem Verband austreten, so daß bei bestehender Mitgliedschaft des beherrschenden Unternehmens § 3 I TVG und nicht § 3 III TVG umgangen würde. Der Tatbestand einer Tarifumgehung führt deshalb zur Geltung nach § 3 I TVG, weil sich der Arbeitgeber wegen des Rechtsmißbrauches auf die fehlende Mitgliedschaft nicht berufen kann[570]. Im übrigen ist das Ansetzen an einer Gesetzesumgehung für eine Analogie zu § 3 III TVG auch deshalb methodisch problematisch, weil das UmwG gerade zur erleichterten Umstrukturierung geschaffen wurde und die Ausgliederung typischerweise ein Beherrschungsverhältnis entstehen läßt und der Gesetzgeber für den Schutz tatbestandlich durch § 324 UmwG auf § 613a I S. 2-4 BGB verweist.

566 Oetker in: Wiedemann § 3 TVG Rdnr. 166
567 BAG 5.10.93 AP Nr. 42 zu § 1 TVG Verbandszugehörigkeit
568 Fink, 190
569 Fink, 192
570 so im Ergebnis auch Windbichler, Arbeitsecht im Konzern, 444

Die Bedenken greifen aber nicht, wenn § 3 III TVG als § 613a I S. 2-4 BGB vorgehende kollektive Regelung *tatbestandlich* angewandt werden kann, was der weite Wortlaut an sich zuläßt.

Ob § 3 III TVG tatbestandlich eingreift, läßt sich nur dann klären, wenn man die Legitimation für die Anordnung der „Vertragstreue" nach § 3 III TVG klärt. Zum Teil wird angeführt, diese beruhe auf Gesetz, also auf staatlicher Legitimation, weil ein Arbeitgeber, der nicht mehr Mitglied ist, von tariflicher Normsetzung durch Anordnung des § 3 III TVG erfaßt wird[571]. Das verkennt jedoch, daß § 3 III TVG Ausdruck der positiven Koalitionsfreiheit ist. Der einzelne Arbeitgeber legitimiert durch die Mitgliedschaft und Abstimmung über den Tarifvertrag dessen Inhalt und vor allem auch dessen Laufzeit. § 3 III TVG führt daher nur zu Bindung an die selbst legitimierte Laufzeit des Tarifvertrages, die damit auf der koalitionsmäßigen Betätigung und nicht auf Gesetz beruht. Bereits näherliegend ist es deshalb, die Vorschrift als Ausdruck als Teil privatautonomer Gestaltung, d.h. die Unterwerfung durch Mitgliedschaft im Arbeitgeberverband unter die tarifliche Regelungsmacht, zu sehen[572]. Allerdings kommt auch bei dieser Betrachtung der Legitimationsaspekt durch kollektive Willensbildung auf den ersten Blick zu kurz, so daß es insofern der Interpretation des Begriffes mitgliedschaftliche Unterwerfung - im Gegensatz zur rein rechtsgeschäftlichen Unterwerfung - bedarf. Eine Unterwerfung kann nämlich auch im Bereich von Außenseitern vorliegen, die nicht an der tariflichen Willensbildung teilhaben, sich also rechtsgeschäftlich unterwerfen. Nehmen etwa Außenseiter an einer verbandsgetragenen Sportveranstaltung teil, gelten Sport- und Spielordnungen des Verbandes trotz fehlender Mitgliedschaft auch für sie[573]. Diese Situation kommt für das Tarifrecht jedoch nicht der Tarifbindung im Verband, sondern der der dynamischen Bezugnahme gleich[574], weil sich die Parteien des Arbeitsvertrages damit den Entscheidungen der Tarifvertragsparteien unterwerfen. Diese können jedoch ihre Unterwerfung privatautonom wieder abstreifen. Im Gegensatz dazu verhindert dies im Bereich der Tarifgebundenheit gerade § 3 III TVG. Der entscheidende Unterschied zwischen beiden Fällen ist, daß das Mitglied an der Willensbildung mitgewirkt hat, der Außenseiter jedoch nicht. Eine rechtsgeschäftliche und mitgliedschaftliche Unterwerfung unterscheiden sich daher.

Die Geltung des § 3 III TVG legitimiert sich somit aus dieser mitgliedschaftlichen Mitwirkung. § 3 III TVG bedeutet danach zwar Unterwerfung, aber nur als Gegenleistung zur Teilnahme an der tariflichen Willensbildung.

---

571 Biedenkopf, 232; Löwisch/Rieble § 4 TVG Rdnr. 300

572 Richardi, Kollektivgewalt, 222

573 BGH Z 127, 93 f; Rieble, Arbeitsmarkt Rdnr. 1197

574 aA Rieble, Arbeitsmarkt aaO., der damit und Rückgriff auf die Ansätze Lotmars rechtsgeschäftliche und mitgliedschaftliche Legtimation gleichstellen will.

Mit dieser Betrachtungsweise läßt sich § 3 III TVG als Ausdruck widersprüchlichen Verhaltens sehen[575]. Der Widerspruch zu früherem Verhalten ergibt sich durch eigene Möglichkeit an der tariflichen Willensbildung demokratisch (durch Abstimmung als Mitglied im jeweiligen Verband) mitzuwirken und damit auf Inhalt und Laufzeit des Tarifvertrages Einfluß zu nehmen und sich andererseits einseitig gerade bei Inhalt und Laufzeit den selbst kollektiv geschaffenen Normen durch einseitige Maßnahme (z.B. Austritt) zu entziehen.
Dieses widersprüchliche Verhalten gilt bei einer mitgliedschaftlichen Unterwerfung auch gegenüber den Mitglieder des Verbandes selbst, die insoweit auf gleiche Wettbewerbsbedingungen untereinander bis zum Ende Laufzeit vertrauen dürfen, wie gegenüber der jeweiligen tariflichen Gegenseite. Durch diese kollektive Willensbildung wird damit eine Art „Ingerenzhaftung" ausgelöst, mit dem sich die Mitglieder untereinander gegenseitig an die von ihnen kollektiv geschaffenen Tarifnormen binden. Dieses Prinzip der Bindung an das eigene Verhalten als Mitglied spiegelt sich im Umfang der Fortgeltung nach § 3 III TVG wider, weil spätere Veränderungen - die gerade nicht mehr mitgliedschaftlich legitimiert sind – auch nicht erfaßt werden[576].
Würde man den Tarifvertrag als eine Art Gesamtvertrag durch alleine vertragliche Unterwerfung betrachten, so bliebe ein widersprüchliches Verhalten gegenüber der jeweiligen tariflichen Gegenseite, weil der einzelne (Teil-)Vertragspartner sich zum früheren Vertragsabschluß widersprüchlich verhält, wenn er einseitig und gezielt ein vorzeitiges Ende herbeiführt, die Gegenseite aber an der Vertrag gebunden bliebe. § 3 III TVG läßt sich deshalb auch mit diesem Tarifvertragsmodell erklären[577]. Insoweit schließt sich hier Kreis zur „Vertragstreue". Bei einem Gesamtvertrag der einzelnen Verbandsmitglieder könnte es im übrigen nur entscheidend auf die Übernahme der Vertragsposition durch freiwillige Übernahme der Arbeitsplätze, nicht aber auf die Frage mitgliedschaftlicher Legitimation ankommen. Eine Vertragsposition zur Gestaltung von Arbeitsverhältnissen kann aber – im Gegensatz zur Mitgliedschaft §§ 38, 40 BGB – unproblematisch im Wege der Gesamtrechtsnachfolge übernommen werden. Ein Tarifvertrag als Gesamtvertrag führt deshalb gerade zu einer erleichterten Übernahme. Die Schwierigkeiten treten nur deshalb auf, weil das Tarifvertragsgesetz, dem Grundgedanken *Sinzheimers* und *von Gierkes* folgend, von kollektiver Normsetzung ausgeht (§ 4 I TVG) und damit über den bloßen Gesamtvertrag hinausgeht[578]. Das zeigt letztlich auch der vom Bundesarbeitsgericht neuerdings anerkannte Unterlassungsanspruch der Gewerk-

---

575 Kempen/Zachert § 3 TVG Rdnr. 28

576 BAG 26.10.83 AP Nr. 3 zu § 3 TVG; Löwisch/Rieble § 3 TVG 86; Kempen/Zachert § 3 TVG Rdnr. 32; Oetker in: Wiedemann § 3 TVG Rdnr. 78

577 so im Ergebnis bei Annahme eines Gesamtvertragrs: Rieble, Arbeitsmarkt, Rdnr. 1228, 1234 f.

578 das Gundproblem wird auch von Rieble, Arbeitsmarkt Rdnr. 1199 eingeräumt

schaften aus § 1004 BGB analog iVm Art. 9 III GG[579], weil ein bloßer zivilrechtlicher Gesamtvertrag kein absolutes Recht bilden könnte. Der Gedanke der tariflichen Normsetzung erhöht damit zwar strukturell die Bindungswirkung an den Tarifvertrag, erfordert im Gegenzug aber durch den normativen Charakter im Gegensatz zum Vertragsmodell bei Übernahmen eine höhere Legitimation, die über die bloße Übernahme von Arbeitsverhältnissen, die zuvor von der Tarifwirkung erfaßt waren, durch die Umwandlung hinausgeht. Auch auf dieser Basis hat bereits *Sinzheimer* in seinem gesetzlichen Vorschlag (§ 5 des Entwurfes) eine kollektive Fortgeltung bei der Gesamtrechtsnachfolge und Betriebsübergängen angenommen[580], der sich auch in späteren Entwürfen *Nipperdeys* zum Tarifvertragsgesetz wiederfindet[581].

Der entscheidende Aspekt liegt dabei in dem Legitimationsmittel der tariflichen Willensbildung der Verbände.

Auf Arbeitnehmerseite legitimiert sich der Tarifvertrag über die jeweiligen Arbeitnehmer als Mitglieder, repräsentiert über ihre persönliche Arbeitskraft[582]. Das Vorenthalten dieser persönlichen Arbeitsleistung ist nämlich durch Streik insbesondere das entscheidende Durchsetzungsmittel zum Abschluß des Tarifvertrages. Folgerichtig ist die Vertretung der Einzelgewerkschaften im DGB nach der Zahl ihrer Mitglieder geregelt (§ 7 Nr. 6 DGB-Satzung). Auf Arbeitnehmerseite wird deshalb durch Übernahme der Arbeitsverhältnisse auch die Legitimation des Tarifvertrages übernommen.

Problematisch ist alleine die Übernahme der arbeitgeberseitigen Legitimation. Dazu ist zunächst die dortige innerverbandliche Demokratie näher zu beleuchten. Auf Arbeitgeberseite wird nicht „nach Köpfen" abgestimmt, wie es das Vereinsrecht grundsätzlich vorsehen würde. Die Satzungen der Arbeitgeberverbände sehen ein Abstimmungsgewicht nach Zahl der Beschäftigten, nach Lohn- und Gehaltssumme oder beschäftigtenabhängigen Mitgliedsbeitrag des Unternehmers vor[583]. Der Dachverband BDA sieht in seiner Satzung wiederum ein Gewicht der einzelnen Arbeitgeberverbände nach der

---

579 BAG NZA 1999, 887

580 Sinzheimer, Arbeitstarifgesetz, 54, 93: *„Der Betrieb des einzelnen Arbeitgebers kann während der Geltungsdauer des Tarifvertrages auf einen anderen unter Lebenden oder von Todes wegen übergehen. Das geltende Recht bietet für diese Fälle keine Regelung, die den Tarifinteressen entspricht. Besonders würde eine bloße Pflicht des Arbeitgebers, dafür zu sorgen, daß sein Nachfolger den Tarifvertrag einhält nicht genügen. Es wird sich deswegen empfehlen, kraft Gesetzes anzuordnen, daß die Tarifverträge, so wie sie abgeschlossen worden sind, auf den Nachfolger des tarifgebundenen Arbeitgebers übergehen, wenn der Rechtsnachfolger den Betrieb fortsetzt".*

581 Nipperdey, Beiträge, 186 ff. mit weitergehender Übernahme der Parteistellung: § 8 des Entwurfes: *„Tarifangehörige sind, soweit im Tarifvertrag nicht eine Einschränkung vorgesehen ist:*
(...) Arbeitgeber, die Rechtsnachfolger des Inhabers eines Unternehmens sind, der zur Zeit der Rechtsnachfolge nach Ziff. 1, 2 oder 3 tarifangehörig war."

582 Kempen/Zachert § 3 TVG Rdnr. 24

583 Löwisch/Rieble § 2 TVG Rdnr. 22; Kempen/Zachert § 2 TVG Rdnr. 89

Zahl der in den vertretenen Betrieben beschäftigten Arbeiter und Angestellten vor[584]. Das Gewicht des einzelnen Arbeitgebers ist deshalb an die vom Arbeitgeber repräsentierten Arbeitsplätze gekoppelt, das zeigt sich am einfachsten bei einer Abstimmung nach Anzahl der Arbeitsplätze. Nichts anderes gilt aber auch bei anderen Abstimmungssystemen wie der Lohn- und Gehaltssumme, weil damit der wirtschaftliche Wert der vom Arbeitgeber repräsentierten Arbeitsplätze zum Ausdruck kommt. Daneben haben die repräsentierten Arbeitsplätze des einzelnen Arbeitgebers nicht nur satzungsrechtliche Bedeutung bei der tariflichen Willensbildung. Entscheidend ist insbesondere auch ihr Einsatz im Arbeitskampf. Auf Arbeitgeberseite betrifft dies die Aussperrung. Maßgebend ist dabei wiederum die Anzahl und die wirtschaftliche Bedeutung der Arbeitsplätze. Insoweit finden sich hier die Prinzipien aus den Satzungen spiegelbildlich wieder, weil sie letztlich die marktpolitische Bedeutung der vom Arbeitgeber repräsentierten Arbeitsplätze darstellen. Die Legitimation der Tarifnormsetzung auf Arbeitgeberseite erfolgt daher über die vom Arbeitgeber repräsentierten Arbeitsplätze und der hierdurch durch Anzahl und wirtschaftliches Gewicht ausgeübten Einflußnahme auf dessen Tarifpolitik.

Voraussetzung für eine Fortgeltung nach § 3 III TVG ist demnach, daß die entsprechenden Arbeitsverhältnisse zur tariflichen Willensbildung eingesetzt wurden und das die entsprechenden Arbeitsverhältnisse durch Umwandlung übernommen wurden. Dieses läßt sich im Hinblick auf die Gesamtrechtsnachfolge und den damit verbundenen Eintritt in die Arbeitsverhältnisse bei Umwandlungen ohne weiteres bejahen.

Dieses Ergebnis läßt sich auch anhand einer Parallele zur Fortgeltung von Betriebsvereinbarungen und Firmentarifen überprüfen. Bei Betriebsvereinbarungen wird weit überwiegend angenommen, daß Betriebsvereinbarungen bei Umwandlungen und Betriebsübergängen durch Rechtsgeschäft dann kollektiv fortgelten, wenn die sog. „Betriebsidentität" erhalten bleibt[585]. Die „Betriebsidentität" gilt bei Betriebsvereinbarungen als generelle kollektiven Begrenzung, weil es sich dabei letztlich um den kollektiven Bezugsrahmen der Betriebsvereinbarung handelt. Entscheidend ist also die Übernahme dieses Bezugsrahmens. Ebenso wird weit überwiegend bei der kollektiven Fortgeltung von Firmentarifen verfahren. Auch diese sollen durch die Gesamtrechtsnachfolge des UmwG grundsätzlich kollektiv fortgelten. Eine kollektive Fortgeltung läßt sich nur dann

---

584 Kempen/Zachert § 3 TVG Rdnr. 24

585 Bachner NJW 1995, 2881, 2882; Boecken Rdnr. 156; Fitting/Kaiser/Heither/Engels § 77 BetrVG Rdnr. 145; GK-Kreutz § 77 BetrVG Rdnr. 329; Gussen/Dauck; B. Gaul NZA 1995, 717, 724 ff; Kallmeyer-Willemsen § 324 UmwG Rdnr. 14; Mengel, 187 ff; Joost in Lutter (Hrsg): Verschmelzung, Spaltung, Formwechsel 297 ff, 311, 312; Lutter (Hrsg.) § 324 UmwG-Joost Rdnr. 24; Picot, C Rdnr. 38; Schnitker, 142; Spirolke, 99 ff.; Wlotzke DB 1995, 40, 41 zum rechtsgeschäftlichen Übergang: BAG 5.2.91 AP Nr. 89 zu § 613a BGB; BAG 27.7.94 AP Nr. 118 zu § 613a BGB

ausschließen, wenn der kollektive Bezugsrahmen wegfällt[586]. Das ist regelmäßig der Betrieb, für den der Firmentarif abgeschlossen wird[587]. Für Verbandstarifverträge ist der kollektive Bezugsrahmen letztlich der definierte fachliche und räumliche Geltungsbereich. Wird dieser verlassen, so gilt § 3 III TVG - auch außerhalb von Umwandlungen - nicht, weil es sich nämlich um einen anderen als den tariflich mitgestalteten Arbeitsmarkt handelt. Wird der fachliche Geltungsbereich nicht verlassen, so wird auch der Bezugsrahmen des Tarifvertrages nicht verlassen. Zum kollektiven Bezugsrahmen von Betriebsvereinbarungen wie Tarifverträgen zählen jedoch neben Betrieb bzw. dem fachlichen und räumlichen Geltungsbereich die jeweiligen Arbeitsverhältnisse, weil beide Normsysteme diese ja letztlich ausgestalten sollen. Entscheidendes Fortgeltungskriterium ist deshalb auch die freiwillige Übernahme der entsprechenden Arbeitsverhältnisse. Auch bei Betriebsvereinbarungen legitimiert letztlich die Wahl des Betriebsrates durch die Arbeitnehmer seine gemeinsam mit dem Arbeitgeber vorgenommene Normsetzung im Arbeitsverhältnis. An dieser hatte der neue Rechtsträger unmittelbar nicht teil, die Erstreckung der Betriebsvereinbarung auf den neuen Arbeitgeber kann sich deshalb nur durch die freiwillige Übernahme des kollektiven Bezugsrahmens – Betrieb und Arbeitsplätze – legitimieren. Entsprechend kann dieser Gedanke auch auf Verbandstarifverträge übertragen werden, bei denen der Arbeitgeber die Arbeitsplätze und den fachlichen und räumlichen Geltungsbereich des Tarifvertrages mitübernimmt, soweit dieser nicht durch die Umwandlung verlassen wird.

Betriebsvereinbarungen und Tarifverträge sind jedoch auch unterschiedlich legitimiert, wobei der Tarifvertrag Ausdruck der Marktverhältnisse zweier Parteien, die Betriebsvereinbarung Ausdruck der sog. vertrauensvollen Zusammenarbeit nach § 2 BetrVG, also eines Konsensprinzipes ist[588]. Im Bereich der erzwingbaren Mitbestimmung z.B. nach § 87 BetrVG können Betriebsvereinbarungen auch gegen den Willen des Arbeitgebers durch das Einigungsstellenverfahren durch den Betriebsrat durchgesetzt werden, so daß es für Betriebsvereinbarungen gar nicht immer auf eine Willensbildung einer Seite zur Legitimation ankommt. Dementsprechend ist es konsequent, auch für die Fortgeltung von Betriebsvereinbarungen auf einen weiteren Legitimationsakt als auf die freiwillige Übernahme von Arbeitsverhältnissen zu verzichten. Bei Tarifverträgen ist die-

---

[586] BAG 24.6.98 AP Nr. 1 zu § 20 UmwG; Bachner NJW 1995, 2881, 2882 f; Boecken Rdnr. 203; Düwell NZA 1996, 393, 396; Däubler RdA 1995, 140; B. Gaul NZA 1995, 136, 140; Hennrichs, 52; Hromadka/Maschmann/Wallner Rdnr. 37; Kallmeyer-Willemsen § 324 UmwG Rdnr. 13; Kempen/Zachert § 3 TVG Rdnr. 51; Lutter § 324 UmwG-Joost Rdnr. 18; Mengel, 182; Picot, C Rdnr. 37; Reichel/Koberski/Clasen/Menzel § 3 TVG Rdnr. 72; Spirolke, 82; Trittin AiB 1996, 349, 361; Wieland Rdnr. 287; Waas in: Weiss/Gagel Handbuch des Arbeits- und Sozialrechts § 18 A Rdnr. 95

[587] BAG 5.9.90; 203.91 AP Nr. 19, 20 zu § 4 TVG Tarifkonkurrenz; Kempen/Zachert § 2 TVG Rdnr. 67

[588] von BAG 22.5.59 AP Nr. 3 zu § 23 BetrVG als Zusammenarbeit in „Ehrlichkeit und Offenheit" bezeichnet

ses Mittel der Arbeitskampf. Dabei kommt es auf Arbeitgeberseite und wie auf Arbeitnehmerseite auf die tarifliche Willensbildung an, weil jede Partei die Wahl zwischen Arbeitskampf und Verhandlung bzw. Abschluß eines Tarifvertrages unter Berücksichtigung der Marktverhältnisse hat.

Die Übernahme des Legitimationsaspektes tarifliche Willensbildung ist für den Firmentarif unproblematisch, weil die Parteistellung durch die Gesamtrechtsnachfolge freiwillig übernommen wird und damit Legitimation des Tarifes erfolgt. Problematischer ist die Lage beim Verbandstarif, weil wegen § 38 BGB regelmäßig die Mitgliedschaft als Legitimation nicht im Wege der Gesamtrechtsnachfolge durch den neuen Rechtsträger erfolgt. Allerdings verbleibt die Tatsache der Legitimation des Verbandstarifes durch den „alten" Rechtsträger, nämlich seines Abstimmungsverhaltens nach dem Gewicht der nunmehr ganz oder teilweise übergehenden Arbeitsverhältnisse.

Sieht man § 3 III TVG als Konsequenz der eigenen tariflichen Normsetzung, muß sich deshalb die Verfügungsbefugnis des „alten", d.h. den Tarifvertrag legitimierenden Rechtsträgers an den Arbeitsplätzen fortsetzen, weil § 3 III TVG eine Haftung für die *eigene* mitgliedschaftliche Legitimation über die Arbeitsverhältnisse bedeutet. Auch das läßt sich wiederum über die Grundsätze des widersprüchlichen Verhaltens bei § 242 BGB herleiten. Spielt nämlich dabei das Verhalten Dritter eine Rolle, so muß dieses zurechenbar sein, d.h. für den Dritten mindestens erkennbar und verhinderbar sein. In diesem Fall kann unter dem Gesichtspunkt des widersprüchlichen Verhaltens eine Zurechnung erfolgen, wie etwa in diesem Zusammenhang die häufige Fallgruppe der Anscheinsvollmacht zeigt[589]. Widersprüchlich im Sinne der obigen Darlegungen kann sich deshalb nur derjenige verhalten, der selbst den Verbandstarifvertrag mit den entsprechenden Arbeitsverhältnissen legitimiert hat und sich selbst mit diesen zumindest mittelbar weiter am Markt betätigt. Es kommt also darauf an, ob sich die Verfügungsbefugnis an den zur tariflichen Willensbildung eingesetzten Arbeitsplätzen fortsetzt und diese weiterhin am tariflich mitgestalteten Arbeitsmarkt eingesetzt werden. Das kann nach den obigen Grundsätzen auch durch einen Dritten, d.h. auf Umwandlungen bezogen durch einen anderen Rechtsträger geschehen, wenn dessen Verhalten zurechenbar ist. Diese Zurechenbarkeit kann sich letztlich nur über den Einfluß auf den anderen Rechtsträger ergeben.

Die erstere Voraussetzung liegt bei Umwandlungen ohne weiteres vor, weil die Arbeitsverhältnisse durch Gesamtrechtsnachfolge übernommen werden. Schwieriger ist jedoch die zweite Voraussetzung, nämlich die Fortsetzung der Verfügungsbefugnis, weil

---

589 BGH Z 36, 44, 367, 377; Müko-Roth § 242 BGB Rdnr. 325; Soergel-Leptien § 167 BGB Rdnr. 22

die Arbeitsverhältnisse auf einen neuen Rechtsträger übergehen. Dafür müssen die einzelnen Umwandlungstypen gesondert betrachtet werden.

b) Ausgliederung

Zunächst ist die Ausgliederung zu betrachten. Bei der Ausgliederung wachsen die Gesellschaftsanteile dem ursprünglichen Rechtsträger zu.
Am nächstliegendsten erscheint die Anwendung des § 3 III TVG für die Fälle, in denen bei der Ausgliederung ein Unterordnungskonzern nach § 18 AktG entsteht, weil das ausgegliederte Unternehmen nach der Umwandlung in einem Abhängigkeitsverhältnis steht. Im eigentlichen Sinne „verfügungsbefugt" bleibt in diesem Fall der ursprüngliche Rechtsträger, da er kraft seiner Eigentümerstellung das weitere Schicksal der Arbeitsplätze letztlich (mittelbar) bestimmt, also „verfügt". Das knüpft an die Diskussion um das sog. „mittelbare Arbeitsverhältnis" im Konzern an[590]. Diese betrifft vor allem die bereits geschilderten Umstrukturierungsvorgänge innerhalb von Konzernen zum „Holding Konzern", denn letztlich „verfügt" kraft ihrer Eigentümerstellung weiter die Holding über die Arbeitsplätze und bestimmt ihr weiteres wirtschaftliches Schicksal. Die Legitimationsgrundlage des § 3 III TVG besteht deshalb auch nach der Umwandlung fort. Die Verfügungsbefugnis über diese Arbeitsverhältnisse war nicht nur beim Abschluß des Tarifvertrages vorhanden, sondern besteht auch nach wie vor mittelbar fort. Diesen Gedanken für eine kollektive Fortgeltung von Tarifverträgen enthält insoweit auch die Goethe-Instituts-Entscheidung des Bundesarbeitsgerichts. In dieser Entscheidung hat das Bundesarbeitsgericht für einen Firmentarif angenommen, daß das deutsche Goethe Institut zur Einwirkung auf eine rechtlich verselbständigte (d.h. ausgegliederte) mexikanische Tochter zur Durchführung des (deutschen) Tarifvertrages verpflichtet ist[591]. Von einem Teil der Literatur wird diese Entscheidung indessen kritisiert, weil für eine solche Betrachtung die Rechtsgrundlage fehlen würde. Vielmehr sei von dem Grundsatz auszugehen, daß ein Konzernverhältnis nicht zur Tarifbindung der Tochtergesellschaft führe[592]. Zutreffend wird von *Henssler* insoweit angeführt, daß hinter der Aussage der Goethe-Instituts Entscheidung letztlich das venire contra factum proprium Prinzip steht, weil es rechtsmißbräuchlich ist, zunächst einen Firmentarif zu schließen und sodann durch Neugründung Teile auszugliedern und damit die tarifliche Bindung zu unterlau-

---

590 Windbichler, Arbeitsrecht im Konzern, 181

591 BAG 11.9.91 EzA Nr. 29 internationales Privatrecht; Däubler, Tarifvertragsrecht Rdnr. 543; Kempen/Zachert § 2 Rdnr. 352 entnehmen daraus den Grundsatz, daß bei einem faktischen Beherrschungsverhältnis keine Schmälerung von tariflichen Rechten erfolgen darf. So vor der Goethe-Instituts Entscheidung auch bei wirtschaftlicher Abhängigkeit vom Mutterunternehmen: Bieback DB 1989, 477, 480

592 Hanau/Wackebarth in: Lutter (Hrsg.) Holding Handbuch Rdnr. G 139; Löwisch/Rieble § 2 Rdnr. 59;, im Ergebnis auch Stein, Tarifvertragsrecht Rdnr. 172

fen[593]. Auch er will jedoch diesen Gedanken nicht auf den Verbandstarif übertragen. Diese Auffassung ist indessen nicht konsequent. Es ist ebenso widersprüchlich einen Verbandstarif mit den entsprechenden Arbeitsplätzen zu legitimieren und danach eine Ausgliederung dieser Arbeitsverhältnisse und Fortsetzung der Tätigkeit auf dem tariflich gestalteten Arbeitsmarkt wie beim Firmentarif eine Ausgliederung unter denselben Vorzeichen vorzunehmen. Auch die Betrachtung einer fehlenden gesetzlichen Grundlage greift jedoch für Umwandlungen beim Verbandstarif nicht durch. Richtig ist zwar, daß ein Unterordnungsverhältnis nicht zur Tarifbindung nach § 3 I TVG des beherrschten Unternehmens führt, weil zwischen der Obergesellschaft und den Arbeitnehmern der abhängigen Gesellschaften kein Arbeitsverhältnis besteht[594]. Entsprechende Konstruktionen sind jedoch bei Unternehmensumwandlungen auch nicht erforderlich. Der Grundsatz, daß ein Konzernverhältnis nicht zur Mitgliedschaft im Sinne von § 3 I TVG führt, bleibt ohne weiteres gewahrt, denn über § 3 III TVG begründet sich kein mitgliedschaftliches Verhältnis zum Verband. Schließlich wird eingewandt, eine Orientierung an der Tarifbindung des mittelbaren Arbeitgebers, d.h. des ursprünglichen und nunmehr beherrschenden Rechtsträgers sei konstruktiv nicht möglich, jedenfalls fehle der normative Anhaltspunkt[595]. Diese Bedenken im Hinblick auf den normativen Anhaltspunkt greifen bei § 3 III TVG nicht durch, denn dieser realisiert gerade spezialgesetzlich das Verbot widersprüchlichen Verhaltens. Die beim „alten" Rechtsträger stimmrechtsbildend eingesetzte Arbeitsverhältnisse werden durch den neuen Rechtsträger nämlich freiwillig übernommen und weiterhin am selben tariflichen Arbeitsmarkt eingesetzt. Durch das Beherrschungsverhältnis handelt es sich aber nach wie vor auch um die Tätigkeit des „alten" Rechtsträgers. Die Konstellation kommt daher einem teilweisen Verbandsaustritt als „klassischem" Anwendungsfall des § 3 III TVG sehr nahe. Für den Fall der Ausgliederung mit Beherrschungsverhältnis bedeutet dieses, daß der Tarifvertrag nach dem Leitgedanken der Goethe-Instituts Entscheidung kollektiv nach § 3 III TVG fortgelten kann. Durch die Ausgliederung erhält der „alte" Rechtsträger Mitgliedschaftsanteile an dem nunmehr beherrschten neuen Rechtsträger. Der „alte" Rechtsträger und die hinter ihm stehenden Anteilseigner setzen deshalb ihre wirtschaftliche Betätigung auf demselben tariflich gestalteten Arbeitsmarkt fort und zwar mit denselben Arbeitsplätzen, die zur Legitimation des Tarifvertrages eingesetzt wurden.

Aufgrund des Vorliegens der tatbestandlichen Voraussetzungen läßt sich auch keine Beschränkung auf Rechtsmißbrauchsfälle, wenn z.B. wenn ein Unternehmensteil nur

---

593 Henssler FS Schaub, 310, 328

594 hM.: BAG 11.9.91 EzA Nr. 29 internationales Privatrecht; Kempen/Zachert § 2 TVG Rdnr. 74; Löwisch/Rieble § 2 TVG Rdnr. 59; Windbichler, Arbeitsrecht im Konzern, 463 ff.

595 Fink, 184; Henssler FS Schaub, 310, 328

formal ausgegliedert wird, aber faktisch wie eine Abteilung geführt wird, vornehmen[596]. Als weitere Mißbrauchskonstellation ließe sich auch die Schaffung eines „konzerneigenen" Arbeitgeberverbandes, dessen einzige Mitglieder die Tochterunternehmen sind, denken[597], wenn dann durch Umwandlung ein Tochterunternehmen der Geltung des Verbandstarifes entzogen würde, weil es sich bei dieser Fallgruppe um eine gezielte Umgehung der kollektiven Fortgeltung eines Firmentarifes handelt. In diesem Fall ist die Anwendung von § 3 III TVG zwar besonders evident, diese Verhältnisse stehen jedoch grundsätzlich im wirtschaftlichen Belieben des beherrschenden Unternehmens. Auch bei einer „selbständigeren" Ausgliederung handelt es sich um eine Fortsetzung der Geschäftstätigkeit im Willen des beherrschenden Unternehmens am zuvor tariflich mitgestalteten Arbeitsmarkt mit denselben Arbeitsverhältnissen, denn auch diese Art der Fortsetzung ist ebenfalls Ausdruck der unternehmerischen Entscheidung des beherrschenden Unternehmens. Aufgrund der Eigentümerstellung ist das herrschende Unternehmen in der Lage, die Selbständigkeit zu erweitern oder zu beschränken. Somit kann auch jederzeit wieder Einfluß auf die Arbeitsverhältnisse genommen werden, so daß die rechtliche und tatsächliche „Verfügungsbefugnis" auch bei einer „selbständigeren" Ausgliederung mit Beherrschungsverhältnis nicht erlischt, sondern konstant fortbesteht.

Zweifelhaft ist insoweit jedoch, ob auch auf die Fälle der Spaltung eine Anwendung des § 3 III TVG möglich ist, bei denen kein unmittelbares Beherrschungsverhältnis zwischen dem tarifschließenden Rechtsträger und dem aufnehmenden Rechtsträger besteht oder ob § 3 III TVG auf die Ausgliederung mit Beherrschungsverhältnis beschränkt ist. Auf Beherrschung und damit auf Mehrheitsverhältnisse im neuen bzw. aufnehmenden Rechtsträger kann indessen nicht abgestellt werden. Die umzuwandelnden Rechtsträger können auch mitgliederunabhängig organisiert sein (z.B. AG), so daß es nicht auf die konkreten Inhaber des Rechtsträgers - die den Tarifvertrag in der jeweiligen Gesellschaft letztlich legitimiert haben - ankommen kann. Damit sind auch die Mehrheitsverhältnisse im neuen oder aufnehmenden Rechtsträger für die Anwendung des § 3 III TVG unbeachtlich. Entscheidend ist vielmehr die freiwillige Übernahme der zuvor zur Legitimation des Tarifvertrages eingesetzten Arbeitsplätze. Mit diesen erfolgt eine Fortsetzung der *eigenen* Betätigung am zuvor mit diesen Arbeitsplätzen mitgestalteten tariflichen Arbeitsmarkt - nunmehr eben im Rahmen eines neuen oder übernehmenden Rechtsträgers. Diese Fortsetzung der eigenen Betätigung im Zusammenspiel mit der

---

596 Fink, 185; in Betracht kommt allerdings daneben eine Umgehung des § 3 I TVG. Im einzelnen dazu siehe S. 52 f.

597 diese Konstellation liegt derzeit etwa bei der Lufhansa vor

freiwilligen Übernahme der Arbeitsverhältnisse legitimiert wiederum die kollektive Fortgeltung nach § 3 III TVG.

c) Abspaltung

Bei der Abspaltung fallen die Eigentumsanteile zwar nicht dem ursprünglichen Rechtsträger zu, jedoch dessen Anteilseignern. Mit der Überlegung der Verfügungsmacht des ursprünglich tarifschließenden Unternehmens läßt sich die Fortgeltung nach § 3 III TVG daher nicht rechtfertigen, da der ursprüngliche Rechtsträger als Unternehmen ohne entsprechende Anteile keinerlei Verfügungsmacht mehr besitzt. Allerdings verbleiben die Anteilseigner selbst. Diese hatten Anteile an dem alten Rechtsträger und erhalten auch Anteile am neuen Rechtsträger, „verfügen" also kraft ihrer Eigentümerstellung über die Arbeitsplätze. Diese haben auch mittelbar den Tarifvertrag kollektiv legitimiert, so daß sie nach dem System des § 3 III TVG als Konsequenz aus ihrer eigenen tariflichen Normsetzung bis zum Ende der Laufzeit haften. Die kollektive Willensbildung vor allem im Bereich der juristischen Personen gleicht in der Grundstruktur derjenigen der Arbeitgeberverbände bzw. Gewerkschaften. Grundmodell der AG oder GmbH ist nämlich der eingetragene Verein[598]. Insoweit lassen sich die Überlegungen zu Legitimation von Tarifverträgen innerhalb des Arbeitgeberverbandes durch die Mitglieder (als regelmäßig eingetragener Verein) auch auf die interne Legitimation innerhalb der einzelnen Unternehmen übertragen, weil gleichsam „ein Verein hinter dem Verein" Arbeitgeberverband steht, so daß die Legitimation letztlich durch die Anteilseigner selbst erfolgt. Die Entscheidung einem Arbeitgeberverband anzugehören und das Abstimmungsverhalten der Gesellschaft wird intern von den Mitgliedern, also den Anteilseignern legitimiert, weil Vorstand oder Geschäftsführer die Geschäfte in ihrem Interesse und mit ihrer Legitimation durch Wahl und ggf. Entlastung führen. Das gleiche gilt insoweit für die Anzahl der Arbeitsplätze bzw. deren wirtschaftliches Gewicht selbst, aus denen sich das Stimmgewicht im Arbeitgeberverband herleitet. Insoweit entsteht hier, ähnlich wie dies sonst vom Bundesverfassungsgericht im Bereich der öffentlichen Verwaltung angenommen wird, eine Art Legitimationskette[599]. Die entscheidende Übernahme der zuvor tariflich gestalteten Arbeitsverhältnisse wird sogar direkt durch die Anteilseigner legitimiert, da jede Form der Spaltung eines Rechtsträgers die Zustimmung der Anteilseigner erfordert (§ 128 UmwG).

---

598 K. Schmidt, Gesellschaftsrecht § 26 I 2, 765

599 vgl. BVerfGE 93, 37 ff. , zur Verfassungswidrigkeit des Schleswig-Holsteinischen Personalvertretungsgesetzes

Entsprechendes gilt auch bei Personengesellschaften, da hier die Gesellschafter aufgrund des personellen Bezuges ohnehin regelmäßig höheren Einfluß auf die Geschäftspolitik haben. Im übrigen handelt es sich vermögensrechtlich um Gesamthandsgemeinschaften, so daß sich der Tarifvertrag letztlich durch Summierung der Koalitionsfreiheit der einzelnen Gesellschafter legitimiert. Die rechtliche Teilverselbständigung muß erst gesetzlich angeordnet werden (z.B. § 124 HGB). Unabhängig von der Streitfrage, ob die Gesamthandsgemeinschaften damit in einem bestimmten Umfang selbst Rechtssubjekte (und damit ggf. auch Träger der Koalitionsfreiheit) sein können[600], werden die Gesamthandsgemeinschaften hierdurch allenfalls der juristischen Person angenähert, so daß damit auch obige Betrachtung zu juristischen Personen jedenfalls durchgreift. Die Tarifvertrag wird daher letztlich durch Gesellschafter selbst legitimiert.
Die obige Betrachtung ist auch nicht nur eine formaljuristische, sondern spiegelt sich in den letzten Jahren auch in den tatsächlichen Verhältnissen wieder. Der Einfluß der Anteilseigner auf die Geschäftspolitik, vor allem durch große Fondsgesellschaften, hat in den letzten Jahren stark zugenommen. Deren Einfluß - etwa im Hinblick auf „shareholder-value" Strategien - im Bereich der Geschäftspolitik gewinnt damit an Bedeutung[601]. Zur Geschäftspolitik gehört insoweit auch das Abstimmungsverhalten innerhalb der Arbeitgeberverbände, aus dem sich gerade die Haftung des § 3 III TVG legitimiert. Auch in diesem Fall sind Arbeitsplätze stimmrechtsbildend bei der tariflichen Willensbildung durch den alten Rechtsträger, hinter dem letztlich die Eigentümer stehen, denen nunmehr die Gesellschaftsanteile zufallen, eingesetzt worden. Diese Anteilseigner betätigen sich nunmehr durch die „neue" Gesellschaft auf dem zuvor mittelbar tarifrechtlich mitgestalteten Arbeitsmarkt, zumal sie selbst auch die Umwandlung legitimieren. Es handelt sich also um die Konsequenz aus dem (gestiegenen) faktischen Einfluß der Anteilseigner auf die Geschäftspolitik von Unternehmen. Auch die Ordnungsfunktion ist in der gleichen Weise berührt. Im Extremfall wäre es bei kleinen Arbeitgeberverbänden ansonsten sogar denkbar, daß einzelne größere Arbeitgeber kraft ihres Stimmrechtsgewichts mehrheitlich den Tarifvertrag legitimieren und sodann umwandeln, so daß ausschließlich die kleineren - schon bei der Abstimmung unterlegenen Arbeitgeber - weiter an den Tarif gebunden wären. Insoweit zeigt sich über § 3 III TVG der Gedanke der „Ingerenzhaftung". Das gilt um so mehr als Spaltungen häufig dazu führen, daß

---

600 gegen eine solche Verselbständigung: BGH NJW 1990, 1181; zum ganzen K. Schmidt § 8 III S. 204 ff.

601 vgl. etwa Keller in: Theisen, Konzern im Umbruch, 194. Nach einer Untersuchung von Cooper und Lybrand Deutsche Revsion aus dem Jahr 1998 für den Bundesverbandes Deutscher Kapitalgesellschaften (BvK) wurden bei 70 % der befragten Geschäftsführer die Beteiligungsgesellschaften als „kompetenter Diskussionpartner" an der Geschäftspolitik beteiligt; bei 45, 4 % der befragten Geschäftsführer werden auch „Managementunterstützung und Entscheidungshilfen" gewährt. Vgl. bei venture capital – der Einfluß von Beteiligungskapital auf die Beteiligungsunternehmen und die deutsche Wirtschaft, 14

Großkonzerne mit ausgegliederten Teilen des Konzerns Mitglied in zuvor kleineren Arbeitgeberverbänden (z.B. im Dienstleistungs- und Handwerksbereich) werden. § 3 III TVG greift daher auch hier zweckgerichtet ein.

d) Aufspaltung und Verschmelzung

Kempen/Zachert gehen davon aus, daß der Untergang des Rechtsträgers eine kollektive Fortgeltung nach § 3 III TVG ausschließt[602]. Damit wäre eine kollektive Fortgeltung in den Fällen der Verschmelzung, aber auch der Aufspaltung ausgeschlossen, da beide Umwandlungsformen mit einem Untergang des Rechtsträgers verbunden sind. Indessen fallen auch hier, wie bei den übrigen Fällen der Spaltung, die mitgliedschaftlichen Anteile den Anteilseignern des untergehenden Rechtsträgers zu. Diese erhalten also wie bei der Abspaltung als Gegenleistung erneut eine mittelbare „Verfügungsbefugnis" über Arbeitsverhältnisse. Auch hier gilt deshalb der bereits bei Spaltung dargestellte Zusammenhang des „Vereines hinter dem Verein", so daß der Tarifvertrag auch hier letztlich von den Anteilseignern der Gesellschaften legitimiert wird, die letztlich nur Anteile am alten Rechtsträger gegen Anteile am neuen Rechtsträger eintauschen. Auch die Verschmelzung erfordert wie die Spaltung (§ 128 UmwG) die Zustimmung der Anteilseigner (§ 13 I UmwG), so daß diese auch die Übernahme der tariflich gestalteten Arbeitsverhältnisse legitimieren. Es liegt daher nicht nur wirtschaftliche Identität vor, die die tatbestandliche Anwendung von § 3 III TVG alleine nicht trägt[603]. Die Anwendung des § 3 III TVG läßt sich grundsätzlich bei Umwandlungen selbst bei der Ausgliederung immer nur über eine mittelbare Verfügungsbefugnis annehmen, so daß es auf den Untergang des Rechtsträgers nicht ankommen kann. Bei der Abspaltung geht der Rechtsträger zwar nicht unter, er erhält jedoch als Gegenleistung keine Verfügungsbefugnis in Form von Gesellschaftsanteilen, die fällt den Gesellschaftern selbst zu. Auf die bloße Existenz eines Rechtsträgers kann es daher für die Anwendung des § 3 III TVG nicht ankommen, vielmehr ist nach dem Kriterium der „Verfügungsbefugnis" immer auf die (natürliche oder juristische) Person abzustellen, die nunmehr (mittelbar) verfügungsberechtigt ist bzw. bleibt. Für die Aufspaltung und die Verschmelzung sind dies damit die Anteilseigner der untergehenden Gesellschaften, weil ihnen entsprechende Anteile an den „neuen" bzw. aufnehmenden Rechtsträger zufallen. Diese betätigen sich mit dem „neuen" Rechtsträger auf demselben Arbeitsmarkt wie mit dem „alten" untergegangenen Rechtsträger, dessen Tarifpolitik sie aber ebenfalls legitimiert haben.

---

602 Kempen/Zachert § 3 TVG Rdnr. 27 wonach mit diesem Argument die Anwendung auf die Verschmelzung ausgeschlossen wird.

603 aA Kempen/Zachert aaO.

Sie „haften" deshalb gemäß § 3 III TVG bis zum Ende Laufzeit, weil diese Verpflichtung des „alten" Rechtsträgers auf den neuen Rechtsträger im Wege der Gesamtrechtsnachfolge übergegangen ist. Das entspricht insoweit auch den verfassungsrechtlichen Vorgaben, da die Schutzpflicht aus Art. 9 III GG hier in keinem geringeren Maße greift und auch die entsprechenden Arbeitsverhältnisse zuvor tariflich ausgestaltet waren. §§ 38, 40 BGB schützen nur vor der Übertragung der Mitgliedschaft selbst, nicht aber vor der Übertragung von tarifvertraglichen Verpflichtungen, die der „alte" Rechtsträger durch seine Mitgliedschaft eingegangen ist. Sie werden daher nach dem Prinzip der Gesamtrechtsnachfolge übertragen, so daß die Haftung des § 3 III TVG eingreift.

e) keine Anwendung auf die Vermögensübertragung

Nach den oben dargestellten Grundsätzen ist eine Anwendung von § 3 III TVG auf Spaltung und Verschmelzung zu befürworten. Der Unterschied zwischen diesen Umwandlungsformen und der Vermögensübertragung liegt in der Gegenleistung. Bei Spaltung und Verschmelzung besteht dieser in Gesellschaftsanteilen, bei der Vermögensübertragung dagegen regelmäßig in Geld, da eine Übertragung von Gesellschaftsanteilen bei den dort vorgesehenen Rechtsträgern der öffentlichen Hand bzw. des VVaG nicht möglich ist. Damit besteht die Gegenleistung aber auch nicht mehr in einer „mittelbaren Verfügungsbefugnis" über die Arbeitsverhältnisse, die ursprünglich stimmrechtsbildend für den Tarifvertrag eingesetzt wurden. Somit endet diese Verfügungsbefugnis, es besteht alleine wirtschaftliche Identität, die für sich genommen aber § 3 III TVG nicht tragen kann. Auf die Vermögensübertragung ist § 3 III TVG daher nicht anwendbar.

f) Betriebserweiterung und hinzukommende Arbeitsverhältnisse

Zweifelhaft ist indessen die Anwendung des § 3 III TVG auf hinzukommende Arbeitsverhältnisse und Betriebserweiterungen. Das Bundesarbeitsgericht und ihm folgend weite Teile der Literatur gehen davon aus, daß die Wirkung des § 3 III TVG der des § 3 I TVG entspricht und damit auch nach Ende der eigentlichen Tarifbindung nach § 3 III TVG hinzukommende Arbeitsverhältnisse durch Betriebserweiterung erfaßt[604]. Für Umwandlungen lehnt *Fink* eine Anwendung auf hinzukommende Arbeitsverhältnisse ab. Diese seien auch bei einer (analogen) Anwendung des § 3 III TVG aufgrund feh-

---

[604] BAG 4.8.93 AP Nr. 15 zu § 3 TVG; Däubler, Tarifvertragsrecht Rdnr. 299; Kempen/Zachert § 3 TVG Rdnr. 27; Löwisch/Rieble § 3 Rdnr. 78; Oetker in: Wiedemann § 3 TVG Rdnr. 50; Stein, Tarifvertragsrecht Rdnr. 170

lenden Vertrauens nicht schutzwürdig[605]. Dem ist im Ergebnis zuzustimmen. Bei Umwandlungen für neu hinzukommende Arbeitsverhältnisse greifen die Tatbestandsvoraussetzungen des § 3 III TVG nicht ein.
Die Anwendung des 3 III TVG läßt sich letztlich nur über den schuldrechtlichen Teil, nämlich die Durchführungspflicht legitimieren, weil es nämlich um die Verpflichtung geht, den Tarifvertrag auch auf künftig hinzutretende Arbeitsverhältnisse anzuwenden. Die Durchführungspflicht kann sich aber immer nur an einen solchen Rechtsträger richten, der seinerseits tarifgebunden war oder ist. Beim Verbandstarif erfolgt die Realisierung der Durchführungspflicht über vereinsrechtliche Maßnahmen (etwa Information, Aufforderungen, Geldstrafen, Ausschluß). Das setzt aber voraus, daß ein solches vereinsrechtliches Verhältnis bestanden hat, denn nur dann läßt es sich durch § 3 III TVG „verlängern". Dies ist bei einem identischen Rechtsträger wie beim Verbandsaustritt der Fall, nicht aber bei Umwandlungen, weil diese gerade durch einen Wechsel des Unternehmens und damit des Rechtsträgers gekennzeichnet sind. Der neue Rechtsträger wird nur in „Haftung" für die ursprünglich stimmrechtbildend eingesetzten Arbeitsplätze genommen, so daß auf einen neuen Rechtsträger die Grundsätze der Betriebserweiterung nicht übertragen werden können.
Diese Auslegung ist auch verfassungsrechtlich gedeckt, weil mit einer Anwendung der Grundsätze der Betriebserweiterung der neue Rechtsträger weit stärker in seiner negativen Koalitionsfreiheit beeinträchtigt würde. Dagegen besteht hier eine weit geringere Rechtfertigung, da hinzukommende Arbeitnehmer ihre Koalitionsfreiheit im eigentlichen Sinne durch den von ihnen direkt legitimierten Tarifvertrag betätigen. Auch die übrigen verbandsangehörigen Arbeitgeber können bei einem neuen Rechtsträger nur auf gleiche Wettbewerbsbedingungen für die ursprünglich stimmrechtsbildend eingesetzten Arbeitnehmer vertrauen, denn danach bemaß sich gerade das „Gewicht" der einzelnen Arbeitgeber.

5) Reichweite der kollektiven Weitergeltung

Zweifelhaft ist jedoch die Situation, wenn die Umwandlung mit einem gleichzeitigen Herausfallen aus dem fachlichen Geltungsbereich des Tarifvertrages verbunden ist. Dies ist etwa der Fall, wenn ein Unternehmen der Metall- und Elektroindustrie z.B. die Kantine gemäß § 123 I UmwG in ein selbständiges Unternehmen ausgliedert. Die Kan-

---

605 Fink, 204

tine unterfällt nicht mehr dem fachlichen Geltungsbereich des Metalltarifvertrages und auch nicht der Zuständigkeit der IG-Metall (sondern NGG) nach der DGB-Satzung[606]. Damit stellt sich erneut die Frage nach der Anwendbarkeit des § 3 III TVG. In Rechtsprechung und Literatur wird hier eine Anwendung des § 3 III TVG weitgehend abgelehnt[607]. *Däubler* nimmt jedoch an, daß auch in diesem Fall § 3 III TVG anwendbar sein soll. Als Begründung führt er an, daß die Vorschrift den allgemeinen Rechtsgedanken enthalte, daß Veränderungen auf Arbeitgeberseite nicht zur Verschlechterung auf Arbeitnehmerseite führen dürfen. Des weiteren ließe sich dies auf die bereits dargestellten Transformationslücken des § 613a I S. 2-4 BGB stützen[608]. Dies betrifft betriebs- und betriebsverfassungsrechtliche Normen wie auch Normen über gemeinsame Einrichtungen, die jedenfalls direkt nicht in Individualarbeitsrecht umgewandelt werden können, weil grundsätzlich nur Inhaltsnormen transformiert werden[609].

Diese Auslegung ist jedoch im Ergebnis abzulehnen. In diesem Bereich sind zwar durchaus Gestaltungen denkbar, die rechtspolitisch eine Anwendung des § 3 III TVG rechtfertigen würden, wenn etwa gezielt anderen fachlichen Geltungsbereichen unterfallende Teile ausgegliedert werden, um den gültigen Tarifvertrag zu unterlaufen (z.B. Ausgliederung einer Kantine eines Metallbetriebes). Das erweist sich deshalb ebenfalls als effektive Strategie zur (teilweisen) „Flucht aus dem Tarifvertrag"[610].

Das rechtfertigt indessen keine Ausweitung über die tatbestandlichen Voraussetzungen des § 3 III TVG. § 3 III TVG ersetzt tatbestandlich nur die fehlende Verbandsmitgliedschaft, kann aber von den übrigen Anwendungsvoraussetzungen der Tarifbindung nicht befreien. Würde man nunmehr bei einem Herausfallen aus dem fachlichen Geltungsbereich § 3 III TVG anwenden, so entsteht damit eine kollektive Weitergeltung, die auch bei Mitgliedschaft im Arbeitgeberverband nicht bestünde. § 3 III TVG würde also über die bloße Verlängerung der Mitgliedschaft hinausschießen[611].Der Haftungsgrund des § 3 III TVG besteht gerade darin, daß sich der Arbeitgeber in dem ursprünglich von ihm verbandsrechtlich mitgestalteten Arbeitsmarkt weiterbetätigt, nicht aber in der Betätigung auf einem vorher vom Verbandstarif gar nicht erfaßten Arbeitsmarkt. Diese Voraussetzung liegt bei einem anderen fachlichen Geltungsbereich regelmäßig nicht vor.

---

606 vgl. hierzu mit Auszügen aus den jeweiligen Satzungen: Blank, die Tarifzuständigkeit der DGB-Gewerkschaften, 159 ff.

607 BAG5.10.93 AP Nr. 42 Zusatzversorgungskassen; Hromadka/Maschmann/Wallner Rdnr. 232; Kempen/Zachert § 3 TVG Rdnr. 30; Rieble, Arbeitsmarkt, Rdnr. 158 in Replik auf Däubler, Tarifvertragsrecht Rdnr. 1523 („der schlichte Hinweis auf Schutzbedürftigkeit ersetzt keine dogmatisch tragfähige Begründung")

608 Däubler, Tarifvertragsrecht Rdnr. 1523

609 Binkert JZ 1979, 751; Hanau/Vossen FS Hilger/Stumpf, 271, 291; Müko-Schaub § 613a BGB Rdnr. 142; Löwisch/Rieble 3 TVG Rdnr. 83; Seiter DB 1980, 878

610 Bauer/Diller DB 1993, 1085; Däubler ZTR 1994, 448 f.; Rieble, Arbeitsmarkt Rdnr. 1252

611 Hromadka/Maschmann/Wallner Rdnr. 232; Wellenhofer-Klein ZfA 1999, 239, 245

Gliedert ein Arbeitgeber der Metallbranche etwa fachfremde Betriebsteile aus (z.B. die Kantine), so betätigt er sich mit diesen Arbeitsplätzen nicht in dem von ihm mitgestalteten Arbeitsmarkt des (Metall-) Verbandstarifes, da dieser gerade durch den fachlichen Geltungsbereich begrenzt wird. Etwas anderes kann nur dann gelten, wenn das Herausfallen aus dem fachlichen Geltungsbereich dadurch herbeigeführt wird, daß das betreffende Unternehmen mit einem fachlich anders ausgerichteten Unternehmen desselben Arbeitgebers verschmolzen wird[612]. Dies folgt daraus, daß der Arbeitgeber sich in dieser Fallgestaltung letztlich auf demselben fachlichen Bereich mit seinen Arbeitsplätzen betätigt, mit dem er zuvor den Tarifvertrag mitgliedschaftlich legitimiert hat, so daß § 3 III TVG tatbestandlich eingreift. Betätigt er sich dagegen auf einem anderen fachlichen Arbeitsmarkt, so greift § 3 III TVG tatbestandlich nicht ein. Eine entsprechende Ausweitung über den fachlichen Geltungsbereich hinaus ist daher hier (im Gegensatz zu seinem tatbestandlichen Anwendungsbereich bei weiterem Unterfallen in den fachlichen Geltungsbereich) nur im Wege der Analogie möglich. Für eine solche Analogie fehlt es aber an der Regelungslücke, weil dann über §§ 324 UmwG, 613 a I S. 2-4 BGB direkt tatbestandlich eingreift. Systematisch ist eine solche Erweiterung daher nicht möglich. Alleine auf Transformationslücken gestützt, kann § 3 III TVG ohne Vorliegen der Tatbestandsvoraussetzungen aber nicht angewandt werden, weil damit eine verbotene „Direktwirkung" (d.h. unter Privaten) von Richtlinien erreicht würde.
Damit muß die Schließung entsprechender Transformationslücken der Richtlinie, in diesem Fall im Bereich der individualrechtlichen Lösung des deutschen Gesetzgebers, d.h. durch erweiternde Auslegung des § 613a I S. 2-4 BGB erfolgen[613].

6) Schutzpflicht des Staates über den fachlichen Geltungsbereich hinaus ?

Da § 3 III TVG tatbestandlich bei Herausfallen aus dem fachlichen Geltungsbereich nicht eingreift, ist zu überprüfen, ob dieses Ergebnis einer verfassungsrechtlichen Überprüfung standhält. Die unvollständige Transformation des § 613a I S. 2-4 BGB sowie die Begrenzung durch die Jahresfrist könnten eine Anwendung des § 3 III TVG unter dem Aspekt der Schutzpflicht über den fachlichen Geltungsbereich hinaus gebieten, zumal die Drittwirkung der in Art. 9 III S. 2 GG ausdrücklich angeordnet ist. Bei der Umsetzung der Schutzpflicht des Art. 9 III GG wird dem Gesetzgeber jedoch eine weite Einschätzungsprärogative zugestanden[614]. Grundsätzlich hat der Gesetzgeber

---

612 Das kann vor allem im Bereich der Zusatzversorgung eine große Rolle spielen, weil diese Tarifverträge häufig allgemeinverbindlich sind und damit eine sich die Gegenstrategie des „Herausumwandelns" aus dem fachlichen Geltungsbereich anbieten kann: vgl. Kempen/Zachert § 4 TVG Rdnr. 156.
613 im einzelnen S. 154 ff.
614 BVerfGE 92, 393, 395

durch § 613a I S. 2-4 BGB einen Schutz auch bei Herausfallen aus dem fachlichen Geltungsbereich geschaffen, auch wenn dieser wegen der bestehenden Transformationslücken unzureichend ist. Die Schutzpflicht des Art. 9 III GG bei Herausfallen aus dem fachlichen Geltungsbereich wird nicht in gleichem Ausmaß berührt wie innerhalb des fachlichen Geltungsbereiches des Tarifvertrages. Des weiteren gilt es zu bedenken, daß die dem fachlichen Geltungsbereich zugrundeliegende Tarifzuständigkeit - die bei den DGB-Gewerkschaften auf Basis des Industrieverbandsprinzips erfolgt - gerade Ausdruck ihrer autonomen Satzungsentscheidung ist. Aus der Koalitionsfreiheit folgt nämlich gerade, daß es den Koalitionen überlassen ist, den räumlichen und sachlichen Tätigkeitsbereich selbst zu bestimmen[615]. Tatsächlich ist die Hereinnahme später ausgegliederter Unternehmensteile in den Branchentarif auch eine eher willkürliche Entscheidung, so z.B. die Anwendung des Einzelhandelstarifes in einer Kaufhauskantine (statt Gaststätten)[616]. Dieser Umstand kann nunmehr nicht über § 3 III TVG korrigiert werden kann, weil damit diese autonome Entscheidung letztlich wieder beseitigt würde. Dies gilt um so mehr, als die Zuständigkeitsabgrenzung der DGB-Gewerkschaften nach §§ 15, 16 DGB Satzung Außenwirkung hat, mit der Folge, daß ein Tarifvertrag mit einem nicht in die Tarifzuständigkeit einer DGB-Gewerkschaft fallenden Arbeitgeber bzw. Arbeitgeberverband unwirksam ist[617]. Den Gewerkschaften steht es nach Art. 9 III GG indessen frei, wie sie ihre Tarifzuständigkeit und damit mittelbar die fachlichen Grenzen des Tarifvertrages definieren[618], so daß sie keineswegs an das Industrieverbandsprinzip gebunden sind, was ggf. zur Ausnutzung der sich hieraus ergebenden unterschiedlichen Tarifniveaus bei Verbandstarifen führt. Entsprechend haben einige Gewerkschaften auch bereits reagiert und versucht, ihre Satzungen dem Phänomen der „Herausumwandlung" anzupassen und sich auch hier für tarifzuständig zu erklären[619]. In-

---

615 BAG 19.11.85, 24.7.90 AP Nr. 4, 7 zu § 4 Tarifzuständigkeit; Blank, die Tarifzuständigkeit der DGB-Gewerkschaften, 181; Hromadka/Maschmann/Wallner Rdnr. 10; Kempen/Zachert § 4 TVG Rdnr. 15; Löwisch/Rieble § 4 TVG Rdnr. 20

616 vgl. zu dieser Konstellation etwa den sog. „Kaufhausrestaurantfall" BAG 1.4.1987 EzA § 613a BGB Nr. 63; = SAE 1987, 301

617 BAG 27.11.64; 22.11.88; 24.7.90; AP Nr. 1, 5, 7 zu § 2 Tarifzuständigkeit;

618 Däubler, Tarifvertragrecht Rdnr. 252; Kempen/Zachert § 4 TVG Rdnr. 16; Löwisch/Rieble § 3 TVG Rdnr. 22;

619 so etwa die Gewerkschaft NGG. Zur ihrem Organisationsbereich zählen seit der entsprechenden Satzungsänderung in § 2 die „in Verwaltungsstellen der Nahrungs- und Genußmittelunternehmen, in Betrieben, die kapitalmäßig oder gesellschaftsrechtlich abhängig sind von Herstellerunternehmen der Nahrungs- und Genußmittelindustrie und deren Erzeugnisse vertreiben, *in rechtlich ausgegliederten bzw. selbständigen, jedoch wirtschaftlich-organisatorisch den Nahrungs- und Genußmittelunternehmen zugeordneten Dienstleistungsbetrieben, z.B. Datenverarbeitung, Organisation, Logistik, Bildungseinrichtungen etc.*" tätigen Arbeitnehmer. Auch die ÖTV ist etwa tarifzuständig für „*Gesellschaften und Vereingung bürgerlichen Rechts, die öffentliche Aufgaben wahrnehmen oder überwiegend von der öffentlichen Hand unterhalten werden*". Entsprechende Formulierungen enthält auch die Satzung der IGM (Anhang der Satzung III B)

stanzgerichte haben diese Zuständigkeitserweiterung bislang gebilligt[620]. Das greift allerdings nur dann ein, wenn sich der Betrieb noch überwiegend in dem Zuständigkeitsbereich der jeweiligen Gewerkschaften befindet (Überwiegensprinzip). Entsprechende Beschränkungen sehen die Satzungen der Einzelgewerkschaften regelmäßig vor, weil diese ansonsten gegen das innerhalb des DGB maßgebliche Industrieverbandsprinzip verstoßen würde. Entsprechende Konkurrenzen sind nach der DGB-Satzung nach dem Grundsatz „ein Betrieb - eine Gewerkschaft" (§§ 15, 16 der DGB-Satzung) aufzulösen, so daß derzeit eine solche „überlappende" Zuständigkeit nicht möglich ist. Hierdurch sind zumindest den Einzelgewerkschaften bei der Reaktion durch Satzungsanpassung Grenzen gezogen. In dieselbe Richtung geht auch die Tendenz, Gewerkschaften zu verschmelzen und damit dem Trend auf Arbeitgeberseite zu folgen, da sich hier auch die Tarifzuständigkeit entsprechend vergrößert.

Insoweit verbleibt für das Herausfallen aus dem fachlichen Geltungsbereich nur noch die zweite Funktion, nämlich der Vertrauensschutz auf Fortgeltung der einmal ausgehandelten Tarifnormen. Eine Ausweitung des § 3 III TVG über seinen tatbestandlichen Anwendungsrahmen hinaus im Wege der Analogie ließe sich nur dann annehmen, wenn der Gesetzgeber keinen anderweitigen oder einen völlig unzureichenden Schutz vorgenommen hätte. § 613a I S. 2-4 BGB führt jedoch - soweit eine Transformation möglich ist - zu einer zwingenden Weitergeltung zumindest für ein Jahr, so daß zugunsten des Vertrauensschutzes der Arbeitnehmer ein im Rahmen dieser Einschätzungsprärogative hinreichender Schutz besteht.

Im übrigen wäre hier auch der Eingriff in die negative Koalitionsfreiheit des Arbeitgebers auch wesentlich intensiver, weil der Arbeitgeber an einen branchenunpassenden Tarifvertrag gebunden würde und eine Tarifbindung über den ursprünglichen fachlichen Geltungsbereich hinaus begründet würde. Für diesen Fall greifen die gegen eine Anwendung von § 3 III TVG erhobenen Bedenken daher durch[621]. Über die Schutzpflicht des Art. 9 III GG ergibt sich aber keine Anwendung von § 3 III TVG über den fachlichen Geltungsbereich hinaus. Des weiteren ist zu berücksichtigen, daß für den Arbeitgeber ein langes Festhalten an fachlich „unpassenden" und ggf. teureren Tarifverträgen zu einer erheblichen Beschränkung seiner Wettbewerbsposition in dieser Branche führen würde, also seine Berufsfreiheit gegenüber anderen Wettbewerbern erheblich einschränken würde. Für diesen Fall verweist § 324 UmwG daher auf § 613a I S. 2-4 BGB.

Auf entsprechende Gegenmaßnahmen weist zutreffend auch Henssler FS Schaub, 310, 321 hin. Er will allerdings § 3 III TVG generell nicht für den Verbandstarif anwenden, so daß nur die weitere Zuständigkeit, nicht aber die Folge des § 3 III TVG gegeben wäre (sondern allenfalls § 613a BGB I S. 2-4 BGB).

[620] LAG Hamm NZA-RR 1999, 196 (nicht rechtskräftig, Rechtsbeschwerde ist eingelegt) zur Satzungserweiterung der IGM

[621] Für einen Fall des Herausfallens aus dem fachlichen Geltungsbereichs: BAG 5.10.93 AP Nr. 42 zu § 1 BetrAVG Zusatzversorgungskassen

IV. Konsequenzen der Fortgeltung nach § 3 III TVG

1) Fortgeltungswirkung des § 3 III TVG

§ 3 III TVG führt zu einer generellen kollektiven Weitergeltung des Tarifvertrages. Im Unterschied zur Anwendung des § 613a I S. 2-4 BGB sind von der Fortgeltung alle tariflichen Normen umfaßt. Spätere Veränderungen der tariflichen Regelungen werden jedoch von § 3 III TVG nicht erfaßt. Der Wortlaut steht einem solchen Verständnis zwar grundsätzlich nicht entgegen, weil formal gesehen der Tarifvertrag nach § 3 III TVG nicht endet. Vereinzelt wurde deshalb in der Vergangenheit die Auffassung vertreten, daß sich die Tarifgebundenheit auch auf spätere Veränderungen des Tarifvertrages erstreckt[622]. Für eine Erstreckung auch auf Veränderungen fehlt jedoch die entsprechende Legitimation mangels Mitgliedschaft, die aber gerade dem Normzweck des § 3 III TVG entspricht[623]. § 3 III TVG schützt insoweit nicht das Verbandsprinzip, so daß die Regelung nur zur Bindung an die zuvor legitimierten Rechtssätze führt, nicht aber zu einer generellen Normunterwerfung unter die Rechtsetzung der Verbände[624]. Etwas anderes würde auch der verfassungsrechtlichen Legitimation des § 3 III TVG widersprechen. Dieser schützt die positive Koalitionsfreiheit der Arbeitnehmer einerseits und die Ordnungsfunktion des Tarifvertrages andererseits. Das kann aber immer nur bei einer insoweit erfolgten koalitionsmäßigen Betätigung gelten und deckt keine Erfassung ohne eine solche Legitimation. Veränderungen des Tarifvertrages trägt § 3 III TVG deshalb grundsätzlich nicht.

Zweifelhaft ist indessen die Rechtslage bei Stufentarifverträgen. Zutreffend wird beim Verbandsaustritt danach unterscheiden, ob die Stufen bereits tarifliche feststehen oder ob diese erst noch ausgehandelt werden sollen. Stehen die tariflichen Stufen bereits fest, so hat der „alte" Rechtsträger diese mitgliedschaftlich legitimiert, so daß § 3 III TVG eingreift. Es handelt sich letztlich um ein „automatisches" Eingreifen der weiteren Stufen[625]. Von diesem bereits legitimierten Automatismus kann sich der einzelne Arbeitgeber nicht durch Verbandsaustritt und damit auch nicht ganz oder teilweise durch Umwandlung entziehen. Standen die einzelnen Stufen bereits vor der Umwandlung fest, so greift § 3 III TVG.

---

622 Hueck/Nipperdey Arbeitsrecht II, 6. Aufl., § 23 B V 3 c 345 f. in späteren Auflagen selbst zu Recht aufgegeben.: § 23 B V 3 c 492 f.

623 BAG 26.10.83 AP Nr. 3 zu § 3 TVG; Löwisch/Rieble § 3 TVG 86; Kempen/Zachert § 3 TVG Rdnr. 32; Oetker in: Wiedemann § 3 TVG Rdnr. 78

624 Richardi, Kollektivgewalt, 221

625 Kempen/Zachert § 3 TVG Rdnr. 33; Hanau/Kania DB 1995, 1232 f.; Oetker in: Wiedemann § 3 TVG Rdnr. 80

2) Ablösung durch neuen Tarifvertrag bei Anwendung des § 3 III TVG

Grundsätzlich gilt nach § 3 III TVG der Tarifvertrag bis er endet.
Für einen befristeten Tarifvertrag bedeutet dies Geltung bis zum Ablauf der Befristung. Ist der Tarifvertrag unbefristet, so ist auf dessen Kündigung abzustellen. Umstritten ist insoweit, ob auf die erste Kündigungsmöglichkeit abzustellen ist, oder auf die tatsächliche Kündigung[626].
Das Bestreben, auf die erste Möglichkeit der Kündigung abzustellen, ist letztlich vor dem Hintergrund der im Rahmen von § 3 III TVG befürchteten Endloshaftung zu sehen. Indessen läuft das allgemeinen zivilrechtlichen Grundsätzen entgegen. Die Kündigung eines Dauerschuldverhältnisses ist Gestaltungsrecht. Die „Laufzeit" wird daher erst dann beendet, wenn die Kündigung auch ausgesprochen wird und nicht bereits mit der ersten Möglichkeit als Fiktionstatbestand. Wäre eine solcher fixer Termin gewollt, so hätten die Tarifvertragsparteien eine Befristung vereinbart[627]. *Oetker* weist in diesem Zusammenhang darauf hin, daß die Formulierung des § 3 III TVG in diesem Zusammenhang vor dem Hintergrund der rechtspolitischen Diskussion der Weimarer Zeit zu sehen ist. § 13 II (= Parallelvorschrift zum heutigen § 3 III TVG) des Referentenentwurfs des Reichsarbeitsministeriums vom Mai 1931 stellte dabei für die verlängerte Tarifgebundenheit auf den frühestmöglichen Zeitpunkt ab. Diese Regelung hat der Gesetzgeber jedoch bei Schaffung des § 3 III TVG bewußt nicht mit aufgenommen und sich damit gegen den erstmöglichen Kündigungszeitpunkt entschieden[628]. Methodisch fehlt es daher an einer (verdeckten) Lücke des Gesetzes, um in diesem Sinne eine ergänzende Auslegung vorzunehmen[629].
Ebensowenig läßt sich § 624 BGB für eine vorzeitige Beendigung der zwingenden Wirkung fruchtbar machen und daraus ein Sonderkündigungsrecht des einzelnen Arbeitgebers annehmen. Die Argumentation besteht darin, daß das Verstreichenlassen der Kündigungsfrist nicht mitgliedschaftlich legitimiert sei[630]. Ein solches Sonderkündigungsrecht ist abzulehnen. Bereits der Wortlaut des § 3 III TVG trägt ein solches Recht nicht, denn er lautet nicht auf „Beendbarkeit", sondern auf „endet"[631]. Bis zum letzteren Zeitpunkt wurde der Tarifvertrag auch mitgliedschaftlich legitimiert. Zivilrechtlich kann

---

626 für die Kündigungsmöglichkeit: Löwisch/Rieble § 3 TVG Rdnr. 74; für tatsächliche Kündigung: Kempen/Zachert § 3 TVG Rdnr. 31; Oetker in: Wiedemann § 3 TVG Rdnr. 67
627 Däubler ZTR 1994, 449 f; Kempen/Zachert § 3 TVG Rdnr. 31
628 Oetker in: Wiedemann § 3 TVG Rdnr. 66
629 vgl. Larenz, Methodenlehre, 370 ff, 391
630 Löwisch/Rieble § 3 TVG Rdnr. 69; Hanau/Kania DB 1995, 1229, 1230; gegen eine solche Anwendung, weil es dogmatisch nur „vage Anhaltspunkte" gäbe: Oetker in: Wiedemann § 3 TVG Rdnr. 69, ebenfalls ablehnend Stein, Tarifvertragsrecht, Rdnr. 172
631 Stein, Tarifvertragsrecht aaO.

das Kündigungsrecht auch bei Dauerschuldverhältnissen nur der jeweiligen Vertragspartei zustehen, die den Vertrag geschlossen hat. Beim Verbandstarif sind das die jeweiligen Verbände und nicht der einzelne Arbeitgeber. Verfassungsrechtlich rechtfertigt sich das wiederum über den Schutz der Ordnungsfunktion der Tarifverträge nach Art. 9 III GG, den § 3 III TVG sicherstellen will, so daß auch keine teleologische Reduktion geboten ist. Der einzelne Arbeitgeber kann sich demnach nicht durch Austritt, aber eben auch nicht durch Kündigung dem von ihm legitimierten Tarifverträgen entziehen. Es handelt sich um einen kollektiven Tatbestand. der auch nur kollektiv wieder beseitigt werden kann. Auch tatsächlich ist die angeführte Gefahr der „Endloshaftung" und damit letztlich die Beeinträchtigung der Arbeitgebergrundrechte nicht dem Umfang gegeben, wie dies häufig befürchtet wird. Zum einen lassen sich tarifliche Regelungen befristen, so daß das Problem erst gar nicht auftritt. Die Laufzeit endet dann mit der Befristung. Auch ohne Befristung veralten jedoch die tariflichen Regelungen meist vor der „Endloshaftung", so daß ein Änderungsbedarf letztlich nicht aus Arbeitgebersicht, sondern auch aus Arbeitnehmersicht besteht. Es handelt sich bei der Problematik deshalb eher um eine Frage des beiderseitigen Verhandlungsgewichtes. Damit ist indessen nicht gesagt, daß eine solche Lösung im Sinne einer Begrenzung des § 3 III TVG *de lege ferenda* nicht möglich ist, weil dem Staat bei der Umsetzung gerade der Schutzpflicht des Art. 9 III GG ein weiter Beurteilungsspielraum zusteht[632]. Tatsächlich werden vor allem Tarifverträge mit längerer Laufzeit teilweise als belastend („Tarifkartell") und flexibilitätshindernd empfunden, weil aus Arbeitgebersicht schnellerer Anpassungsbedarf als in der Vergangenheit besteht. Bislang hat der Gesetzgeber indessen diesbezügliche Begrenzungsvorschläge nicht umgesetzt, weil dazu offenbar der politische Wille bzw. die Mehrheit fehlt, zumal das „Machtgewicht" der Arbeitgeberseite durch die Globalisierung und dadurch steigende Unternehmensgrößen eher steigen als sinken dürfte. Vor dem Gesetzgeber liegt im übrigen die Laufzeit eines Tarifvertrages in der Hand der Tarifvertragsparteien, die ohne weiteres auch kürzere Laufzeiten vereinbaren können. Daran besteht jedoch nicht immer ein Interesse. So sind gerade die Arbeitgeberverbände im „Bündnis für Arbeit" an Tarifverträgen (langfristige moderate Lohnpolitik) mit längerer Laufzeit interessiert, die bei gesetzlicher Begrenzung des § 3 III TVG in der Laufzeit aus Gewerkschaftssicht äußerst problematisch wäre, da letztlich die Gewährung für die langfristige Einhaltung wegfallen würde.
Insoweit kann aber jedenfalls nicht *de lege lata* § 3 III TVG über einen konstruierten Kündigungstatbestand korrigiert werden.

632 vgl. zur Neutralität des Staates im Arbeitskampf § 116 AFG und dem hieraus ergebenden Einschätzungsrecht des Gesetzgebers BVerfGE 92, 365, 392

Als weiterer Beendigungstatbestand des § 3 III TVG werden spätere Änderungen des Tarifvertrages angeführt. Das betrifft insoweit einen Änderungstarifvertrag, der noch vor Ablauf der Laufzeit geschlossen wird. Legitimieren läßt sich das jedenfalls damit, daß die Tarifvertragsparteien selbst den Tarifvertrag kollektiv ohne weiteres beenden können. In der Praxis wird außerdem regelmäßig zuvor eine Kündigung durch eine Seite ausgesprochen[633], so daß es schon regulär nach den Grundsätzen des allgemeinen Zivilrechts zu einer Beendigung durch Gestaltungserklärung kommt.
Umstritten ist indessen die Rechtslage bei teilweisen Änderungen. Ein Teil der Literatur befürwortet hier eine Beendigung des Tarifvertrages, egal ob es sich um erhebliche oder unerhebliche Änderungen handelt, wofür vor allem Gründe der Rechtssicherheit und Rechtsklarheit angeführt werden[634]. Andere wollen die tarifrechtlichen Normen nach § 3 III TVG in diesem Fall aufrechterhalten, soweit sie für sich einen sinnvollen Regelungsgehalt enthalten[635]. Welcher Lösung beizutreten ist, hängt im wesentlichen davon ab, ob man in der Veränderung einer einzelnen - auch unbedeutenden - Vorschrift den stillschweigenden Willen entnimmt, den übrigen Teil des Tarifvertrages neu zu bestätigen[636]. Das erscheint indessen konstruiert, vor allem, wenn nur eine unwesentliche Veränderung vorgenommen wird. Widersprüchlich ist auch, daß die Ergänzung um einen zuvor tariflich nicht geregelten Punkt die Wirkung des § 3 III TVG beenden soll[637], obwohl sich der stillschweigende Willen, das gesamte Tarifwerk zu bestätigen, auch hier konstruieren ließe. Daher ist jeweils nur auf den konkret veränderten Punkt abzustellen, so daß die übrigen Regelungen nach § 3 III TVG erhalten bleiben, soweit sie noch sinnvoll gelten können. Tatsächlich steht auch die Entstehungsgeschichte dem entgegen. Amtliche Entwürfe zum TVG für § 3 III TVG sahen nämlich zunächst vor, daß jede Veränderung des Tarifvertrages zur Beendigung führt. Dagegen wandten sich die Gewerkschaften und regten in ihrem Gegenentwurf den heutigen Wortlaut des § 3 III TVG an, der dann letztlich Gesetz wurde[638]. Somit kann nunmehr nicht nachträglich eine Reduktion erfolgen.
Kommt danach zu keiner Änderung, ist alleine auf den zeitlichen Ablauf des Tarifvertrages abzustellen.

---

633 hierauf weist insoweit zutreffend Oetker in: Wiedemann § 3 TVG Rdnr. 74 hin

634 Hromadka/Maschmann/Wallner Rdnr. 241; Oetker in: Wiedemann § 3 TVG Rdnr. 76; Stein, Tarifvertragsrecht Rdnr. 174 soweit es sich nicht lediglich um eine „Klarstellung handelt". Andeutungsweise auch BAG 18.3.92 AP Nr. 13 zu § 3 TVG. In der älteren Literatur bereits Schnorr von Carolsfeld, Arbeitsrecht § 2 B V 2 b

635 Kempen/Zachert § 3 TVG Rdnr. 32; Däubler, Tarifvertragsrecht Rdnr. 1513

636 Oetker in: Wiedemann § 3 TVG Rdnr. 76.

637 so aber Oetker in: Wiedemann aaO.

638 Herschel ZfA 1973, 147, selbst einräumend auch Stein, Tarifvertragsrecht, Rdnr. 164

In Anlehnung an in die Rechtsprechung des Bundesarbeitsgerichts zum Verbandsaustritt ist davon ausgehen, daß der Verbandstarifvertrag im Anschluß nachwirkt (§ 4 V TVG)[639], weil das Arbeitsverhältnis ansonsten nach Ablauf der vertraglichen Laufzeit inhaltsleer werden würde. Dafür greift auch für den Fall der Umwandlung § 4 V TVG, weil dieser gerade auf die drohende Aushöhlung tariflicher Normen gerichtet ist. Es besteht deshalb eine ähnliche Situation wie beim Verbandsaustritt, so daß insoweit § 4 V TVG eingreift.

Damit stellt sich die Frage nach dem Abschluß bzw. der Verdrängung durch einen anderen Tarifvertrag.

3) Verdrängung durch andere Tarifverträge

a) Verbandstarif

Der „neue" oder übernehmende Rechtsträger kann einem anderen Arbeitgeberverband beitreten oder ihm bereits angehören.

Damit stellt sich dieselbe Problematik, die regelmäßig unter dem Stichwort „Verbandswechsel" des Arbeitgebers beim Austritt diskutiert wird. Diese Frage ist umstritten. Die Rechtsprechung des Bundesarbeitsgerichts und Teile der Literatur wollen hier auf die Grundsätze der Tarifkonkurrenz zurückgreifen[640]. Hierdurch wird die durch § 3 III TVG angeordnete Rechtsfolge jedoch im Ergebnis unterlaufen, wenn durch Beitritt zu einem „billigeren" Verband der Arbeitgeber damit vor Ende der Laufzeit die Arbeitsbedingungen des für ihn günstigeren Tarifvertrages zur Anwendung bringen könnte. Gerade das Unterlaufen von Tarifverträgen will aber § 3 III TVG verhindern, so daß es grundsätzlich nicht zur Verdrängung, sondern zu Tarifpluralität kommt[641]. Nicht von der Hand zu weisen ist allerdings der in diesem Zusammenhang von *Löwisch/Rieble* eingebrachte Legitimationsaspekt. Danach soll § 3 III TVG deshalb verdrängt werden, weil die unmittelbare Legitimation nach § 3 I TVG der gesetzlich angeordneten Fortgeltung nach § 3 III TVG vorgeht[642]. Die Haftung § 3 III TVG beruht jedoch selbst auf der mitgliedschaftlichen Legitimation des „alten" Verbandstarifes - die gerade auch dessen Laufzeit erfaßt

---

639 BAG 18.3.92 AP Nr. 13 zu § 3 TVG; Kempen/Zachert § 3 TVG Rdnr. 34; Däubler, Tarifvertragsrecht Rdnr. 1511; Tatsächlich ist aber auch mit der Gegenmeinung meist nicht viel gewonnen, weil dann nach § 612 II BGB die übliche Vergütung geschuldet wird, was aber häufig der nach § 4 V TVG nachwirkenden entsprechen dürfte.

640 BAG 26.10.83 AP Nr. 3 zu § 3 TVG; Gamillscheg, Kollektives Arbeitsrecht I, 727; B. Gaul NZA 1998, 9; Reuter RdA 1996, 201 ff.

641 Kempen/Zachert § 3 TVG Rdnr. 36; Däubler, Tarifvertragrecht Rdnr. 1517; Oetker in: Wiedemann § 3 TVG Rdnr. 80

642 Löwisch/Rieble § 3 TVG Rdnr. 301

– und nicht etwa auf Gesetz, so daß § 3 I TVG schon deshalb immer eine Geltung nach § 3 III TVG verdrängen könnte. Bei Verdrängung durch einen neuen Tarifvertrag vor Ablauf der Laufzeit kann deshalb grundsätzlich nichts anderes gelten, wie bei einer vorherigen Veränderung ohne Umwandlung und Verbandswechsel. Die Verdrängung durch den neuen Verbandstarifvertrag rechtfertigt sich deshalb vor dem Hintergrund des Spezialitätsprinzips, wobei der zeitlich neuere den älteren Tarifvertrag verdrängt. Nur in diesem Zeitmoment liegt letztlich die „bessere Legitimation". Spezialität ist aber immer nur zwischen identischen Normgebern denkbar[643], es sei denn es bestünde ein Überordnungsverhältnis, was aber weder zwischen Arbeitgeberverbänden, noch zwischen Gewerkschaften besteht. Entscheidend ist deshalb die Legitimation durch die jeweiligen Tarifvertragsparteien. Durch den Verbandswechsel anläßlich der Umwandlung legitimiert der Arbeitgeber durch eigene Entscheidung den „neuen" Tarifvertrag. Der Arbeitgeber ist nicht mehr Mitglied des „alten" Verbandes, so daß ihn im Rahmen von § 3 III TVG keine verbandsrechtliche Pflicht zur Durchführung des Tarifvertrages mehr trifft[644]. Aus demselben Grund könnte er nunmehr ohne weiteres einen Firmentarifvertrag abschließen.

Auf Arbeitnehmerseite wurde der „alte" Verbandstarif durch die Mitgliedschaft in der tarifschließenden Gewerkschaft legitimiert.

Wirklich „besser" legitimiert ist ein verdrängender Tarifvertrag mit dem neuen Arbeitgeberverband deshalb nur, wenn mit derselben Gewerkschaft der neue Tarifvertrag abgeschlossen wird. Eine Legitimation durch eine andere Gewerkschaft und damit hinter ihr stehende dritte Personen kann dagegen nicht in Betracht kommen, da Dritte nicht zur Vertragsänderung befugt sein können.

Wird der Tarifvertrag dagegen durch dieselbe Gewerkschaft abgeschlossen, läßt sich die Verdrängung des alten Tarifvertrages auch vor dem Hintergrund des Schutzzwekkes des § 3 III TVG rechtfertigen. § 3 III TVG will nach hier vertretener Auffassung die positive Koalitionsfreiheit derjenigen schützen, die den Tarifvertrag mitgliedschaftlich legitimiert haben. Es geht aber nicht darum, eine koalitionsmäßige Betätigung für die Zukunft zu unterbinden. Wird deshalb beidseitig ein anderer Tarifvertrag (neu) legitimiert, so verdrängt dieser die Wirkung des § 3 III TVG. Dasselbe gilt für die Nachwirkung des „alten" Tarifvertrages nach § 4 V TVG, die wegen des „neuen" Tarifvertrages nicht eintritt.

643 Kempen/Zachert § 4 TVG Rdnr. 130

644 Oetker in: Wiedemann § 3 TVG Rdnr. 12

b) Firmentarif

Neben dem Verbandstarif stellt sich auch die Frage einer Verdrängung durch einen (verschlechternden) Firmentarif. *Oetker* sieht hier eine generell andere Situation als beim Verbandstarif, weil der einzelne Arbeitgeber sich auch während der Verbandszugehörigkeit aus den Bindungen durch einen für ihn günstigeren Firmentarif befreien könne[645]. Im Ergebnis ist dem grundsätzlich zuzustimmen. Bei einem lediglich noch nach § 3 III TVG geltenden Tarifvertrag besteht kein Mitgliedschaftsverhältnis zum Arbeitgeberverband. Der Arbeitgeber kann also ohne sich ggf. verbandswidrig zu verhalten einen Firmentarif abschließen. Ob dieser allerdings § 3 III TVG verdrängt, ist nach der Grundsätzen der Tarifkonkurrenz zu entscheiden. Danach ist der Firmentarif grundsätzlich spezieller und verdrängt damit den Verbandstarif[646]. Eine solche Verdrängungswirkung kann aber auch hier nur bei einem gleichartig legitimierten Tarifvertrag gelten, da das Spezialitätsprinzip nur unter gleichen Normgebern gelten kann[647]. Der einzelne Arbeitgeber ist bei einer Umwandlung Gesamtrechtsnachfolger des den Verbandstarif legitimierenden Rechtsträgers und kann deshalb aufgrund dieser Teilidentität einen Firmentarif mit verdrängender Wirkung schließen. Auf Gewerkschaftsseite kann jedoch identischer Normgeber nur die Gewerkschaft sein, die den „alten" Verbandstarif abgeschlossen hat, so daß ein Firmentarif mit einer anderen Gewerkschaft nicht zur Verdrängung eines nach § 3 III TVG weitergeltenden Verbandstarifes führt.
Die Gewerkschaften streben in diesem Zusammenhang regelmäßig den Abschluß eines sog. Anerkennungstarifes an, mit dem letztlich die „alten" Konditionen des Verbandstarifes als Firmentarif durchgesetzt werden sollen.

4) Arbeitskampf bei Geltung des § 3 III TVG

Im Hinblick auf die Möglichkeit des Abschlusses eines neuen Tarifvertrages im Rahmen von § 3 III TVG stellt sich die Frage nach der Durchsetzungsmöglichkeit dieses Tarifvertrages mittels Arbeitskampf.
Die Möglichkeit eines Arbeitskampfes wird zum Teil verneint. Das ergibt sich vor allem daraus, daß die Wirkung des § 3 III TVG grundsätzlich den gesamten Tarifvertrag erfaßt und damit auch den schuldrechtlichen Teil, der diese Friedenspflicht enthält[648]. Für

---

[645] Oetker in: Wiedemann § 3 TVG Rdnr. 82
[646] BAG 22.2.57; 26.2.57; 24.9.75, 29.11.78; AP Nr. 2, 3, 11, 12 zu § 4 TVG Tarifkonkurrenz; 27.8.86; 24.1.90 AP Nr. 70, 126 zu § 1 Tarifverträge Bau; 14..6.89; 22.9.93; 26.1.94; AP Nr. 16, 21, 22 zu § 4 TVG Tarifkonkurrenz
[647] Kempen/Zachert § 4 TVG Rdnr. 130
[648] Hromadka/Maschmann/Wallner Rdnr. 242; Oetker in: Wiedemann § 3 TVG Rdnr. 59

den Verbandsaustritt weist die Gegenmeinung indessen zutreffend auf die mangelnde Einwirkungsmöglichkeit des Verbandes hin[649], so daß der schuldrechtliche Teil letztlich leerlaufen würde.
Dieser Umstand greift bei der Umwandlung gleichermaßen. Der Arbeitgeberverband des alten Rechtsträgers hat auf den neuen Rechtsträger - soweit dieser nicht beitritt - mangels mitgliedschaftlichen Verhältnisses keine Einwirkungsmöglichkeiten (Vereinsstrafen, Ausschluß etc.).
Zweifel könnte man indessen haben, wenn nicht weitere tarifliche Regelungen, sondern ein Anerkennungstarif, der insoweit identisch mit dem nach § 3 III TVG normativ weiterwirkenden Verbandstarif ist, erstreikt werden soll. Im Unterschied zum Verbandstarif erfaßt der Firmentarif jedoch auch fachliche Betriebsänderungen, soweit die Tarifzuständigkeit der Gewerkschaft noch gegeben ist. Firmentarife haben daher einen anderen fachlichen Geltungsbereich als Verbandstarifverträge, ihre Wirkung ist daher in diesem Punkt günstiger. Deshalb geht ein Anerkennungstarif prinzipiell über den weitergeltenden Verbandstarif hinaus und enthält damit erstreikbare günstigere Bedingungen als dieser[650]. Für den Fall eines Anerkennungstarif bei Umwandlungen kommt hinzu, daß die Gewerkschaft die Stellung des neuen Rechtsträgers als (direkten) Vertragspartner des Firmentarifes zurückgewinnen kann. Die Friedenspflicht korrespondiert mit der Möglichkeit der verbandsinternen Durchsetzung des Tarifvertrages. Beim Verbandstarif folgt diese aus der Möglichkeit zur vereinsrechtlichen Einwirkung auf die Mitglieder zur Durchführung des Tarifvertrages. Zur Einwirkungspflicht zählt gerade auch die Pflicht, Mitglieder von Arbeitskampfmaßnahmen abzuhalten[651]. Durch die Beendigung der Mitgliedschaft im Rahmen der Umwandlung fällt diese Möglichkeit der Einwirkung jedoch weg, so daß der Verband die Möglichkeit verliert, auf Durchführung des Tarifvertrages hinzuwirken bzw. das Mitglied von Arbeitskampfmaßnahmen abzuhalten.
§ 3 III TVG führt deshalb bei Umwandlungen nicht zu einem Verbot des Arbeitskampfes. Das greift allerdings nur dann durch, wenn die übliche relative Friedenspflicht besteht, die sich nur auf die konkret getroffenen Regelungen bezieht und damit nicht auf die gegenüber dem Verbandstarif weitergehende Regelung des Firmentarifes.[652]. Ist ausnahmsweise eine absolute Friedenspflicht vereinbart, so ist auch die Durchsetzung weiterer tariflicher Ziele, wie hier die weitere fachliche Ausdehnung, ausgeschlossen.

---

649 Kempen/Zachert § 3 TVG Rdnr. 35; Konzen ZfA 1975, 418, 420 ff; LAG Hamm DB 1991, 1196, 1197
650 Kempen/Zachert § 3 TVG Rdnr. 35; Konzen ZfA 185, 418, 420 ff,
651 BAG 27.6.89 AP Nr. 113 zu Art. 9 GG Arbeitskampf; BAG DB 1991, 1126
652 BAG 21.12. 1982 AP Nr. 76 zu Art. 9 GG Arbeitskampf; BAG 27.6.89 AP Nr. 113 zu Art. 9 GG Arbeitskampf

D. Firmentarifvertrag

Arbeitgeber sind nach § 2 I TVG auch selbst tariffähig, so daß sich die Tarifbindung auch im Rahmen eines Firmentarifvertrages ergeben kann.
Im Unterschied zum Verbandstarifvertrag wird der Firmentarifvertrag nicht durch eine Koalition auf Seiten des Arbeitgebers vermittelt, damit stehen die Vorschriften der §§ 38, 40 BGB einer direkten kollektiven Weitergeltung nicht entgegen.

I. Verschmelzung

Da die Beschränkungen über die mitgliedschaftliche Legitimation wegfallen, wird in der Literatur überwiegend angenommen, daß damit einer kollektiven Fortgeltung von Firmentarifverträgen nichts Wege stehe[653].
Das Bundesarbeitsgericht hat sich in einer neueren Entscheidung für die Verschmelzung zur Neugründung dieser Auffassung einer kollektiven Fortgeltung angeschlossen[654].
Für die Verschmelzung bestehen in Teilen der Literatur jedoch Bedenken gegen eine kollektive Weitergeltung, weil damit die Geltung des Firmentarifvertrages unzulässig ausgedehnt würde[655]. Das Bundesarbeitsgericht hat diese Frage in seiner Entscheidung zum Firmentarif nicht erörtert, weil es sich um dort um eine Verschmelzung zur Neugründung handelte, bei der insoweit eine unzulässige Ausweitung des Firmentarifes nicht denkbar ist. Die Auffassung bestand bereits vor Einführung des UmwG und geht auf *Hanau/Vossen* zurück[656].
Zu dieser Zeit hat sich die Frage zunächst nur bei der Verschmelzung gestellt, weil das Institut der Spaltung noch nicht vorhanden war und wird deshalb auch meist unter diesem Aspekt diskutiert.
Nach Einführung des UmwG ist diese Auffassung hierauf übertragen worden. Zum Teil wird angenommen, daß differenziert nach Spaltung und Verschmelzung vorzugehen

---

653 Bachner NJW 1995, 2881, 2882 f; Boecken Rdnr. 203; Düwell NZA 1996, 393, 396; Däubler RdA 1995, 140; B. Gaul NZA 1995, 136, 140; Hennrichs, 52; Hromadka/Maschmann/Wallner Rdnr. 37; Kallmeyer-Willemsen § 324 UmwG Rdnr. 13; KassArbR-Düwell 6.8 Rdnr. 176; Kempen/Zachert § 3 TVG Rdnr. 51; Lutter § 324 UmwG-Joost Rdnr. 18; Mengel, 182; Picot, C Rdnr. 37; Reichel/Koberski/Clasen/Menzel § 3 TVG Rdnr. 72; Spirolke, 82; Trittin AiB 1996, 349, 361; Wieland Rdnr. 287; Waas in: Weiss/Gagel Handbuch des Arbeits- und Sozialrechts § 18 A Rdnr. 95
654 BAG 24.6.98 AP Nr. 1 zu § 20 UmwG
655 Berscheid FS Stahlhacke, 15, 30 ff. ; B. Gaul NZA 1995, 717, 722; Kreßel BB 1995, 271, 29; Gussen/Dauck Rdnr. 371; S.Peiffer 158;
656 Hanau/Vossen FS Hilger Stumpf , 271, 296

sei[657]. Andere wollen mit dem Argument der unzulässigen Ausweitung einen generellen Ausschluß der kollektiven Weitergeltung annehmen[658]. Die befürchtete Erweiterung des Firmentarifes wird vor allem wegen eines befürchteten Verstoßes gegen die negative Koalitionsfreiheit für unzulässig gehalten. Die negative Koalitionsfreiheit gemäß Art. 9 III GG verbiete generell eine automatische kollektive Bindung an den Firmentarifvertrag, da der neue Rechtsträger, etwa bei Umwandlungen zur Neugründung noch gar nicht existiert habe, so daß denklogisch Willensakte des neuen Rechtsträgers zum Abschluß des Firmentarifvertrages fehlen würden. Im übrigen sei aus dem TVG eine Weitergeltung des Firmentarifes bei Inhaberwechseln nicht zu entnehmen. Außerdem müsse man Verbandstarifvertrag und Firmentarifvertrag gleichbehandeln, bei dem ebenfalls nur eine generelle individualrechtliche Fortgeltung befürwortet wird[659]. Deshalb sei nach § 324 UmwG § 613a I S. 2-4 BGB anwendbar, so daß der Firmentarif nur einzelvertraglich fortgelte[660].

Diese Ansicht knüpft dabei im wesentlichen an eine Auffassung zum rechtsgeschäftlichen Betriebsübergang an, die die Fortgeltung dort verneinen will[661].

Darin liegt jedoch bereits ein wesentliches Gegenargument gegen diese Auffassung. Für den rechtsgeschäftlichen Übergang wird die ausschließlich individualrechtliche Fortgeltung damit begründet, daß nach Einführung des § 613a I S. 2-4 BGB keine Regelungslücke mehr vorhanden sei. Eine analoge Anwendung der §§ 25 HGB, 419 BGB oder gar offene Rechtsfortbildung sei daher nicht mehr möglich[662]. Für die Gesamtrechtsnachfolge bedarf es dieser Analogie nicht, die kollektive Fortgeltung folgt alleine aus dem Prinzip der Gesamtrechtsnachfolge (zu dem bei der Einzelrechtsnachfolge ja gerade die Analogie gezogen werden sollte, vgl. § 419 BGB[663]). Aus § 20 UmwG folgt dabei für die Verschmelzung, daß einzelne Aktiva und Passiva von der Gesamtrechtsnachfolge nicht ausgenommen werden können, entsprechende abweichende Vereinbarungen sind nichtig[664]. Insoweit folgt hieraus zwingend auch der Übergang von Firmentarifverträgen. § 324 UmwG bzw. § 613a I S. 2-4 BGB können dieses Prinzip auch nicht verdrängen, auch für den Firmentarif bringt § 324 UmwG durch die Formulierung „unberührt" gerade den Auffangcharakter gegenüber dem Prinzip der Gesamtrechtsnachfolge

---

657 Berscheid FS Stahlhacke 15. 30 ff.; differenzierend nach Neugründungen und Aufnahmen B. Gaul NZA 1995, 717, 722;

658 Kreßel BB 1995, 271, 29; Gussen/Dauck Rdnr. 371; S.Peiffer, 158

659 Gussen/Dauck Rdnr. 369; Hanau/Vossen FS Hilger/Stumpf, 271, 296

660 Kreßel BB 1995, 925, 930; Gussen/Dauck Rdnr. 371; S Peiffer, 158

661 Hanau/Vossen FS Hilger/Stumpf, 271, 296

662 vgl. zu den Auffassungen bei Müko-Schaub § 613a BGB Rdnr. 133 mwN

663 auf § 419 BGB kann dort allerdings nicht mehr zurückgegriffen werden, weil die Vorschrift gemäß Art. 33 Nr. 16 EGInsO mit Wirkung zum 01.01.1999 außer Kraft getreten ist.

664 Lutter UmwG-Joost § 2 Rdnr. 74

zum Ausdruck[665]. Die „Gleichstellung" von Firmentarif und Verbandstarif kann daher - wie hier vertreten - nur in einer weitgehend *kollektiven* Fortgeltung sowohl von Firmentarif und Verbandstarif bestehen. Auch für den Firmentarif gelten die bereits dargestellten verfassungsrechtlichen und europarechtlichen Vorgaben. Auf Arbeitnehmerseite ist dieser nämlich durch eine Koalition vermittelt, so daß der Schutz dieser koalitionsmäßigen Betätigung hier ebenfalls durchgreift. Auch die geschilderten Transformationslücken bei der Umsetzung der EU-Richtlinie 98/50 EG wirken sich beim Firmentarif nicht anders aus als beim Verbandstarif.

Eine kollektive Weitergeltung verstößt bei der Verschmelzung auch nicht gegen die negative Koalitionsfreiheit im Sinne der sog. „negativen Firmentarifvertragsfreiheit" des Arbeitgebers. Auf eine Koalition im eigentlichen Sinne eines Verbandes auf Seiten des Arbeitgebers beim Firmentarif kommt es nicht an, da dieser gerade nicht durch eine solche vermittelt wird. Bei einer Umwandlung zur Aufnahme übernimmt der Rechtsnachfolger den Firmentarif außerdem freiwillig wie andere Vertragsverhältnisse auch. Er verzichtet deshalb auch auf seine „negative Firmentarifvertragsfreiheit" durch den Übernahmeakt, dem die Anteilseigner beider Rechtsträger zustimmen, es liegt insoweit ein zulässiger Grundrechtsverzicht auf dieses Recht vor.

Bei einer Umwandlung zur Neugründung hat der neugegründete Rechtsträger zu keinem Zeitpunkt ohne Firmentarifvertrag bestanden[666], außerdem wird er durch einen Rechtsträger bzw. dessen Anteilseigner gegründet, die zuvor den Firmentarif abgeschlossen haben. Diese stehen also letztlich hinter dem neuen Rechtsträger. Würde man darin keine willentliche Übernahme sehen, läge jedenfalls widersprüchliches Verhalten des Arbeitgebers durch Umwandlung vor, denn dieser würde sich durch Umwandlung dem selbst abgeschlossenen Firmentarifvertrag entziehen und damit letztlich gegen die eigene vertragliche Durchführungspflicht verstoßen. Diese Durchführungspflicht trifft den firmentarifvertragsgebundenen Arbeitgeber auch bei Umwandlungen, bei abhängigen Unternehmen trifft ihn nach Auffassung des Bundesarbeitsgerichts sogar eine Einwirkungspflicht auf weitere Durchführung des Tarifvertrages[667].

Tatsächlich entsprach die Annahme einer kollektiven Weitergeltung von Firmentarifverträgen auch der ursprünglichen Vorstellung des europäischen Gesetzgebers[668], wenn-

---

665 BAG 24.6.98 AP Nr. 1 zu § 20 UmwG

666 vgl. zutreffend Boecken Rdnr. 204; Spirolke, 81

667 BAG 11.9.91 EzA Nr. 29 internationales Privatrecht

668 vgl. Kommissionsvorschlag vom 31.05.74; Abl. EG 1974, Nr. C 104 1 ff = BT-Drucksache 7/2312 *„Soweit der Erwerber selbst Partei eines Kollektivvertrages war, wie dies bei Betriebsvereinbarungen und beim Firmentarifvertrag der Fall ist, erscheint es nötig, den Erwerber ohne weiteres in die Rechte und Pflichten einer Betriebsvereinbarung oder eines Firmentarifvertrages eintreten zu lassen. Somit gelten die kollektivvertraglich begründeten ohne weiteres fort, bis die Betriebsvereinbarung oder der Firmentarifvertrag normalerweise endet"*

gleich die Richtlinie keinen entsprechenden deutlichen Wortlaut erfahren hat. Entsprechende Bedenken können aber allenfalls für die Einzelrechtsnachfolge bestehen, greifen aber im Hinblick auf die Absicht des deutschen Gesetzgebers, zuvor bestehende kollektive Fortgeltungsmechanismen nicht zu beschneiden, nicht durch[669]. Unabhängig davon erfaßt das Prinzip der Gesamtrechtsnachfolge im deutschen Recht die Parteistellung des Firmentarifes ohne weiteres, so daß hier § 613a I S. 2-4 BGB als Auffangtatbestand grundsätzlich nicht eingreifen kann.

Bei einer Verschmelzung kommt es auch nicht zur einer Einbeziehung zuvor tariflich nicht erfaßter Arbeitsverhältnisse, so daß eine kollektive Fortgeltung ausgeschlossen werden müßte[670]. Dieses Problem wird in der Literatur zwar meist unter dem Aspekt der Verschmelzung dargestellt[671], stellt sich aber in gleicher Weise für die Spaltung, da diese auch auf einen vorhandenen Rechtsträger erfolgen kann („Spaltung zu Aufnahme"), in dem ggf. schon Arbeitsverhältnisse existieren. Es ist deshalb dogmatisch nicht möglich, differenziert nach Spaltung und Verschmelzung vorzugehen[672], was im übrigen auch aus Gleichheitsgründen nicht überzeugt. Würde man die Argumentation von einem Ausschluß kollektiver Weitergeltung bei Verschmelzung zu Ende denken, so wäre damit generell eine kollektive Fortgeltung von Firmentarifverträgen ausgeschlossen. Das ist indessen abzulehnen.

In beiden Fällen ist im Wege der Auslegung davon auszugehen, daß der personale Anwendungsbereich des Firmentarifes jeweils auf den übertragenden Teil des Rechtsträgers beschränkt bleibt, denn kollektiver Bezugsrahmen des Firmentarifes ist der Betrieb (und nicht das Unternehmen). Diese Auslegung entspricht insoweit der Reichweite der Legitimation des Firmentarifvertrages auf Arbeitgeber- wie Arbeitnehmerseite. Bei der Verschmelzung bleibt der zuvor mit dem Firmentarif arbeitstechnisch erfaßte Zusammenhang der Betriebe abgrenzbar. Die Struktur der einzelnen Betriebe bleibt durch die Verschmelzung erhalten. Veränderungen treten allenfalls im Zusammenhang mit dieser auf, werden aber nicht durch diese verursacht[673]. Damit steht der

---

669 ausführlich zu diesen Bedenken Gussen/Dauck Rdnr. 51, wenngleich der deutsche Gesetzgeber kaum eine Verschlechterung der bis dahin auch dort erfolgten kollektiven Fortgeltung beabsichtigt hat. So gehen auch Gussen/Dauck Rdnr. 61 im Hinblick auf BAGE 67, 168, 169 v. 5.2.91 = AP Nr. 89 zu § 613a BGB (*„§ 613a I 2-4 BGB ist nicht zu entnehmen, daß der Betriebserwerber von aus anderen Gründen bestehenden Bindungen an kollektiv-rechtliche Normen frei werden soll"*) davon aus, daß *allgemein* der kollektive Fortgeltungsmechanismus nicht beschnitten werden sollte. Das muß dann konsequent auch für den Firmentarifvertrag bei rechtsgeschäftlichem Betriebsübergang gelten. Eine Beschränkung dieses Zusammenhanges alleine auf Betriebsvereinbarungen erscheint insoweit nicht einleuchtend.

670 so aber Hanau/Vossen FS Hilger/Stumpf, 271, 296

671 vgl. etwa bei Boecken Rdnr. 204; Spirolke, 82

672 wie Berscheid FS Stahlhacke, 15, 31, 40 vorschlägt

673 Willemsen NZA 1996, 7914, 797; Wlotzke DB 1995, 40, 41, 43; Dehmer § 5 UmwG Rdnr. 4, Mengel, 187. Das Problem kann nur bei Spaltung entstehen. Erfolgt dort eine Zerstörung des kollektiven Bezugs-

Tatbestand der Verschmelzung einer kollektiven Weitergeltung nicht entgegen.

II. Spaltung

Auch für die Spaltung gilt prinzipiell, daß der neue Rechtsträger aufgrund Gesamtrechtsnachfolge in den Firmentarif eintritt. Der Firmentarif kann damit ebenfalls kollektiv fortgelten. In der Literatur wird eine solche generelle kollektive Weitergeltung jedoch zum Teil abgelehnt, weil sie zu einer Vervielfältigung von Firmentarifverträgen führen würde, was mit dem Prinzip der Gesamtrechtsnachfolge nicht vereinbar sei und außerdem gegen die negative Koalitionsfreiheit verstoße[674]. Eine kollektive Fortgeltung soll daher nur bei dem Rechtsträger erfolgen, dem die Parteistellung des Firmentarifvertrages durch den Spaltungs- und Übernahmevertrag bzw. durch den Spaltungsplan zugewiesen sei. Die Parteistellung des Firmentarifvertrages könne dabei nur einmal übertragen werden, die Spaltung könne dagegen keine neue Parteistellung schaffen. Dies knüpft im wesentlichen an eine Formulierung in der Gesetzesbegründung an, nach der das deutsche Recht eine Aufteilung von einzelnen Verbindlichkeiten nicht kennt[675]. Für den Rechtsträger, dem die Parteistellung nicht übertragen wurde, soll dann differenziert verfahren werden. Bleibt der Rechtsträger bestehen (Ausgliederung, Abspaltung) und wird der Firmentarifvertrag im Spaltungsplan oder im Spaltungs- oder Übernahmevertrag dem anderen Rechtsträger zugewiesen, so soll für den übertragenden Rechtsträger die Geltung des Firmentarifvertrages nach § 3 III TVG bis zum Ende der Laufzeit erfolgen, weil dieser den Firmentarifvertrag ursprünglich mit legitimiert habe[676]. Das gleiche Prinzip soll bei der Aufspaltung gelten. Derjenige Rechtsträger, dem die Parteistellung zugewiesen wird, soll nach § 3 I TVG an den Tarifvertrag gebunden sein, für den oder die anderen Rechtsträger soll § 3 III TVG gelten[677]. Wird der Firmentarif da-

---

rahmens im Sinne einer abgrenzbaren Einheit, ist indessen eine kollektive Fortgeltung ausgeschlossen vgl. S. 149 f.

674 Boecken Rdnr. 207; Brinkmann, 176 für Betriebsvereinbarungen GK-Fabricius § 77 Rdnr. 326; im Ergebnis auch gegen eine generelle kollektive Fortgeltung: Willemsen/Hohenstatt, Umstrukturierung Rdnr. E 80

675 BT-Drucksache 12/ 6699, 118

676 Boecken Rdnr. 208; ebenso Willemsen/Hohenstatt, Umstrukturierung Rdnr. E 80. Boecken beruft sich insoweit auf Kempen BB 1991, 2006, 2011, der dieses Argument dort allerdings in anderem Zusammenhang mit Verbandstarifverträgen verwendet und auf die Legitimation als Mitglied abstellt.
Oetker in: Wiedemann § 3 TVG Rdnr. 156 geht insoweit davon aus, § 3 III TVG sei auf den Firmentarif generell nicht anwendbar, weil er vor allem auf die mitgliedschaftliche Legitimation als Mitglied abstellt. Indessen ist eine solche generelle Unanwendbarkeit des § 3 III TVG auf den Firmentarif abzulehnen, weil der Wortlaut alleine auf den Zeitfaktor abstellt. Regelmäßig kommt der Gedanke „Pacta sunt servanda" des § 3 III TVG aber schon aus der direkten Parteistellung - wie hier - nach § 3 I TVG zum Ausdruck. In Betracht kommt eine Anwendung des § 3 III TVG indessen beim rechtsgeschäftlichen Betriebsübergang im Zusammenhang mit dem Firmentarifvertrag, wenn der Betriebserwerber keinen Vertragsbeitritt zum Firmentarif vornimmt: Däubler, Tarifvertragsrecht Rdnr. 1523; Kempen/Zachert § 3 TVG Rdnr. 57

677 Boecken Rdnr. 209

gegen dem „alten" Rechtsträger als Partei zugewiesen, so soll für übernehmende bzw. neugegründete Rechtsträger dagegen nur individualrechtliche Übernahme gemäß § 613a BGB I S. 2-4 BGB möglich sein[678].

Einer solchen Aufteilung des Firmentarifvertrages durch Spaltung ist nicht zuzustimmen.

Der Gesetzgeber hat in das Umwandlungsgesetz eine ausdrückliche Beschränkung der Vervielfältigung von Parteistellungen nicht ausdrücklich aufgenommen, die weite Formulierung des § 126 I Nr. 9 UmwG läßt vielmehr grundsätzlich Zuweisung an unterschiedliche Rechtsträger zu[679]. Beschränkungen können sich insoweit nur aus § 132 UmwG, also dem allgemeinen Recht, ergeben. Rechtsverhältnisse die nicht teilbar sind, können deshalb nur als Ganzes übergehen[680]. Für Tarifverträge greifen diese Bedenken indessen nicht durch. Eine solche dogmatische Konstruktion verkennt, daß der Firmentarifvertrag an das Arbeitsverhältnis zwischen Arbeitnehmer und Arbeitgeber gebunden ist (§§ 3 I, 4 I TVG) und es auch nur in diesem Bereich auf die Konstruktion einer „negativen Firmentarifvertragsfreiheit" ankommen kann. Für die Parteistellung des Firmentarifvertrages kommt es also auf den Übergang des Arbeitsverhältnisses an, der Firmentarif kann insoweit nicht isoliert zugewiesen werden, da es sich insoweit um zwingendes Tarifrecht handelt. Die Übernahme der tariflich zuvor ausgestalteten Arbeitsverhältnisse erfolgt freiwillig, so daß die „negative Firmentarifvertragsfreiheit" nicht berührt wird. Zu einer Aufteilung des einzelnen Arbeitsverhältnisses kommt es dabei aber gerade nicht. Deren kollektiver Bezugsrahmen des Firmentarifes bleibt im übrigen in Form der von ihm erfaßten Betriebe identisch, so daß es zu keiner Erweiterung des Firmentarifes, sondern lediglich zu einer Teilung kommt. Es kommt also nicht zu einer Vervielfältigung von Vertragspflichten, sondern lediglich zu einer Teilung. Im übrigen ist das Tarifrecht sogar auch auf eine Vervielfältigung zugeschnitten. Es wird von einem Tarifvertrag nämlich nicht lediglich eine statische Anzahl von Arbeitsverhältnissen erfaßt. Stellt der Arbeitgeber etwa neue Arbeitnehmer ein und treten diese der Gewerkschaft bei, so unterfallen auch diese der Tarifbindung (§ 3 I TVG). Es kommt insoweit also strukturell zu einer Vervielfältigung tarifgebundener Arbeitsverhältnisse, die auch sonst nicht gegen die Koalitionsfreiheit des Arbeitgebers verstößt, weil es sich bei der Tarifautonomie gerade um Normsetzung und nicht nur um kollektive Vertragsgestaltung handelt. Ausdrücklich verweist aber § 132 UmwG auf die Beachtung allgemeinen Rechts und damit auch auf die Beachtung des Tarifrechts. Selbst wenn man die Zuwei-

---

[678] Boecken Rdnr. 208, so auch zum SpTrUG Stuber, 140

[679] mit diesem Argument hält Heidenhain NJW 1995, 2873, 2877 generell Vertragsverhältnisse für spaltbar; für eine Beschränkung de lege ferenda: Kleindieck ZGR 1992, 513 519; Teichmann ZGR 1993, 396, 413; Engelmeyer, 50

[680] K. Schmidt, Gesellschaftsrecht § 13 IV 3, 403

sung der Parteistellung nur auf einen Rechtsträger zulassen wollte, ist nicht ersichtlich, warum ein übernehmender Rechtsträger, dem die Parteistellung nicht zugewiesen ist, nicht nach § 3 III TVG an den Tarifvertrag gebunden sein soll. Für dieses konkrete Arbeitsverhältnis müßte hier nämlich die Tarifgebundenheit bestehen bleiben, bis der Tarifvertrag endet, weil in diesem Arbeitsverhältnis die Tarifgebundenheit an den Firmentarif vor der Spaltung bereits bestanden hat. Für die Arbeitgeberseite liefe die Spaltung der Parteistellung faktisch auf einen (teilweisen) „Austritt aus dem Firmentarif" hinaus, für den insoweit Forthaftung nach § 3 III TVG bestehen muß. Ansonsten wäre hier dem Mißbrauch privatrechtlicher Gestaltungsmacht durch beliebige Zuweisung der Rechtsstellung des Firmentarifes - den § 3 III TVG gerade verhindern soll - Tür und Tor geöffnet. Selbst wenn man eine Teilung von Parteistellungen als Rechtsfortbildung sehen würde[681], so wäre sie jedenfalls geboten. Der einzelne Arbeitgeber ist Partei des Firmentarifes. Damit trifft ihn selbst die Durchführungspflicht des Tarifvertrages. Bei gezielter Spaltung mit individualrechtlicher Fortgeltung für einen Teil der Arbeitsverhältnisse würde er letztlich gegen seine eigene Durchführungspflicht verstoßen, zumal diese letztlich nur Konkretisierung des Grundsatzes „pacta sunt servanda" ist. Diese Durchführungspflicht erfaßt beim Firmentarif auch die Spaltung des Unternehmens[682]. Dahinter steht wiederum das venire contra factum proprium Prinzip, weil es letztlich rechtsmißbräuchlich ist, zunächst einen Firmentarif zu schließen und sodann Teile durch Spaltung aus dieser Bindung wieder zu lösen[683]. Daher ist auch bei der Spaltung eine generelle kollektive Fortgeltung anzunehmen. Es entsteht insoweit ein mehrgliedriger Tarifvertrag. Bei der Spaltung zur Aufnahme, also auf einen vorhandenen Rechtsträger, ist hinsichtlich des Anwendungsbereiches wie bei der Verschmelzung zu verfahren, d.h. es findet keine Erweiterung des Anwendungsbereiches des Firmentarifes statt. Der kollektive Bezugsrahmen bleibt insoweit auf die zuvor erfaßten Betriebe beschränkt, d.h. es entsteht ggf. Tarifpluralität.

III. Beschränkung auf ursprünglich erfaßte Arbeitsverhältnisse ?

Zu klären bleibt indessen der Umfang der kollektiven Weitergeltung. Zum Teil wird dabei angenommen, die kollektive Weitergeltung beim Firmentarif auf ursprünglich beim „alten" Rechtsträger erfaßte Arbeitsverhältnisse zu beschränken[684]. Neueinstellungen würden damit von vornherein nicht vom übergehenden Tarifvertrag erfaßt. Die Annah-

681 Stuber, 140

682 BAG 11.6.91 EzA Nr. 29 internationales Privatrecht

683 Henssler, FS Schaub, 310, 328

684 Däubler RdA 1995, 136, 140; Boecken Rdnr. 205; Herbst AiB 1995, 5, 11,13; Lutter UmwG-Joost § 324 UmwG Rdnr. 19, wohl auch Mengel, 184

me dieser Wirkung entspricht im erfaßten Personenkreis damit derjenigen des § 613a I S. 2-4 BGB. Diese Beschränkung läßt sich indessen mit dem Prinzip der Gesamtrechtsnachfolge nicht rechtfertigen. Der neue Rechtsträger tritt danach als Partei in den Firmentarif ein, die kollektive Wirkung bleibt in den zuvor erfaßten Betrieben als räumlichem Geltungsbereich kollektiv erhalten. Die „Erfassung" von Arbeitsverhältnissen richtet sich dann grundsätzlich nach allgemeinem Tarifrecht, also nach § 3 I TVG. Existiert bei Beginn einer Mitgliedschaft bereits ein Firmentarif, so tritt die konkrete Tarifbindung sofort ein, auch wenn dieser zeitlich zuvor abgeschlossen wurde[685]. Deshalb können auch zukünftig hinzutretende Arbeitsverhältnisse erfaßt werden, wenn entsprechende beidseitige Tarifbindung besteht.
Das führt auch nicht zu der befürchteten unzulässigen Ausweitung des Firmentarifes[686]. Die Tarifverträge bleiben jeweils auf ihren ursprünglichen Geltungsbereich beschränkt, so daß deshalb grundsätzlich jeweils nur ein Tarifvertrag im jeweiligen Betrieb gilt. Insoweit bestehen auch keine Bedenken im Hinblick auf das vom Bundesarbeitsgericht postulierte Prinzip der Tarifeinheit[687]. Das Prinzip der Tarifeinheit betrifft den Betrieb („ein Betrieb, eine Gewerkschaft"), nicht das Unternehmen, in dem durchaus mehrere Tarifverträge nebeneinander gelten können.
Zu einer anderen Lage kann es nur dann kommen, wenn sich die Umwandlung auch auf die Betriebe auswirkt. Direkt durch die Umwandlung ist dieses wegen der Zuordnungsfreiheit § 126 I Nr. 9 UmwG bei der Spaltung möglich. Diese Fälle sind dann indessen nach den allgemeinen Regeln zu lösen, zumal wegen der ungeteilten Gesamtrechtsnachfolge (§ 20 UmwG) Veränderungen auf der Betriebsebene nur mittelbare Folgen sind. Im folgenden sind diese allgemeinen Beschränkungen zu erörtern

IV. Herausfallen aus dem fachlichen Geltungsbereich bei Umwandlung

Grundsätzlich gilt nach der obigen Betrachtung der Firmentarifvertrag bei Gesamtrechtsnachfolge nach dem Umwandlungsgesetz kollektiv fort. Ein Begrenzung kollektiver Weitergeltung kann sich damit nur aus den allgemeinen Prinzipien des Tarifrechts ergeben. Das betrifft zum einen das Herausfallen aus dem fachlichen Geltungsbereich. Hier ist bereits nach allgemeinem Tarifrecht anzunehmen, daß ein Herausfallen aus dem fachlichen Geltungsbereich des Firmentarifes (etwa bei untenehmensinterner Betriebsaufspaltung ohne Umwandlung[688]) die kollektive Geltung des Tarifvertrages endet.

---

685 Kempen/Zachert § 3 TVG Rdnr. 6
686 so vor allem Boecken Rdnr. 205
687 BAG 24.9.75, 29.11.78, 26.1.94 AP Nr. 11, 12, 22 zu § 4 Tarifkonkurrenz
688 Kania DB 1995, 625, 629

Dabei ist indessen zu beachten, daß der fachliche Geltungsbereich des Firmentarifes weiter geht als der von Verbandstarifverträgen. Regelmäßig erfaßt ist dabei auch die spätere fachliche Betriebsänderung. Begrenzt wird der Firmentarif normativ alleine durch die Tarifzuständigkeit der tarifschließenden Gewerkschaft[689]. Insoweit erlangt vor allem auch hier die Anpassung von Gewerkschaftssatzungen an Umwandlungen (z.B. Tarifzuständigkeit für abhängige Unternehmen) an Bedeutung[690]. Erst wenn der Bereich der Tarifzuständigkeit verlassen wird, ist eine weitere kollektive Fortgeltung nach allgemeinem Tarifrecht ausgeschlossen[691]. Damit ist eine kollektive Fortgeltung auch dann ausgeschlossen, wenn das Verlassen des fachlichen Geltungsbereiches beim Firmentarif durch Umwandlung herbeigeführt wird. Eine Anwendung von § 3 III TVG scheidet nach hier vertretener Auffassung außerhalb des fachlichen Geltungsbereichs ebenfalls aus[692]. Fällt der Betrieb durch die Umwandlung aus dem fachlichen Geltungsbereich des Firmentarifvertrages heraus, verweist § 324 UmwG auf § 613a I S. 2-4 BGB.

V. Wesentliche Änderung der arbeitstechnischen Zwecksetzung als Begrenzung kollektiver Weitergeltung

In der Literatur wird angenommen, daß eine kollektive Fortgeltung von Firmentarifverträgen dann nicht möglich sein soll, wenn die Umwandlung die arbeitstechnische Zwecksetzung so weit verändert, daß der kollektive Bezugsrahmen des Firmentarifvertrages entfällt[693]. Das knüpft insoweit zunächst an die Rechtslage des einzelrechtsgeschäftlichen Übergangs an, in dem mit diesem Argument eines „Übertragungssubstrates" auch nach Einfügung des § 613a I S. 4 BGB eine kollektive Weitergeltung angenommen wird [694]. Andere lehnen eine solche Betrachtungsweise ab, weil das Prinzip der Gesamtrechtsnachfolge eine solche Beschränkung nicht vorsehe. Im übrigen wird als kollektiver Anknüpfungspunkt des Firmentarifes das Unternehmen betrachtet, das bei Spaltung regelmäßig zerrissen wird[695].

---

[689] Kempen/Zachert § 3 TVG Rdnr. 237
[690] vgl. dazu bereits S. 130
[691] BAG 29.9.79 AP Nr. 17 zu § 613a BGB; Hromadka/Maschmann/Wallner Rdnr. 237
[692] vgl. dazu bereits zum Verbandstarif S. 129, aA Däubler Tarifvertragsrecht Rdnr. 1523
[693] Berscheid FS Stahlhacke 15, 40; Henssler ZfA 1998, 530; Kempen BB 1991, 2006, 2011; Kempen/Zachert § 3 TVG Rdnr. 51; Spirolke, 85; Willensen/Hohenstatt, Umstrukturierung Rdnr. E 76 für die Verschmelzung
[694] Kempen/Zachert § 3 TVG Rdnr. 57; Soergel-Kraft § 613a BGB Rdnr. 47; Müko-Schaub § 613a BGB Rdnr. 133 der z.T. § 4 V TVG anwenden will; aA Hanau/Vossen FS Hilger/Stumpf, 271, 296; Hromadka/Maschmann/Wallner Rdnr. 238; MünchArbR-Wank § 120 Rdnr. 172; Zöllner DB 1995, 1401
[695] Mengel, 186

Damit ist zunächst davon auszugehen, daß durch das Prinzip der Gesamtrechtsnachfolge des Umwandlungsgesetzes der Rechtsnachfolger Partei des Firmentarifes (§ 20 I UmwG) wird, so daß zunächst nicht wie bei der Rechtslage zum einzelrechtsgeschäftlichen Übergang an einem Übertragungssubstrat angeknüpft werden muß.
Insoweit ist zweifelhaft, ob eine weitergehende Beschränkung der kollektiven Weitergeltung im Hinblick auf einen „kollektiven Bezugsrahmen" für die Gesamtrechtsnachfolge anzunehmen ist[696]. Dies wird von *Spirolke* im Hinblick auf die Verschmelzung mit der Vermeidung von Tarifkonkurrenz begründet. Es soll insoweit auf den Erhalt der sog. „Betriebsidentität" wie bei der Fortgeltung von Betriebsvereinbarungen abgestellt werden[697]. Das kann bei der Verschmelzung die Übertragung nicht hindern, weil die Verschmelzung selbst diese unberührt läßt, die Zerstörung der Betriebsidentität ist allenfalls mittelbare Folge von Verschmelzungen, z.B. durch Zusammenlegung von Betrieben etc.[698]. Bei der Spaltung kann direkt durch die partielle Universalsukzession eine Zerstörung der Betriebsidentität erfolgen[699].
Bei beiden Rechtsfiguren kann die Beschränkung durch einen kollektiven Bezugsrahmen nur dann eingreifen, wenn es sich dabei um einen allgemeinen kollektiven Beendigungstatbestand handelt, der auch außerhalb von Umwandlungen eine kollektive Fortgeltung ausschließen würde, denn der neue Rechtsträger ist grundsätzlich durch Gesamtrechtsnachfolge Partei des Firmentarifes geworden.
Insoweit ist zu untersuchen, ob eine solche Zerstörung der „Betriebsidentität" ein kollektives Weiterbestehen des Firmentarifes allgemein hindert. Nach zutreffender Ansicht ist kollektiver Anknüpfungspunkt des Firmentarifes der Betrieb und nicht etwa das Unternehmen[700]. Die gegenteilige Auffassung, die auf das Unternehmen abstellen will und insoweit das Instrument des Firmentarifes nur für Unternehmen mit mehren Betrieben reservieren möchte[701], findet keine Grundlage im TVG, da dieses den Begriff des Unternehmens nicht kennt. Dagegen wird der Begriff des Betriebes als Anknüpfungspunkt für die kollektive Bewertungseinheit des TVG gebraucht (§ 3 II TVG) und nunmehr vom Bundesarbeitsgericht auch für die Anknüpfung der Tarifzuständigkeit der Gewerk-

---

696 Kempen/Zachert § 3 TVG Rdnr. 57; Soergel-Kraft § 613a BGB Rdnr. 47; Müko-Schaub § 613a BGB Rdnr. 133 der z.T. § 4 V TVG anwenden will; aA Hanau/Vossen FS Hilger/Stumpf, 296; Hromadka/Maschmann/Wallner Rdnr. 238; MünchArbR-Wank § 120 Rdnr. 172; Zöllner DB 1995, 1401

697 Spirolke, 84 f.

698 im Zusammenhang mit Betriebsvereinbarungen Mengel, 188; Müller RdA 1996, 287, 289

699 BAG DB 1995, 431, 432, worin das BAG davon ausgeht, daß Betriebsvereinbarungen zwar bei Betriebsübergang kollektiv fortgelten, später aber durch Auflösung der Betriebsstruktur entfallen können. Blank/Blanke/Kümpel/Wendeling-Schröder/Wolter, 243; Däubler/Klebe/Kittner § 1 BetrVG Rdnr. 81 ff; § 77 BetrVG Rdnr. 48 f.; GK-Kreutz § 77 BetrVG Rdnr. 328; Hromadka/Maschmann/Wallner Rdnr. 213; Hanau/Vossen FS Hilger/Stumpf, 271, 275

700 Kempen/Zachert § 2 TVG Rdnr. 67

701 Buchner ZfA 1995, 106 ff im Anschluß an BAG 22.11.1988 AP Nr. 5 zu § 2 TVG Tarifzuständigkeit; umwandlungsspezifisch Mengel, 188

schaften verwendet[702]. Daran anknüpfend wird in Firmentarifverträgen für die Umschreibung des fachlichen Geltungsbereiches regelmäßig der „Betrieb" als Begriff gebraucht. Fällt durch die Umwandlung diese Einheit weg, ist davon auszugehen, daß dem Firmentarif damit die Grundlage entzogen ist, da die Einheit für die er abgeschlossen wurde, nicht mehr existiert. Für eine solche Begrenzung läßt sich insoweit auch anführen, daß bei der Spaltung zur Aufnahme wie bei der Verschmelzung die Gefahr der Ausweitung des Firmentarifes auf zuvor nicht erfaßte Teile des Unternehmens bestünde, wenn dieser keine kollektiv abgrenzbare Einheit mehr bildet, für den er ursprünglich legitimiert wurde. Insoweit kann auf diesem Wege auch dem vom Bundesarbeitsgericht postulierten Prinzip der Tarifeinheit[703] Rechnung getragen werden.
Es kann jedoch auch einzelne Fälle geben, in denen Regelungen als kollektiven Bezugsrahmen „Unternehmen" aufweisen. Dies folgt daraus, daß auch einheitliche „Unternehmens-Tarifverträge" möglich sind, wenn die dem Unternehmen angehörenden Betriebe demselben Wirtschaftszweig oder jedenfalls dem Organisationsbereich der Gewerkschaft angehören[704]. Dies ist in Gewerkschaftssatzungen im Hinblick auf die tarifpolitische Zweckmäßigkeit häufig auch vorgesehen. Dabei können dann aber Regelungen zustande kommen, deren kollektiver Bezugsrahmen nicht der Betrieb, sondern das Unternehmen ist, wie etwa ein Investivlohn oder im Unternehmen organisierte Form der Altersversorgung. Diese kann der Rechtsnachfolger in dieser Form nicht aufrechterhalten, da er nicht über Unternehmensanteile des übertragenden Rechtsträgers verfügt (Investivlohn), noch regelmäßig Zugang zu dessen Einrichtungen zur Altersversorgung hat[705]. Damit scheidet eine kollektive Weitergeltung solcher Regelungen aus.
Zweifel könnten im Hinblick auf diese Betrachtung des kollektiven Bezugsrahmen allerdings dahingehend bestehen, daß dann jedenfalls eine individualrechtliche Transformation für ein Jahr nach § 613a I S. 2-4 BGB iVm § 324 UmwG erfolgt, so daß zunächst nicht viel gewonnen erscheint. Im Rahmen von § 613a I S. 2-4 BGB können solche Bestimmungen, etwa bei der Altersversorgung nur modifiziert übergehen, mit der Folge, daß gleichwertige Leistungen gewährt werden müssen[706] (§ 325 BGB), so daß dem Umstand Rechnung getragen werden kann, daß eine Aufrechterhaltung in der vorherigen Form nicht möglich ist. Für die Altersversorgung läßt die Richtlinie die Ausnahme auch ausdrücklich zu (Art. 3 IV a der Richtlinie 98/50 EG), außerdem existiert

---

702 BAG 10.0.89, 24.7.90 AP Nr. 6,7 zu § 2 Tarifzuständigkeit; 5.9.90, 20.3.91 AP Nr. 19, 20 zu § 4 TVG Tarifkonkurrenz
703 BAG 14.6.89; 5.9.90; 20.3.91; 26.1.94 AP Nr. 16, 19, 20, 22 zu § 4 TVG Tarifkonkurrenz
704 Kempen/Zachert § 2 TVG Rdnr. 68
705 Hanau/Vossen FS Hilger/Stumpf, 271, 280 für entsprechende Betriebsvereinbarungen
706 BAG 5.10.93 AP Nr. 42 zu § 1 BetrAVG Zusatzversorgungskassen für gemeinsame Einrichtungen beim Verbandstarif

eine Protokollnotiz des Rates, nach der solche Bestimmungen nicht auf den Erwerber übergehen, die sich für eine Übertragung nicht eignen.
Beim Firmentarifvertrag ist von einer generellen Fortgeltung durch das Prinzip der Gesamtrechtsnachfolge ausgehen, es sei denn, die Umwandlung führt gleichzeitig zu einem Herausfallen aus dem fachlichen Geltungsbereich der tarifschließenden Gewerkschaft oder der kollektive Bezugsrahmen des Firmentarifvertrages fällt weg.
Für diesen Fall ist dann eine individualrechtliche Fortgeltung gemäß § 324 UmwG/613a I S. 2-4 BGB anzunehmen. Die in der Literatur für diesen Fall - in Anknüpfung an die Rechtslage für ein Herausfallen aus dem fachlichen Geltungsbereich außerhalb von Umwandlungen - z.T. angenommene Fortgeltung nach § 4 V TVG[707] kann bei Umwandlung nicht angenommen werden. Eine Anwendung des § 4 V TVG scheidet im Rahmen der europarechtskonformen Auslegung wie beim Verbandstarif wegen Verstoßes gegen die Richtlinie 98/50 EG aus, weil diese Norm nicht zwingend für ein Jahr (Art. 3 III der Richtlinie) gilt, so daß hierfür nur § 613a I S.2- 4 BGB in Betracht kommt.
Das gilt direkt indessen nur für die Spaltung, weil nur bei dieser direkt durch die Umwandlung die „Betriebsidentität" zerstört wird. Bei der Verschmelzung ist dies mittelbare Folge der Umwandlung, so daß der Firmentarif zunächst kollektiv, indessen beschränkt auf seinen zuvor eröffneten fachlichen Geltungsbereich, gilt.
Insoweit ist § 613a I S. 2-4 BGB hier tatbestandlich (mangels Betriebsüberganges) nicht anwendbar. Zu denken wäre aber an eine Analogie des § 613a I S. 2-4 BGB[708] auf mittelbare Auswirkungen. Im Hinblick auf den engen Wortlaut des § 324 UmwG, der „an die Wirkungen der Verschmelzung" anknüpft und damit nicht an mittelbare Auswirkungen, ist dafür kein Raum. Außerdem wäre auch der Beginn der Jahresfrist zweifelhaft. Im übrigen weist das TVG hierfür auch nicht die erforderliche Regelungslücke auf, weil insoweit für mittelbare Auswirkungen § 4 V TVG eingreifen kann[709]. Kommt es also aus Anlaß einer Verschmelzung zu einer Zerstörung der „Betriebsidentität", so greift § 4 V TVG.

---

707 Hromadka/Maschmann/Wallner Rdnr. Rdnr. 213, Fn. 37; Müko-Schaub § 613a BGB Rdnr. 92

708 Für Betriebsvereinbarungen: Düwell NZA 1996, 393, 399; offen lassend Mengel, 188

709 insoweit zutreffend: Hromadka/Maschmann/Wallner Rdnr. 213, Fn. 37; Müko-Schaub § 613a BGB Rdnr. 92; Willemsen/Hohenstatt, Umstrukturierung Rdnr. E 76; für den rechtsgeschäftlichen Übergang Kempen/Zachert § 3 TVG Rdnr. 57; aA Henssler ZfA 1998, 517, 530, der insoweit offenbar einen generellen Untergang des Firmentarifes annimmt. Das ist aber im Hinblick auf den Schutzzweck des § 4 V TVG, ein inhaltsleeres Arbeitsverhältnis zu verhindern, abzulehnen. Ansonsten müßte jedenfalls mindestens § 612 II BGB eingreifen.

VI. Tarifpluralität bei Übergang des Firmentarifes

Bei kollektiver Fortgeltung des Firmentarifvertrages kommt es grundsätzlich nicht zu Tarifkonkurrenz, da die Fortgeltung bei Umwandlung grundsätzlich nur die übergegangenen Unternehmensteile (d.h. er behält seine Gültigkeit in den zuvor erfaßten Betrieben) selbst erfaßt und keine Ausdehnung auf das Gesamtunternehmen stattfindet. Der Arbeitgeber ist auch nach dem Grundsatz der Tarifeinheit des Bundesarbeitsgerichts nicht gezwungen, in einem Unternehmen einen einheitlichen Firmentarif abzuschließen[710]. Das ergibt sich aus dem bereits dargestellten kollektiven Bezugsrahmen des Firmentarifes, der eben nicht das Unternehmen, sondern der Betrieb ist[711].
Das Problem von Tarifkonkurrenz kann aber dann entstehen, wenn die Umwandlung zur Kollision zwischen Verbands- und Firmentarif führt, weil z.B. ein Unternehmen mit Firmentarif zur Aufnahme mit einem verbandstarifgebundenen Unternehmen verschmolzen wird. Der Verbandstarif gilt dann grundsätzlich unternehmensweit, weil sich dessen Anwendungsrahmen allein durch den fachlichen Geltungsbereich bestimmt .
Nach der Rechtsprechung des Bundesarbeitsgerichts ist sowohl Tarifkonkurrenz als auch Tarifpluralität nach dem Prinzip der Tarifeinheit zu lösen, was vor allem mit Gründen der Rechtssicherheit und Rechtsklarheit gerechtfertigt wird[712]. Nach dem Spezialitätsprinzip soll der Fimentarif grundsätzlich dem Verbandstarif vorgehen, weil dieser eine geringere Reichweite hat und eine „individuellere" Regelung für den einzelnen Betrieb enthält[713].
Daraus folgt, daß der Firmentarif begrenzt auf seinen ursprünglichen Geltungsbereich erhalten werden kann. Umgekehrt verdrängt dieser jedoch nicht die Erweiterung seines Anwendungsbereiches auf den Verbandstarif, da sein Anwendungsbereich durch Auslegung diesen Teil des Unternehmens nicht erfaßt. Etwas anderes gilt auch dann nicht, wenn man das Spezialitätsprinzip bei unterschiedlichen Normgebern ablehnt. In diesem Fall soll dann nach der jeweils näheren Legitimation (Kriterium der intensiveren Legitimation) gefragt werden[714], so daß der Firmen- bzw. Verbandstarif in seinem ursprünglichen Geltungsbereich erhalten bleibt. Problematischer wäre alleine die Fallkonstellation, in der die Umwandlung mit einer organisatorischen Auflösung von Betrieben ver-

---

710 BAG DB 1997, 731, 733

711 unter diesem Aspekt halten das aber Gussen/Dauck Rdnr. 372 unter Berufung auf Buchner ZfA 1995, 95, 106 und dessen Auffassung vom Unternehmensbezug für möglich und wollen u.a. auch deshalb eine kollektive Fortgeltung ausschließen.

712 ständige Rspr. BAG 22.2.57; 26.2.57; 24.9.75, 29.11.78; AP Nr. 2, 3, 11, 12 zu § 4 TVG Tarifkonkurrenz; 27.8.86; 24.1.90 AP Nr. 70, 126 zu § 1 Tarifverträge Bau; 14.6.89; 22.9.93; 26.1.94 AP Nr. 16, 21, 22 zu § 4 TVG Tarifkonkurrenz

713 BAG 20.3. 91 AP Nr. 20 zu § 4 TVG Tarifkonkurrenz; Hromadka/Maschmann/Wallner Rdnr. 143

714 Kempen/Zachert § 4 TVG Rdnr. 136

bunden ist, mithin die „Betriebsidentität" nicht erhalten bleibt. In diesem Fall könnte es bei kollektiver Weitergeltung zu Tarifpluralität (bei entsprechender Doppelmitgliedschaft auf Arbeitnehmerseite auch Tarifkonkurrenz) kommen, so daß in einem Betrieb zwei Tarifverträge gelten würden[715]. Nach der Rechtsprechung des Bundesarbeitsgerichts soll dieses nach dem Prinzip der Tarifeinheit nicht möglich sein[716]. Indessen ist nach hier vertretener Auffassung in diesem Fall wegen Wegfalls des kollektiven Bezugsrahmens eine kollektive Fortgeltung ohnehin ausgeschlossen, so daß das Problem bei Umwandlungen vermieden wird.

[715] Innerhalb der DGB-Gewerkschaften wird das durch das Industrieverbandsprinzip und das Prinzip „ein Betrieb - eine Gewerkschaft" gemäß §§ 15, 16 der DGB Satzung allerdings weitgehend vermieden - woraus letztlich das Prinzip der Tarifeinheit entwickelt wurde (vgl. BAG 29.3.57 AP Nr. 4 zu § 4 Tarifkonkurrenz; Kempen/Zachert § 4 TVG Rdnr. 119). Denkbar ist eine Doppelmitgliedschaft oder zumindest Tarifpluralität aber bei Kollisionen mit anderen Gewerkschaften etwa der DAG. Durch den geplanten Zusammenschluß u.a. mit der ÖTV zu einer Dienstleistungsgewerkschaft („Ver.di") dürften diese Probleme aber an Bedeutung verlieren.

[716] vgl. zuletzt BAG 20.3.91 AP Nr. 20 zu § 4 TVG Tarifkonkurrenz. Für den Fall der Tarifpluralität, bei dem es zur Geltung unterschiedlicher Tarifverträge in unterschiedlichen Arbeitsverhältnissen kommt, ist diese Rechtsprechung in der Literatur im Hinblick auf die damit verbundene Beschränkung der Koalitionsfreiheit stark bestritten: Däubler, Tarifvertragsrecht Rdnr. 1502 ff.; Kempen/Zachert § 4 TVG Rdnr. 118; Löwisch/Rieble § 4 TVG Rdnr. 290. Für den Fall der Tarifkonkurrenz ist das hingegen unbestritten, weil nur ein Tarifvertrag ein Arbeitsverhältnis gestalten kann

E. Individualrechtliche Fortgeltung von Tarifverträgen

I. Die Transformation in den Einzelarbeitsvertrag

Soweit bei Tarifverträgen keine kollektive Fortgeltung möglich ist, verweist § 324 UmwG auf § 613a I S. 2-4 BGB. Es kommt damit zur Transformation in individualarbeitsrechtliche Normen.

1) Beschränkung der Transformation auf Inhaltsnormen ?

Vom Wortlaut der Vorschrift des § 613a I S. 2-4 BGB her werden grundsätzlich nur Inhaltsnormen in das Einzelarbeitsverhältnis transformiert, weil diese ohne weiteres auch einzelvertraglich vereinbart werden können[717]. Eine solche enge Auslegung setzt sich jedoch in zweierlei Hinsicht Vorwürfen aus.
Zum einen ist damit nur eine höchst unvollständige Umsetzung der Richtlinie 77/187 EWG bzw. 98/50 EG verbunden, da diese ausdrücklich vom Aufrechterhalten der Arbeitsbedingungen eines Kollektivvertrages in gleichem Umfang spricht und eine solche Differenzierung daher gerade nicht enthält[718]. In europarechtskonformer Auslegung ist daher grundsätzlich eine möglichst weitgehende Transformation von Normen in das Einzelarbeitsverhältnis anzustreben[719]. Zum anderen verkürzt die Beschränkung auf Inhaltsnormen die positive Koalitionsfreiheit und den Vertrauensschutz der Arbeitnehmer, weil entsprechende Ansprüche, die nicht auf Inhaltsnormen beruhen, damit grundsätzlich ab dem Zeitpunkt der Umwandlung nicht mehr bestehen. Der Inhalt von Tarifverträgen ist jedoch unabhängig von der Zuordnung zu einer Normgruppe Ausdruck koalitionsmäßiger Betätigung, so wird der Arbeitnehmer auf die Gewährung einer Zusatzversorgung (gemeinsame Einrichtung) oder von tariflichem Kündigungsschutz (Beendigungsnorm) kein geringeres Vertrauen haben können, als auf Gewährung von Ansprüchen aus Inhaltsnormen. Insoweit gebietet die positive Koalitionsfreiheit und den damit erworbenen Vertrauensschutz der Arbeitnehmer eine möglichst weitgehende Aufrechterhaltung anzustreben. Von diesen Grundsätzen wird für die nachstehende Auslegung ausgegangen.

---

[717] Kempen/Zachert § 3 TVG Rdnr. 56; Müko-Schaub § 613a BGB Rdnr. 133; Hanau/Vossen FS Hilger/Stumpf 291; Gussen/Dauck Rdnr. 202; Moll RdA 1996, 275, 277; Löwisch/Rieble § 3 TVG Rdnr. 83; Seiter DB 1980; 878; Waas: in Weiss/Gagel § 18 A Rdnr. 77; Oetker in: Wiedemann § 3 TVG Rdnr. 193
[718] Zöllner DB 1995, 1401; v. Alvensleben, 337; Löw, Betriebsveräußerung, 70; Däubler, Tarifvertragsrecht Rdnr. 1541
[719] siehe S. 84

2) partielle Fortgeltung des Tarifvertrages ?

In neuerer Zeit ist wegen der Mängel des Transformationskonzeptes im Hinblick auf den Rechtsverlust außerhalb von Inhaltsnormen durch § 613a I S. 2-4 BGB von *Zöllner* erwogen worden, über § 613a I S. 2-4 BGB eine normative Weitergeltung, beschränkt auf die Arbeitsverhältnisse, die bereits vor der Umwandlung bestanden haben, anzunehmen. Er geht davon aus, daß der abweichende Gesetzeswortlaut nicht erheblich sei, weil der Gesetzgeber ergebnisbezogen Rechtswirkungen beschreibe, jedoch nicht die Konstruktion. Konstruktiv kenne das Tarifvertragsrecht seit langem die Nachwirkung § 4 V TVG, die ebenfalls kollektiven Charakter hat. Für die individualrechtliche Konstruktion bestehe kein Bedürfnis[720].

Diese Ansicht ist mit dem Wortlaut des § 613a I S. 2-4 BGB nicht vereinbar[721]. Der Gesetzgeber hat ausdrücklich eine individualrechtliche Konstruktion gewählt und dies durch den Wortlaut zum Ausdruck gebracht. Ausdrücklich heißt es:

„Sind diese Rechte und Pflichten in einem Tarifvertrag oder durch eine Betriebsvereinbarung geregelt, so werden sie zum Inhalt des Einzelarbeitsvertrages...".

Der mögliche Wortsinn bildet aber die Schranke jeder Auslegung[722], so daß teleologische oder sonstige Erwägungen an sich ausscheiden. Etwas anderes könnte nur bei einer verdeckten Lücke gelten[723], für die aber Anhaltspunkt fehlen. Insbesondere durch die systematische Stellung des § 613a BGB eben im bürgerlichen Gesetzbuch hat der Gesetzgeber das Transformationskonzept des § 613a I S.2-4 BGB deutlich zum Ausdruck gebracht. Motiv war außerdem die Vermeidung eines Verstoßes gegen die negative Koalitionsfreiheit, gerade deshalb hat der Gesetzgeber die individualrechtliche Lösung gewählt[724]. Nach wie vor bestehen auch Zweifel an der verfassungsrechtlichen Zulässigkeit einer kollektiven Lösung, weil es an der sachlichen Legitimation für die Unterwerfung des „neuen" Arbeitgebers fehlen soll[725]. Tatsächlich sind diese Befürchtungen unberechtigt, da die negative Koalitionsfreiheit durch eine Jahresfrist (aufgrund des Schutzes der positiven Koalitionsfreiheit, die ihren Ausdruck in dem Tarifvertrag findet) beschränkbar wäre und der Nachfolger die Arbeitsplätze als Regelungssubstrat des Tarifvertrages freiwillig übernimmt. Die Legitimation kann dabei - wie bei § 613a I S. 2-4 BGB – auch auf Gesetz beruhen, weil Art. 9 III GG auch in diesem Rahmen

---

720 Zöllner DB 1995, 1401, 1402

721 im Ergebnis auch Müller-Ehlen, 114 allerdings mit der unzutreffenden Begründung, daß die Transformation nach § 613a BGB I S. 2-4 BGB keine richtlinienwidrigen Lücken aufweise. Im Ergebnis ebenso mit teleolgischer und historischer Argumentation: Skuderis, 61 ff.

722 Larenz, Methodenlehre, 344

723 Canaris, die Feststellung von Lücken im Gesetz, 136

724 Seiter, Betriebsinhaberwechsel, 96 f.

725 Skuderis, 86

durch andere Grundrechte beschränkbar ist. Im übrigen führt § 613a I S. 2-4 BGB zu einer einzelvertraglich-zwingenden Wirkung, die im Ergebnis einer kollektiven Fortgeltung im Sinne einer einzelvertraglichen Unterwerfung gleichkommt.

Das ändert aber nichts daran, daß der Wortlaut des § 613a I S. 2-4 BGB in diesem Zusammenhang eindeutig ist. Allerdings ist *Zöllner* hier zuzugeben, daß das Transformationskonzept des deutschen Gesetzgebers außerhalb von Inhaltsnormen zu nicht mit Art. 3 III der Richtlinie 98/50 EG zu vereinbarenden Rechtsverlusten führen kann, weil diese von in einem „Kollektivvertrag vereinbarten Arbeitsbedingungen" ausgeht. Nationales Recht kann aber im Privatrecht nur richtlinienkonform ausgelegt werden. Hier müßte § 613a I S. 2-4 BGB über den Wortlaut und gegen Motive und Systematik ausgelegt werden, was letztlich zu einer Direktwirkung von Richtlinien führen würde. Eine solche Direktwirkung bewirkt aber nur Ansprüche gegen den Mitgliedsstaat, der eine Richtlinie nicht oder unvollständig umgesetzt hat. Eine Direktwirkung unter Privaten ist dagegen ausgeschlossen, denn diese sind nicht Adressat europäischer Richtlinien (Art. 189 III a.F. EGV = Art . 249 III EGV). Dementsprechend lehnt der EuGH eine sog. „Direktwirkung" unter Privaten ab[726]. Diese führt allenfalls zu Staatshaftungsansprüchen gegen den Staat, nämlich dann, wenn der Verstoß hinreichend qualifiziert ist, die Richtlinie den Schutz des Einzelnen bezweckt, und der Schaden direkt durch die mangelnde Umsetzung der Richtlinie verursacht worden ist. Auf ein Verschulden kommt es – entgegen etwa § 839 BGB – nicht an[727]. Insoweit kann die mangelnde Umsetzung der Richtlinie 98/50 EG[728] zu Staatshaftungsansprüchen führen, wenn dem Arbeitnehmer richtlinienwidrig durch die individualrechtliche Transformation Ansprüche verloren gehen würden, da die Richtlinie ja gerade den Schutz der Arbeitnehmer und damit des einzelnen bezweckt.

Da die Mitgliedsstaaten zur Umsetzung von EU-Richtlinien verpflichtet sind, können sie sich gegenüber ihren Bürgern nach Ablauf der jeweiligen Umsetzungsfrist nicht darauf berufen, daß die Richtlinie noch nicht oder nicht vollständig umgesetzt sei. Es kommt insoweit zu einer sog. Direktwirkung von Richtlinien, wenn die Richtlinie hinreichend bestimmt ist und der einzelne Rechte aus ihr herleiten kann. Für den Bereich der des Arbeitsrechts bedeutet dies, daß Richtlinien gegenüber öffentlichen Arbeitgebern unmittelbar gelten können. Die zwingende Weiterwirkung von Kollektivverträgen für ein Jahr „in gleichem Maße" läßt sich auch direkt aus Art. 3 III der Richtlinie entnehmen,

---

726 EuGH Marshall I Slg. 1986, 723, 749

727 EuGH Francovich Slg. 1991, 5337

728 Die Umsetzungsfrist der Richtlinie 98/50 EG läuft allerdings erst am 17. Juli 2001 ab. Bis dahin kann für die hiesige Problematik nur auf die mangelnde Umsetzung des „Vorgängers" Richtlinie 77/187 EWG zurückgegriffen werden, die jedoch hinsichtlich der Fortgeltung von Kollektivverträgen in Art 3 II (nunmehr Art. 3 III Richtlinie 98/50 EG) eine weitgehend identische Regelung vorsieht.

so daß sich daraus grundsätzlich eine Direktwirkung ergeben kann[729]. Insoweit bliebe die Direktwirkung der Richtlinie 98/50 EG - soweit § 613a I S. 2-4 BGB Transformationslücken enthält – gegenüber öffentlichen Arbeitgebern zu erwägen. Die Richtlinie 77/187 EWG bzw. 98/50 EG gilt auch gegenüber öffentlichen Arbeitgebern, weil die Richtlinie für den Anwendungsrahmen in Art 1 I a alleine auf den Tatbestand eines Überganges von Unternehmen, Betrieben oder Unternehmens- bzw. Betriebsteilen auf einen anderen Inhaber abstellt, ohne zwischen öffentlichen Rechtsträgern und Privaten zu differenzieren[730]. Maßgebend ist, ob eine Einheit wechselt, die eine wirtschaftliche Tätigkeit ausübt und damit als Unternehmen im Sinne des Gemeinschaftsrechts angesehen werden kann, ohne daß eine Ausrichtung auf Gewinnerzielung vorliegen muß. Die öffentlich-rechtliche Struktur ist dabei ohne Belang, wenn die erbrachten Leistungen von allgemeinem wirtschaftlichen Interesse sind und nicht notwendig, d.h. ihrer sachlichen Eigenart nach nur von einer öffentlich-rechtlichen Stelle erbracht werden können[731]. Für Umwandlungen ist für eine Direktwirkung vor allem an Privatisierungen in Form der Spaltung oder an die Rücknahme der von Privatisierungen mittels Vermögensübertragung zu denken, da hier bereits durch die geplante oder zurückgenommene Übertragung auf einen privatrechtlichen Rechtsträger zum Ausdruck gebracht wird, daß die Aufgabe nicht zwingend öffentlich-rechtlich erledigt werden muß. Aus demselben Aspekt folgen allerdings zunächst auch Bedenken hinsichtlich einer Direktwirkung, weil es sich jeweils auch um privatrechtliche Rechtsträger handelt und nicht nur um öffentlich-rechtliche, d.h. prototypisch staatliche. Zum anderen bedient sich der Staat als Arbeitgeber gerade auch einer privatrechtlichen Handlungsform. Der EuGH verwendet jedoch für Direktwirkung im Hinblick auf den beabsichtigten Sanktionscharakter einen sehr weiten Begriff von Staat. Staat im Sinne einer Anwendbarkeit der Direktwirkung von Richtlinien ist jede Einrichtung, unabhängig von ihrer Rechtsform, die kraft staatlichen Rechtsakts unter staatlicher Aufsicht eine Dienstleistung im öffentlichen Interesse zu erbringen hat und hierzu mit besonderen Rechten ausgestattet ist, die über das, was zwischen Privaten gilt, hinausgehen[732]. Dementsprechend können auch juristische Personen des Privatrechts, wenn sie öffentliche Aufgaben erfüllen, von der Direktwirkung von Richtlinien erfaßt werden, so daß eine Umwandlung zwischen öffentlichen und privaten Rechtsträgern kein Hindernis bilden kann[733]. Für den Bereich des Arbeitsrechts hat EuGH dies für die „British Gas plc." im Hinblick auf eine unterschiedliche Behand-

---

[729] Blanke/Trümner u.a., Handbuch Privatisierung Rdnr. 591
[730] Blanke/Trümner u.a., Handbuch Privatisierung Rdnr. 478
[731] EuGH Komission/Vereinigtes Königreich Slg. 1994, I 2435
[732] EuGH Foster/British Gas Slg. 1990, I 3313 = DB 1990, 2428
[733] Blanke/Trümner u.a., Handbuch Privatisierung Rdnr. 591; von der Groeben-Schmidt Art. 189 EGV Rdnr. 40; Schick, Europäisches Arbeitsrecht, 34

lung von Frauen und Männern bei der Entlassung entschieden (Richtlinie 76/207 EWG)[734]. Die Klägerin war von ihrem Arbeitgeber mit 60 – Erreichen der Altersgrenze – gekündigt worden, während Männer erst mit 63 entlassen wurden. Die Entlassung war deshalb unmittelbar gegenüber dem Arbeitgeber unwirksam. Eine solche Direktwirkung kommt jedoch erst dann in Betracht, wenn eine europarechtskonforme Auslegung des § 613a I S. 2-4 BGB im Hinblick auf eine möglichst weitgehende Erhaltung der Ansprüche nicht zum selben Ziel führt. Der nationale Gesetzgeber ist hinsichtlich des Umsetzungsmittels grundsätzlich nicht gebunden (Art. 189 II EGV a.F. = Art 249 II EGV n.F.), so daß der individualrechtliche Charakter des § 613a I S. 2-4 BGB als solcher nicht zu beanstanden ist. Bindung besteht nur hinsichtlich des Zieles[735]. Insoweit ist zunächst zu jeweils prüfen, ob nicht im Rahmen der Auslegung des § 613a I S. 2-4 BGB den europarechtlichen Anforderungen genügt werden kann, wobei dann aber über die bloße Transformation von Inhaltsnormen hinausgegangen werden muß. Ergibt die Auslegung dagegen, daß nach § 613a I S. 2-4 BGB mit der derzeit überwiegenden Meinung weitgehend nur Inhaltsnormen transformiert werden können[736], so ergibt sich gegenüber öffentlichen Arbeitgebern eine Direktwirkung der Richtlinie 98/50 EG. Im folgenden soll die Möglichkeit der Auslegung von § 613a I S. 2-4 BGB untersucht werden.

3) Abschlußnormen

Bei Abschlußnormen wird gegenwärtig eine Transformation überwiegend verneint. Das Hauptargument liegt darin, daß Abschlußnormen sich nicht auf bereits begründete, sondern auf zukünftige Arbeitsverhältnisse auswirken[737]. Zutreffend an dieser Betrachtung ist zwar, daß die Vorschrift des § 613a BGB nicht dem Schutz neu eingestellter Arbeitnehmer dient, diese werden von § 613a I S. 2-4 BGB nicht erfaßt, weil dieser kein entsprechendes Vertrauen aufbauen konnte[738]. Andererseits können Abschlußnormen im Einzelfall aber auch dem Bestandsschutz vorhandener Arbeitsverhältnisse dienen. Das betrifft eine Vielzahl der in Tarifverträgen enthaltenen Abschlußgebote. Wird etwa in einem Tarifvertrag den Auszubildenden eine (meist) befristete Übernahme zugesichert, so handelt es sich durchaus um den Bestandsschutz eines vorhandenen Vertragsverhältnisses. Eine individualrechtliche Weitergeltung von Abschlußnormen ist

---

734 EuGH Foster/British Gas Slg. 1990, I 3313 = DB 1990, 2428

735 EuGH Emmot/Minister for Social Welfare and Attorney General Slg 1991, I, 4269; EuGH Kommission/Deutschland Slg 1995, I 2303

736 Binkert JZ 1979, 751; Hanau/Vossen FS Hilger/Stumpf, 271, 291; Müko-Schaub § 613a BGB Rdnr. 142; Löwisch/Rieble 3 TVG Rdnr. 83; Seiter DB 1980, 878

737 Erman-Hanau § 613a BGB Rdnr. 87; Hanau/Vossen FS Hilger/Stumpf, 271, 290; MüchArbR-Wank § 120 Rdnr. 177; Seiter DB 1980, 877, 878

738 Müko-Schaub § 613a BGB Rdnr. 159

auch grundsätzlich zu bejahen, wenn sie im Zusammenhang mit einem ruhenden oder unterbrochenen Arbeitsverhältnis stehen, weil sich auch hier am Bestandsschutzgedanken des § 613a I S. 2-4 BGB anknüpfen läßt[739]. Der Arbeitnehmer soll durch die Umwandlung nicht schlechter, aber nicht bessergestellt werden Zu beachten ist dabei lediglich, daß der neue bzw. übernehmende Rechtsträger in die Rechtsstellung des „alten" Rechtsträgers nur in eben dem Umfang eintritt, in der diese vorher bestanden hat[740]. Danach lassen sich Regelungen transformieren, die Arbeitnehmern nach Ablauf eines tariflichen Erziehungsurlaubes einen Anspruch auf Wiedereinstellung zubilligen[741]. In den Bestandsschutzgedanken fallen damit auch Beförderungsregelungen, soweit der Einzelne dabei bereits einen festen Rang erhalten hat, so z.B. bei Regelungen, die eine Beförderung nach Seniorität vorsehen.
Nicht mehr dem Bestandsschutzgedanken dienen aber solche Abschlußgebote, mit denen über das konkrete Arbeitsverhältnis hinaus übergeordnete Ziele verfolgt werden, wie etwa Quotenregelungen zur Erhöhung des Frauenanteiles[742], weil hier kein konkret zu schützender Vertrauenstatbestand innerhalb eines einzelnen bereits bei Betriebsübergang bestehenden oder nur unterbrochenen Arbeitsverhältnisses vorliegt, sondern es um den Abschluß zukünftig unbestimmter Arbeitsverhältnisse geht. Für zukünftige Regelungen greift der Bestandsschutz des § 613a I S. 2-4 BGB nicht, entsprechendes läßt sich auch nicht aus der Richtlinie 98/50 EG entnehmen, weil auch deren Regelung in Art. 3 III nur einen statischen Bestandsschutz hinsichtlich der „Arbeitsbedingungen" vorsieht.

4) Beendigungsnormen/Verhältnis zu § 323 I UmwG

Bei Beendigungsnormen ist im Hinblick auf den Bestandsschutzgedanken ebenfalls eine erweiternde Auslegung geboten. Dies folgt aus dem mit Beendigungsnormen üblicherweise verfolgten Schutzzweck. Meist geht es um die Verbesserung des gesetzlichen Kündigungsschutzes, d.h. etwa den Ausschluß der ordentlichen Kündigung (vgl. z.B. § 53 BAT) oder um die Beschränkung von Befristungen. Inhalt ist also regelmäßig die Erhöhung des mit § 613a BGB ja gerade ebenfalls verfolgten Bestandsschutzgedankens. Es wäre deshalb teleologisch geradezu widersinnig, Beendigungsnormen als nicht von der Transformation erfaßt anzusehen. Das entspricht insoweit auch den Vor-

---

739 im Ergebnis ebenso: Däubler, Tarifvertragsrecht Rdnr. 1538, Müko-Schaub § 613a BGB Rdnr. 154; Gussen/Dauck Rdnr. 204; RGRK-Ascheid § 613a BGB Rdnr. 193; Moll RdA 1996, 275, 277; Waas, 34
740 Waas, 34
741 vgl. allgemein zu solchen Regelungen in Tarifverträgen: Zachert, Normalarbeitsverhältnis, 114 ff
742 zu verschiedenen Quotenmodellen vgl. Pfarr, Frauenförderung, 201 ff., zur Einordnung als Abschlußnorm Kempen/Zachert § 1 TVG Rdnr. 29

gaben der Richtlinie 98/50 EG, weil sich entsprechende Regelungen schwerlich vom Begriff der „Arbeitsbedingungen" trennen ließen. Dieser Schutzgedanke greift allerdings nicht immer zugunsten des Arbeitnehmers, weil etwa Kündigungsfristen tarifvertraglich nicht nur verlängert, sondern auch verkürzt werden können (§ 622 IV BGB). Auch tarifliche Altersgrenzen dienen eher dem Schutz des Arbeitgebers, da dieser das Arbeitsverhältnis sonst nur über eine Kündigung beenden könnte und ihn hierbei regelmäßig das Risiko der sozialen Rechtfertigung treffen würde. Aufgrund des Regelungscharakters ergibt sich ohnehin eine starke Nähe zu Inhaltsnormen, so daß sich auch daraus die Möglichkeit der Transformation ergibt[743]. Daher werden auch Beendigungsnormen in das Einzelarbeitsverhältnis transformiert. Nach § 613a BGB I S.2-4 gelten diese Regelung grundsätzlich für ein Jahr individualrechtlich weiter. Das UmwG enthält jedoch zur „kündigungsrechtlichen Stellung" in § 323 UmwG eine eigenständige Regelung. Nach § 323 UmwG verschlechtert sich die kündigungsrechtliche Stellung eines Arbeitnehmers, der vor dem Wirksamwerden einer Spaltung oder einer Teilübertragung zu dem übertragenden Rechtsträger in einem Arbeitsverhältnis steht, aufgrund der Spaltung oder einer Teilübertragung für die Dauer von zwei Jahren ab dem Zeitpunkt ihres Wirksamwerdens nicht. Insoweit ist zweifelhaft, ob unter die Regelung des § 323 UmwG auch der tarifliche Kündigungsschutz fällt, so daß für diesen ebenfalls die zweijährige Schutzfrist gelten würde.

Der Wortlaut spricht nur allgemein von kündigungsrechtlicher Stellung und nicht etwa von „kündigungschutzrechtlicher Stellung", so daß eine entsprechende Auslegung auch auf tariflichen Kündigungsschutz nach dem Wortlaut möglich ist und mit diesem Argument auch bejaht wird[744]. Aus der Gesetzesbegründung ergibt sich als gedachter Anwendungsfall, daß die weitere Anwendung des Kündigungsschutzgesetzes bei Spaltungen sichergestellt werden soll, auch wenn der neue Arbeitgeber die dafür notwendige Beschäftigtenzahl des § 23 I KSchG nicht erreicht[745]. Das hatte vor allem im Rahmen der Heraufsetzung der erforderlichen Beschäftigtenzahl nach § 23 I KSchG auf 10 Arbeitnehmer erhebliche Bedeutung, die durch Rücknahme der Regelung auf 5 Arbeitnehmer (§ 23 KSchG n.F.) nun wieder entsprechend abgenommen hat. Im Hinblick auf die Gesetzesbegründung wird zum Teil eine restriktive Auslegung alleine auf die (weitere) Anwendbarkeit des KSchG befürwortet[746]. Eine solche enge Auslegung ist jedoch mit dem Wortlaut bereits nicht vereinbar, denn dieser spricht allgemein von kündi-

---

743 Gussen/Dauck Rdnr. 205; Skuderis, 115

744 Bachner/Köstler/Trittin/Trümner, 148; Lutter § 323 UmwG-Joost Rdnr. 9; Gussen/Dauck Rdnr. 325

745 BR-Drucksache 75/94, 78

746 Bauer/Lingemann NZA 1994, 1037, 1060; Kreßel BB 1995, 925, 928.

gungsrechtlicher Stellung und nicht von nur von weiterer Anwendung des KSchG [747]. Im übrigen besteht hinsichtlich eines einzelnen Normanwendungsfalles, der Motiv für die Schaffung eines bestimmten Gesetzes war, keine Bindungswirkung bei der Auslegung, weil sich die Vorstellungen immer nur auf einige, aber nicht auf alle Normanwendungsfälle erstrecken können[748].

Daher ist eine Anwendung des § 323 UmwG auch auf tariflichen Kündigungsschutz möglich. Möglich wäre nunmehr allenfalls noch eine Verdrängung durch die Jahresfrist des § 613a I S. 2-4 BGB, die mit dem Argument einer Spezialregelung in der Literatur angenommen wird[749]. Dem kann nicht gefolgt werden. § 324 UmwG bringt durch die Formulierung „bleibt unberührt" den generellen Auffangcharakter der Verweisung auf § 613a BGB zum Ausdruck[750]. Der Gesetzgeber hat durch § 323 UmwG demgegenüber aber eine spezielle Regelung für die kündigungsschutzrechtliche Stellung geschaffen, die somit nicht durch einen Auffangtatbestand verdrängt werden kann. Daher ist § 323 UmwG gegenüber § 613a BGB die speziellere Norm. Zweifelhaft ist indessen, ob § 323 UmwG hinsichtlich des tariflichen Kündigungsschutzes die Transformation in den Einzelarbeitsvertrag generell verhindert und diese Normen „isoliert" als Kollektivnormen auch bei ansonsten erfolgter Transformation bestehen läßt. Damit soll vor allem die Verschlechterungsmöglichkeit durch einen anderen Tarifvertrag im Hinblick auf die Rechtsprechung des Bundesarbeitsgerichts zum Vertrauensschutz für erworbene tarifliche Ansprüche begrenzt werden[751].

Eine solche Konstruktion ließe sich vor dem Hintergrund des Auffangcharakters der „Unberührt Formel" des § 324 UmwG zunächst durchaus denken, wenn sich aus § 323 I UmwG tatsächlich eine kollektive Fortgeltung entnehmen ließe. Der Wortlaut der Vorschrift trifft keine Aussage über den Normcharakter des Kündigungsschutzes, sondern erhält ihn lediglich inhaltlich für zwei Jahre. Der Gesetzgeber ist (allerdings fehlerhaft) ohnehin von einer generellen Geltung des § 613a BGB für Tarifverträge bei Umwandlungen ausgegangen[752]. Ausweislich der Materialien zu § 323 I UmwG ging es im Gesetzgebungsverfahren im übrigen nur um die Länge der Frist, aber nicht darum, isoliert von § 613a I S. 2-4 BGB eine kollektive Fortgeltung von Beendigungsnormen zu erhalten. Dabei war zunächst eine Frist von einem Jahr (also entsprechend § 613a I S. 2-4

---

[747] Trittin AiB 1996, 356; Bachner NJW 1995, 2881, 2884; Dehmer § 323 Rdnr. 6; ErfK-Preis § 323 UmwG Rdnr. 3

[748] Larenz, Methodenlehre, 344

[749] Bauer/Lingemann NZA 1994, 1037, 1060; Kreßel BB 1995, 925, 928; Schnitker, 111

[750] zum Firmentarif bei Verschmelzung BAG 24.6.98 AP Nr. 1 zu § 20 UmwG, widersprüchlich insoweit Schnitker aaO., der § 324 UmwG bei Betriebsvereinbarungen als Auffangregel verstehen will

[751] Bachner/Köstler/Trittin/Trümner, 148

[752] BR-Drucksache 75/94, 78; zum Vorrang kollektiver Weitergeltung: BAG 24.6.98 AP Nr. 1 zu § 20 UmwG

BGB) vorgesehen, die auf Vorschlag des Vermittlungsausschusses auf 2 Jahre verlängert wurde[753]. Auch systematisch ist eine solche „Splittung" nicht überzeugend, weil sie zu einer teils kollektiven, teils individualrechtlichen Fortgeltung führt, die in Anbetracht der ohnehin im Rahmen von § 613a I S. 2-4 BGB bestehenden Probleme nunmehr vollends unbeherrschbar wird. Der mit einer kollektiven Weitergeltung verfolgte Zweck der Anwendung der Rechtsprechung des Bundesarbeitsgerichts für bereits erworbene Rechte[754] läßt sich auch über § 613a I S. 3 bei Ablösung durch einen anderen Tarifvertrag berücksichtigen, da auch hier in verfassungskonformer Auslegung der Grundsatz des Vertrauensschutzes einfließt[755].
Damit ist von den allgemeinen Grundsätzen für kollektive und individualrechtliche Weitergeltung auszugehen. Soweit tarifrechtlich damit keine kollektive Fortgeltung möglich ist (§ 3 I, 3 III TVG), gelten Normen über die kündigungsrechtliche Stellung nicht kollektiv weiter, sondern werden mit 2-jähriger Bestandsfrist § 323 I UmwG in den Einzelarbeitsvertrag transformiert.

5) Betriebsnormen

Nach dem hier vertretenen weiten Verständnis des Begriffes „Arbeitsbedingungen" im Sinne der Richtlinie fallen betriebs- und betriebsverfassungsrechtliche Normen ebenfalls unter diesen Begriff der Richtlinie 77/187 EWG bzw. 98/50 EG[756]. Betriebliche Normen können Fragen der Ordnung des Betriebes, betriebliche Einrichtungen, aber auch die Gestaltung des Arbeitsprozesses betreffen. Im Unterschied zu Inhalts-, Abschluß- und Beendigungsnormen gelten sie wie betriebsverfassungsrechtliche Normen für alle Arbeitnehmer eines tarifgebundenen Arbeitgebers (§ 3 II TVG). Bei Betriebsnormen wird deshalb überwiegend eine Transformation in das Einzelarbeitsverhältnis abgelehnt, weil diese aufgrund ihres Charakters auch für neu eingestellte Arbeitnehmer gelten müßten und eine Transformation damit konstruktiv unmöglich sei[757]. Das kann jedenfalls dann nicht gelten, wenn eine Betriebsnorm ihrem Charakters nach gleichzeitig eine Inhaltsnorm ist (z.B. Rauchverbot), die den Schutz der betroffenen Arbeitnehmer mit garantieren soll und die damit auch individuell durch Erfüllungsklage durchge-

---

[753] BT-Drucksache 12/7850, 145, auf Vorschlag der SPD regierten Bundesländer wurde die Frist im Vermittlungsverfahren auf 2 Jahre verlängert.
[754] Bachner/Trittin/Köstler/Trümner, 148
[755] vgl. S. 88 ff.
[756] vgl. S. 85; aA KR-Pfeiffer § 613a BGB Rdnr. 91 c, Hanau/Vossen FS Hilger Stumpf, 271, 290; Debong, 41 ff.
[757] Löwisch/Rieble § 3 TVG Rdnr. 83; Binkert JZ 1979, 751 mit Einschränkung: Gussen/Dauck Rdnr. 213 ff. Hanau/Vossen FS Hilger Stumpf, 271, 290; Müko-Schaub § 613a BGB Rdnr. 211; Waas, 50

setzt werden kann[758]. Diese Auslegung trägt aber nur ausnahmsweise, da aufgrund der Erstreckung von Betriebsnormen auf die Nichtarifgebundenen der Begriff der Betriebsnorm (noch dazu, wenn eine Doppelnatur vorliegen soll) grundsätzlich restriktiv auszulegen ist und im Zweifel jedenfalls alleine als Inhaltsnorm zu qualifizieren ist. Das ergibt sich aus den Bedenken wegen eines Verstoßes gegen die negative Koalitionsfreiheit dieser Normengruppe, weil sie auch nicht Tarifgebundene erfaßt[759]. Das kann unter Berücksichtigung der Beschränkbarkeit durch andere Grundrechte (d.h. hier das aus Art. 9 III GG stammende Recht der Tarifvertragsparteien zur tariflichen Normsetzung) der negativen Koalitionsfreiheit generell nur bei Beachtung des Grundsatzes der Erforderlichkeit eingreifen[760]. Daraus folgt das Gebot einer engen Auslegung. Den übrigen Vorgaben des Verfassungsrechts im Hinblick auf den Schutz der erworbenen tariflichen Ansprüche sowie des Europarechts könnte aber nur mit einer erweiternden Auslegung genügt werden, die indessen aufgrund der verfassungsrechtlichen Vorgaben ausscheidet. Zutreffend ist allerdings die dieser Auffassung zugrundeliegende Annahme, daß es letztlich auf den Schutz von individualisierbaren Rechtspositionen ankommen muß. Insoweit ist danach zu fragen, ob der Regelungsgegenstand auch durch eine betriebliche Einheitsregelung regelbar wäre. Gegen die Transformation spricht auch nicht die Protokollnotiz des Rates zu Art. 3 II der Richtlinie 77/187 EWG, wonach die Mitgliedsstaaten nicht verpflichtet sind, die Richtlinie auf Pflichten des Veräußerers auszudehnen, die sich ihrem Wesen nach nicht dazu eignen auf den Erwerber überzugehen oder von diesem aufrechterhalten zu werden[761]. Das könnte nur dann gelten, wenn der Übergang von Betriebsnormen tatsächlich konstruktiv unmöglich wäre, was aber angesichts einer individualrechtlichen Möglichkeit über vertragliche Einheitsbedingungen nicht der Fall ist Allerdings ist einzuräumen, daß nicht alle zuvor als Betriebsnormen des Tarifvertrages bestehenden Regelungen nunmehr als vertragliche Einheitsregelungen weitergelten können, wenn etwa Betriebe zusammengelegt werden (Rauchverbot im übernommenen und mit einem anderen Betriebsteil zusammengelegten Betrieb). Insoweit wird hier eine Anwendung von § 325 BGB vorgeschlagen[762]. Dem ist zuzustimmen. Die Richtlinie 98/50 EG enthält hinsichtlich der Zusatzversorgung einen gesetzlich geregelten Fall, in dem der europäische Gesetzgeber einen Übergang auf den neuen Rechtsträger offenbar als nicht zweckmäßig betrachtet und daher hier eine Ausnahme

---

758 Hanau/Vossen FS Hilger/Stumpf, 271, 290; Müko-Schaub § 613a BGB Rdnr. 211 beide im Hinblick auf die erweiternde Auslegung von Wiedemann/Stumpf (5. Aufl. 1977) § 1 TVG Rdnr. 244 ff.

759 BAG 26.4.90 AP Nr. 57 zu Art. 9 GG

760 BVerfGE 94, 268, 287 (Hochschulbefristung) zu Schranken der negativen Koalitionsfreiheit bereits S. 103 ff.

761 zitiert bei Hanau/Vossen FS Hilger/Stumpf, 271, 275, im französischen Originalwortlaut bei v. Alvensleben, 248

762 Kempen/Zachert § 3 TVG Rdnr. 56

von der Übertragung zugelassen hat (Art. 3 IV a). Dieses ist in der Neufassung der Richtlinie nochmals klargestellt worden. Danach ist der nationale Gesetzgeber allerdings verpflichtet, andere geeignete Schutzmaßnahmen ergreifen (Art. 3 IV b)[763]. Andere Regelungen sind neben § 613a I S. 2-4 BGB nicht erfolgt. Insoweit kann dann nur auf das allgemeine Schuldrecht zurückgegriffen werden, so daß den übernehmenden Rechtsträger eine Schadenersatzpflicht gemäß § 325 BGB trifft. Er muß deshalb gemäß § 249 BGB gleichwertige Leistungen für solche Betriebsnormen erbringen, die nicht als vertragliche Einheitsregelungen weitergelten können. Das gilt auch für eine Zusatzversorgung, soweit sie über Betriebsnormen erfolgt, weil auch hier eine anderweitige Regelung ebenfalls fehlt und so der Schutz der Richtlinie letztlich leerlaufen würde[764]. Eine Übertragung auf den Erwerber läßt die Richtlinie im übrigen bei abweichendem nationalen Recht nach wie vor ausdrücklich zu (Art. 3 IV a Einleitungssatz), so daß als Bestandteil dieser Regelung §§ 613a I S. 2-4 BGB bzw. § 325 BGB anzusehen sind. Diese bewirken im übrigen auch nur eine modifizierte Übertragung im Wege der Gewährung einer gleichwertigen Versorgung.

Soweit gegen die Ausweitung auf betriebliche Normen die negative Koalitionsfreiheit des Arbeitgebers wegen einer „indirekten Tarifbindung" angeführt wird[765], so ist dem entgegenzuhalten, daß diese zum einen nicht in ihrem Wesensgehalt (Beitrittszwang) berührt und zum anderen durch die positive Koalitionsfreiheit des Arbeitnehmers beschränkbar ist[766]. Ausdruck dieser koalitionsmäßigen Betätigung sind aber auch betriebliche Normen, die ohne Transformation ggf. „ersatzlos" wegfallen würden und somit die positive Koalitionsfreiheit der Arbeitnehmer in diesem Bereich letztlich unverhältnismäßig einschränken würden. Darüber hinaus ist in diesem Zusammenhang zu beachten, daß § 613a I S. 2 gemäß S. 3 BGB tarifdispositiv ist, wofür im Bereich betriebs- und betriebsverfassungsrechtlicher Normen nach allgemeinem Tarifrecht (§ 3 II TVG) einseitige Tarifbindung des Arbeitgebers ausreicht, so daß ein nur geringer Eingriff in seine Koalitionsfreiheit vorliegt.

---

[763] zum Wortlaut siehe S. 86

[764] B. Gaul BB 1999, 528; nur mit dieser Ausnahme Gussen/Dauck Rdnr. 215 unter dem Gesichtspunkt „wohlerworbener Rechte". Das BAG hat den Schutz unter dieser Begrifflichkeit jedoch aufgeben und stellt stattsdessen vor allelm auf das Rückwirkungsverbot ab BAG 23.11.94 AP Nr. 12 zu § 1 TVG Rückwirkung; Blomeyer/Otto BetrAVG Einl. Rdnr. 643

[765] Gussen/Dauck Rdnr. 209

[766] vgl. ausführlich S. 103 ff.

6) Betriebsverfassungsrechtliche Normen

Betriebsverfassungsrechtliche Normen regeln die Rechtsstellung des Arbeitgebers und des Betriebsrates und können die Beteiligungsrechte des Betriebsrates abweichend gestalten. Aufgrund ihrer Natur gelten sie für alle Arbeitnehmer, wenn der Arbeitgeber tarifgebunden ist (§ 3 II TVG). Überwiegend wird angenommen, daß auch Normen über betriebsverfassungsrechtliche Fragen nicht gemäß § 613a I S. 2 BGB in das Einzelarbeitsverhältnis transformiert werden können, weil diese aufgrund ihrer einheitlichen Geltung nicht auf übernommene Arbeitnehmer beschränkt werden können und dies damit „konstruktiv unmöglich" sei[767]. Konstruktiv ist dies wie bei Betriebsnormen dann nicht „unmöglich", soweit betriebsverfassungsrechtliche Normen auch durch arbeitsvertragliche Einheitsregeln erfaßbar wären, d.h. z.B. die Zustimmung des Betriebsrates bei Kündigungen[768]. In diesem Zusammenhang ist vor allem auch von Bedeutung, daß die Tarifpolitik zunehmend eine Verzahnung von Tarifverträgen und Betriebsvereinbarungen vornimmt, um die geforderte Flexibilität auf Betriebsebene zu erreichen, wie etwa durch den „Leber-Kompromiß" zur Einführung der 35-Stunden Woche in der Metallindustrie, so daß Inhaltsnormen des Tarifvertrages (Arbeitszeitverkürzung) mit betriebsverfassungsrechtlichen Normen (Ausweitung der Mitbestimmung über die Arbeitszeit) kombiniert werden[769]. Das entspricht den bereits dargelegten Anforderungen der Richtlinie 98/50 EG im Hinblick auf den Begriff der „Arbeitsbedingungen" und dem verfassungsrechtlichen Schutz der positiven Koalitionsfreiheit der Arbeitnehmer, die diese auch bei betriebsverfassungsrechtlichen Normen betätigt haben. Soweit ausnahmsweise eine Regelung durch vertragliche Einheitsbedingungen nicht realisierbar ist, wird eine entsprechende Abrede mit dem Betriebsrat (etwa die Regelung der Wochenarbeitszeit bei Ausweitung des Mitbestimmungsrechts nach § 87 I Nr. 2 BetrVG nach Betriebsübernahme oder Zusammenlegung) meist möglich sein[770]. Zu entsprechenden Verhandlungen ist der Arbeitgeber dann aber jedenfalls nach § 613a I S. 2-4 BGB iVm § 325 BGB verpflichtet. Die daraus ggf. resultierende Differenzierung von „alter" und „neuer" Belegschaft wird insoweit durch § 613a I S. 2-4 BGB spezialgesetzlich gedeckt. Der Arbeitgeber kann jedoch im Hinblick auf das Vereinheitlichungsinteresse nach § 613a I S. 3 BGB im übrigen von der Ablösungsmöglichkeit durch einen anderen Tarifvertrag bzw. eine Betriebsvereinbarung Gebrauch machen.

---

767 Müko-Schaub § 613a BGB Rdnr. 155; Erman-Hanau § 613a BGB Rdnr. 87; Hanau/Vossen FS Hilger/Stumpf 291; Löwisch/Rieble § 3 Rdnr. 81; Seiter DB 1980, 878

768 Kempen/Zachert § 3 TVG Rdnr. 56

769 vgl. zum „Leber-Kompromiß" Kempen BB 1991, 2001, 2009

770 Kempen/Zachert § 3 TVG Rdnr. 57; nur für diesen Fall als Ausnahme: Gussen/Dauck Rdnr. 210

7) Normen über gemeinsame Einrichtungen

Eine Transformation über § 613a I S. 2-4 BGB ist bei gemeinsamen Einrichtungen der Tarifvertragsparteien § 4 II TVG gänzlich ausgeschlossen, weil diese Einrichtungen selbst meist satzungsmäßig nur Mitglieder der Tarifvertragsparteien aufnehmen[771] und auch bei Allgemeinverbindlichkeit mindestens ein weiteres Unterfallen unter den fachlichen Geltungsbereich vorausgesetzt wird. In der Praxis stellt sich die Frage vor allem im Bereich des öffentlichen Dienstes, da die Arbeitnehmer dort nach § 46 BAT eine zusätzliche Alters- und Hinterbliebenenversorgung erhalten. Mittlerweile hat sich die Versorgungsanstalt des Bundes und der Länder zwar auch für Privatisierungen geöffnet (§ 20 a der Satzung). Auch das setzt aber einen Beitritt des neuen Rechtsträgers zur Zusatzversorgung voraus. Geschieht dies nicht, stellt sich auch hier die Frage der einzelvertraglichen Geltung § 613a I S. 2-4 BGB.

Das führt im Rahmen von § 613a I S. 2-4 BGB iVm § 324 UmwG bereits zu konstruktiven Widersprüchen, denn Normen über gemeinsame Einrichtungen lassen sich auch als Inhaltsnormen verstehen, wenn die Tarifvertragsparteien beidseitige Tarifbindung zur Grundlage der Rechtsbeziehung mit der gemeinsamen Einrichtung gemacht haben[772]. Diese würde daher nach dem Konzept des § 613a I S. 2-4 BGB an sich der Transformation in das Einzelarbeitsverhältnis unterliegen.

Dennoch fallen diese nach dem hier vertretenen weiten Begriff der „Arbeitsbedingungen" unter den Schutz der Richtlinie, denn gemeinsame Einrichtungen bewirken auch individuelle Ansprüche des Arbeitnehmers.

Das gilt wie bei Betriebsnormen für den häufigen Fall der Zusatzversorgung, weil der Gesetzgeber keine anderweitigen Schutzmaßnahmen für diese getroffen hat, so daß nur § 613a I S. 2-4 BGB verbleibt (Art. 3 IV a, b Richtlinie 98/50 EG)[773].

Insoweit bleibt im Wege der richtlinienkonformen Auslegung, auch im Hinblick auf die neue Formulierung der Richtlinie 98/50 EG, nur die Anwendung des § 613a I S. 2-4 BGB . Eine direkte Transformation scheidet dabei indessen aus. Der übernehmende Rechtsträger kann im Hinblick auf die negative Koalitionsfreiheit nicht gezwungen werden, dem Arbeitgeberverband beizutreten um insoweit Zutritt zur Zusatzversorgung zu erhalten[774], weil damit ein Eingriff in den Wesensgehalt dieses Grundrechts im Sinne

---

[771] Schipp NZA 1994, 865, 866; Schipp/Schipp Rdnr. 95

[772] Oetker in: Wiedemann § 3 TVG Rdnr. 123, etwas anderes gilt aber wenn die Beziehung zu gemeinsamen Einrichtung der Umsetzung einer Betriebsnorm geschaffen wurde. vgl. Oetker in: Wiedemann aaO.; Löwisch/Rieble 3 TVG Rdnr. 70

[773] B. Gaul BB 1999, 526, 528

[774] BAG 5.10.93 AP Nr. 42 zu § 1 BetrAVG Zusatzversorgungskassen für einen Fall des Herausfallens aus dem fachlichen Geltungsbereich,

einer Zwangsmitgliedschaft verbunden wäre. Das ist im übrigen auch dann ausgeschlossen, wenn die Umwandlung zu einem Herausfallen aus dem fachlichen Geltungsbereich des Tarifvertrages führt, da die Zusatzversorgungseinrichtungen nach ihren Satzungen regelmäßig keine „fachfremden" Mitglieder aufnehmen und die Ausgestaltung meist auch gerade auch auf branchenspezifische Besonderheiten wie z.B. im Baubereich zugeschnitten ist. Das Bundesarbeitsgericht nimmt insoweit an, daß der Arbeitgeber zu einer gleichwertigen einzelvertraglichen Zusage verpflichtet ist[775]. Im Ergebnis ist dem zuzustimmen. Individualrechtlicher Ansatzpunkt ist wiederum § 325 BGB, weil dem Arbeitgeber die Erbringung der Leistung der gemeinsamen Einrichtung unmöglich wird und er zum Beitritt nicht gezwungen werden kann. Nach § 249 BGB ist er nach den Grundsatz der Naturalrestitution daher zur Erbringung einer gleichwertigen Leistung verpflichtet.

Diese Lösung wird vereinzelt abgelehnt, weil in der nunmehr einzelvertraglichen Gewährung eine Besserstellung der Arbeitnehmer läge. Zum einen wird eine Verlagerung des Risikogefüges zu Lasten des Arbeitgebers angeführt[776]. Das Hauptargument besteht jedoch darin, daß die Ansprüche der Arbeitnehmer nunmehr ggf. mit einem Zurückbehaltungsrecht durchgesetzt werden können[777]. Zutreffend ist zwar, daß bei einzelvertraglichen Ansprüchen gegen den Arbeitgeber ein Zurückbehaltungsrecht besteht[778]. Die Durchsetzbarkeit mittels Zurückbehaltungsrecht liegt zunächst in der individualrechtlichen Lösung des § 613a I S. 2-4 BGB. Die Richtlinie 77/187 EWG verbietet dem Gesetzgeber ausdrücklich keinen besseren Schutz (Art. 7). Praktisch wird eine solche Form der Durchsetzung auf Arbeitnehmerseite wegen der damit verbundenen faktischen Gefahr des Verlustes des Arbeitsplatzes jedoch kaum ausgeübt, zumal das Bundesarbeitsgericht § 273 BGB - im Hinblick etwa auf eine kollektive Ausübung des Zurückbehaltungsrechts - sehr restriktiv auslegt[779]. Tatsächlich kann die individualrechtliche Lösung im Hinblick auf die Durchsetzbarkeit wesentlich ungünstiger sein, da nunmehr jeder Arbeitnehmer einzeln seine Ansprüche gegenüber seinem Arbeitgeber durchsetzen muß. Zuvor wurde dieses indirekt durch die gemeinsame Einrichtung ggf. durch Einklagen der Beiträge übernommen, so daß für den Arbeitnehmer keine Kosten und kein Prozeßrisiko entstehen, zumal gemäß § 12 ArbGG die außergerichtlichen Kosten auch bei Obsiegen nicht erstattet werden. In Zeiten hoher Arbeitslosigkeit besteht deshalb die Gefahr, daß der Arbeitnehmer von einem Einklagen (oder gar von der

---

[775] BAG 5.10.93 AP Nr. 42 zu § 1 BetrAVG Zusatzversorgungskassen; Kempen/Zachert § 3 TVG Rdnr. 56; Hanau/Vossen FS Hilger/Stumpf 271, 290; Schipp NZA 1994, 865, 866; Schipp/Schipp Rdnr. 95

[776] Waas, 46

[777] Gussen/Dauck Rdnr. 221

[778] BAG 14.12. 58 AP Nr. 58 zu Art. 9 GG Arbeitskampf; LAG Frankfurt NZA 1985, 431

[779] BAG 14.12.58 AP Nr. 58 zu Art. 9 GG Arbeitskampf; kritisch Kempen/Zachert § 4 TVG Rdnr. 94 ff.

Durchsetzung mittels Zurückbehaltungsrecht) der individualrechtlichen Ansprüche absieht, zumal Umwandlungen zur Nutzung von personalpolitischen „Synergieeffekten" ohnehin häufig mit Personalabbau verbunden sind. Im übrigen steht es dem Arbeitgeber frei, die gleichwertigen Leistungen freiwillig durch Beitritt zur ursprünglichen (soweit durch Satzung zulässig) oder einer anderen gemeinsamen Einrichtung zu erbringen. Das wird praktisch häufig auch häufig die sinnvollere Lösung sein, weil der neue Rechtsträger ansonsten nach § 613a I S. 2-4 BGB iVm persönlich in die Versorgungsverpflichtungen eintreten muß, was gerade Privatisierungen häufig scheitern lassen dürfte[780].

8) Schuldrechtliche Absprachen der Tarifvertragsparteien

Schuldrechtliche Absprachen (z.B. die Friedens- oder Durchführungspflicht) der Tarifvertragsparteien werden von der Transformation des § 613a I S. 2 BGB nicht erfaßt. Dies folgt daraus, daß diese nur die Verpflichtungen der Tarifvertragsparteien untereinander und nicht das Verhältnis Arbeitgeber/Arbeitnehmer und damit die „Arbeitsbedingungen" betreffen, was aber konstruktive Voraussetzung für die Transformationsfähigkeit von Normen ist[781]. An solche Verpflichtungen kann der Rechtsnachfolger auch nicht im Wege eines Vertrages zugunsten Dritter § 328 BGB gebunden werden[782], denn nach der Rechtsprechung werden die Mitglieder selbst nicht unmittelbar an schuldrechtliche Absprachen wie etwa die Friedenspflicht gebunden, es besteht lediglich eine Einwirkungspflicht des Verbandes[783]. Ein Vertrag zugunsten Dritter wäre also eine konstruktive Besserstellung, weil dieser einen eigenen direkten Anspruch bewirken würde (§ 328 BGB). Will der Rechtsnachfolger etwa von der Friedenspflicht profitieren, so kann er dem entsprechenden Verband beitreten („Flucht in den Arbeitgeberverband"). § 613a I S. 2-4 BGB will aber selbst nur eine individualrechtliche Transformation bewirken und keine kollektive Weitergeltung. Eine Bindung an schuldrechtliche Absprachen der Tarifvertragsparteien würde somit über die Konstruktion des § 613a I S. 2-4 BGB hinausschießen.

---

[780] Schaub, Arbeitsrechtshandbuch § 117 Rdnr. 133
[781] Müko-Schaub § 613a BGB Rdnr. 152; Kempen BB 1991, 2006, 2009; Hanau/Vossen FS Hilger/Stumpf 291; Staudinger-Richardi/Annuß § 613a BGB Rdnr. 178
[782] Waas, 51; aA Däubler, Tarifvertragsrecht Rdnr. 1536; offen lassend Gussen/Dauck Rdnr. 223
[783] BAG 27.6.89 AP Nr. 113 zu Art. 9 GG Arbeitskampf; BAG DB 1991, 1126; Schaub, Arbeitsrechtshandbuch, § 201 Rdnr. 7; Kempen/Zachert § 1 TVG Rdnr. 339; Oetker in: Wiedemann § 1 TVg Rdnr. 705, 716

II. personeller und fachlicher Umfang des Verweises

Bei § 613a I S.2-4 BGB handelt sich dem Charakter nach um eine statische Verweisung auf den Tarifvertrag[784].Es werden damit nur die zum Zeitpunkt des Betriebsüberganges geltenden Tarifnormen übergeleitet, so daß nachfolgende Änderungen des Tarifvertrages von der Transformation nicht erfaßt werden. Zweifelhaft ist indessen wieder die Lage beim Stufentarifvertrag. Dabei kann wie bei § 3 III TVG verfahren werden[785], weil beide Vorschriften nur den „statischen" Zustand des Tarifrechts erfassen. In Hinblick auf diesen statischen Verweis gleichen sich deshalb beide Vorschriften. Stehen die Stufen bereits im Zeitpunkt der Umwandlung fest, so werden diese Stufen von der Transformation in den Einzelarbeitsvertrag erfaßt und treten dann einzelvertraglich in Kraft.

Umstritten ist allerdings die Reichweite des Verweises, wenn der Betrieb auch aus dem fachlichen Geltungsbereich des Tarifvertrages herausfällt, also wenn der Arbeitgeber eines Kaufhauses etwa sein Restaurant ausgegliedert. *Rieble* lehnt für diesen Fall eine Anwendung des § 613a I S. 2-4 BGB (iVm § 324 UmwG) auf Basis der herrschenden Normtheorie für Tarifverträge ab. § 613a I S. 2-4 BGB soll nach seiner Vorstellung nicht Bestandsschutz schlechthin garantieren, sondern nur vor den negativen Folgen eines Betriebsüberganges schützen. Deshalb verhindere die Vorschrift nur, daß die fehlende Tarifbindung des Betriebserwerbes bzw. übernehmenden Rechtsträgers zum Wegfall der Tarifbindung führt. Dies ergebe sich aus der umgekehrten Fallkonstellation, also wenn nach dem gewählten Beispiel das Kaufhaus selbst ausgegründet wird und alleine das Restaurant beim alten Rechtsträger zurückbleibt[786].

Das Bundesarbeitsgericht hat im sog. „Kaufhausrestaurantfall" diese Frage nicht entschieden[787]. Ohne nähere Begründung hat das Bundesarbeitsgericht jedoch 1993 das Verlassen des fachlichen Geltungsbereiches für unerheblich gehalten[788]. Die Ansicht von *Rieble* ist abzulehnen. Sie knüpft letztlich alleine an eine weitere kollektive Geltung an, in dem auf die Ersetzung der Mitgliedschaft abgestellt wird. Eine solche Betrachtung kann jedoch systematisch nur für die Vorschrift des § 3 III TVG zutreffen, die dann

---

784 BAG 13.11.85 AP Nr. 46 zu § 613a BGB; Kempen/Zachert § 3 TVG Rdnr. 59; Müko-Schaub § 613a BGB Rdnr. 163; Staudinger Richardi/Annuß § 613a BGB Rdnr. 182

785 vgl. S. 132

786 Rieble, Arbeitsmarkt, Rdnr. 1260 der unter Rdnr. 1261 hiermit seine Vorstellung vom Tarifvertrag als kollektiven Vertrag (statt als Normsetzung) rechtfertigt und nur auf dieser Basis eine Fortgeltung zulassen will. Indessen verwendet das TVG ausdrücklich immer den Begriff Normen vgl. § 3 II TVG „Rechtsnormen"; § 4 I TVG „Rechtsnormen des Tarifvertrages....", so daß das TVG gerade von Normsetzung ausgeht

787 BAG 1.4.1987 EzA § 613a BGB Nr. 63; = SAE 1987, 301

788 BAG 5.10.93 AP Nr. 42 Zusatzversorgungskassen; im Ergebnis ebenso Wlotzke DB 1995, 554 f; zuvor bereits Hanau ZGR 1990, 548, 554 f.

eben auch zur kollektiven Fortgeltung führt. Für § 613a I S. 2-4 BGB greift das jedoch nicht durch, weil sie gerade eine Transformation in das Einzelarbeitsverhältnis bewirkt. Würde die Mitgliedschaft ersetzt, so müßte letztlich die Rechtsfolge des § 3 III TVG eintreten. Insbesondere lassen sich damit die bereits geschilderten „Transformationslücken" nicht rechtfertigen. Es geht bei § 613a BGB also nicht um Ersetzung der Mitgliedschaft, sondern um gesetzlich konkretisierten Vertrauensschutz auf individualrechtlicher Ebene. Der von *Rieble* angeführte umgekehrte Fall kann für eine entsprechende Reduktion § 613a I S. 2-4 BGB nicht herangezogen werden, weil bei der angeführten Ausgliederung des Kaufhauses unter „Zurücklassung" des Restaurants hinsichtlich des Restaurants es bereits an einem Betriebsübergang und damit der Tatbestandsvoraussetzung des § 613a BGB fehlt. Teleologisch gilt es im übrigen zu bedenken, daß der Verweis auf § 324 UmwG weitgehend leerlaufen würde, denn das Herausumwandeln aus dem fachlichen Geltungsbereich des Tarifvertrages ist gerade eine klassische Strategie zum Unterlaufen von Tarifverträgen. Im selben fachlichen Geltungsbereich findet nach hier vertretener Auffassung im übrigen regelmäßig § 3 III TVG auf Verbandstarife Anwendung. § 324 UmwG wurde aber gerade geschaffen, um die Anwendung des § 613a I S. 2-4 BGB sicherzustellen, so daß eine Reduktion letztlich der Regelungsintention zuwiderläuft.

III. Zustimmung zum Vergleich nach § 4 IV TVG bei individualrechtlicher Transformation ?

Nach § 4 IV TVG ist für den Verzicht über entstandene tarifrechtliche Ansprüche die Zustimmung der Tarifvertragsparteien erforderlich. Das ist Ausdruck der zwingenden und unverzichtbaren Wirkung von Tarifnormen. Praktisch wirkt sich das vor allem im Bereich von Vergleichen vor den Arbeitsgerichten aus. Nach Rechtsprechung des Bundesarbeitsgerichts ist von der Vorschrift jedoch der sog. Tatsachenvergleich ausgeschlossen, also z.B. ein Vergleich über eine streitige Zahl von Arbeitsstunden. Erfaßt wird jedoch ein Vergleich von Rechtsfragen, d.h. Auslegung oder Anwendbarkeit von Normen[789]. Insoweit wird von *Hanau/Vossen* und *Däubler* die Anwendung dieser Vorschrift auch auf den § 613a I S.2-4 BGB befürwortet[790]. *Gussen/Dauck* wollen die Vorschrift dergestalt auslegen, daß nur die Zustimmung der Gewerkschaft erforderlich sein soll, weil zwischen dem Arbeitgeber und dem Verband bei einer indivdualrechtlichen

---

789 BAG 20.8.1980 AP Nr. 12 zu § 6 LohnFG, zuletzt etwa BAG NZA 1998, 434, Löwisch/Rieble § 4 Rdnr. 264; aA Berg FS Däubler, 495, 497; Kempen/Zachert § 4 TVG Rdnr. 247; im Hinblick auf Wortlaut und Schutzzweck der Vorschrift

790 Hanau/Vossen FS Hilger/Stumpf, 271, 291 ff.; Däubler, Tarifvertragsrecht Rdnr. 1548

Fortgeltung kein mitgliedschaftliches Verhältnis besteht[791]. Beide Ansätze sind jedoch abzulehnen. Die Zustimmung alleine von Gewerkschaftsseite zur Voraussetzung zu machen, überzeugt schon aus Gleichheitsgründen nicht. Sie ist im übrigen auch vom Wortlaut des § 4 IV TVG nicht gedeckt. Systematisch läßt sich das Aufrechterhalten des Zustimmungserfordernisses nicht rechtfertigen, weil § 4 IV TVG gerade den kollektiven Charakter und damit auch die kollektive Dispositionsbefugnis über die Regelung voraussetzt. Das ist indessen im Rahmen von § 613a I S. 2-4 BGB nicht mehr gegeben, weil es sich dem Charakter nach gerade um einzelvertragliche Normen handelt[792], für deren Verzicht die Zustimmung Dritter nicht erforderlich ist. Im übrigen ist § 613a I S.2.4 BGB im Bereich von Umwandlungen nach hier vertretener Auffassung vor allem dann anwendbar, wenn die Umwandlung gleichzeitig zu einem Herausfallen aus dem fachlichen Geltungsbereich führt, d.h. es müßte die Zustimmung von fachlich unzuständigen Tarifvertragsparteien verlangt werden. Alternativ bliebe nur, die nunmehr zuständige Tarifvertragspartei als zuständig zu erachten[793]. Dieser fehlt aber die Legitimation zur Zustimmung zum Verzicht auf tarifliche Rechte, die von ihr gar nicht begründet wurden. Für die Anwendung des § 4 IV TVG bleibt im Rahmen von § 613a I S. 2-4 BGB daher kein Raum.

IV. die einjährige Veränderungssperre

Durch die Transformation in den Einzelarbeitsvertrag verlieren die Tarifnormen ihren kollektiven Charakter, d.h. die sie kennzeichnende unmittelbare und zwingende Wirkung[794]. Die nunmehr einzelvertraglichen Normen dürfen grundsätzlich vor Ablauf eines Jahres nicht zum Nachteil des Arbeitnehmers geändert werden (§ 613a I S.2 BGB). Sie ersetzt insoweit die unmittelbare und zwingende Wirkung des Tarifvertrages für ein Jahr.

Neuerdings schlägt *Heinze* in diesem Zusammenhang vor, die Anwendung von § 613a I S. 2-4 BGB und die damit verbundene Transformation bei lediglich nachwirkenden Tarifverträgen ganz auszuschließen. Er beruft sich insoweit auf die Rechtsprechung des Bundesarbeitsgerichts, nach der der Tarifvertrag bei § 4 V TVG ausschließlich kraft Gesetzes weitergilt[795]. Dem ist indessen nicht beizutreten.

---

[791] Gussen/Dauck Rdnr. 230, 231; ihnen folgend auch Skuderis, 240

[792] so auch alleine mit diesem Argument im Ergebnis ablehnend: Oetker in: Wiedemann § 3 TVG Rdnr. 201

[793] offen lassend Hanau/Vossen FS Hilger/Stumpf, 271, 293

[794] BAG 13.11. 85 AP Nr. 46 zu § 613a BGB

[795] Heinze FS Schaub, 275, 279 unter Berufung auf BAG 14.12.73 AP Nr. 6 zu § 3 TVG Nachwirkung, für gesetzliche Weitergeltung auch BAG 29.1.75 AP Nr. 8 zu § 4 TVG Nachwirkung

Die Legitimation zur Geltung des § 4 V TVG beruht ebenso auf der Verbandsmitgliedschaft, wie die der laufenden Tarifverträge[796]. Deshalb bleibt es auch bei den Vorschriften des legitimierten Tarifvertrages und nicht bei den „üblichen Arbeitsbedingungen" gemäß § 612 II BGB. Mit dieser Vorschrift ließe sich die prinzipielle Auffangfunktion ansonsten ebensogut erfüllen. Nur bei dieser Vorschrift beruht die Anordnung alleine auf Gesetz. Im übrigen würde das im Rahmen von § 613a I S. 2-4 BGB dazu führen, daß ein lediglich nachwirkender Tarifvertrag kollektiv weitergilt, während ein „originär" geltender Tarifvertrag in das Einzelarbeitsverhältnis transformiert wird und dabei nach hM. regelmäßig nur Inhaltsnormen transformiert werden. Zutreffend ist deshalb, daß durch § 4 V TVG lediglich der zwingende Charakter, nicht aber die übrige Geltung als Tarifnorm entfällt, so daß § 613a I S. 2-4 BGB Anwendung findet.

Zweifelhaft ist indessen, wie dann bei tariflichen Normen im Nachwirkungsstadium zu verfahren ist. Würde man nunmehr die Jahresfrist des § 613a I S. 2-4 BGB anwenden, so würde damit eine Besserstellung der Arbeitnehmer erreicht, zumal § 613a I S.4 1 Alt ausdrücklich davon ausgeht, daß die zwingende Wirkung nicht mehr gelten soll, „wenn der Tarifvertrag oder die Betriebsvereinbarung nicht mehr gilt". Daher gehen Bundesarbeitsgericht und Teile der Literatur davon aus, daß in diesem Fall die Jahresfrist nicht greift, weil die kollektive Ordnung von § 613a I S. 2-4 BGB nur aufrechterhalten werden, aber nicht verändert werden soll.[797]. Das ist vereinzelt kritisiert worden. Die Kritik beruht im wesentlichen auf der Transformationslösung des § 613a I S. 2-4 BGB. Durch diese Norm werden Tarifnormen zu einzelvertraglichen Normen, was der Wirkung der Nachwirkung durchaus ähnlich ist. Die zwingende Wirkung für ein Jahr erwächst dagegen erst durch ausdrückliche Anordnung, so daß für die Geltung von § 613a I S. 2-4 BGB keine zwingende Norm vorausgesetzt wird[798]. Eine solche systematische Betrachtungsweise entspricht indessen nicht dem Regelungszweck des § 613a I S. 2-4 BGB, der in europarechtskonformer Auslegung vorrangig vor dem Hintergrund der umzusetzenden EG-Richtlinie auslegen ist[799]. § 613a I S. 2-4 BGB dient der Umsetzung der Vorgaben der Richtlinie 77/187 EWG, dies war auch zentrales Regelungsziel des Gesetzgebers[800]. Diese sieht auch in der durch die Richtlinie 98/50 EG geänderten Fas-

---

[796] Däubler, Tarifvertragsrecht Rdnr. 1464; Kempen/Zachert § 4 TVG Rdnr. 295; Löwisch/Rieble § 4 TVG Rdnr. 220

[797] BAG 13.11.85 AP Nr. 46 zu § 613a BGB; Gussen/Dauck Rdnr. 202; Müko-Schaub § 613a BGB Rdnr. 167; Staudinger-Richardi/Annuß § 613a BGB Rdnr. 197

[798] Hüper, 69 unter Berufung auf die Kommentierung von Müko-Schaub (1. Auflage) § 613a BGB Rdnr. 20. und Seiter, Betriebsinhaberwechsel, 89; Oberhofer, 579; für „möglich" hält eine solche Auslegung auch Binkert JZ 1979, 751 f.

[799] EuGH Emmot/Minister for Social Welfare and Attorney General Slg 1991, I, 4269; EuGH Kommission/Deutschland Slg 1995, I, 2303

[800] BT-Drucksache 8/3317, 7, 11

sung in Art. 3 III lediglich vor, daß der Erwerber die Verpflichtungen aus einem Kollektivvertrag *„in gleichem Maße aufrecht erhalten"* muß, wie es beim Veräußerer vorgesehen war[801]. Das bringt auch letztlich § 613a I S. 4 1 Alt BGB zum Ausdruck, auch wenn die Formulierung „gilt" im Hinblick auf die Nachwirkung mißverständlich ist. Da es aber bei lediglich nachwirkenden Normen bereits an der zwingenden Geltung fehlt, muß der Erwerber diese zwingende Geltung nun nicht wieder einführen. Somit erfolgt zwar eine Transformation, es entfällt aber die zwingende Wirkung über die Jahresfrist[802]. Für vor der Jahresfrist ablaufende Tarifverträge ist insoweit sinngemäß zu verfahren, da sie nach Ablauf der Frist ebenfalls unter § 4 V TVG fallen würden. Die zwingende Wirkung beschränkt sich daher auf den ursprünglich kollektiv geltenden Zeitraum.

V. Verdrängung durch einen anderen Tarifvertrag

1) Umfang der Verdrängung

Der Rechtsschutz des § 613a I S. 2 BGB und die damit verbundene einjährige Veränderungssperre ist durch S. 3 seinerseits tarifdispositiv. Möglich ist damit die Ablösung durch einen anderen Tarifvertrag. Inhaltlich setzt das aber voraus, daß er hinsichtlich derselben Materien eine positive oder negative Regelung trifft. Bloßes Schweigen des Tarifvertrages (sog. Negativregelung) genügt daher nicht für den Schluß, daß eine Leistung für die Zukunft nicht mehr gewährt werden soll[803]. Sieht der bisherige Tarifvertrag die Zahlung eines 13. Monatsgehaltes vor, der nunmehr einschlägige aber nur 12, so ist ein zusätzliches Monatsgehalt damit nicht geregelt. Es verbleibt damit bei 13 Monatsgehältern. Dies folgt daraus, daß der Sache nach der alte Tarifvertrag eine Gratifikation (13. Gehalt) zusagt, diese aber im neuen Tarifvertrag fehlt. Da der neue Tarifvertrag zur Gratifikation schweigt, enthält er keine anderweitige Regelung zur Gratifikation, so daß in dieser Frage keine Verdrängung stattfinden kann. Anders wäre die Rechtslage indessen, wenn der neue Tarifvertrag 12,5 Monatsgehälter regelt, weil dann damit eine - zwar schlechtere - Regelung von 0,5 Monatsgehältern Gratifikation enthalten wäre, die zur Verdrängung führt[804].

---

801 entspricht Art. 3 II der ursprünglichen Richtlinie 77/187 EWG

802 Entgegen RGRK-Ascheid § 613a BGB Rdnr. 203 führt das aber nicht zur Anwendung des § 613a I S.1 BGB, weil es sich auch bei § 4 V TVG um eine kollektive (nur nicht zwingende) Norm handelt, die danach ebenfalls der Transformation bedarf

803 BAG 20.4.94 AP Nr. 108 zu § 613a BGB; Boecken Rdnr. 171; Erman-Hanau § § 613a BGB Rdnr. 94; Müller-Ehlen, 118; Staudinger-Richardi/Annuß § 613a BGB Rdnr. 188; Wank NZA 1987, 505

804 Beispiel nach Hanau/Vossen FS Hilger/Stumpf, 271, 292

An diesem Ablösemechanismus ist in neuerer Zeit Kritik aufgekommen. Danach sollen auch beim übernehmenden Rechtsträger nicht geregelte Fragen zu einer Verdrängung nach § 613a I S. 3 BGB führen. Dabei wird auf das Prinzip der Tarifeinheit zurückgegriffen. Der § 613a S. 3 BGB behandele die an sich individualrechtlich fortgeltenden Normen kollisionsrechtlich wie echte Kollektivnormen. Insoweit soll die Zeitkollisionsregel eingreifen, nach der die beim Übertragen geltenden Tarifnormen durch die vom Übernehmer geltenden Kollektivnormen verdrängt werden. Demnach sollen auch solche Leistungen entfallen, die im Tarifvertrag des Übernehmers nicht vorgesehen sind[805]. Zum Teil soll dieser Verdrängungsmechanismus durch einen „tariflichen Sachzusammenhang" begrenzt werden, nachdem eine Verdrängung zumindest dann möglich sein soll, wenn im Zusammenhang vergleichbare Leistungen erbracht werden. Dies soll eine Besserstellung der Arbeitnehmer nach dem Muster der „Rosinentheorie" verhindern[806]. Im obigen Beispielsfall käme es deshalb auch dann zu einer Verdrängung, wenn der beim übernehmenden Rechtsträger geltende Tarifvertrag keine Gratifikation vorsehen würde.

Dieser Auffassung kann jedoch nicht gefolgt werden. Teleologisch wird damit der Schutzzweck des § 613a I S. 2-4 BGB unterlaufen, das Ergebnis der koalitionsmäßigen Betätigung für ein Jahr zu sichern, in dem schon durch bloßes Schweigen eines Tarifvertrages eine Verdrängung angenommen wird. Damit würde in vielen Fällen gleichzeitig unverhältnismäßig in den Grundsatz des Vertrauensschutzes eingriffen, weil damit nicht nur schlechtere Tarifleistungen in einem Bereich gewährt werden könnten, sondern ohne Übergangsfrist auch gar keine mehr. In diesem Zusammenhang kann etwa an die Gewährung einer Zusatzversorgung gedacht werden. Würde der neue oder übernehmende Rechtsträger tariflich keine gewähren, so würde diese für die Zukunft - unter Erhalt der bestehenden Anwartschaften - ersatzlos wegfallen. Die Ratio des § 613a I S. 2-4 BGB gebietet dann als verhältnismäßiger Ausdruck des Vertrauensgrundsatzes die individualrechtliche Weitergeltung der „alten" Versorgung für mindestens ein Jahr[807].

Nach § 613a I S. 2-4 BGB handelt es sich systematisch auch gerade nicht um Kollektivnormen. Die angewandte Zeitkollisionsregel kann im übrigen nur bei identischen Normgebern Anwendung finden, woran es fehlt, wenn eine Verdrängung durch den Tarifvertrag einer anderen Gewerkschaft erfolgt[808], soweit man dies im Rahmen von § 613a I S. 3 BGB überhaupt zuläßt. Will man dies zulassen, so setzt eine Verdrängung

805 Soergel-Raab § 613a BGB Rdnr. 126; Zöllner DB 1995, 1401, 1403

806 Willemsen/Hohenstatt, Umstrukturierung Rdnr. E 106

807 vgl. zur Problematik der Zusatzversorgung: Blomeyer/Otto BetrAVG Einl. 426;

808 vgl. auch die Kritik von Kempen/Zachert § 4 TVG Rdnr. 131 ff. im Zusammenhang mit dem Spezialitätsprinzip des BAG bei Tarifkonkurrenz, das denselben Mangel aufweist.

dann aber eine ausdrückliche und nicht lediglich eine stillschweigende Regelung voraus, weil es ansonsten an einer hinreichenden Legitimation für die Verdrängung fehlt. Diese kann auch nicht in einem Sachzusammenhang gesehen werden, soweit der neue bzw. übernehmende Rechtsträger nur vergleichbare Leistungen erbringt. Hinter dieser Vorstellung stehen letztlich Überlegungen aus dem Bereich des Günstigkeitsprinzips nach § 4 III TVG. Diese gilt bei § 613a I S. 3 BGB aber gerade nicht[809]. Eine stillschweigende Regelung führt daher nicht zur Verdrängung.

2) Voraussetzungen einer Verdrängung

Voraussetzung für eine verdrängende Wirkung ist die normative Wirkung des verdrängenden Tarifvertrages, denn den Normcharakter will § 613a I S. 2-4 BGB über die Jahresfrist gerade schützen. Von vornherein scheidet damit ein beim Erwerber nachwirkender Tarifvertrag aus § 4 V TVG, weil dieser nicht mehr normativ gilt[810]. Die Normativität des Tarifvertrages rechtfertigt sich durch die beidseitige Tarifbindung. Überwiegend wird deshalb angenommen, daß für die Ablösung durch einen neuen Tarifvertrag beidseitige Tarifbindung erforderlich ist[811]. In jüngerer Zeit sind an diesem Erfordernis Zweifel angemeldet worden, so daß die einseitige Tarifbindung auf Arbeitgeberseite ausreichen soll[812]. Für Umwandlungen käme das vor allem dann in Betracht, wenn diese zur Aufnahme auf einen vorhandenen Rechtsträger erfolgen, weil dieser bereits anderweitig tarifgebunden sein kann, so daß dessen Tarifverträge dann ohne weiteres gelten würden. Handelt es sich um einen neuen Rechtsträger (Spaltung bzw. Verschmelzung zur Neugründung) so würde die Regelung greifen, wenn dieser einem anderen Verband beitritt, mit dem die Gewerkschaft der übernommenen Arbeitnehmer keinen Tarifvertrag abgeschlossen hat.
Nach der Regierungsbegründung zu § 613a BGB soll die Vorschrift des S. 3 gegenüber S. 2 klarstellen, daß die kollektiven Verpflichtungen - wie bisher - vorgehen[813]. Vielfach

---

[809] BAG 18. 3.86 AP Nr. 49 zu § 613a BGB; Kempen/Zachert § 3 TVG Rdnr. 60; Wank NZA 1987, 505, 510; Willemsen/Hohenstatt, Umstrukturierung Rdnr. E 104

[810] aA Hanau/Vossen FS Hilger/Stumpf, 271, 283; Gussen/Dauck für Rdnr. 271 für die Verdrängung von Betriebsvereinbarungen durch nachwirkenden Tarifvertrag. Offen lassend: Waas in: Weiss/Gagel Handbuch des Arbeits- und Sozialrechts, § 18 A Rdnr. 86

[811] Erman-Hanau § 613a BGB Rdnr. 95; Kempen/Zachert § 3 TVG Rdnr. 59; Kania DB 1995, 626; B. Gaul 323; Gussen/Dauck Rdnr. 233; Hanau/Vossen FS Hilger/Stumpf, 271, 282, 292; Hanau/Kania FS Schaub 239, 256; Müko-Schaub § 613a BGB Rdnr. 149 ff.; MünchArbR-Wank § 120 Rdnr. 217; Staudinger-Richardi/Annuß § 613a BGB Rdnr. 192; Oetker in: Wiedemann § 3 TVG Rdnr. 199; Waas in: Weiss/Gagel Handbuch des Arbeits- und Sozialrechts § 18 A Rdnr. 85; offen lassend BAG DB 1986, 1575; bejahend BAG 20.4.94 AP Nr. 108 zu § 613a BGB (obiter dictum)

[812] Zöllner DB 1995, 1401, 1404 f.; Hromadka/Maschmann/Wallner Rdnr. 354; Moll RdA 1996, 275 f, 280 zuvor bereits Röder DB 1981, 1980, 1982

[813] BT-Drucksache 8/3317, 7, 11

wird hieraus der weitergehende Grundsatz abgeleitet, dem Arbeitgeber für die Zukunft Gestaltungsfreiheit zu ermöglichen[814] Dieser Rechtsgedanke legt es zunächst nahe, für eine Ablösung bereits einseitige Tarifbindung des Arbeitgebers als ausreichend zu betrachten[815]. Diese Ansicht geht in neuerer Zeit vor allem auf *Zöllner* zurück. Dieser führt für diese Annahme zunächst den Wortlaut an, der beiderseitige Tarifbindung nicht verlange; erforderlich sei nur, daß Arbeitsbedingungen in einem neuen Tarifvertrag geregelt werden. Auch die Richtlinie 77/187 EWG (bzw. nunmehr 98/50 EG) enthalte einen auf Einseitigkeit hindeutenden Vorbehalt, weil dort von „Inkrafttreten oder Anwendung eines neuen Kollektivvertrages" die Rede sei. Auch die positive Koalitionsfreiheit sei verletzt, weil S. 3 ohne Ablösungsmöglichkeit durch einseitige Tarifbindung eine einseitige Privilegierung der Mitglieder der u. U. nicht mehr zuständigen Gewerkschaft sei, obwohl gerade bei nicht mehr vorhandener Tarifzuständigkeit die Notwendigkeit der Anpassung besonders groß sei[816]. Darüber hinaus bestünde die Gefahr eines Tarifwirrwarrs durch das Nebeneinander eines neuen Tarifvertrages und der Transformation des § 613a I S. 3 BGB, obwohl die Rechtsprechung des Bundesarbeitsgerichts gerade auf das Prinzip der Tarifeinheit ausgerichtet sei, die § 613a I S. 3 BGB insoweit schütze[817].

Dies ist abzulehnen. Dagegen spricht bereits Wortlaut und Systematik des § 613a I S. 2-4 BGB. Nach § 613a I S.4 BGB können die beiden Parteien einverständlich die zwingende Wirkung der nunmehr individualvertraglich geltenden Normen beseitigen. Der Gesetzgeber ist also ausdrücklich von der Selbstbestimmung beider Parteien ausgegangen[818]. Diese Vorschrift würde leerlaufen, würde man einseitige Tarifbindung des Arbeitgebers als ausreichend betrachten, denn der Arbeitgeber wäre so auf eine einverständliche Regelung mit dem Arbeitnehmer gar nicht mehr angewiesen. Selbst wenn man eine Verdrängung nach § 613a I S. 3 BGB unter dem Gesichtspunkt der Tarifeinheit annehmen wollte, so müßten konsequenterweise die nunmehr individualrechtlichen „alten" tariflichen Regelungen neben dem neuen Tarifvertrag kraft Günstigkeitsprinzips nach § 4 III TVG weitergelten, soweit sie bessere Regelungen enthalten. Diese gesetzliche Regelung des § 4 III TVG kann nämlich nicht durch das Prinzip der Tarifeinheit verdrängt werden. Die Aufhebung einer insoweit einzelvertraglichen „parallelen" Wei-

---

814 Müko-Schaub § 613a BGB Rdnr. 181; Gussen/Dauck Rdnr. 233; Seiter, Betriebsinhaberwechsel, 94

815 Zöllner DB 1995, 1401, 1404 f.; Hromadka/Maschmann/Wallner Rdnr. 354; Moll RdA 1996, 275 f, 280; Heinze FS Schaub, 275, 289 ff. ; Henssler FS Schaub 310, 320; Wellenhofer-Klein ZfA 1999, 239, 256 f.; Willemsen/Hohenstatt, Umstrukturierung Rdnr. E 123, zuvor bereits Röder DB 1981, 1980, 1982 an dessen Ausführungen die genannten Autoren anknüpfen

816 Zöllner DB 1995, 1401, 1404

817 Hromadka/Maschmann/Wallner Rdnr. 534 für einen Schutz der Tarifeinheit auch: Hanau/Vossen FS Hilger/Stumpf, 271, 282; RGRK-Ascheid § 613a BGB Rdnr. 217

818 Kempen/Zachert § 3 TVG Rdnr. 61

tergeltung neben dem neuen Tarifvertrag setzt insoweit beidseitiges rechtsgeschäftliches Handeln voraus, so daß eine einseitige Aufhebung konstruktiv nicht möglich ist.
Es kann deshalb systematisch nur von den allgemeinen Regeln des Tarifrechts ausgegangen werden und diese verlangen beidseitige Tarifbindung (§ 3 I, 4 I TVG) für die Geltung eines Tarifvertrages. Auch mit dem Schutzzweck des § 613a I S. 2-4 BGB ist dies nicht vereinbar. Sinn und Zweck des § 613a I S. 2-4 BGB ist der Schutz der positiven Koalitionsfreiheit und nicht das Prinzip der Tarifeinheit. Dies folgt bereits daraus, daß für das Prinzip der Tarifeinheit zunächst überhaupt Tarifpluralität vorliegen müßte. Diese ist aber angesichts der Transformation in das Einzelarbeitsverhältnis gerade nicht gegeben.
Daneben befindet sich der Grundsatz selbst in der Kritik, weil es im Tarifvertragsgesetz allenfalls für betriebs- und betriebsverfassungsrechtliche Normen ein Stütze findet, weil diese betriebseinheitlich gelten müssen. In der Literatur wird die Rechtsprechung des Bundesarbeitsgerichts weitgehend abgelehnt[819]. Eine generelle Verdrängung sieht das Gesetz jedoch notwendig nicht vor. Gerade in jüngster Zeit gibt es vielfach Stimmen, die in der Rechtsprechung des Bundesarbeitsgerichts Tendenzen ausmachen, den Grundsatz der Tarifeinheit in der bisherigen Form aufzugeben, wobei die Andeutungen vor allem gegenüber einer einzelvertraglichen Geltung – wie bei § 613a I S. 2-4 BGB bestehen[820]. Es liegt deshalb durchaus nahe, diese Tendenzen auch auf § 613a I S. 3 BGB zu übertragen, so daß diese nicht über den Grundsatz der Tarifeinheit zur Vereinheitlichung der Tarifverträge führt[821].
Etwas anderes ergibt sich auch nicht durch den Schutzzweck. Die Vorschrift bezweckt zwar grundsätzlich auch, dem Arbeitgeber die Vereinheitlichung von Arbeitsbedingungen zu ermöglichen. Es ist aber nicht davon auszugehen, daß damit die Grundprinzipien des Tarifvertragsrechts geändert werden sollten[822]. Tatsächlich ist der Schutzzweck der Vorschrift auch nicht alleine auf Vereinheitlichung von Arbeitsbedingungen ausgerichtet.
§ 613a I S. 2-4 BGB ist vielmehr auch Ausdruck des Vertrauensschutzes und schützt die positive Koalitionsfreiheit der Arbeitnehmer, da diese durch den Betriebsübergang

---

[819] Däubler, Tarifvertragsrecht, Rdnr. 1505; Kempen/Zachert § 4 TVG Rdnr. 128; Löwisch/Rieble § 4 TVG Rdnr. 290; Waas, 87, der deshalb eine Anwendung des Grundsatzes der Tarifeinheit im Rahmen von § 613a I S. 3 BGB ausdrücklich ablehnt

[820] Bauer/Meinel NZA 2000, 181; Willemsen/Hohenstatt, Umstrukturierung Rdnr. 120 im Hinblick auf Aussagen in der Entscheidung BAG 28.5.97 AP Nr. 6 Bezugnahme auf den Tarifvertrag: *„Ob überhaupt Tarifpluralität nur bei tariflicher Geltung anzunehmen ist oder es dabei zu verbleiben hat , daß (...) auch die vertragliche Vereinbarung eines Tarifvertrages (..) zum Entstehen einer Tarifkonkurrenz führen kann, braucht hier nicht entschieden werden".*

[821] aA Willemsen/Hohenstatt, Umstrukturierung Rdnr. E 123 im Hinblick auf den Gesetzeszweck einer Vereinheitlichung der Arbeitsbedingungen

[822] Schaub, Arbeitsrechtshandbuch § 117 Rdnr. 102

ihre durch koalitionsmäßige Betätigung erworbenen Ansprüche nicht ohne Übergangsfrist verlieren sollen. Vor Ablauf der Jahresfrist kann deshalb nur eine gleichermaßen mitgliedschaftlich legitimierte Norm an die Stelle der übergeleiteten Tarifnormen treten. § 613a I S. 3 BGB bezweckt den Vorrang kollektiver Regelungen vor den nunmehr individualrechtlich geltenden Regelungen des alten Tarifvertrages[823]. Er schützt damit die positive Koalitionsfreiheit beider, von Arbeitnehmern und Arbeitgebern, in dem er kollektive Regelungen für die Zukunft nicht blockiert. In diesem Licht ist insoweit das Verhältnis zum an sich bezweckten Schutz des „alten" - nunmehr individualrechtlich geltenden Tarifvertrages - zu betrachten, der ebenfalls Ausdruck koalitionsmäßiger Betätigung ist. Auch aus der Richtlinie läßt sich nicht primär der Schutz der „Tarifeinheit" ableiten. Ausweislich der Überschrift soll die *„Wahrung der Ansprüche der Arbeitnehmer beim Übergang von Unternehmen, Betrieben, Betriebsteilen und Unternehmensteilen"* (Art. 1 Nr. 1 Richtlinie 98/50 EG) sichergestellt werden. Ziel ist also Arbeitnehmerschutz. Mit § 613a I S. 2-4 BGB sollte aber gerade dieser Schutz in deutsches Recht umgesetzt werden. Daher kann nach diesem Prinzip nicht davon ausgegangen werden, daß dieser Schutz durch einseitige Tarifbindung aufgehoben werden kann.
Auch umwandlungsspezifisch wurde der Verweis durch § 324 UmwG eingeführt, um den Arbeitnehmerschutz europarechtskonform zu verbessern. Damit ist eine weitgehende Verkürzung dieses Schutzes über § 613a I S. 3 BGB nicht vereinbar[824]. Es ist daher beiderseitige Tarifbindung erforderlich.

3) Auswirkung des Erfordernisses beidseitiger Tarifbindung bei DGB Gewerkschaften

In der Praxis dominieren vor allem Tarifverträge mit den Einzelgewerkschaften der DGB-Gewerkschaften, da der überwiegende Anteil der organisierten Arbeitnehmer Mitglied einer DGB-Gewerkschaft ist[825]. Daneben ist vor allem noch die DAG bedeutsam, die aber mit anderen DGB-Gewerkschaften die Bildung einer sog. „Dienstleistungsgewerkschaft" (u.a. mit der ÖTV), voraussichtlich unter dem Dach des DGB, plant. Wechselt ein Unternehmensteil oder ein Unternehmen durch die Umwandlung in den Zuständigkeitsbereich einer anderen DGB-Gewerkschaft, so stellt sich die Frage nach Wechsel der Mitgliedschaft von der nunmehr unzuständigen zur zuständigen Gewerk-

---

823 Soergel-Raab § 613a BGB Rdnr. 124; BR-Drucksache 352/79, 18

824 auf diese Gefahr weist kritisch Henssler ZfA 1997, 1, 14 hin. Indessen geht er davon aus, daß dieses zu einer Verkürzung des kollektiven Schutzes führen würde, der ansonsten im Wege der Sukzession ohne Ablösungsmöglichkeit gegriffen hätte. Das realisiert sich im Hinblick auf den Auffangcharakter der Vorschrift des § 324 UmwG („bleibt unberührt") nach hiesiger Auffassung nicht.

825 Die Zahlen in der Literatur differieren stark: Blank, die Tarifzuständigkeit der DGB Gewerkschaften, 24 nimmt (aus Sicht der IGM) 80-90 % an. Das WSI sieht den Anteil bei 42%. Vgl. Streeck GM 1996, 86 f.

schaft. Praktisch häufig handelt es sich dabei um die Fälle des sog. „Outsourcing", also z.B. die Ausgliederung der Kantine eines Kaufhauses, so daß durch das Industrieverbandsprinzip ein Wechsel der zuständigen Gewerkschaft auftritt[826]. Für die DGB Gewerkschaften sehen die Satzungen bei Tarifunzuständigkeit den Beitritt zur zuständigen Gewerkschaft vor[827]. In diesem Fall entsteht damit regelmäßig (bei Beitritt des Arbeitgebers zum entsprechenden Arbeitgeberverband bzw. Abschluß eines Firmentarifes) beiderseitige Tarifbindung, so daß sich das Problem bei § 613a I S. 3 BGB praktisch entschärft. Gegen diese Satzungsbestimmungen sind gerade im Hinblick auf § 613a I S. 3 BGB Bedenken wegen Verstoßes gegen die negative Koalitionsfreiheit erhoben worden[828]. Diese greifen jedoch nicht durch. Grundsätzlich hat jedes Mitglied die Satzung der jeweiligen Gewerkschaft legitimiert. Das betrifft indessen nicht nur die Satzung der Einzelgewerkschaften, sondern auch die Satzung des DGB und die darin vorgesehene Zuständigkeitsabgrenzung §§ 15, 16 DGB Satzung. Insoweit liegt im Hinblick auf die Übertrittsverpflichtung ein grundsätzlich zulässiger Grundrechtsverzicht vor. Die Bestimmung kann daher verfassungsrechtlich nur beanstandet werden, wenn sie die Grenzen eines zulässigen Grundrechtsverzichts überschreiten würde. Ein zulässiger Grundrechtsverzicht setzt voraus , daß dieser freiwillig und ausreichend konkret ist, so daß der Betroffene die Folgen abschätzen kann. Ein Grundrechtsverzicht kann also nicht generell erfolgen, sondern immer nur Hinblick auf einzelne geschützte Handlungsweisen[829]. Eine solche konkrete Handlungsweise enthalten die Satzungsbestimmungen des DGB im Hinblick auf das Herausfallen aus der Satzungszuständigkeit.
Die Grenze eines Grundrechtsverzichts liegt im Wesensgehalt eines Grundrechts (Art. 19 II GG), weil der gesamtgesellschaftliche Zweck freiheitlicher Grundrechtsgarantien es verbiete, sie dauerhaft auszuschalten[830]. Ein absoluter Grundrechtsverzicht ist daher nicht möglich. Ein Verstoß gegen den Wesensgehalt der negativen Koalitionsfreiheit liegt in der Begründung einer Zwangsmitgliedschaft im Sinne eines zwangsweisen mitgliedschaftlichen Verhältnisses[831]. Indessen enthalten die Satzungsbestimmungen eine Übertrittsverpflichtung. Der einzelne kann diese somit auch nicht wahrnehmen und statt

---

[826] BAG 1.4.1987 EzA § 613a BGB Nr. 63; = SAE 1987, 301

[827] vgl. etwa § 6 Nr. 1 der Satzung der IG-Metall: *Wenn ein Mitglied den Betrieb wechselt und für diesen eine andere DGB Gewerkschaft zuständig ist, muß es in die zuständige Gewerkschaft übertreten, falls die Beschäftigung länger als 6 Monate dauert.* Die Satzungen anderer DGB-Gewerkschaften enthalten ähnliche Bestimmungen. Vgl. zu den Satzungen auch Blank, die Tarifzuständigkeit der DGB-Gewerkschaften Anhang, 159 ff.

[828] Müller-Ehlen, 120; Zöllner DB 1995, 1401, 1404, beide in Replik auf Kania DB 1995, 625, 626 der insoweit zutreffend auf diese Bestimmungen verweist. Ebenso Hohenstatt/Willemsen, Umstrukturierung Rdnr. E 116

[829] BK-Schenke Art. 19 IV GG Rdnr. 66 f.; Jarass/Pieroth Vorb. vor Art. 1 Rdnr. 27; MD-Schmidt-Aßmann Art. 19 IV GG Rdnr. 247

[830] Bleckmann JZ 1988, 59 f; Kempen ArbGW 1988, 78 ff, 92; Waltermann RdA 1990, 142

[831] vgl. S. 64 ff. und BVerfGE 50, 290, 367

dessen austreten, so daß er nicht Mitglied der nunmehr tarifzuständigen DGB-Gewerkschaft werden muß. Somit entsteht keine Zwangsmitgliedschaft. Daß die DGB-Gewerkschaften das Industrieverbandsprinzip als Zuständigkeitsanknüpfung gewählt haben, ist im Rahmen ihrer Satzungsautonomie nicht zu beanstanden, hieraus folgt insoweit auch das Recht nur branchenspezifische Arbeitnehmer organisieren zu müssen. Die Satzungsbestimmungen der DGB-Gewerkschaften im Hinblick auf die Übertrittsverpflichtung sind daher wirksam. Innerhalb der DGB-Gewerkschaften wird daher das Problem der beidseitigen Tarifbindung im Rahmen von § 613a I S. 3 BGB entschärft.

4) Beitritt oder Neuabschluß eines Tarifvertrags als Voraussetzung für § 613a I S. 3 BGB ?

Problematisch ist dies insoweit nur, wenn man den bloßen Beitritt zur nunmehr tarifschließenden Gewerkschaft im Hinblick auf die Legitimation für nicht ausreichend hält, wenn bereits ein Tarifvertrag besteht. *Kempen/Zachert* wollen insoweit nur einen nach Betriebsübergang geschlossenen und damit von den „neuen" Mitgliedern legitimierten Tarifvertrag ausreichen lassen, weil es sich um gesetzesverdrängendes Tarifrecht handelt[832]. Dagegen hält das Bundesarbeitsgericht eine solch weitgehende Legitimation für nicht erforderlich, so daß der bloße Beitritt ausreichen soll[833].

In der Literatur wird die Auffassung des Bundesarbeitsgerichtes im Ergebnis meist geteilt. Zur Begründung wird auf den Wortlaut verwiesen, wonach sogar nur bestehende Tarifverträge gemeint sein könnten, weil ansonsten Normen zunächst transformiert würden, um dann wieder abgelöst zu werden, so daß der an sich vorgesehene Ausschluß der Transformation nicht greife[834].

Dieses Argument erscheint indessen wenig überzeugend, weil der Wortlaut („geregelt werden") bereits die gegenteilige Auffassung nahelegt. Auch im Hinblick auf den Schutzzweck des § 613a I S. 3 BGB, nach dem es eines Schutzes durch den „alten" Tarifvertrag erst dann nicht mehr bedarf, wenn ein Schutz durch einen neuen (allerdings auch durch den Arbeitnehmer legitimierten) Tarifvertrag erfolgt,[835] überzeugt das nicht. Allerdings stützt die Regelungsintention des § 613a I S. 3 BGB diese Auffassung, soweit sie „auch" einen vorhandenen Tarifvertrag meint. Der Gesetzgeber hat § 613a I S. 3 BGB eingefügt, um als Ausdruck der positiven Koalitionsfreiheit eine vereinheitli-

---

[832] Kempen/Zachert § 3 TVG Rdnr. 60

[833] BAG 18.3.86 AP Nr. 49 zu § 613a BGB

[834] so Hromadka/Maschmann/Wallner Rdnr. 155

[835] BAG 18.3.86 AP Nr. 49 zu § 613a BGB; BAG DB 1995, 2074, 2075; Hanau/Vossen FS Hilger/Stumpf, 271, 282; Seiter, Betriebsinhaberwechsel, 94

chende kollektive Regelung nicht zu blockieren und wollte ausweislich der Gesetzesbegründung dem Arbeitgeber eine Vereinheitlichung der Arbeitsbedingungen ermöglichen[836]. Entscheidend ist bei verschlechternden Regelungen aber die Legitimation des Eingriffes in die ursprünglich tariflichen Rechtspositionen des Arbeitnehmers. Dieser hat den neuen Tarifvertrag im engeren Sinne nicht durch Abstimmung demokratisch legitimiert, seine Arbeitskraft konnte auch nicht ggf. im Wege des Arbeitskampfes zur Durchsetzung des Tarifvertrages eingesetzt werden. Als Gegenargument drängt sich in diesem Zusammenhang allerdings die Situation des Gewerkschaftsbeitrittes auf, bei dem ebenfalls sofort die Wirkung des Tarifvertrages nach § 3 I TVG eintritt, ohne daß das neu eintretende Mitglied an einer Abstimmung beteiligt war. Die Legitimation erfolgt hier gleichsam nachträglich, nämlich durch autonomen Beitrittsakt.
Diese Parallele greift bei § 613a I S. 3 BGB aber gerade nicht durch. Tritt der Arbeitnehmer einer Gewerkschaft bei, so greift damit zwar die Tarifbindung, für ggf. schlechtere Regelungen verbleibt aber das Günstigkeitsprinzip des § 4 III TVG. Da es damit am Eingriff in Rechtspositionen fehlt, bedarf es auch keiner intensiven Legitimation durch Abstimmung. Das Günstigkeitsprinzip soll aber im Rahmen von § 613a I S. 3 BGB im Hinblick auf die beabsichtige Vereinheitlichung der Arbeitsbedingungen gerade nicht gelten[837]. Daher kann auch diese schwächere Legitimation des bloßen Beitrittes im Umkehrschluß nicht für die Verdrängung nach § 613a I S. 3 BGB im Bereich verschlechternder Regelungen ausreichen, weil der Eingriff in die ursprünglich tariflichen und nunmehr individuellen Rechtspositionen der gesonderten Legitimation in Form des kollektiven Verzichts durch Tarifvertrag bedarf.

5) Kein Günstigkeitsvergleich

Kommt es zu einer Verdrängung der Transformation nach § 613a I S. 3 BGB, so stellt sich die bereits aufgeworfene Frage des Günstigkeitsprinzips, weil der verdrängende Tarifvertrag auch schlechtere Regelungen enthalten kann. Grundsätzlich ist das Günstigkeitsprinzip im Verhältnis Arbeitsvertrag-Tarifvertrag anwendbar, § 4 III TVG. Die Rechtsprechung will den Ausschluß des Günstigkeitsprinzips vor allem im Hinblick auf den ursprünglich kollektiven Charakter der Regelung annehmen, da im Verhältnis gleichrangiger Regelungen das Günstigkeitsprinzip nicht gilt, sondern alleine die Zeitkollisionsregel eingreift. Im übrigen solle der Arbeitnehmer durch den Betriebsinhaberwechsel nicht bessergestellt werden[838].

---

[836] BT-Drucksache 8/3317, 7, 11
[837] BAG 18.3.86 AP Nr. 49 zu § 613a BGB; BAG DB 1995, 2074, 2075
[838] BAG aaO.

Im Ergebnis ist dieser Auffassung zuzustimmen. Der Wortlaut des § 613a I S.2 BGB besagt lediglich, daß die Rechte und Pflichten zum Inhalt des Arbeitsverhältnisses (nicht des Arbeitsvertrages) werden[839]. Eine „Abmachung" im Sinne des § 4 III TVG meint jedoch in erster Linie den Einzelarbeitsvertrag im Sinne einer zweiseitigen individualrechtlichen Abrede und nur ausnahmsweise in den Schranken des § 77 III, 87 I BetrVG auch Betriebsvereinbarungen[840]. Die Transformationswirkung des § 613a I S. 2 BGB beruht aber nicht auf individualrechtlicher Vereinbarung, sondern auf gesetzlicher Anordnung, weil es sich ursprünglich um eine kollektive Vereinbarung gehandelt hat. Der einzelvertragliche Charakter beruht daher gerade nicht auf einer „Abmachung" im Sinne des § 4 III TVG.

Der Anwendungsbefehl für den - auch ungünstigeren - Tarifvertrag folgt dann aus § 613a I S. 3 BGB, der die individualrechtliche Regelung spezialgesetzlich verdrängt[841]. Die Legitimation zu einer solchen Regelung läßt sich entweder aus einem generellen Ausschluß des Günstigkeitsprinzips aus der Koalitionsfreiheit entnehmen[842] oder jedenfalls durch den zulässigen kollektiven Verzicht der Parteien auf das nunmehr individualrechtliche Ergebnis ihrer früheren Koalitionsbetätigung durch Abschluß des neuen Tarifvertrages.

Insoweit hat § 613a I S. 3 BGB auch dann Bestand, wenn man dem Günstigkeitsprinzip Verfassungsrang zukommen lassen will. Zum Teil wird das im Hinblick auf die Koalitionsfreiheit mit dem Argument angenommen, daß Tarifverträge nur Mindestarbeitsbedingungen setzen dürften[843]. Tatsächlich liegt der richtige Ansatzpunkt jedoch in Art. 12 GG, weil individuell ggf. als ungünstig empfundene Regelungen auf eine Beschränkung der Vertragsfreiheit hinauslaufen. Die Position der Vertragsfreiheit ist bei § 613a I S. 3 BGB auch gerade deshalb berührt, weil es sich dem Charakter nach um einzelvertragliche Normen handelt, die durch ggf. verschlechternde kollektive Normen abgelöst werden sollen[844]. Auf beide Grundrechte kann jedoch prinzipiell bis zum Wesensgehalt verzichtet werden, was bei einem neuen Tarifvertrag, der auf beidseitiger Tarifbindung beruht, der Fall ist. Das Günstigkeitsprinzip gilt daher im Bereich des § 613a I S.3 BGB nicht.

---

839 Staudinger Richardi/Annuß § 613a BGB Rdnr. 174

840 BAG GS 16.9.86 AP Nr. 17 zu § 77 BetrVG 1972; Kempen/Zachert § 4 TVG Rdnr. 175

841 Kempen BB 1991, 2006, 2010; Wank NZA 1987, 505, 510; Wiedemann FS Fleck, 447, 455

842 Kempen BB 1991, 2006, 2010

843 BAG 15.12.60 AP Nr. 2 zu § 4 TVG Angleichsrecht; Löwisch/Rieble § 1 TVG Rdnr. 73; aA Kempen/Zachert Grundl. 127 mit dem Argument, daß der Freiwilligkeit des Gewerkschaftsbeitrittes vor entsprechendem Mißbrauch schütze

844 aA Skuderis, 317, nach der die Vertragsfreiheit bei § 613a I S. 3 BGB nicht betroffen sein soll.

6) Vertrauensschutz bei Ablösung durch einen neuen Tarifvertrag

Da Ablösung durch einen neuen Tarifvertrag nicht dem Günstigkeitsprinzip unterliegt, stellt sich die Frage des Vertrauensschutzes für bereits erworbene tarifliche Ansprüche, wenn der neue Tarifvertrag diese wesentlich schlechter regelt als der alte nunmehr individualrechtlich geltende Tarifvertrag. Dies betrifft etwa den von *Bachner/Trittin/Köstler/Trümner* unter dem Aspekt Umwandlungen und Vertrauensschutz angesprochenen tariflichen Kündigungsschutz[845], als auch tarifliche Leistungen für die Altersversorgung. Das Bundesarbeitsgericht will letzteres zwar nicht mehr unter Art. 14 GG fallen lassen und Veränderungen damit über die Figur der sog. „wohlerworbenen Rechte" ausschließen. Demgegenüber hat das Bundesarbeitsgericht für Veränderungen vor allem den Grundsatz des Vertrauensschutzes angewandt[846]. Dieser Vertrauensschutz folgt konstruktiv aus dem Rückwirkungsverbot. Diese verfassungsrechtliche Wertung greift auch bei § 613a I S. 3 BGB.

Das ergibt sich aus der Bindung der Tarifvertragsparteien an die Grundrechte. Umstritten ist dabei, ob dogmatisch dabei eine unmittelbare Grundrechtsbindung erfolgt, weil Tarifvertragsparteien Normen wie die staatliche Gewalten setzen (Delegationstheorie)[847] oder ob diese sich nur aus einer mittelbaren Bindung wie im Privatrecht ergibt, weil sich die Gestaltungsfreiheit aus der autonomen Unterwerfung der Mitglieder rechtfertigt[848]. Für den aus dem Rechtsstaatsprinzip des Art. 20 GG folgenden Grundsatz des Vertrauensschutzes ist eine solche Bindung nach beiden Meinungen anerkannt[849], weil auch die Unterwerfung unter ein Normsystem einen verfassungsrechtlichen Minderheitenschutz durch Grundrechte wie auch die Prinzipien des Art. 20 GG erfordert.

Insoweit ist nunmehr zu untersuchen, ob diese Bindungswirkung auch im Rahmen von § 613a I S. 3 BGB bei Ablösung durch einen anderen Tarifvertrag gilt.

Zwar handelt es sich bei § 613a BGB selbst um eine bürgerlich-rechtliche Norm. Die Ablösung dieser Norm erfolgt jedoch durch Tarifvertrag, so daß die allgemeinen Grundsätze zum Eingriff in Grundrechte durch Tarifverträge gelten. Gilt im übrigen direkt bei der Umwandlung ein anderer Tarifvertrag, so kommt es gar nicht zur Transformation nach § 613a I S. 2-4 BGB. Bei der Ablösung nach § 613a I S. 2-4 BGB iVm § 324 UmwG ist der neue bzw. übernehmende Rechtsträger daher an die Grundrechte, ins-

---

[845] Bachner/Trittin/Köstler/Trümner, 148

[846] BAG 23.11.94, AP Nr. 12 zu § 1 TVG Rückwirkung zustimmend Blomeyer/Otto BetrAVG Einl. Rdnr. 643

[847] BAG 15.1.64; 20.4.77; 13.11.85 AP Nr. 87, 111, 136; Löwisch/Rieble § 1 TVG Rdnr. 155; Wiedemann in: Wiedemann Einf. Rdnr. 205

[848] Kempen/Zachert Grundl. 154 ff.

[849] BAG 26.8.97 AP Nr. 74 zu § 87 BetrVG Arbeitszeit; Wiedemann in: Wiedemann Einf. Rdnr. 205

besondere an die Grundsätze des Vertrauensschutzes gebunden. Vorhandene Anwartschaften sind nach dem Grundsatz des Vertrauensschutzes regelmäßig zu erhalten[850], weil eine sog. echte Rückwirkung nur ausnahmsweise zulässig ist, wofür aber das bloße Vereinheitlichungsinteresse nicht ausreicht.
In gleicher Weise ist mit dem tariflichen Kündigungsschutz zu verfahren, so daß auch über § 613a I S.3 BGB bestehender Kündigungsschutz nicht beseitigt wird[851].
Für die Zukunft läßt dagegen der Grundsatz des Vertrauensschutzes nach dem Verhältnismäßigkeitsgrundsatz eine Veränderung zu, wozu das Vereinheitlichungsinteresse des Arbeitgebers - das § 613a I S. 3 BGB mittelbar schützt - einen hinreichenden sachlichen Grund bildet[852]. Für die Zukunft wird insoweit überwiegend davon ausgegangen, daß ausschließlich die gesetzliche Wertung des § 613a I S. 3 BGB gilt, so daß ausschließlich der verdrängende Tarifvertrag Anwendung findet.
Indessen kann aus dem Grundsatz des Vertrauensschutzes die Gewährung einer Übergangsfrist bei der Vereinheitlichung folgen, die vor allem die Versorgungspläne der älteren Arbeiter und Angestellten schont[853]. Dieser Grundsatz ist somit auch bei Ablösung durch einen neuen Tarifvertrag nach § 613a I S. 3 BGB vorzusehen, wenn entsprechend schwerwiegende und nachteilige Veränderungen vorgenommen werden sollen. In diesem Fall gebietet der verfassungsrechtliche Grundsatz des Vertrauensschutzes eine Übergangsfrist, in der die alte Regelung individualrechtlich weitergilt und zunächst nicht verdrängt wird.

7) Möglichkeit der „Überkreuzablösung" nach § 613a I S. 3 BGB

Nach § 613a I S. 3 BGB findet eine Ablösung statt, wenn „die Rechte und Pflichten bei dem neuen Inhaber durch Rechtsnormen eines anderen Tarifvertrages oder durch eine andere Betriebsvereinbarung geregelt werden". Nach dem Wortlaut kann die Vorschrift dahingehend verstanden werden, daß ein Tarifvertrag jeweils nur durch einen Tarifvertrag und eine Betriebsvereinbarung nur durch eine Betriebsvereinbarung abgelöst werden kann. Der unklare Wortlaut wird vielfach als Redaktionsversehen betrachtet[854]. *Richardi/Annuß* lehnen jedoch die Möglichkeit der „Überkreuzablösung" ab. Zur Begründung verweisen sie darauf, daß auch bei Anwendung des § 613a I S. 3 BGB zu re-

---

850 Blomeyer/Otto BetrAVG Rdnr. 426; Hanau/Vossen FS Hilger Stumpf, 271, 290; Waas in: Weiss/Gagel, Handbuch des Arbeits- und Sozialrechts Rdnr. 85
851 so im Ergebnis aber über generelle isolierte kollektive Fortgeltung über § 323 UmwG herleitend Bachner/Trittin/Köstler/Trümner, 148
852 BAG 8.12.81 AP Nr. 1 zu § 1 BetrAVG Ablösung
853 BAG aaO.
854 Gussen/Dauck Rdnr. 165; Hanau/Vossen FS Hilger/Stumpf, 271, 282

spektieren sei, daß tarifvertragliche Regelungen einerseits und Betriebsvereinbarungen andererseits unterschiedlichen Ordnungen der Gruppenautonomie entspringen, die nebeneinander stehen und nicht gegeneinander austauschbar seien[855].
Im Hinblick auf den unklaren Wortlaut ist zunächst durch Auslegung zu ermitteln, ob eine solche Beschränkung durch den Gesetzgeber gewollt war. Hierbei kann zunächst auf die Richtlinie 77/187 EWG bzw. 98/50 EG zurückgegriffen werden, weil der Gesetzgeber durch das arbeitsrechtliche EG-Anpassungsgesetz maßgeblich die Vorgaben der Richtlinie umsetzen wollte. Diese spricht neutral von „Kollektivvereinbarungen", so daß die europarechtskonforme Auslegung gegen eine Beschränkung der sog. „Überkreuzablösung" spricht, weil der Gesetzgeber lediglich durch die Formulierung dem Dualismus zwischen Betriebsvereinbarung und Tarifvertrag Rechnung getragen hat[856]. Dies folgt auch aus dem Sinn und Zweck der Vorschrift, weil der Gesetzgeber ausweislich der Gesetzesbegründung gerade der Vereinheitlichung von Arbeitsbedingungen Rechnung tragen wollte[857]. Für den Fall der Ablösung einer Betriebsvereinbarung durch einen Tarifvertrag liegt auch kein Verstoß gegen die Koalitionsfreiheit vor. Für diesen Bereich stellt das - wie ansonsten auch - der Tarifvorrang des § 77 III BetrVG im Hinblick auf die Koalitionsfreiheit sicher[858]. Diese Vorschrift beweist gleichzeitig, daß es kein statisches, sondern ein dynamisches Nebeneinander von Tarifvertrag und Betriebsvereinbarung gibt, so daß sich mit dem Argument der mangelnden Austauschbarkeit eine „Überkreuzablösung" nicht ausschließen läßt. In diesem systematischen Zusammenhang ist somit auch die sog. „Überkreuzablösung" zulässig.

8) § 77 III BetrVG bei „Überkreuzablösung"

Nach § 77 III BetrVG können Arbeitsentgelte und sonstige Arbeitsbedingungen, die durch Tarifvertrag geregelt sind oder üblicherweise geregelt werden, nicht Gegenstand einer Betriebsvereinbarung sein. Für § 613a I S. 3 BGB bestehen die Zweifel bei der „Überkreuzablösung" deshalb, weil nunmehr eine tarifliche Regelung gerade durch eine betriebsverfassungsrechtliche Regelung ersetzt wird. Zum Teil wird deshalb § 613a I S. 3 BGB als Spezialregelung zu § 77 III BetrVG betrachtet[859]. Das läßt sich hinsichtlich des alten Tarifvertrages systematisch rechtfertigen, weil dessen Normen nach dem Sy-

---

855 Staudinger Richardi/Annuß § 613a BGB Rdnr. 185
856 Hromadka/Maschmann/Wallner Rdnr. 363; Kania DB 1995, 625, 626
857 BT-Drucksache 8/3317, 7, 11
858 BAG 3.2.76 AP Nr. 13 zu § 118 BetrVG; BAG 2.11.83 AP Nr. 8 zu § 77 BetrVG; Däubler/Klebe/Kittner-Berg § 77 BetrVG Rdnr. 62; Fitting/Kaiser/Heither/Engels § 77 BetrVG Rdnr. 61; GK-Kreutz § 77 BetrVG Rdnr. 66; Richardi § 77 BetrVG Rdnr. 228
859 Kania DB 1995, 625, 626; Zöllner DB 1995, 1401, 1406

stem des § 613a I S. 2 BGB in das Einzelarbeitsverhältnis transformiert werden und deshalb nicht als kollektive Tarifnorm weitergelten[860]. Für einzelvertragliche Normen gilt die Sperrwirkung des § 77 III BetrVG nicht. Das gilt auch bei systematisch dem § 613a I S. 2-4 BGB nahekommenden Bezugnahmen, so daß es ausschließlich auf den formellen einzelvertraglichen Charakter der Norm ankommt[861]. Ist der Betriebsinhaberwechsel mit einem Betriebszweckwechsel verbunden, wofür nach hier vertretener Ansicht die Anwendung des § 613a I S. 2-4 BGB bei Umwandlungen meist wegen Vorranges kollektiver Weitergeltung ausscheidet, so bedarf es solcher Konstruktionen auch regelmäßig nicht, weil die Arbeitsverhältnisse aus dem fachlichen Geltungsbereich herausfallen[862]. Der „alte" Tarif kann bei einem Betriebszweckwechsel keine Sperrwirkung nach § 77 III BetrVG mehr entfalten, weil diese nur im fachlichen Geltungsbereich des jeweiligen Tarifs und nicht außerhalb gilt[863]. Die Sperre des § 77 III BetrVG ist daher aber anwendbar, wenn seine Voraussetzungen der neuen Branche vorliegen. Das gilt selbst dann, wenn man § 613a I S. 3 BGB als Spezialregelung ansieht, weil die Norm über das Verhältnis zu Tarifverträgen der neuen Branche keine Aussage trifft, so daß hier nur die allgemeinen Regeln und damit § 77 III BetrVG eingreifen kann[864]. Insoweit kann eine „Überkreuzablösung" von Tarifverträgen nur nach Maßgabe des § 77 III BetrVG erfolgen. Sind also die entsprechenden Arbeitsbedingungen beim Rechtsnachfolger durch Tarifvertrag geregelt - gleich ob Firmen- oder Verbandstarif - sind Betriebsvereinbarungen ausgeschlossen, wenn dieser nicht eine Öffnungsklausel enthält. Die Ablösung kann dann nur - beidseitige Tarifbindung vorausgesetzt - durch den Tarifvertrag beim Rechtsnachfolger erfolgen. Dies gilt nicht, wenn der Tarifvertrag nach § 4 V TVG nachwirkt, weil dieser gerade abdingbar ist und deshalb von der Sperrwirkung des § 77 III BetrVG nicht erfaßt wird. Als Sperre zu prüfen bleibt allerdings auch in diesem Fall die Voraussetzung der „Tarifüblichkeit" des § 77 III BetrVG[865].

Ist die Regelung von Arbeitsbedingungen beim übernehmenden bzw. neugegründeten Rechtsträger tariflich geregelt oder „tarifüblich" im Sinne von § 77 III BetrVG, so ist eine Ablösung durch Betriebsvereinbarung daher ausgeschlossen. Das Problem stellt sich vor allem im Hinblick auf sog. tarifvertragsübernehmende Betriebsvereinbarungen, wenn also ein Tarifvertrag durch Bezugnahme in einer Betriebsvereinbarung nach der Umwandlung weitergelten soll. In solchen Vereinbarungen ist regelmäßig ein Verstoß

---

860 Seiter, Betriebsinhaberwechsel, 95

861 Fitting/Kaiser/Heither/Engels § 77 BetrVG Rdnr. 72

862 Hromadka/Maschmann/Wallner Rdnr. 366

863 BAG 1.4.87 AP Nr. 64 zu § 613a; Däubler/Klebe/Kittner-Berg § 77 BetrVG Rdnr. 69; Fitting/Kaiser/Heither/Engels § 77 BetrVG Rdnr. 67

864 Zöllner DB 1995, 1401, 1406; Kania DB 1995, 625, 626

865 BAG 31.1.69 AP Nr. 5 zu § 56 BetrVG; Fitting/Kaiser/Heither/Engels § 77 BetrVG Rdnr. 73; Däubler/Klebe/Kittner-Berg § 77 BetrVGRdnr. 60; Fink, 117; GK-Kreutz § 77 BetrrVG Rdnr. 87

gegen § 77 III BetrVG zu sehen, weil diese mindestens tarifübliche Bestandteile erhalten und Zweck des § 77 III BetrVG gerade die Sicherung der Tarifautonomie ist[866]. Das kann insoweit auch nicht über den Schutzzweck des § 613a I S. 3 BGB im Sinne einer Vereinheitlichung von Arbeitsbedingungen ausgehebelt werden[867], da dem neuen oder übernehmenden Rechtsträger ohne weiteres die Ablösung durch Tarifvertrag möglich ist. Dies gilt unabhängig von einem Beitritt zu einem Verband, weil der einzelne Arbeitgeber auch selbst tariffähig ist (§ 3 I TVG). Eine generelle Ablösung eines Tarifvertrages durch Betriebsvereinbarung ist auch nicht bei einer entsprechenden Öffnungsklausel möglich. Die Tarifvertragsparteien können auf ihre Koalitionsfreiheit nur bis zum Wesensgehalt des Art 19 II GG verzichten, die bei einer Entäußerung von tariflicher Gestaltungsmacht insoweit durch Art. 80 I S. 2, 3 GG konkretisiert wird, so daß Inhalt, Zweck und Ausmaß der Öffnung hinreichend bestimmt sein müssen[868]. Daneben handelt es sich bei einer solchen Gestaltung um eine Gesetzesumgehung, die auch im Hinblick auf § 134 BGB auf Bedenken stößt. Eine Gesetzesumgehung liegt vor, wenn der Zweck einer zwingenden Rechtsnorm dadurch umgangen wird, daß andere (formal zulässige) Gestaltungsmöglichkeiten verwendet werden[869]. Formal enthält § 77 III S. 2 BetrVG im Wortlaut zwar keine Beschränkung der Öffnungsklausel, der bezweckte Schutz der Koalitionsfreiheit und des zwingenden Tarifrechts wird jedoch unterlaufen. Das TVG sieht insoweit als gesetzliche Ausgestaltung der Koalitionsfreiheit vor, daß der einzelne Arbeitgeber tarifliche Regeln selbst im Wege des Firmentarifes schließen kann (§ 3 I TVG). Dieses gesetzliche Leitbild wird bei einer tarifersetzenden Betriebsvereinbarung gezielt umgangen.

Denkbar und grundsätzlich zulässig sind allerdings auch solche Betriebsvereinbarungen, die nur einzelne Punkte des „alten" Tarifvertrages ersetzen sollen.

Der Begriff der „Tarifüblichkeit" wird unterschiedlich definiert.

Einerseits wird angenommen, „Tarifüblichkeit" bedeute, daß in dem räumlichen und fachlichen Geltungsbereich des Betriebes überhaupt Tarifverträge über die jeweiligen Fragen abgeschlossen zu werden pflegen[870].

Andere wollen erweiternd davon ausgehen, daß „tarifüblich" eine Regelung im Sinne von § 77 III BetrVG ist, wenn eine Frage tarifrechtlich geregelt ist und davon auszugehen ist, daß die Tarifvertragsparteien nach Ablauf des Tarifvertrages die Frage erneut

---

866 BAG 23. 6. 1992 AP Nr. 55 zu § 77 BetrVG

867 so im Ergebnis auch Fink, 122

868 Däubler, Tarifvertragsrecht Rdnr. 243; Kempen/Zachert Grundl. RDnr. 266

869 BAG 12.10.60 AP Nr. 16 zu § 620 BGB befristeter Arbeitsvertrag; zuletzt etwa BAG NJW 1996, 143, 151

870 Hess/Schlochauer/Glaubitz § 77 BetrVG Rdnr. 146 unter Berufung auf BAG DB 1983, 996; Fitting/Kaiser/Heither/Engels § 77 BetrVG Rdnr. 80

regeln wollen. Letztere Definition rechtfertigt sich vor allem damit, daß auch während der Dauer der Tarifverhandlungen bei wiederholtem Abschluß ein Schutz durch § 77 III BetrVG als Ausdruck von Art. 9 III GG erfolgt, was damit deutlicher wird[871], so daß auch während dieser Zeit keine Ablösung durch Betriebsvereinbarung im Rahmen von §§ 613a I S. 3 BGB/ 324 UmwG erfolgen kann. Auf die Tarifüblichkeit kommt es für die Ablösung allerdings nicht an, soweit es sich um eine mitbestimmungspflichtige Angelegenheit nach § 87 BetrVG handelt[872]. Der über lange Jahre währende Streit über das Verhältnis von § 77 III BetrVG zu § 87 I BetrVG ist mittlerweile zugunsten der sog. Vorrangtheorie entschieden worden, weil § 87 I BetrVG die speziellere Vorschrift ist[873]. Danach sperrt im Bereich des § 87 BetrVG nur eine vorhandene tarifliche Regelung den Abschluß einer Betriebsvereinbarung, nicht jedoch eine tarifübliche Regelung (so die sog. Zwei-Schranken Theorie)[874]. Entsprechend ist auch bei der Ablösung im Rahmen des § 613a I S. 3 zu verfahren, so daß nur eine vorhandene tarifliche Regelung eine ablösende Betriebsvereinbarung im Bereich des § 87 BetrVG sperrt.

9) Verdrängungswirkung bei mehrfachen Betriebsübergängen

Zweifelhaft ist die Auswirkung der Transformationswirkung des § 613a I S. 2-4 BGB, wenn es zu mehrfachen Betriebsübergängen kommt, auf die gemäß §§ 324 UmwG, 613a BGB Anwendung findet. Die individualrechtliche Konstruktion des § 613a I S. 2-4 BGB hätte hier zur Folge, daß auf die zweite Umwandlung nunmehr § 613a I S. 1 BGB bzw. direkt das Prinzip der Gesamtrechtsnachfolge Anwendung findet[875], da es sich dem Charakter nach, durch die Transformation im Rahmen der ersten Umwandlung, um einzelvertragliche Normen handelt. Für den rechtsgeschäftlichen Übergang bejaht das Bundesarbeitsgericht für einen zweiten Betriebsübergang die Anwendung von § 613a I S. 1 BGB. Ob in diesem Zusammenhang der wichtige Ablösemechanismus nach S. 3, d.h. die damit verbundene spezialgesetzliche Verdrängung des Günstigkeitsprinzips anzuwenden ist, hat das Bundesarbeitsgericht dagegen offengelassen[876]. Dem Wortlaut nach ist das nicht möglich, weil dieser ausdrücklich auf S. 2 des § 613a BGB

---

[871] Däubler/Klebe/Kittner-Berg § 77 BetrVG Rdnr. 72, allerdings reichen nur Verhandlungen auch hiernach nicht aus

[872] Skuderis, 332

[873] BAG 24.2.1987 AP Nr. 21 zu § 77 BetrVG Lohngestaltung; BAG GS 3.12.91 AP Nr. 52 zu § 87 BetrVG Lohngesteltung; BAG 24.1.1996 AP Nr. 8 zu § 77 BetrVG Tarifvorbehalt; Fitting/Kaiser/Heither/Engels § 87 BetrVG Rdnr. 58; Richardi § 87 BetrVG Rdnr. 166 f.; Weiss/Weyand § 87 BetrVG Rdnr. 12

[874] vgl. dazu GK-Wiese § 87 BetrVG Rdnr. 52

[875] für Umwandlungen ist der bloße Eintritt in individualrechtliche Rechtspositionen gleichsam „doppelt" geregelt. Zum einen folgt das bereits aus dem Prinzip der Gesamtrechtsnachfolge als solchem, zum anderen über den Verweis des § 324 UmwG auf § 613a BGB d.h. hier I S.1 BGB

[876] BAG 20.4.94 AP Nr. 108 zu § 613a BGB

Bezug nimmt. Wendet man S. 3 nicht an, so gelten die allgemeinen Regeln, so daß vor allem das Günstigkeitsprinzip § 4 III TVG, das durch § 613a I S. 3 BGB spezialgesetzlich verdrängt wird wieder Geltung erhalten würde, so daß ein schlechterer Tarifvertrag keine verdrängende Wirkung entfalten könnte. Ein Teil der Literatur verneint mit dem Wortlautargument eine Anwendung der Verdrängungsregel des § 613a I S. 3 BGB bei mehrfachen Betriebsübergängen[877]. Das setzt sich indessen in Widerspruch zu den mit § 613a I S. 3 BGB verfolgten Regelungszielen.
Nach seinem Sinn und Zweck soll stets die Vorschrift des § 613a I S. 3 BGB dann eingreifen, wenn die weitergeltenden Rechte und Pflichten ihren Ursprung in einer Kollektivnorm finden. Diesen Ursprung verlieren die Normen nicht dadurch, daß sie infolge des ersten Betriebsüberganges in individualrechtliche Normen transformiert werden[878]. Die Problematik mehrfacher Betriebsübergänge ist durch den Gesetzgeber übersehen worden, die individualrechtliche Lösung, die zu diesem Widerspruch führt, diente indessen vor allem dazu, von vornherein eine Kollision mit der negativen Koalitionsfreiheit des übernehmenden Arbeitgebers zu vermeiden.
Insoweit enthält § 613a I S. 3 BGB bei mehrfachen Betriebsübergängen eine verdeckte Lücke[879]. Das folgt daraus, daß § 613a I S. 2-4 BGB dem Sinn und Zweck entsprechend eine normative Fortgeltungsanordnung enthalten, die nur nach den dort aufgestellten Grundsätzen abgelöst werden kann[880]. § 613a I S. 3 BGB ist daher ergänzend dahingehend auszulegen, daß die Vorschrift auch bei mehrfachen Betriebsübergängen Anwendung findet. Als längste Zeitspanne ist zwischen den Betriebsübergängen insoweit von der Jahresfrist des § 613a I S. 2-4 BGB auszugehen.

VI. Einzelvertragliche Änderung

Gemäß § 613a I S. 4 Alt. 2 BGB können die Arbeitsvertragsparteien die zwingende Geltung innerhalb der Jahresfrist auch durch einzelvertragliche Vereinbarung abändern. Voraussetzung hierfür das Fehlen beidseitiger Tarifgebundenheit, d.h. es sind entweder beide Teile nicht tarifgebunden oder zumindest ein Teil.
Folgt man der Ansicht Zöllners, wonach einseitige Tarifbindung bereits zu Verdrängung führt, so läge es nahe, nunmehr in diesem Bereich das einseitige Angebot als ausreichend anzusehen. *Zöllner* lehnt das selbst ab, will indessen aber - soweit sich keine

---

[877] Gussen/Dauck Rdnr. 173, ebenso Oetker in: Wiedemann § 3 TVG Rdnr. 193 wegen Fehlens „methodischer Voraussetzungen"; Skuderis, 246
[878] ebenso Moll RdA 1996, 275, 279; Soergel-Raab § 613a BGB Rdnr. 125a;, im Interesse der „Betriebseinheit" im Ergebnis auch Müko-Schaub § 613a BGB Rdnr. 185
[879] vgl. allgemein Canaris, die Feststellung von Lücken im Gesetz, 136
[880] Staudinger-Richardi/Annuß § 613a BGB Rdnr. 183

konkludente Bezugnahme ergibt - über § 612 II BGB zur einzelvertraglichen Anwendung des neuen Tarifvertrages auch ohne Vereinbarung mit dem Arbeitnehmer gelangen. § 612 II BGB soll dann auch entsprechend für die Gegenleistung des Arbeitnehmers gelten[881]. Das ist indessen abzulehnen. § 612 II BGB will gerade keine Verdrängung herbeiführen, sondern ist für die Fälle geschaffen worden, in denen eine Vereinbarung über die Lohnhöhe fehlt. Nur dann kann die Vorschrift überhaupt eigenständige Bedeutung erlangen[882]. Es handelt sich gerade um nachgiebiges Recht und nicht um verdrängendes Recht. Letztlich wird damit das über § 613a I S. 2-4 BGB geschützte Bestandsinteresse des Arbeitnehmers unterlaufen. Eine solche Interpretation scheitert außerdem an Art. 3 III der Richtlinie 98/50 EG, der gerade eine zwingende Aufrechterhaltung der Tarifnormen vorsieht, so daß diese nur zweiseitig vorzeitig aufgehoben werden können. Im übrigen sieht der Wortlaut des § 613a I S. 4 2 Alt. BGB eine „fehlende beidseitige Tarifgebundenheit" vor, d.h. es wird von einem zweiseitigen Verhältnis bei Verdrängung ausgegangen. Dies zeigt erneut, daß § 613a I S. 2-4 BGB nicht das Prinzip der Tarifeinheit, d.h. einseitige Verdrängung schützt. Die Bezugnahme auf einen anderen Tarifvertrag muß daher zweiseitig mit dem Arbeitnehmer vereinbart werden.

Indessen ist zweifelhaft, ob eine solche Vereinbarung auch durch betriebliche Übung möglich ist. Anerkannt ist grundsätzlich, daß im Wege der Vertragsfreiheit die Bestimmungen eines Tarifvertrages auch durch betriebliche Übung für Nichttarifgebundene Wirksamkeit entfalten können[883]. Die hM. hält dabei auch eine stillschweigende Bezugnahme für zulässig[884], so daß daraus folgt, daß grundsätzlich auch eine Bezugnahme durch betriebliche Übung nach dieser Maßgabe möglich ist[885]. Systematisch ist damit auch der Weg für eine Bezugnahme durch betriebliche Übung auf den „neuen" Tarifvertrag offen. Das gilt allerdings bereits dann nicht, wenn Schriftformerfordernisse der betrieblichen Übung entgegenstehen. Bestand im alten Tarifvertrag ein Schriftformerfordernis, so ist dieses durch die Transformation des § 613a I S. 2-4 BGB zu einem einzelvertraglichen Schriftformerfordernis herabgestuft. Solche einzelvertraglichen Schriftformerfordernisse hindern nach Rechtsprechung des Bundesarbeitsgericht die Entstehung einer betrieblichen Übung[886]. Ist in dem Tarifvertrag, auf den nunmehr Bezug genommen werden soll, für Ergänzungen des Arbeitsvertrages die Schriftform vor-

---

881 Zöllner DB 1995, 1401, 1405, ihm folgend Willemsen/Hohenstatt, Umstrukturierung Rdnr. E 116

882 Soergel-Raab § 612 BGB Rdnr. 12; Staudinger-Richardi § 613a BGB Rdnr. 34 f.

883 BAG 7.12.77 AP Nr. 9 zu § 4 TVG Nachwirkung, LAG Hamburg AuR 1996, 75, 76 Kempen/Zachert § 3 TVG Rdnr. 71; Oetker in: Wiedemann § 3 TVG Rdnr. 271.

884 BAG 11.8.88 AP Nr. 5 zu § 625 BGB; Oetker in: Wiedemann § 3 Rdnr. 271, aA Kempen/Zachert § 3 TVG Rdnr. 73

885 LAG Schleswig-Holstein, 15.12.82 DB 1983, 249; Däubler, Tarifvertragsrecht Rdnr. 345

886 BAG 9.12.1981 AP Nr. 8 zu § 4 BAT; BAG 7.10.82 AP Nr. 5 zu § 620 BGB Teilkündigung

geschrieben, so hindert dieses das Entstehen einer betrieblichen Übung ebenfalls, weil diese dort vorhandene Klausel nicht einzelvertraglich abbedungen werden kann[887]. Liegt kein Schriftformerfordernis vor, so ist dagegen eine Ablösung des „alten" nunmehr individualrechtlich geltenden Tarifvertrages auch durch betriebliche Übung möglich. Das Bundesarbeitsgericht will insoweit auch die Rücknahme von Leistungen durch die Figur der sog. „negativen Betriebsübung" zulassen[888], was sich allerdings nur über die Vertrauenshaftungstheorie als Grundlage der betrieblichen Übung dogmatisch rechtfertigen läßt[889].

Für § 613a I S. 4 Alt. 2. BGB ist eine betriebliche Übung jedoch auch ohne Schriftformerfordernis regelmäßig abzulehnen. Zum einen bestehen gegen eine stillschweigende Bezugnahme - die eine betriebliche Übung letztlich darstellt - grundsätzliche Bedenken. Diese ergeben sich zum einen aus der Aushebelung des generellen Schriftformgebotes für Tarifverträge nach § 1 II TVG[890]. Zum anderen laufen sie auch der Ratio des § 613a I S. 4 Alt. 2 BGB zuwider, in der von einer „Vereinbarung" die Rede ist. Das setzt aber voraus, daß sich der rechtsgeschäftliche Willen der Parteien eindeutig bestimmen läßt[891], was sich bei stillschweigender Hinnahme der Behandlung nach dem neuen Tarifvertrag aber nicht fingieren läßt. Nur wenn dies ausnahmsweise der Fall sein sollte, kann eine Verdrängung in Betracht kommen. Dabei handelt es sich dann aber nicht mehr um eine bloße Betriebsübung, sondern aufgrund des rechtsgeschäftlichen Willens der Parteien um einen konkludenten Vertragsschluß. Letztlich geht es bei § 613a I S. 2-4 BGB um den Schutz der ursprünglichen koalitionsmäßigen Betätigung, die einen feststellbaren vorzeitigen Veränderungswillen auf beiden Seiten voraussetzt.

VII. Auswirkung der Umwandlung bei Bezugnahmeklauseln

Häufig ergibt sich in der Praxis die Geltung von Tarifnormen nicht aufgrund der Tarifgebundenheit beider Parteien, sondern aufgrund einzelvertraglicher Vereinbarung, d.h. sogenannter Bezugnahmeklauseln. Denkbar ist dabei der Verweis auf einzelne Tarifbestimmungen, z.B. einer tariflichen Urlaubsregelung[892], häufig wird jedoch auf die Geltung eines gesamten Tarifvertrages verwiesen[893]. In der Praxis ist dieser Verweis

---

887 vgl. etwa § 4 II BAT: Nebenabreden bedürfen der Schriftform; BAG 27.3.97 AP Nr. 29 zu § 242 Betriebliche Übung

888 BAG 18.10.88 AP Nr. 8 zu § 242 Betriebliche Übung; ErfK-Preis § 611 BGB Rdnr. 278

889 zu dieser: Canaris, Vertrauenshaftung, 396; Erman-Hanau § 611 BGB Rdnr. 277

890 Kempen/Zachert § 3 TVG Rdnr. 73

891 vgl. auch generell zum eindeutigen rechtsgeschäftlichen Willen: LAG Bremen 3.2.65 BB 1965, 495

892 BAG 23.2.1988 AP Nr. 17 zu § 1 BetrAVG Zusatzversorgungskassen; aA Kempen/Zachert § 3 TVG Rdnr. 85

893 Hanau/Kania FS Schaub, 239

außerordentlich verbreitet und etwa im öffentlichen Dienstrecht (Verweisung auf den BAT) z.T. sogar durch innerdienstliche Weisung vorgeschrieben. Ziel dieser Regelungen ist es regelmäßig, tarifgebundene und nichttarifgebundene Arbeitnehmern gleichzustellen, so daß der Arbeitgeber einheitliche Arbeitsbedingungen im Betrieb erhält, ohne die Gewerkschaftsmitgliedschaft zu überprüfen zu müssen[894]. Von Gewerkschaftsseite werden diese Regelungen aus diesem Grund kritisch betrachtet, weil diese damit potentiell eine Schwächung bedeuten, da „Unorganisierte" damit indirekt von den „Früchten" der Tarifpolitik profitieren, ohne Mitglied zu sein (und Beiträge zahlen zu müssen)[895]. Im Bereich von Umwandlungen besteht die Problematik darin, ob Veränderungen im Bereich originärer Tarifbindung z.B. durch Branchenwechsel oder Privatisierungen im öffentlichen Dienst auch in diesem Bereich mitvollzogen werden können oder ob es einzelvertraglich bei der Geltung des „alten" Tarifes bleibt.

1) Wesen der Bezugnahme und ihre Auswirkung bei Umwandlungen

Nach überwiegender Ansicht rechtfertigt sich die Bezugnahme aus der privatautonomen Vertragsfreiheit der Parteien, sie führt damit nicht zur Tarifbindung der Parteien, sondern läßt den Tarifvertrag lediglich als einzelvertragliche Abmachung gelten[896]. In diesem Fall kommt deshalb die Transformation nach § 613a I S. 2 bis 4 BGB nicht zur Anwendung, weil es sich bereits um eine Abrede mit einzelvertraglichem Charakter handelt, so daß eine Transformation ausscheidet. In einzelvertragliche Abreden tritt der Erwerber nach 613a I S. 1 BGB bzw. nach dem Prinzip der Gesamtrechtsnachfolge ein, so daß diese Vorschrift grundsätzlich auch für Bezugnahme auf den Tarifvertrag durch den Einzelarbeitsvertrag gilt[897].

Nach dieser Lösung tritt der neue Rechtsträger grundsätzlich immer unabhängig von Veränderungen auf kollektiver Ebene in einzelvertragliche Pflichten aus der Bezugnahme ein. Dies kann zu Ungereimtheiten führen, wenn der Tarifvertrag für die Tarifgebundenen nicht kollektiv weitergilt, weil die einzelvertragliche Transformation ihrerseits zum Teil tarifdispositiv ist. Zweifelhaft ist insoweit das Schicksal dieser Klauseln, wenn sich aufgrund der Umwandlung die Tarifgebundenheit des Arbeitgebers ändert, weil der Arbeitgeber von der Möglichkeit des § 613a I S. 3 BGB Gebrauch macht. Bei Tarifge-

---

894 BAG DB 1999, 2474, 2475; ErfK-Preis § 613a BGB Rdnr. 81; Gaul NZA 1998, 9, 17; Wellenhofer-Klein ZfA 1999, 239, 251

895 Kempen/Zachert § 3 TVG Rdnr. 62

896 hM. Kempen/Zachert § 3 TVG Rdnr. 91; Oetker in: Wiedemann § 3 TVG Rdnr. 218 beide mwN., ebenso Reichel/Koberski/Clasen/Menzel § 3 TVG Rdnr. 53; Stein, Tarifvertragsrecht, Rdnr. 232

897 BAG NZA 1997, 1066, 1069; B. Gaul NZA 1998, 9, 16; Hanau/Vossen FS Hilger/Stumpf 271; Staudinger-Richardi/Annuß § 613a BGB Rdnr. 200; Wank NZA 1987, 505, 506

bundenen verdrängt dieser „neue" Tarifvertrag die nur in das Einzelarbeitsverhältis transformierten Tarifnormen.
Die Bezugnahme selbst vollzieht diese Veränderung wegen ihres einzelvertraglichen Charakters nicht mit, weil § 613a I S. 2-4 BGB nur auf transformierte Kollektivnormen Anwendung finden. Für die Bezugnahme bleibt es daher grundsätzlich nach § 613a I S. 1 BGB beim Verweis auf den „alten" Tarifvertrag[898]. Es besteht also die Gefahr, daß es zu einem Auseinanderdriften der Arbeitsbedingungen von Tarifgebundenen und Nichttarifgebundenen kommt, obwohl Zweck der Bezugnahme häufig gerade die Gleichstellung ist. Auch bei Tarifgebundenen selbst kann es zu Widersprüchen kommen, wenn in ihrem Arbeitsvertrag (zusätzlich und zunächst deklaratorisch) eine Bezugnahme auf den ursprünglich geltenden Tarifvertrag vereinbart wurde. Dies ist vor allem bei der häufig üblichen Verwendung von Musterarbeitsverträgen der Verbände oft gegeben, zumal dem Arbeitgeber die Gewerkschaftszugehörigkeit des einzelnen Arbeitnehmers auch nicht immer bekannt ist. Über § 613a I S. 3 BGB kann der ursprünglich kollektiv geltende Tarifvertrag auch durch schlechtere tarifliche Regelungen abgelöst werden, weil § 613a I S. 3 BGB das Günstigkeitsprinzip spezialgesetzlich verdrängt. Indessen lebt dann die Bezugnahme auf den „alten" Tarifvertrag wieder auf, weil diese nach § 613a S. 1 BGB bzw. nach dem Prinzip der Gesamtrechtsnachfolge ebenfalls auf den neuen Arbeitgeber übergegangen ist. Für das somit entstehende Verhältnis Einzelarbeitsvertrag-Tarifvertrag gilt indessen das Günstigkeitsprinzip nach § 4 III TVG, so daß die Bezugnahme wiederauflebt und die verschlechternde Regelung des § 613a I S. 3 BGB damit praktisch leerläuft.
Diese Wertungswidersprüche ließen sich grundsätzlich vermeiden, wenn man die Bezugnahme nicht mit dem Charakter einer einzelvertraglichen Vereinbarung versieht, sondern mit der von *Herschel* begründeten Lehre, die Bezugnahme als eine Art Rechtswahl auf das kollektive Tarifrecht - die mit der Entscheidung für eine Rechtsordnung im internationalen Privatrecht vergleichbar ist - ansieht[899]. Konsequent zu Ende gedacht, würde damit Bezugnahme letztlich als Unterwerfung unter die Rechtsordnung des Tarifrechts durch Vereinbarung einer vorgefertigten Rechtsordnung zu echten Tarifbindung führen[900], so daß der Transformationsmechanismus des § 613a I S. 2-4 BGB ohne weitere Schwierigkeiten angewandt werden könnte. Zu Begründung dieser Auffassung werden die gesetzlichen Zulassungsnormen angeführt, mit denen der Gesetzgeber den Arbeitsvertragsparteien eine Abweichung von gesetzlichen Vorschriften er-

[898] Hromadka/Maschmann/Wallner Rdnr. 607; Zöllner DB 1995, 1401, 1405
[899] Herschel DB 1969, 660; Däubler, Tarifvertragsrecht Rdnr. 338; ähnlich Stahlhacke DB 1967, 1986; neuerdings Kohte AuA 1997, 171, 172
[900] so v. Hoyningen-Huene RdA 1974, 138 ff.

öffnet, in dem sie einen Tarifvertrag einzelvertraglich in Bezug nehmen[901] (so etwa auch § 613a I S. 4 Alt. 2 BGB).
In neuerer Zeit geht im Bereich des Betriebsüberganges die von *Schaub* ins Gespräch gebrachte analoge Anwendung von § 613a I S. 2-4 BGB auf Bezugnahmeklauseln in diese Richtung[902]. Auch *Zöllner* verfolgt im Rahmen von § 613a I S. 2-4 BGB diesen Weg, läßt aber offen, ob eine analoge oder direkte Anwendung erfolgen soll. Er sieht die Bezugnahme nicht als einzelvertragliche Inkorporierung in den Arbeitsvertrag, sondern als Verweisung auf die Normordnung des Tarifvertrages. Hierfür führt er zum einen die fehlende Eingliederung des Tarifvertrages in den Einzelarbeitsvertrag an. Als weiteres Indiz wertet er die Rechtsprechung des Bundesarbeitsgerichts, welches die Bezugnahme wie Tarifverträge (d.h. nach objektiven Grundsätzen) und nicht wie Arbeitsverträge (§§ 133, 157 BGB) auslegt[903].
Diese Ansicht ist jedoch abzulehnen. Sie kann sich letztlich nur auf offene Rechtsfortbildung stützen. Erforderlich hierfür wäre indessen eine Regelungslücke, die aber angesichts des vorhandenen Tarifrechts und der darin geregelten Wirkung der Tarifverträge nach § 4 I TVG einerseits und dem Zivilrecht und der darin geregelten Wirkung von privatrechtlichen Verträgen andererseits, fehlt. Bei einer einzelvertraglichen Vereinbarung sind die Parteien - im Gegensatz zum Tarifrecht – nicht daran gehindert, die Vereinbarung aufzuheben oder (auch verschlechternd) abzuändern. Im übrigen dürfte regelmäßig auch der Parteiwille zu einer zwingenden Bindung im Sinne kollektiven Tarifnorm fehlen[904]. Auch der Vergleich mit dem internationalen Privatrecht ist nicht überzeugend. Die Rechtswahl des § 27 EGBGB hat Vertragscharakter. Es steht den Parteien also jederzeit frei, die Rechtswahl nachträglich wieder zu verändern. Das unterscheidet die Rechtswahl von der den Tarifvertrag prägenden unmittelbaren und zwingenden Wirkung[905], die § 613a I S. 2-4 BGB individualrechtlich noch für ein Jahr schützen soll. Einer solchen Auslegung steht auch nicht die Auslegung von Bezugnahmeklauseln durch das Bundesarbeitsgericht nach objektiven Maßstäben entgegen[906]. Diese Auslegungsmethode wird im wesentlichen mit Rechtssicherheitsaspekten gerechtfertigt. In Teilen der Literatur wird diese objektive Theorie seit langem kritisiert, weil sie gerade bei Bezugnahmeklauseln - die an sich als einzelvertragliche Vorschriften nach

---

901 v. Hoyningen-Huene RdA 1974, 138, 143
902 vgl. Schaub, Arbeitsrechtshandbuch § 119 Rdnr. 16; Muko-Schaub § 613a BGB Rdnr. 144
903 Zöllner DB 1995, 1401, 1406 unter Berufung auf BAG DB 1982, 1417 und anknüpfend an Schaub aaO.
904 Waas ZTR 1999, 540, 542
905 Oetker in: Wiedemann § 3 TVG Rdnr. 221
906 BAG 12.8.59 AP Nr. 1 zu § 305 BGB; BAG 31.3.1966 AP Nr. 54 zu § 611 BGB, hierfür auch Löwisch/Rieble § 3 TVG Rdnr. 116

§§ 133, 157 BGB auszulegen sind - zu Widersprüchen führt.[907]. Auch für das originäre Tarifrecht selbst wird das Prinzip der Rechtssicherheit bereits durch § 1 II TVG (Schriftformerfordernis) geschützt. Im übrigen werden die Parteien im grundrechtlich geschützten Bereich nach Art. 9 III GG tätig, so daß gerade ihr Willen zu respektieren ist[908]. Geht man von dieser Auffassung aus, so stellen sich Wertungswidersprüche bei der Auslegung erst gar nicht. Auch das Bundesarbeitsgericht versucht, bei der von ihm angenommenen objektiven Auslegung den Willen der Tarifvertragsparteien einzubeziehen, wenn er seinen Niederschlag im Wortlaut gefunden hat[909]. Praktisch läuft der Unterschied daher nur auf eine unterschiedliche Aktzentsetzung hinaus[910], so daß schon von der Bedeutung her eine Veränderung des einzelvertraglichen Charakters der Bezugnahme zweifelhaft ist. Rechtsgrund für diese Bezugnahme ist und bleibt nach wie vor die einzelvertragliche Vereinbarung[911]. Soweit im Rahmen der Bezugnahme ein Gleichlauf mit der Auslegung von Tarifverträgen erreicht wird, läßt sich das meist auch über §§ 133, 157 BGB, d.h. bei Heranziehung des Parteiwillens, rechtfertigen. Dem Willen der Parteien entspricht bei der Bezugnahme regelmäßig die Gleichstellung von tarifgebundenen und nichttarifgebundenen Arbeitnehmern, sie sollen wie das Bundesarbeitsgericht betont, „nur das widerspiegeln was sonst kraft Tarifbindung gilt“[912]. Damit entspricht der Gleichlauf also gerade auch dem subjektiven Parteiwillen und läßt sich somit auch auf die Kriterien der Vertragsauslegung stützen. Die Auslegung führt damit nicht zu einem geänderten Charakter der Bezugnahme. Es kann daher nur bei einem einzelvertraglichen Charakter der Bezugnahme - wie bei jeder anderen Vereinbarung auch - bleiben. Insoweit können Veränderungen bei Umwandlungen damit auch nur über die allgemeinen Grundsätze des Zivilrechts korrigiert werden.

2) „dynamische“ Verweisung

Verweisungen auf Tarifverträge können unterschiedlich ausgestaltet sein. Üblich ist zumeist die sog. „dynamische Verweisung“, mit der auf das jeweils geltende Tarifrecht verwiesen wird. „Im Zweifel“ nimmt das Bundesarbeitsgericht diese Form der Verweisung an, weil die Bezugnahme nach ihrer Funktion regelmäßig nur das widerspiegeln soll, was sonst kraft Tarifbindung gilt, nämlich eine Gleichstellung von Organisierten

---

[907] Däubler, Tarifvertragsrecht Rdnr. 97; Etzel NZA 1987, Beil 1, 19, 28 Kempen/Zachert § 3 TVG Rdnr. 97

[908] Däubler, Tarifvertragsrecht Rdnr. 135, 136; Kempen/Zachert Grundl. Rdnr. 309

[909] BAG 12.9.84 AP Nr. 135 zu § 4 TVG

[910] Schaub NZA 1994, 597

[911] Boecken Rdnr. 146 Fn. 230; ihm folgend Müller-Ehlen, 122

[912] BAG 6.4.55 AP Nr. 7 zu Art. 3 GG; BAG 10.8.82 AP Nr. 7 zu § 5 BetrAVG; BAG 16.6.88 AP Nr. 8 zu § 1 BetrAVG Beamtenversorgung

und Nichtorganisierten[913]. Unterscheiden lassen sich die sog. dynamischen Verweisungen im Anschluß an *Hromdka/Maschmann/Wallner* in die sog. „kleine" dynamische Verweisung und die „große" dynamische Verweisung[914].

a) „Kleine" dynamische Verweisung

Bei der sog. „kleinen" dynamischen Verweisung wird auf den jeweiligen Tarifvertrag der „xy Branche" verwiesen[915]. Durch die „Jeweiligkeitsklausel" lassen sich Veränderungen im Rahmen von § 613a I S. 3 BGB (Geltung eines neuen Tarifvertrages für die ursprünglich tarifgebundenen) innerhalb der Branche auch für Außenseiter durch Auslegung nachvollziehen, weil der „neue" kollektiv geltende Tarifvertrag nunmehr der „jeweils" im Unternehmen geltende ist.
Problematisch ist indessen der Fall des Wechsel des fachlichen Geltungsbereiches anläßlich der Umwandlung, wenn dort für die ursprünglich tarifgebundenen der Tarifvertrag nach § 613a I S. 3 BGB durch den nunmehr einschlägigen (Branchen-) Tarifvertrag abgelöst wird. Dieser bildet indessen aber gerade einen Hauptanwendungsfall des § 613a I S. 2-4 BGB, da in Fallkonstellationen innerhalb des fachlichen Geltungsbereiches nach hier vertretener Auffassung regelmäßig von einer kollektiven Weitergeltung auszugehen ist. Für die kleine dynamische Verweisung wird von *Hromadka/Maschmann/Wallner*, unter Berufung auf die Rechtsprechung des Bundesarbeitsgerichts, eine Anpassung auf den neuen Tarifvertrag nach den Grundsätzen des Wegfalls der Geschäftsgrundlage befürwortet[916]. Widersprüchlich ist indessen, daß der Wegfall der Geschäftsgrundlage bei Umwandlung bzw. Betriebsinhaberwechsel einseitig und gewollt durch eine Partei herbeigeführt worden ist. Ein einseitiges Herbeiführen des Wegfalls der Geschäftsgrundlage schließt aber die Berufung auf den Wegfall der Geschäftsgrundlage aus, denn es gilt der Grundsatz „pacta sunt servanda"[917]. Dagegen wird von Befürwortern einer Lösung nach den Grundsätzen des Wegfalls der Geschäftsgrundlage eine entsprechende Risikozurechnung zu Lasten der Arbeitnehmer vorgenommen, weil der Arbeitgeber letztlich aus Art. 12 GG das Recht habe, Betriebe

---

[913] BAG 6.4.55 AP Nr. 7 zu Art. 3 GG; BAG 10.8.82 AP Nr. 7 zu § 5 BetrAVG; BAG 16.6.88 AP Nr. 8 zu § 1 BetrAVG Beamtenversorgung; ; B. Gaul NZA 1998, 9, 10;
Hromadka/Maschmann/Wallner Rdnr. 121; Zöllner DB 1995, 1401, 1407; mit anderer Begründung: Staudinger-Richardi/Annuß § 613a BGB Rdnr. 204 , 205 nach denen sich eine dynamische Bezugnahme aus dem „prospektiven Charakter" des Arbeitsverhältnisses ergeben soll, der im Zweifel eine Anpassung an geänderte Vehältnisse erfordere.
[914] Hromadka/Maschmann/Wallner Rdnr. 111; dieser Kategorisierung ebenfalls folgend Hanau/Kania FS Schaub, 239 ff.; Willemsen/Hohenstatt, Umstrukturierung Rdnr. E 63
[915] Hromadka/Maschmann/Wallner Rdnr. 390
[916] Hromadka/Maschmann/Wallner Rdnr. 433 unter Berufung auf BAG 1.4.87 AP Nr. 64 zu § 613a BGB
[917] BGH NJW-RR 93, 881; Palandt-Heinrichs § 242 BGB Rdnr. 128

aufzuspalten und die Produktion zu verändern. Der Arbeitnehmer wisse von dieser Freiheit des Unternehmers und lasse sich in Kenntnis dieser Freiheit auf den Arbeitsvertrag ein. Er erkenne damit das Leitungs- und Direktionsrecht des Arbeitgebers an und verspreche, ihm bei der Umsetzung seiner Ziele mit seiner Arbeitskraft zu helfen. Damit ginge er auch das Risiko einer Änderung des Betriebszweckes ein[918]. Diese Argumentation überzeugt nicht. Bei der „kleineren dynamischen Klausel" haben die Parteien gerade die Branche als Grenze des Verweises gewählt. Weiter wollte und hat der Arbeitnehmer sich nicht unterworfen. Vertragliche Abreden bilden aber die Grenze für einseitige Maßnahmen der anderen Vertragspartei, so daß Leitungs- und Direktionsrecht des Arbeitgebers hier nicht herangezogen werden kann. Aus Art. 12 GG folgt zwar grundsätzlich auch das Recht des Branchenwechsels, für den Arbeitsvertrag hat der Arbeitgeber bei einem Verweis auf eine bestimmte Branche indessen zulässig auf einseitige Veränderungen verzichtet. Die insoweit von der Gegenansicht überwälzte „Risikosphäre" ist im übrigen ausschließlich von der Disposition des Arbeitgebers abhängig. Über die Grundsätze des Wegfalles der Geschäftsgrundlage läßt sich daher keine Veränderung erzielen.

Selbst wenn man eine Anwendung der Grundsätze des Wegfalles der Geschäftsgrundlage bejahen würde, so müßte methodisch zuvor auf die Auslegung nach §§ 133, 157 BGB zurückgegriffen werden. Enthält ein Vertragsverhältnis nämlich selbst auslegbare Regeln für Änderung oder Wegfall der Geschäftsgrundlage, so sind diese vorrangig. Hiernach können vorrangig vor allem die Grundsätze der ergänzenden Vertragsauslegung eingreifen[919]. Maßgeblich danach ist der mutmaßliche Parteiwille. Dieser besteht regelmäßig auch bei der kleinen dynamischen Verweisung in der Gleichstellung von organisierten und nichtorganisierten Arbeitnehmern, weil der Branchentarif einheitlich angewandt werden soll. Das kann bei entsprechenden Veränderungen auf tarifrechtlicher Ebene – aber auch nur dort - bei einem Branchenwechsel dazu führen, daß auch bei Bezugnahme durch die „kleine dynamische Verweisung" entsprechende Veränderungen mitvollzogen werden[920]. Greift man mit der Rechtsprechung des Bundesarbeitsgerichts auf die objektive Auslegung zurück[921], so besteht zunächst das Problem, daß der Wortlaut die Grenze der Auslegung bildet und dieser gerade die Branche enthält. In einer neueren Entscheidung hat das Bundesarbeitsgericht dagegen eine Anpassung an den „neuen" Tarif unter Hinweis auf den Zweck der Gleichstellung und der

---

918 Hromadka/Maschmann/Wallner Rdnr. 458

919 BGH Z 90. 69, 74; Palandt-Heinrichs § 242 BGB Rdnr. 116

920 Hromadka/Maschmann/Wallner Rdnr. 117, 466; Hanau/Kania FS Schaub 239, 254; Willensen/Hohenstatt, Umstrukturierung Rdnr. E 147

921 BAG 12.8.59 AP Nr. 1 zu § 305 BGB; BAG 31.3.66 AP Nr. 54 zu § 611 BGB Gratifikation; BAG 22.7.98 AP Nr. 2 zu § 3 TV Ang Bundespost

dafür erforderlichen Tarifeinheit vorgenommen[922], was meist eine „korrigierende Auslegung" bedeutet[923]. Letztlich läuft die Überlegung sowohl bei objektiver Auslegung als auch der nach §§ 133, 157 auf eine teleologische Reduktion des Wortlautes der Klausel hinaus. Entscheidend ist daher das Vorliegen der entsprechenden Lücke[924].
Das läßt sich aber nur dann annehmen, wenn die Auslegung ergibt, daß es den Parteien nicht vorrangig um die Branche, sondern um die Gleichstellung ging und man die Branche als Beschreibung des derzeitigen Tätigkeitsfeldes betrachtet hat, also der Wechsel der Branche nicht mitbedacht wurde, so daß insoweit eine vertragliche Lücke besteht, die durch Auslegung geschlossen werden kann. Ging es den Parteien dagegen um die Branche, so daß die Arbeitnehmer vor einem Tarifwechsel in einen ungünstigeren Tarif geschützt werden sollten, so scheiden die Grundsätze der ergänzenden Vertragsauslegung aus. Angesichts der derzeitigen Umwandlungspraxis und der insoweit durchaus weithin bekannten Möglichkeit des „Herausumwandelns" ist regelmäßig allerdings nicht mehr davon auszugehen, daß die Parteien diesen Umstand nicht mitbedacht haben[925]. Im Zweifel ist deshalb zu vermuten, daß ein Branchenwechsel mitbedacht wurde, so daß sich keine Geltung des „neuen" Tarifes ergibt. Etwas anderes wird man nur im Bereich von älteren Arbeitsverträgen und Verweisungsklauseln annehmen können, die in einer Zeit abgeschlossen wurden, als Umwandlungen und Betriebsübergänge eher Ausnahmefälle waren, weil die Parteien diesen Umstand nicht mitbedacht haben dürften und daher die Grundsätze der ergänzenden Auslegung durchgreifen können. Bleibt danach der „alte" Tarifvertrag kraft Verweisung bestehen und wird gleichzeitig kraft Tarifvertragsrecht ein für den Erwerberbetrieb geltender Tarifvertrag anwendbar, so stellt sich die Frage des Günstigkeitsprinzip gemäß § 4 III TVG. Grundsätzlich ist dieses im Bezug zum neuen Tarifvertrag anwendbar, so daß die Bezugnahme gegenüber der kollektiven Regelung – soweit günstiger - auflebt[926]. Überlegt werden könnte allerdings auch eine Anwendung des Grundsatzes der Tarifeinheit, weil zumindest der 4. Senat des Bundesarbeitsgerichts diese Grundsätze auch auf die individualrechtliche Bezugnahme ausdehnt[927]. Damit ließe sich grundsätzlich dem Vereinheitlichungsinteresse des Arbeitgebers eher entsprechen. Dem steht allerdings entgegen, daß das Prinzip der Tarifeinheit als Ausformung des Spezialitätsprinzips nur zwischen identischen Normgebern anwendbar sein kann[928]. Für Konkurrenz

---

922 BAG 4.9.96 AP Nr. 5 zu § 1 TVG Bezugnahme auf den Tarifvertrag
923 Bauer/Meinel NZA 2000, 181, 184
924 Bydlinski, Methodenlehre, 441; Canaris, die Feststellung von Lücken im Gesetz, 136
925 Annuß DB 1999, 2558, 2561
926 Kittner/Däubler/Zwanziger-Zwanziger, KSchR, § 613a BGB Rdnr. 72; Skuderis, 393
927 BAG 28.5. 97 AP Nr. 6 zu § 1 TVG Bezugnahme auf den Tarifvertrag
928 Kempen/Zachert § 4 TVG Rdnr. 129

zwischen Einzelarbeitsvertrag und Tarifvertrag enthält im übrigen das Gesetz mit § 4 III TVG eine abschließende Regelung. Einer Anwendung könnte insoweit allenfalls entgegenstehen, daß bei tarifgebundenen Arbeitsverhältnissen die Bezugnahme auf einen Tarifvertrag bei dynamischer Verweisung regelmäßig deklaratorische Natur hat[929]. Bei einer konstitutiven Geltung stellt sich die Problematik ohnehin nicht, weil damit nach dem Parteiwillen der Vorrang des einzelvertraglich vereinbarten Tarifes – soweit mit § 4 III TVG vereinbar – gewollt war[930]. Auch eine deklaratorische Bezugnahme geht jedoch nach dem Parteiwillen regelmäßig nicht so weit, daß damit eine gewollte Schlechterstellung Tarifgebundener verbunden sein soll. Eine entsprechende Vereinbarung dürfte im übrigen auch gegen Art. 9 III GG verstoßen, weil damit strukturell Tarifgebundene gegenüber Nichttarifgebundenen benachteiligte würden. Insoweit ist auch hier von dem verfolgten Zweck einer Gleichstellung Tarifgebundener und Nichttarifgebundener auszugehen, so daß die Bezugnahme auf den alten Tarifvertrag auch gegenüber kollektiven Verschlechterungen im Wege des Günstigkeitsprinzip weitergelten kann.

b) „Große" dynamische Verweisung

Bei der „großen dynamischen Verweisung" wird auf den „jeweils geltenden Tarifvertrag", jedoch ohne Nennung einer bestimmten Branche verwiesen[931].
Hier ergibt sowohl die Auslegung nach §§ 133, 157 BGB als auch nach objektiver Methode, daß der Branchenwechsel von der Verweisungsklausel gedeckt ist, denn die Branche wird im Wortlaut gerade nicht genannt. Die Parteien wissen bei dieser Konstellation zwar, welche Tarifbedingungen zur Zeit des Vertragsabschlusses maßgeblich sind, doch kann sich dies jederzeit – der kollektiven Geltung des Tarifvertrages folgend - ändern. Es ist also gerade kein bestimmter Tarifvertrag in Bezug genommen, bei dem die Parteierwartung auf Fortgeltung alleine dieses Tarifwerkes gerichtet sein kann. Eine entsprechende Anpassung bei Branchenwechsel der Bezugnahmeklausel bei großer dynamischer Verweisung entspricht auch dem Parteiwillen im Sinne der damit regelmäßig beabsichtigten Gleichstellung von Organisierten und Nichtorganisierten, weil für die Organisierten nach den Regeln des Tarifrechts ein anderer Tarifvertrag gilt[932]. Zum selben Ergebnis gelangt man, wenn man den Zweck in einheitlichen Arbeitsbedingun-

---

929 BAG 28.5.97 AP Nr. 6 zu § 1 TVG Bezugnahme auf den Tarifvertrag

930 Das Problem stellt sich vor allem im Zusammenhang mit allgemeinverbindlichen Tarifverträgen, wenn durch durch Bezugnahme auf einen „günstigeren" – meist fachfremden Tarif – verwiesen wird.

931 Hanau/Kania FS Schaub 239, 240

932 BAG 4.9.96 AP Nr. 5 zu § 1 TVG Bezugnahme auf den Tarifvertrag (für eine Klausel mit engerem Wortlaut); Etzel NZA 1987 Beil. 1 19, 27; B. Gaul NZA 1998, 10, 17; Hromadka/Maschmann/Wallner Rdnr. 386; Oetker in: Wiedemann § 3 TVG Rdnr. 277; Willemsen/Hohenstatt, Umstrukturierung Rdnr. E 146 Zöllner DB 1995, 1401, 1407

gen im Betrieb sieht, weil auch hierbei ein Auseinanderfallen der Arbeitsbedingungen vermieden werden soll[933].

Wird ein zunächst nach § 613a I S. 2 BGB weitergeltender Tarifvertrag durch einen anderen nach § 613a I S. 3 BGB durch Branchenwechsel (Beitritt zu den nunmehr hier tarifzuständigen Verbänden) abgelöst, so gilt die Bezugnahme im Wege der Auslegung nunmehr auch für den neuen nach § 613a I S. 3 BGB ablösenden Tarifvertrag.

c) dynamische Verweisung bei Wechsel zum Tarifvertrag einer anderen Gewerkschaft

Kontrovers wird in der Literatur in diesem Zusammenhang die Frage erörtert, wie bei Anwendung eines Tarifvertrages einer anderen Gewerkschaft zu verfahren ist. Die Problematik tritt vor allem dann auf, wenn etwa durch den Tarifwechsel das System der DGB-Gewerkschaften verlassen wird. *Hanau/Kania* sehen dieses als eine Begrenzung der Auslegung von Bezugnahmeklauseln. Ihr Argument zielt auf den Vergleich mit tarifgebundenen Arbeitnehmern. Diese haben im Rahmen von § 613a I S. 3 BGB die Möglichkeit der anderen Gewerkschaft beizutreten und so eine Anwendung konstitutiv für das Vertragsverhältnis herbeizuführen[934]. Auf die Außenseiter bezogen führt aber eine Auslegung zur „automatischen" Geltung des Tarifvertrages der anderen Gewerkschaft[935]. Der Wechsel zu einem anderen Tarifsystem außerhalb des DGB sei außerdem überraschend, so daß dieser vom hypothetischen Willen der Parteien nicht mehr gedeckt sei[936].

Zöllner vertritt die gegenteilige Auffassung. Er geht davon aus, daß der Arbeitgeber mit der dynamischen Bezugnahme auf den Tarifvertrag verweisen will, der für die tarifgebundenen Arbeitnehmer des „neuen" Unternehmens gilt und nicht auf einen, der sich nach § 613a I S. 2-4 BGB in seiner Geltung auf die übergegangenen Arbeitsverhältnisse beschränkt. Sinn und Zweck der Regelung sei die Gleichstellung mit Tarifgebundenen. Trete dort auch durch einen Tarifvertrag mit einer anderen Gewerkschaft eine Verschlechterung ein, so könne der Außenseiter nicht darauf vertrauen, weiterhin zu besseren Konditionen beschäftigt zu werden[937].

---

933 Annuß DB 1999, 2558, 2560, womit bei der „großen dynamischen Klausel" eine Geltung auch dann erreicht werden soll, wenn es keine tarifgebundeenen Arbeitnehmer mehr gibt und somit der Zweck der Gleichstellung leerläuft. Das BAG (DB 1999, 2474, 2475 für einen Fall der Entgeltfortzahlung) will für diesen Fall die Bezugnahme entfallen lassen und greift auf die gesetzliche Regelung zurück.

934 soweit man beiderseitige Tarifbindung mit der hier vertretenen Auffassung entgegen Zöllner DB 1995, 1401, 1407; Hromadka/Maschmann/Wallner Rdnr. 354 und Willemsen/Hohenstatt, Umstrukturierung Rdnr. E 123 für erforderlich hält.

935 So bereits Kania DB 1995, 530, 532

936 Hanau/Kania FS Schaub, 239, 255

937 Zöllner DB 1995, 1401, 1407

Ob auch beim Wechsel der Gewerkschaft eine Auslegung nach §§ 133, 157 BGB möglich ist, muß zunächst am Wortlaut der Klausel festgemacht werden. Läßt sich aus dem Wortlaut auch die Gewerkschaft ermitteln, so scheidet eine erweiternde Auslegung aus, weil die Parteien dann eben den Tarifsektor dieser Gewerkschaft als Begrenzung gewählt haben. Das ist regelmäßig bei der kleinen dynamischen Klausel der Fall, weil diese auf einen (bestimmten) Branchentarif in der jeweils gültigen Fassung verweist. Dieser ist mit einer oder mehreren Gewerkschaften abgeschlossen, so daß hier die Gewerkschaft Bestandteil der Bezugnahme ist. Gesetzlich gibt dafür § 613a I S. 4 Alt. 2 BGB einen Anknüpfungspunkt, weil die Parteien hierbei den individualrechtlich fortgeltenden Tarifvertrag nur zweiseitig ablösen können.
Die Außenseiter sind auch bei der hier vertretenen Auslegung durchaus mit Tarifgebundenen gleichgestellt, denn auch sie haben die Freiheit des Beitritts oder zur Vereinbarung einer Bezugnahme auf den neuen Tarifvertrag. Das gilt auch innerhalb der DGB-Gewerkschaften. Zwar sehen die Satzungen dort einen Übertritt bei Branchenwechsel vor, das Mitglied kann jedoch ebensogut auch aus diesem Anlaß austreten und sich damit der kollektiven Geltung des neuen Tarifvertrages entziehen. Im übrigen handelt es sich um eine innergewerkschaftliche Satzungsregelung, die für die einzelvertragliche Bezugnahme keine Außenwirkung hat.
Anders liegt der Fall bei der großen dynamischen Klausel. Diese verweist nur auf den jeweils gültigen Tarifvertrag, so daß hier nicht auf eine bestimmte Gewerkschaft zu schließen ist. Dies gilt um so mehr, als bei den dominierenden Verbandstarifen der DGB-Gewerkschaften gerade die Branche (Industrieverbandsprinzip) Abgrenzung der Tarifzuständigkeit der Einzelgewerkschaften bildet, §§ 15, 16 DGB-Satzung. Für die große dynamische Verweisungsklausel bildet der Wechsel zum Tarifvertrag einer anderen Gewerkschaft keinen Hinderungsgrund für die Auslegung.

3) „statische" Verweisung

Etwas anderes gilt jedoch bei sog. statischen Verweisungen. Bei dieser wird auf einen Tarifvertrag in einer bestimmten Fassung (z.B. durch Datumsangabe des Tarifvertrages[938]) verwiesen. Bedeutung kann das insbesondere dann gewinnen, wenn es sich nur um eine teilweise Verweisung handelt (z.B. Urlaubsregelung) und die Parteien sich hinsichtlich der Regelung nicht der Tarifautomatik unterwerfen wollen. Für den Verweis auf den gesamten Tarifvertrag ist eine statische Verweisung regelmäßig weniger sinn-

[938] LAG Frankfurt BB 1988, 1390; Kempen/Zachert § 3 TVG Rdnr. 89;

voll, weil die Regelungen mit der Zeit veralten und damit zunehmend unzweckmäßiger werden.
Bei der statischen Verweisung kann eine Auslegung wie bei der dynamischen Verweisung grundsätzlich nicht in Betracht kommen, denn Sinn der Verweisung war und ist ja gerade der Verweis auf einen bestimmten unveränderten Vertrag. Eine statische Verweisung führt also zur Weitergeltung des ursprünglich vor der Umwandlung geltenden Tarifvertrages[939].
Zum Teil wird, um auch hier eine Anpassung zu erzielen, eine analoge Anwendung von § 613a I S. 3 BGB befürwortet. Zur Begründung wird der Zweck angeführt, nach der mit einer statischen Verweisung einheitliche Arbeitsbedingungen in einem Betrieb bzw. Unternehmen geschaffen werden sollen. Das soll allerdings wiederum dann nicht gelten, wenn die Parteien auf einen fachfremden Tarifvertrag verwiesen haben[940].
Diese Lösung vermag allerdings nicht zu überzeugen. Zum einen löst sie bereits den Fall des Branchenwechsels nicht. Im übrigen lassen sich die Voraussetzungen einer Analogie, nämlich die planwidrige Regelungslücke, nicht erklären[941]. Die Parteien bringen bei einer statischen Verweisung ja gerade zum Ausdruck, daß Veränderungen auf tarifrechtlicher Ebene die Verweisung nicht berühren sollen. Es geht bei der statischen Verweisung auch nicht ohne weiteres um Gleichstellung im Unternehmen. Bei tarifgebundenen Arbeitsverhältnissen tritt eine solche Veränderung ein, so daß es deshalb gerade nicht zu einem Gleichlauf im Unternehmen kommt. Wäre es also um eine Gleichstellung gegangen, hätten die Parteien gerade eine dynamische Verweisung vorgenommen, um damit der Dynamik des Tarifvertrages bzw. des Tarifrechts zu folgen. Letztlich kann auch die Differenzierung bei Verweis auf einen fachfremden Tarifvertrag nicht überzeugen, denn damit wird eine an sich einheitliche Rechtsfigur unterschiedlich behandelt. Eine Analogie zu § 613a I S. 3 BGB scheidet daher aus.
Insoweit bliebe noch die Möglichkeit, auf die Grundsätze des Wegfalls der Geschäftsgrundlage zurückzugreifen[942]. Diese Überlegung scheitert jedoch daran, daß durch die Umwandlung eine Partei willentlich die Geschäftsgrundlage zerstört. Es bleibt deshalb auch nach der Umwandlung bei dem Tarifvertrag, auf den ausdrücklich verwiesen wird.
Für die statische Verweisung verbleibt als Instrument für den Arbeitgeber, eine Verän-

---

939 zum rechtsgeschäftlichen Übergang: Erman-Hanau § 613a BGB Rdnr. 97; Hanau/Vossen FS Hilger Stumpf, 271, 295; Kania DB 1995, 625, 628; Kittner/Däubler/Zwanziger-Zwanziger, KSchR, § 613a BGB Rdnr. 71 f.; Gamillscheg, Kollektives Arbeitsrecht I, 784 f; Gussen/Dauck Rdnr. 263 f.; Seiter, Betriebsinhaberwechsel, 95; Wank NZA 1987, 505, 509; Oetker in: Wiedemann § 3 TVG Rdnr. 277; für Umwandlungem im Ergebnis auch Willemsen/Hohenstatt, Umstrukturierung Rdnr. 147
940 Müko-Schaub § 613a BGB Rdnr. 144 ff.; umwandlungsspezifisch Boecken Rdnr. 148; Müller-Ehlen, 122 beide unter Berufung auf Müko-Schaub aaO.; Henssler FS Schaub, 310, 312; Sowka/Weiss DB 1991, 1518, 1521
941 B. Gaul NZA 1998, 9, 16
942 BAG NZA 1987, 593; Däubler, Tarifvertragsrecht Rdnr. 1558

derung der Bezugnahme herbeizuführen somit nur die Änderungskündigung. Verbleibt es bei der Geltung der nunmehr „unpassenden" Bezugnahmeklausel, so liegt es nahe, eine Verdrängung über das Prinzip der Tarifeinheit in Erwägung zu ziehen. Das Bundesarbeitsgericht wendet Rechtsprechung zum Prinzip der Tarifeinheit auch auf die Geltung von Tarifverträgen durch Inbezugnahme an[943]. Dem steht jedoch bereits der Charakter der Inbezugnahme als einzelvertragliche Vereinbarung und nicht als zwingende Wirkung im Sinne des Tarifrechts entgegen, so daß zutreffend weder Tarifkonkurrenz noch Tarifpluralität entstehen kann. Für die hier entscheidende Frage müßte dieses Prinzip außerdem auf die einseitige Tarifbindung des Arbeitgebers im Verhältnis zur vertraglichen Inbezugnahme des Tarifvertrages ausgedehnt werden, was einen nicht zu rechtfertigenden Eingriff in die Vertragsfreiheit bedeuten würde[944], denn die Parteien wollten gerade die Geltung ohne „Flexibilität" wie bei einer dynamischen Verweisung vereinbaren. Eine entsprechende Verdrängung läßt sich nach hier vertretener Auffassung auch nicht aus § 613a I S. 3 BGB entnehmen, da dieser gerade beidseitige Tarifbindung voraussetzt. Eine Anpassung ist daher auch nicht über das Prinzip der Tarifeinheit vorzunehmen. Es bleibt deshalb auch nach der Umwandlung bei dem Tarifvertrag, auf den ausdrücklich verwiesen wird. Für die statische Verweisung verbleibt als Instrument für den Arbeitgeber eine Veränderung der Bezugnahme herbeizuführen, somit nur die Änderungskündigung.

---

943 BAG 20.3.91 AP Nr. 20 zu § 4 TVG Tarifkonkurrenz
944 Kraft FS Zöllner 831, 846

F. Fortgeltung von Betriebsvereinbarungen

Wie bei der bereits erörterten Fortgeltung von Tarifverträgen, stellt sich auch bei Betriebsvereinbarungen die Frage nach der Fortgeltung im Rahmen der Unternehmensumwandlung. Eine eindeutige Vorschrift für Betriebsübergänge fehlt im BetrVG. Bereits vor dem BetrVG 1972 bzw. der Schaffung des § 613a BGB wurde überwiegend angenommen, daß der Gesamtrechtsnachfolger Partei der Betriebsvereinbarung wird[945]. Hierbei ist wie bei Tarifverträgen zu unterscheiden zwischen einer kollektivrechtlichen Fortgeltung - bei der die Betriebsvereinbarung als von außen auf die übergehenden Arbeitsverhältnisse (gesetzlich zuerkannter) normativ einwirkender Vertrag erhalten bleibt (§ 77 IV BetrVG)[946] - und einer Transformation durch § 613a I S. 2-4 BGB in individual-rechtliche Vereinbarungen, bei der die Rechte und Pflichten aus der Betriebsvereinbarung Inhalt des einzelnen Arbeitsverhältnisses werden.

I. kollektive Fortgeltung „einfacher" Betriebsvereinbarungen

1) Meinungsstand

In der umwandlungsrechtlichen Literatur wird weitgehend angenommen, daß die herrschende Auffassung einer kollektiven Fortgeltung von Betriebsvereinbarungen bei Erhalt der „Betriebsidentität" beim rechtsgeschäftlichen Betriebsübergang[947] auch auf die Gesamtrechtsnachfolge übertragen werden kann[948]. Die Begründung knüpft an den Zustand vor Schaffung des § 613a I S. 2-4 BGB an, bei dem die damalige hM. eine kollektive Fortgeltung bei Erhalt der Betriebsidentität annahm. Trotz eigentlich entgegenstehenden Wortlautes hat der Gesetzgeber mit der Einführung des § 613a I S. 2-4

---

945 Neumann DB 1960, 60; Hueck/Nipperdey II/2 § 66 C VII, S.1287; nach dem BetrVG 1972 etwa Dietz/Richardi BetrVG 5. Aufl. § 77 BetrVG Nr. 45

946 so die hM. zur Rechtsnatur der Betriebsvereinbarung Fitting/Kaiser/Heither/Engels § 77 BetrVG Rdnr. 13 ff.; Däubler/Klebe/Kittner-Berg § 77 BetrVG Rdnr. 8; Weiss/Weyand § 77 BetrVG Rdnr. 11; MünchArbR-Matthes § 319 Rdnr. 1. BVerfGE 73, 261, 278 sprechen insoweit von gesetzlich zuerkannter normativer Wirkung, nach der aA (sog. „Satzungstheorie") soll die Betriebsvereinbarung eine autonome Satzung für den Betrieb darstellen (so etwa noch Herschel RdA 1956, 161). In der Normativität von Betriebsvereinbarungen unterscheiden sich beide Theorien nicht.

947 BAG 5.2.91 AP Nr. 89 zu § 613a BGB; BAG 27.7.94 AP Nr. 118 zu § 613a BGB;Fitting/Kaiser/Heither/Engels § 77 BetrVG Rdnr. 145; GK-BetrVG-Kreutz § 77 BetrVG Rdnr. 326; Däubler/Klebe/Kittner-Berg § 77 BetrVG Rdnr. 51; Bopp in: Rieder, Betriebsübergang, 145, 156; Müller RdA 1996, 287, 289; Staudinger-Richardi/Annuß § 613a BGB Rdnr. 176; Willemsen/Hohenstatt, Umstrukturierung Rdnr. E 6

948 Bachner NJW 1995, 2881, 2882; Boecken Rdnr. 156; Fitting/Kaiser/Heither/Engels § 77 BetrVG Rdnr. 145; GK-Kreutz § 77 BetrVG Rdnr. 329; Gussen/Dauck; B. Gaul NZA 1995, 717, 724 ff; Kallmeyer-Willemsen § 324 UmwG Rdnr. 14; Mengel, 187 ff; Joost in Lutter (Hrsg): Verschmelzung, Spaltung, Formwechsel 297 ff, 311, 312; Lutter (Hrsg.) § 324 UmwG-Joost Rdnr. 24; Picot, C Rdnr. 38; Schnitker, 142; Spirolke, 99 ff.; Wlotzke DB 1995, 40, 41

BGB jedenfalls keine Verschlechterung des Arbeitnehmerschutzes im Bereich von Betriebsvereinbarungen erreichen wollen. Daher wird für den rechtsgeschäftlichen Betriebsübergang § 613a I S. 2-4 BGB als Auffangtatbestand verstanden, so daß daraus ein Vorrang der kollektiv-rechtlichen Fortgeltung bei Wahrung der Betriebsidentität geschlossen wird[949].

Ein Teil der Literatur will über die „Betriebsidentität" hinausgehend über die Regelung des Übergangsmandates des § 321 UmwG, zumindest für die dort genannte Spaltung und Vermögensteilübertragung, eine generelle kollektive Weitergeltung für die Zeit des Übergangsmandates annehmen. Gerechtfertigt wird diese Annahme mit der Funktion des Übergangsmandates als Vollmandat, das die Kontinuität des Betriebsrates sichern soll[950].

2) Stellungnahme

Die Übertragung der „Betriebsidentität" als Voraussetzung für die kollektiv-rechtliche Fortgeltung auf die Gesamtrechtsnachfolge erscheint auf den ersten Blick dogmatisch nicht unbedingt naheliegend, da weder das Umwandlungsgesetz selbst, noch § 613a BGB den Begriff der „Betriebsidentität" nennt. Das Umwandlungsgesetz bietet an sich zwei dogmatische Anhaltspunkte. Zunächst besteht hier Grundsatz der Gesamtrechtsnachfolge. Das legt nahe, daß damit auf das Erfordernis der „Betriebsidentität" als Übertragungssubstrat verzichtet werden kann, damit eine generelle kollektive Fortgeltung zu bejahen ist[951].

Im Hinblick auf § 324 UmwG und den Verweis auf § 613a I S. 2-4 BGB könnte man auch auf eine nunmehr generelle individualrechtliche Fortgeltung von Betriebsvereinbarungen nach Maßgabe des § 613a I S. 2-4 BGB schließen. Dies gilt um so mehr, als eine Mindermeinung in der Literatur beim rechtsgeschäftlichen Betriebsübergang unter Hinweis darauf, daß das Gesetz den Begriff der „Betriebsidentität" nicht kenne, auch dort für Betriebsvereinbarungen ausschließlich § 613a I S. 2-4 BGB annehmen will. Insofern liegt zunächst eine Bestätigung der ausschließlich individualrechtlichen Fortgeltung über § 613a I S. 2-4 BGB nahe, denn der Gesetzgeber hat damit selbst erneut nicht an kollektiver Weitergeltung und dem Begriff der „Betriebsidentität angeknüpft, obwohl ihm der einschlägige Streit bekannt gewesen sein muß. Mangels anderweitiger Regelung wird deshalb z.T. von einer individualrechtlichen Fortgeltung nach § 613a I S.

---

949 ausdrücklich BAG 5.2.91 AP Nr. 89 zu § 613a BGB Bl 565; BAG 27.7.94 AP Nr. 118 zu § 613a BGB

950 Gussen/Dauck Rdnr. 334; Düwell NZA 1996, 393, 395; ausdrücklich wieder aufgegeben dagegen GK-Kreutz § 77 BetrVG Rdnr. 326

951 Herbst AiB 1995, 1, 11

2-4 BGB ausgegangen, weil es an einer anderen speziellen Regelung fehle. Eine kollektive Fortgeltung soll demgegenüber nur bei Vertragsübernahme oder Abschluß einer gleichlautenden Betriebsvereinbarung in Betracht kommen[952].
Eine solche Auslegung wäre jedoch nur dann möglich, wenn der Gesetzgeber den Wortlaut „gilt § 613a BGB" verwandt hätte, die das Gesetz gerade nicht enthält.
Die Verwendung des Ausdruckes „bleibt unberührt" betont, wie bereits im tarifrechtlichen Bereich erörtert, zum einen den Auffangcharakter, zum anderen aber kommt grundsätzlich zum Ausdruck, daß die vorhandene Rechtslage nicht verändert werden soll. Da § 613a BGB bereits beim rechtsgeschäftlichen Betriebsübergang als Auffangtatbestand verstanden wird[953], ist für eine generelle individualrechtliche Fortgeltung im Rahmen des Umwandlungsgesetzes kein Raum.
Tatsächlich ist der Gesetzgeber des § 613a BGB in den einschlägigen Materialien jedoch von einer kollektiven Fortgeltung bei Erhalt der Betriebsidentität ausgegangen[954]. Die individualrechtliche Lösung des § 613a I S. 2-4 BGB wurde vom Gesetzgeber im übrigen vor allem wegen befürchteter Probleme im Tarifrecht wegen Verstoßes gegen die negative Koalitionsfreiheit gewählt. Für Betriebsvereinbarungen greifen diese Bedenken nicht. Zweifelhaft ist indessen, ob für das Umwandlungsgesetz im Hinblick auf den Auffangcharakter des § 613a I S. 2-4 BGB nicht von einer generellen kollektiven Weitergeltung durch die Gesamtrechtsnachfolge auszugehen ist. Auch hier kann zunächst auf die wörtliche Auslegung zurückgegriffen werden, nach der „unberührt bleiben" als Bestätigung der vorhandenen Rechtslage zu verstehen ist. Wie bereits zu Beginn der Untersuchung festgestellt, ist der Gesetzgeber (irrtümlich) von einer bereits bestehenden Anwendbarkeit des § 613a BGB auch auf Unternehmensumwandlungen ausgegangen[955] und damit auch von den im Rahmen dieser Vorschrift vorhandenen Auslegungsgrundsätzen, nach denen eine kollektive Fortgeltung von Betriebsvereinbarungen mit dem Erhalt der Betriebsidentität verknüpft ist. Zutreffend kann deshalb die Parteistellung einer Betriebsvereinbarung immer nur dann begründet werden, wenn das Substrat der Betriebsvereinbarung - nämlich ein die Betriebsidentität wahrender Betrieb - mit übergeht[956].
Der Gesetzgeber hat die Auffassung jedenfalls mittelbar durch § 322 I UmwG bestätigt, nämlich durch die gesetzliche Vermutung und die legislatorische Anerkennung der Figur eines sog. (betriebsverfassungsrechtlichen) „Gemeinschaftsbetriebes", bei dem die Führung eines gemeinsamen Betriebes nach der Spaltung kraft Gesetzes vermutet

---

952 S.Peiffer, 157
953 BAG 5.2.91, 24.7.94, AP Nr. 89, 118 zu § 613a BGB
954 Hanau/Vossen FS Hilger/Stumpf 271, 274; BT-Drucksache 8/3317, 7, 11
955 siehe S. 24
956 Bachner NJW 1995, 2881 f; Boecken Rdnr. 156; Mengel, 192 f.

wird. Somit knüpft der Gesetzgeber ausdrücklich am Substrat „Betrieb" und damit an die „Betriebsidentität" an. Im übrigen enthält § 321 UmwG den Hinweis auf die Gültigkeit des allgemeinen Rechts. Auch außerhalb von Unternehmensumwandlungen wird angenommen, daß der Erhalt der Betriebsidentität Wirksamkeit von Betriebsvereinbarungen ist, etwa wenn der Arbeitgeber unternehmensintern umstrukturiert[957]. Es handelt sich also bei der Gesamtrechtsnachfolge nicht um ein Übertragungssubstrat, sondern um eine grundsätzliche Wirksamkeitsvoraussetzung von Betriebsvereinbarungen, die aus Anlaß der Übertragung wegfällt.

Ein solches Abstellen auf das Regelungssubstrat ist auch im Hinblick auf die Transformationslücken des § 613a I S. 2-4 BGB geboten, da hiernach nach hM. alleine Inhaltsnormen transformiert werden können, so daß für viele betriebliche Regelungen, die nicht in diese Normkategorie fallen, somit Regelungslücken drohen. Das liegt sowohl im Interesse des Arbeitgebers als auch der Arbeitnehmer. Vielfach fallen hierunter auch Regelungen, die eher dem Arbeitgeber dienen wie z.B. Torkontrollen § 87 I Nr. 6 BetrVG als Betriebsnorm[958].

Zweifelhaft ist insoweit, ob darüber hinaus eine kollektive Fortgeltung über das Übergangsmandat des § 321 UmwG anzunehmen ist. Eine solche Ausweitung erscheint konstruktiv nicht überzeugend. Diese folgt bereits aus dem Umstand, daß das Übergangsmandat nur ein halbes Jahr dauert. Danach müßte in richtlinienkonformer Auslegung zusätzlich eine individualrechtliche Transformation nach § 613a BGB erfolgen. Das läßt sich nur schwerlich mit § 613a I S. 2 BGB in Übereinstimmung bringen, weil diese Vorschrift eine Transformation vom Zeitpunkt des Betriebsüberganges an vorsieht. Im übrigen müßte dann entweder gegen den Wortlaut die Jahresfrist auf ein halbes Jahr gekürzt werden oder isoliert für Betriebsvereinbarungen mittels Übergangsmandat dann ein längerer Schutz mittels Jahresfrist nach einem halben Jahr Übergangsmandat angenommen werden. Auch sonst wird die Wirksamkeit von Betriebsvereinbarungen nicht vom Erhalt eines Mandates abhängig gemacht. So enden Betriebsvereinbarungen nicht mit dem Wegfall des Betriebsrates oder dem Ende der Amtszeit des Betriebsrates. Das soll selbst bei Verlust der Betriebsratsfähigkeit gelten[959]. Das bloße Mandat kann insoweit keine kollektive Fortgeltung von Betriebsvereinbarungen bewirken.

---

[957] Fitting/Kaiser/Heither/Engels § 77 BetrVG Rdnr. 141 f; Däubler/Klebe/Kittner-Berg § 77 BetrVG Rdnr. 47 ff.; Hess/Schlochauer/Glaubitz § 77 BetrVG Rdnr. 227; MünchArb-Matthes § 319 Rdnr. 42; GK-Kreutz § 77 BetrVG Rdnr. 320

[958] vgl. zu Torkontrollen durch Betriebsvereinbarung BAG 26.5..88 AP Nr. 14 zu § 87 BetrVG Ordnung des Betriebes

[959] Fitting/Kaiser/Heither/Engels § 77 BetrVG Rdnr. 149; GK-Kreutz § 77 BetrVG Rdnr. 324; Däubler/Klebe/Kittner-Berg § 77 BetrVG Rdnr. 52; Richardi § 77 BetrVG Rdnr. 195 aA alleine für den Verlust der BR-Fähigkeit Rdnr. 196

3) Auswirkung von Umwandlungen auf die Betriebsidentität

a) Spaltung

Nach überwiegender Ansicht bleibt die Betriebsidentität erhalten, wenn die Aufbausituation weitgehend unverändert bleibt, die arbeitstechnischen Zwecke im wesentlichen erhalten werden und auch das Personal- und Sozialwesen seine bisherige Funktion behält[960]. Gemäß § 126 I Nr. 9 UmwG besteht bei der Spaltung Zuordnungsfreiheit der einzelnen Vermögensgüter. Die Betriebsidentität kann dabei grundsätzlich zerstört werden, wenn die Spaltung des Unternehmens im Rahmen der Zuordnungsfreiheit auch gleichzeitig zur Spaltung von Betrieben (Betriebsspaltung) führt, also nur ein Betriebsteil übertragen werden soll.
Indessen gibt es außerhalb von Umwandlungen bei unternehmensinternen Umstrukturierungen für diese Fallgruppe Bestrebungen, auch für diesen Fall eine kollektive Fortgeltung anzunehmen. Insoweit wird der Begriff der Betriebsidentität erweiternd dahingehend ausgelegt, daß eine kollektive Fortgeltung grundsätzlich dann erfolgen soll, wenn die Betriebsvereinbarung aufgrund der Organisationsänderung gegenstandslos werden muß. Damit soll eine kollektive Fortgeltung auch für die Fälle der sog. Betriebsspaltung möglich sein, wenn ein abgespaltener Betriebsteil selbständig weitergeführt wird. Eine kollektive Fortgeltung erfolgt dann sowohl in dem „zurückbleibenden" als auch in dem abgespaltenen Betriebsteil, soweit sie möglich und sinnvoll bleibt[961]. Indessen soll diese Erweiterung „im Interesse der Rechtssicherheit" nicht gelten[962]. Das ist mit dem Prinzip der Gesamtrechtsnachfolge nicht zu vereinbaren, denn der Rechtsnachfolger wird hierdurch Partei der Betriebsvereinbarung. Für den Wegfall der kollektiven Geltung können deshalb nur allgemeine Grundsätze gelten. Die erweiternde Auslegung der „Betriebsidentität" ist zwar für unternehmensinterne Umstrukturierungen auch deshalb entwickelt worden, weil hier auch subsidiär § 613a I S. 2-4 BGB mangels Betriebsüberganges nicht eingreifen kann[963]. Allerdings handelt es sich bei § 613a I S. 2-4 BGB lediglich um einen individualrechtlichen Auffangtatbestand, der eine kollektive Fortgeltung von Betriebsvereinbarungen nicht einschränken kann[964], was im übrigen für

---

960 BAG 5.2.91 AP Nr. 89 zu § 613a BGB; Däubler/Klebe/Kittner-Berg § 1 BetrVG, 46 ff; § 77 BetrVG Rdnr. 48; GK-Kreutz § 77 BetrVG Rdnr. 2; Fitting/Kaiser/Heither/Engels § 77 BetrVG Rdnr. 140 ff.; Hess/Schlochauer/Glaubitz § 77 BetrVG Rdnr. 227

961 so vor allem Fitting/Kaiser/Heither/Engels § 77 BetrVG Rdnr. 140 a ff. ebenso für die Zusammenlegung zweier Betriebe: Däubler/Klebe/Kittner-Berg § 77 BetrVG Rdnr. 48 f.; GK-Kreutz § 77 BetrVG Rdnr. 320 ff.

962 Fitting/Kaiser/Heither/Engels § 77 BetrVG Rdnr. 145

963 vgl. die Begründung bei Fitting/Kaiser/Heither/Engels § 77 BetrVG Rdnr. 140 a

964 BAG 5.2.91, 24.7.94 AP Nr. 89, 118 zu § 613a BGB

die Umwandlung gerade durch die „unberührt-Formel" zum Ausdruck kommt[965]. Aus der Geltung des § 613a I S. 2-4 BGB iVm § 324 UmwG kann also keine Beschränkung der kollektiven Weitergeltung geschlossen werden. Deshalb gilt eine Betriebsvereinbarung auch nach Abspaltung eines Betriebsteiles kollektiv weiter, wenn dieser eigenständig fortgeführt wird. Wird dieser dagegen in andere Betriebe eingegliedert, so ist für eine kollektive Fortgeltung kein Raum mehr[966].
Für diesen Fall verweist § 324 UmwG auf § 613a I S. 2-4 BGB, es kommt insoweit zur individualrechtlichen Transformation[967].

b) Bedeutung der Vermutungswirkung des § 322 UmwG

Nach dem oben gefundenen Ergebnis ist die kollektive Fortgeltung von Betriebsvereinbarungen an das Fortbestehen der Betriebsidentität geknüpft. § 322 UmwG vermutetet bei der Spaltung den sog. Gemeinschaftsbetrieb, d.h. einen Betrieb mehrerer Unternehmen.
Das Bundesarbeitsgericht und die Literatur haben die Möglichkeit eines sog. Gemeinschaftsbetriebes bereits vor Einfügung des § 322 UmwG anerkannt[968], so daß der Gesetzgeber diese dogmatische Entwicklung in Anerkennung dieser Figur nachvollzogen hat. Dieses entspricht den seit langem geäußerten Novellierungsvorschlägen des DGB, die das indessen für das gesamte BetrVG vorsahen[969]. Neu ist durch § 322 UmwG die Vermutungswirkung im Rahmen der Spaltung im Hinblick auf den sog. Gemeinschaftsbetrieb. In der Konsequenz bedeutet die Vermutungswirkung des § 322 UmwG, daß eine kollektive Fortgeltung von Betriebsvereinbarungen bei der Spaltung vermutet wird, weil es durch einen Gemeinschaftsbetrieb damit zu keiner organisatorischen Verände-

---

[965] BAG 24.6.98 AP Nr. 1 zu § 20 UmwG

[966] Fitting/Kaiser/Heither/Engels § 77 BetrVG Rdnr. 142a, 142 b; GK-Kreutz § 77 BetrVG Rdnr. 321; Richardi § 77 BetrVG Rdnr. 200; Weiss/Weyand § 77 BetrVG Rdnr. 46

[967] Die Spaltung von Betrieben ist daneben nach § 111 BetrVG S.2 Nr. 3 auch als Betriebsänderung zu betrachten. Wegen wirtschaftlicher Nachteile kann der Betriebsrat insoweit einen Sozialplan verlangen. BAG 10.12.96 AP Nr. 110 zu § 112 BetrVG 1972; Fitting/Kaiser/Heither/Engels § 111 BetrVG Rdnr. 55

[968] ständige Rspr. des BAG vgl. etwa BAG 18.1.90 AP Nr. 9 zu § 23 KSchG; BAG 14.12.94 AP Nr. 3 zu § 5 BetrVG Rotes Kreuz; BAG 24.1.96 AP Nr. 8 zu § 1 BetrVG Gemeinsamer Betrieb; Fitting/Kaiser/Heither/Engels § 1 BetrVG Rdnr. 64; GK-Kraft § 4 BetrVG Rdnr. 23 ff.

[969] diese weitergehende Vermutungswirkung nehmen Däubler/Klebe/Kittner-Trümner § 1 BetrVG Rdnr. 86 an. Das ist indessen mit Wortlaut und systematischer Stellung des § 322 UmwG kaum vereinbar, denn das BetrVG hat der Gesetzgeber gerade nicht geändert. Vgl. zur bereits 1987 geforderten Änderung des § 5 BetrVG der Vorschlag des DGB bei Blank/Blanke/Kümpel/Wendeling-Schröder/Wolter, 145: Ein Betrieb im Sinne dieses Gesetzes ist auch gegeben, wenn ein Betrieb mehreren Unternehmen gehört, er jedoch unter einheitlicher arbeitsorganisatorischer und arbeitstechnischer Leitung steht (Gemeinschaftsbetrieb). Wird ein Unternehmen geteilt, wird vermutet, daß die Betriebe des Unternehmens als Gemeinschaftsbetrieb fortbestehen.

rung auf der Betriebsebene kommt, also die maßgebliche „Betriebsidentität" erhalten bleibt.
Bei der Vermutungswirkung des § 322 UmwG handelt es sich jedoch um eine widerlegbare Vermutung. Dieses wurde ausdrücklich in der Gesetzesbegründung klargestellt[970]. Somit sind die tatbestandlichen Voraussetzungen an den sog. „Gemeinschaftsbetrieb" nach wie vor zu prüfen. Ein Gemeinschaftsbetrieb setzt den Erhalt eines einheitlichen Leitungsapparates voraus, der sich auf die personellen und sozialen Angelegenheiten bezieht[971]. Das setzt nach Rechtsprechung des Bundesarbeitsgerichts eine Vereinbarung oder „rechtliche Verbindung" hinsichtlich der Leitungsmacht voraus[972]. Streitig ist dabei, welche Anforderungen an eine solche einheitliche Leitungsmacht zu stellen sind. Zum Teil wird angenommen, diese könne eine konkludent geschlossene Vereinbarung sein oder auf tatsächlichen Umständen beruhen[973]. Weitergehend wird z.T. sogar davon ausgegangen, daß eine Führungsvereinbarung für das Vorliegen eines Gemeinschaftsbetriebes nicht erforderlich sei[974]. Andere fordern dagegen für das Vorliegen eines Gemeinschaftsbetriebes eine ausdrückliche Führungsvereinbarung[975].
Zutreffend ist davon auszugehen, daß die Vermutungswirkung des § 322 UmwG an einer konkludenten Führungsvereinbarung anknüpft. Eine solche wird benötigt, weil der Betriebsrat in Fragen der sozialen und personellen Mitbestimmung einen zur einheitlichen Willensbildung für beide Unternehmen fähigen Ansprechpartner benötigt[976]. Für die Führungsvereinbarung ist keinerlei Form vorgeschrieben[977]. Damit steht der Zulassung einer konkludenten Führungsvereinbarung rechtlich nichts entgegen, da im Zivilrecht auch sonst konkludente Vereinbarungen zugelassen werden, wenn kein Schriftformerfordernis entgegensteht. Das gilt selbst in solchen Fällen, in denen das rechtspolitisch als problematisch empfunden wird, wie etwa beim Maklervertrag[978].

---

970 BR-Drucksache 75/94, 78
971 ständige Rspr. des BAG vgl. etwa BAG 18.1.90 AP Nr. 9 zu § 23 KSchG; BAG 14.12.94 AP Nr. 3 zu § 5 BetrVG Rotes Kreuz; BAG 24.1.96 AP Nr. 8 zu § 1 BetrVG Gemeinsamer Betrieb
972 BAG 18.1.90 AP Nr. 9. zu § 23 KSchG
973 Fitting/Kaiser/Heither/Engels § 1 BetrVG Rdnr. 78; Weiss/Weyand § 77 BetrVG Rdnr. 8
974 LAG Hamm NZA 1985, 673 (bei identischen Anteilseignern); Blank/Blanke/Kümpel/Wendeling-Schröder/Wolter, 143, 144
Fitting/Kaiser/Heither/Engels § 1 BetrVG Rdnr. 80; Lutter § 322 UmwG-Joost Rdnr. 9
975 Galperin/Löwisch § 1 BetrVG Anm. 11; weitergehend bis zur 5. Aufl. GK-Kraft § 21 Rdnr. 25 nach dem eine BGB-Gesellschaft vorliegen sollte, die dann insoweit auch Partner der Arbeitsverträge sein sollte. Das wäre indessen mit § 322 UmwG nicht vereinbar, weil das UmwG gerade durch die Spaltung die Aufteilung der Arbeitgeberfunktion ermöglicht und trotzdem den Gemeinschaftbetrieb zuläßt. Zu Recht deshalb aufgegeben GK-Kraft § 21 BetrVG Rdnr. 26
976 BAG 18.1.90 AP Nr. 9 zu § 23 KSchG; BAG 14.12.94 AP Nr. 3 zu § 5 BetrVG Rotes Kreuz; BAG 24.1.96 AP Nr. 8 zu § 1 BetrVG Gemeinsamer Betrieb
977 Fitting/Kaiser/Heither/Engels § 1 BetrVG Rdnr. 78; Windbichler, Arbeitsrecht im Konzern, 288 ff.
978 Müko-Roth § 652 Rdnr. 39 mwN

Bereits vor Erscheinen des § 322 UmwG hat das Bundesarbeitsgericht hervorgehoben, daß an die Darlegungs- und Beweislast für eine Führungsvereinbarung keine zu strengen Anforderungen gestellt werden sollen[979]. Letztlich greift § 322 UmwG diesen Gedanken mit seiner Vermutungswirkung auf. Somit vermutet § 322 UmwG das Vorliegen dieser konkludenten Führungsvereinbarung zwischen den an der Spaltung beteiligten Rechtsträgern. Es kommt damit für das Vorliegen des Gemeinschaftsbetriebes wesentlich auf die äußeren Umstände an. Bereits vor Erscheinen des § 322 UmwG wurde insoweit angemerkt, daß es sich bei der Suche nach einer Führungsvereinbarung um die Suche nach einer Fiktion handelt[980], eben diese bildet insoweit § 322 UmwG. Solche tatsächlichen Umstände können sich etwa durch gemeinsame Nutzung von Betriebsmitteln, technische Verknüpfung von Arbeitsabläufen, gemeinsame Lohnbuchhaltung, Sekretariat etc. ergeben. Der Schluß auf eine konkludente Vereinbarung ist auch dann möglich, wenn Arbeitgeberfunktionen in sozialen und wirtschaftlichen Angelegenheiten einheitlich wahrgenommen werden[981]. Eine solche einheitliche Leitung kann sich auch durch gleichlautende Weisungen der Konzernspitze ergeben[982]. Gerade hier würde die Einforderung einer ausdrücklichen Führungsvereinbarung einen überflüssigen Formalismus bedeuten, weil sich die faktische Leitungsmacht schon aus dem Unterordnungsverhältnis (für den weit überwiegend vorliegenden Unterordnungskonzern § 18 AktG) ergibt, wenn sie zu entsprechend einheitlicher Weisung genutzt wird. Bleibt es danach äußerlich bei einer gemeinsamen Betriebsorganisation, so wird das Vorliegen eines Gemeinschaftsbetriebes nach der Spaltung vermutet.
Bei Umwandlungen dürfte im übrigen aber bereits häufig eine entsprechende Vereinbarung mit dem Betriebsrat darüber geschlossen werden, ob zukünftig ein Gemeinschaftsbetrieb mit grundsätzlicher kollektiver Fortgeltung vorliegen soll, oder ob der Weg der Trennung mit Übergangsmandat gewählt wird[983], bei dem dann bei der Spaltung jeweils der Erhalt der Betriebsidentität zu prüfen ist.

c) Verschmelzung

Eine Verschmelzung hat für den Fortbestand von Betriebsvereinbarungen insoweit keine Bedeutung, da sie durch die gesamte Übernahme eines Unternehmens die Betrieb-

979 Fitting/Kaiser/Heither/Engels § 1 BetrVG Rdnr. 78; BAG 18.1.90 AP Nr. 9 zu § 23 KSchG
980 Fitting/Kaiser/Heither/Engels § 1 BetrVG Rdnr. 80; Kohte RdA 1992, 308
981 BAG 14.12. 94 AP Nr. 3 zu § 5 BetrVG 1972 Rotes Kreuz, Weiss/Weyand § 77 BetrVG Rdnr. 80
982 Konzen SAE 88, 94, Kohte RdA 1992, 309
983 vgl. das Vertragsmuster bei Trittin, 54 Punkt 3.1: *Beide Seiten sind sich darüber einig, daß die X-AG, Y-GmbH und die Z-GmbH den Betrieb in...gemeinsam führen. Der bisher bestehende Betriebsrat besteht als Gemeinschaftsbetriebsrat fort und nimmt die gesetzlichen Aufgaben für alle Beschäftigten der X-AG, Y-GmbH und der Z-GmbH wahr.*

sidentität (zunächst) unberührt läßt, weil hinsichtlich der Rechtsnachfolge im Gegensatz zur Spaltung keine Dispositionsfreiheit besteht. Hier wird deshalb der Rechtsnachfolger durch die Gesamtrechtsnachfolge stets Partei der Betriebsvereinbarung[984]. Die in der Literatur in diesem Zusammenhang häufig genannte Figur der Verschmelzung von Betrieben[985] hindert deshalb nicht den Übergang auf den Rechtsnachfolger.
Kommt es allerdings *nach* der Verschmelzung zu Umstrukturierung durch Betriebsteilungen oder Zusammenschlüsse zum Verlust der Betriebsidentität, so endet die kollektive Wirkung. Die Folgen sind dann jedoch nicht umwandlungsspezifisch zu behandeln. Fällt nach diesen die kollektive Fortgeltung weg, kommt es (mangels Betriebs- oder Unternehmensüberganges) grundsätzlich nicht zur Transformation nach § 613a I S. 2-4 BGB[986]. Für eine in der Literatur erwogene analoge Anwendung des § 613a I S. 2-4 BGB[987] auf mittelbare Auswirkungen ist im Hinblick auf den engen Wortlaut, der „an die Wirkungen der Verschmelzung" anknüpfen will, kein Raum. Der Verweis auf § 324 UmwG läuft bei Verschmelzungen im Blick auf Betriebsvereinbarungen insoweit leer.

II. Gesamtbetriebsvereinbarungen

Zweifelhaft ist, ob auch Gesamtbetriebsvereinbarungen nach den genannten Grundsätzen bei Wahrung der „Betriebsidentität" kollektivrechtlich fortgelten können. Dabei ist jedoch die Regelung der Gesamtbetriebsvereinbarung nach § 50 I/II BetrVG zu beachten. Nach § 50 I BetrVG ist der Gesamtbetriebsrat nur für Angelegenheiten zuständig, die das Gesamtunternehmen oder zumindest mehrere Betriebe betreffen und nicht durch den einzelnen Betriebsrat innerhalb ihrer Betriebe geregelt werden können[988]. Unter Hinweis auf diese überbetriebliche Struktur wird die kollektive Weitergeltung deshalb generell abgelehnt, weil Umwandlungen gerade eine Änderung der überbetrieblichen Struktur „Unternehmen" herbeiführen"[989].
Andere wollen dagegen auch Gesamtbetriebsvereinbarungen erhalten, wenn nur die Betriebsidentität erhalten bleibt[990], weil eine Gesamtbetriebsvereinbarung die betriebliche Ordnung nicht anders gestaltet als eine „einfache" Betriebsvereinbarung[991].

---

984 B. Gaul NZA 1995, 717, 724; Hanau/Vossen FS Hilger/Stumpf, 271, 275
985 so etwa Müller-Ehlen, 134; Gussen/Dauck Rdnr. 332
986 Mengel, 188
987 Düwell NZA 1996, 393, 399; offen lassend Mengel, 188
988 BAG 26.1.93 AP Nr. 102 zu § 99 BetrVG 1972; Fitting/Kaiser/Heither/Engels § 50 BetrVG Rdnr. 17
989 Boecken Rdnr. 160, der allerdings auf die Delegation des § 50 II BetrVG nicht eingeht; Mengel, 195
990 Hanau/Vossen FS Hilger/Stumpf, 271, 275; Däubler RdA 1995, 136, 140; Kreßel BB 1995, 925, 929; Schnitker, 150, 151; Röder/Hausmann DB 1999, 1754
991 Hanau/Vossen FS Hilger/Stumpf, 271, 275

Zunächst ist auch bei Gesamtbetriebsvereinbarungen festzuhalten, daß § 613a I S. 2-4 BGB als Auffangtatbestand eingreift, den § 324 UmwG für Unternehmensumwandlungen gerade betont („bleibt unberührt")[992]. Wie bei einfachen Betriebsvereinbarungen ist dabei an einem Anknüpfungssubstrat für die Fortgeltung festzuhalten, weil es sich dabei um eine generelle Voraussetzung für den kollektiven Bestand von Betriebsvereinbarungen handelt und der Gesetzgeber durch die „bleibt unberührt" Formel an die Rechtslage beim einzelrechtsgeschäftlichen Übergang, d.h. an die „Betriebsidentität" als Voraussetzung, anknüpft.

Allerdings ist zweifelhaft, ob generell an die „Betriebsidentität" angeknüpft werden kann. Die Vertreter dieser Ansicht räumen für Gesamtbetriebsvereinbarungen ein, daß es bei einer so weitgehenden kollektiven Fortgeltung Regelungen geben kann, die sich kollektiv nicht erhalten lassen, wenn Arbeitsverhältnisse auf einen neuen Rechtsträger übergehen, wie z.B. ein Investivlohn oder die Beteiligung an einer betrieblichen Altersversorgung[993].

Insoweit liegt es zunächst nahe, mit der Gegenmeinung auf einen anderen kollektiven Bezugsrahmen abzustellen. Kollektiver Bezugsrahmen von Gesamtbetriebsvereinbarungen ist das Unternehmen[994], die originäre Zuständigkeit des Gesamtbetriebsrates bildet sich gerade aus der Unzweckmäßigkeit einer Regelung für den einzelnen Betrieb § 50 I BetrVG.

Stellt man mit dieser Begründung auf die „Unternehmensidentität" ab, so ist allerdings eine kollektive Fortgeltung in den meisten Fällen nicht mehr möglich, weil sowohl bei Ausscheiden eines Betriebes in Folge Spaltung als auch bei der Verschmelzung zur Neugründung das andere denkbare Anknüpfungssubstrat, nämlich die „Unternehmensidentität", verlorengeht. Für alle Fälle der Spaltung folgt dies daraus, daß im Wege der Zuordnungsfreiheit nach § 126 I Nr. 9 UmwG einzelne Betriebe oder Teile aus dem Unternehmen ausscheiden. Im übrigen geht bei der Aufspaltung auch der Rechtsträger und damit das Unternehmen unter. Bei der Verschmelzung geht das übertragende Unternehmen unter § 20 I Nr. 1 UmwG, so daß dessen „Identität" verloren geht[995]. Dagegen geht nur bei der Verschmelzung zur Aufnahme der (aufnehmende) Rechtsträger nicht unter, es kommen lediglich neue Betriebe hinzu. Die Unternehmensidentität bleibt somit erhalten, so daß die Gesamtbetriebsvereinbarungen des aufnehmenden Unter-

992 BAG 24.6.98 AP Nr. 1 zu § 20 UmwG

993 Hanau/Vossen FS Hilger/Stumpf, 271, 276; B. Gaul NZA 1995, 721, 724

994 Fitting/Kaiser/Heither/Engels § 50 BetrVG Rdnr. 5

995 B. Gaul NZA 1995, 721, 724

nehmens, auch bei Abstellen auf die „Unternehmensidentität“, kollektiv-rechtlich weitergelten können[996].

Eine solche beschränkte Fortgeltung wird dem Kriterium der europarechtskonformen Auslegung nicht gerecht, da die Richtlinie „Arbeitsbedingungen“ in Kollektivvereinbarungen aufrechterhalten will, zu denen auch Gesamtbetriebsvereinbarungen zählen. § 613a I S.2-4 BGB weist im Hinblick auf die von der hM. angenommene Beschränkung auf Inhaltsnormen[997] erhebliche Transformationslücken auf, so daß diese europarechtskonform durch eine möglichst weitgehende kollektive Fortgeltung aufrecht zu erhalten sind. Etwas anderes kann im Hinblick auf die Protokollnotiz des Rates zur Richtlinie nur für solche Regelungen gelten, die für eine Übertragung auf den Rechtsnachfolger ungeeignet sind[998], wozu etwa der Investivlohn zählt. Damit ist es aber unvereinbar, generell auf die „Unternehmensidentität“ abzustellen und eine kollektive Fortgeltung fast durchgängig zu verneinen, auch wenn diese möglich wäre. Vielmehr ist danach zu fragen, ob die Regelung auch in einem einzelnen Betrieb Bestand haben kann, also auf die „Betriebsidentität“ wie bei „einfachen“ Betriebsvereinbarungen reduziert werden kann.

Dies kann vor allem im Falle des § 50 II BetrVG gelten. Den Betriebsräten ist es nach § 50 II BetrVG möglich, auf den Gesamtbetriebsrat die Regelung einzelner Gegenstände zu übertragen, die eigentlich Aufgabe des einzelnen Betriebsrates wären, um etwa einheitliche Standards in einem Unternehmen zu erhalten[999]. Es geht also häufig auch nur um einheitliche Regelungen, die aber auch für jeden Betrieb für sich Bestand haben können, die Übertragung erfolgte lediglich aus Zweckmäßigkeitserwägungen. Für diesen Fall ist nicht einzusehen, warum eine kollektive Fortgeltung nicht erfolgen soll. Läßt sich eine Gesamtbetriebsvereinbarung mit ihrem Regelungsgehalt daher auf einen einzelnen Betrieb („Betriebsidentität“) reduzieren, so ist eine kollektive Fortgeltung möglich[1000].

Handelt es sich um Gesamtbetriebsvereinbarungen kraft originärer Zuständigkeit, so lassen sich diese nur bei Erhalt der „Unternehmensidentität“ kollektiv aufrechterhalten, weil die Zuständigkeit des Gesamtbetriebsrates hier gerade aus der Notwendigkeit der einheitlichen Regelung für das Unternehmen bzw. mehrere Betriebe folgt.

---

[996] Schnitker, 151; für einen generellen Ausschluß kollektiver Fortgeltung im Bereich „originärer“ Zuständigkeit des Gesamtbetriebsrates Röder/Hausmann RdA 1999, 1754

[997] Gussen/Dauck Rdnr. 135; Hanau/Vossen FS Hilger/Stumpf, 271, 280; Müko-Schaub § 613a BGB Rdnr. 111; Seiter DB 1980, 877, 878

[998] zitiert bei Hanau/Vossen FS Hilger/Stumpf 271, 275 im französischen Originalwortlaut bei v. Alvensleben, 248

[999] Fitting/Kaiser/Heither/Engels § 50 BetrVG Rdnr. 45

[1000] Röder/Haußmann DB 1999, 1754, 1755; Schnitker, 154

In einem aufnehmenden Unternehmen können Gesamtbetriebsvereinbarungen damit auch kraft originärer Zuständigkeit § 50 I BetrVG weitergelten, da dessen „Unternehmensidentität" erhalten bleibt, weil lediglich Betriebe hinzukommen. Etwas anderes gilt dagegen für die Gesamtbetriebsvereinbarungen des übertragenden Rechtsträgers. Dessen „Unternehmensidentität" wird zerstört, weil dieser entweder selbst untergeht oder zumindest Teile des Unternehmens in Form von Betrieben oder Betriebsteilen überträgt[1001]. Damit scheidet in diesem Fall eine kollektive Fortgeltung aus.
Gesamtbetriebsvereinbarungen können bei einer kollektiven Fortgeltung jedoch immer nur in ihrem bisherigen Geltungsbereich Geltung beanspruchen.
Eine Ausweitung etwa bei Verschmelzungen auf das „neue" Gesamtunternehmen ist dagegen nicht möglich, da hierfür dem Betriebsrat des übertretenden Rechtsträgers das Mandat fehlt. Umgekehrt gelten Gesamtbetriebsvereinbarungen eines aufnehmenden Unternehmens nicht für neu hinzugekommene Betriebe (z.B. Verschmelzung zur Aufnahme), da es an der Legitimation des bei dem Unternehmen bestehenden Gesamtbetriebsrates fehlt[1002].

III. Konzernbetriebsvereinbarungen

Konzernbetriebsvereinbarungen sind Betriebsvereinbarungen, die der Konzernbetriebsrat, der gemäß § 54 BetrVG auf Beschluß der einzelnen Gesamtbetriebsräte eines Konzernes im Sinne von § 18 AktG für den Konzern errichtet werden kann, abschließt. Eine kollektive Fortgeltung ist daher ohne weiteres möglich, wenn bei der Umwandlung das Konzernverhältnis bestehen bleibt[1003]. Dieses kann bei vielen Umwandlungen der Fall sein, wenn es um konzerninterne Umstrukturierungen, etwa durch Ausgliederung geht (z.B. Verselbständigung einzelner Unternehmenssparten). Denkbar sind aber ebenso Verschmelzungen innerhalb eines Konzernes. Dies gilt etwa bei Umstrukturierungen innerhalb der derzeit häufig angestrebten Struktur des sog. „Holding-Konzerns"[1004]. Nach den zu bei Gesamtbetriebsvereinbarungen entwickelten Grundsätzen ist das Fortbestehen des Konzernverhältnisses jedoch nicht notwendige Bedingung einer kollektiven Fortgeltung. Auch hier ist kein sachlicher Grund ersichtlich, warum eine Betriebsvereinbarung bei einem Betriebsinhaberwechsel durch Umwandlung nicht

---

1001 Schnitker, 151

1002 vgl. zum rechtsgeschäftlichen Übergang BAG DB 1991, 1518 f.

1003 Bachner/Trittin/Köstler/Trümner, 84; Boecken Rdnr. 160; B. Gaul NZA 1995, 717, 720; Gussen/Dauck Rdnr. 352; Mengel, 198; Spirolke, 103; Willemsen/Hohenstatt, Umstrukturierung Rdnr. E 49

1004 siehe S.8 ff.

mehr gelten soll, nur weil sie zuvor in mehreren Betrieben eines Konzernes gegolten hat. Es ist daher danach zu fragen, ob die Vereinbarung auch in einem einzelnen Betrieb Bestand haben kann, so daß dann der Erhalt der „Betriebsidentität" ausreichend ist. Dies kann etwa bei dem Fall der „Kettenbeauftragung", zunächst vom Betriebsrat auf den Gesamtbetriebsrat (§ 50 II BetrVG) und sodann vom Gesamtbetriebsrat auf den Konzernbetriebsrat (§ 58 BetrVG), angenommen werden[1005]. Eine kollektive Fortgeltung ist nur daher nur dann ausgeschlossen, wenn sie nach ihrem Verhältnis mit den Einrichtungen des Konzernes so verknüpft ist, daß sie nicht auf den Erwerber übertragen werden kann.

IV. Fortgeltung des BetrVG

Als weitere Voraussetzung für eine kollektive Fortgeltung von Betriebsvereinbarungen wird vielfach das weitere Unterfallen unter das BetrVG betrachtet. Dies hat vor allem Bedeutung für die Umwandlungsform der Vermögensübertragung § 175 UmwG (etwa bei Rückgängigmachung einer gescheiterten Privatisierung) auf einen Rechtsträger der öffentlichen Hand, auf den das Betriebsverfassungsgesetz keine Anwendung findet. Mit der Umwandlung findet insoweit das Bundes- oder Landespersonalvertretungsgesetz Anwendung. Das gleiche Problem stellt sich bei der Übertragung auf einen kirchlichen Rechtsträger, bei dem das BetrVG gemäß § 118 II BetrVG ebenfalls keine Anwendung findet.

1) Fortgeltung bei Wechsel zwischen Betriebsverfassung und Personalvertretung

Bei einem Wechsel zwischen dem Anwendungsbereich der Personalvertretungsgesetze und des Betriebsverfassungsgesetzes wird weitgehend von einem Ausschluß der kollektiven Weitergeltung ausgegangen. Dies wird vor allem auf die Beendigung des Mandates vom Personalrat bzw. Betriebsrat beim Wechsel des kollektiven Regelungssystems zurückgeführt[1006].

Hiergegen ist in neuerer Zeit die Regelung des § 25 III PostPersRG angeführt worden, mit dem der Gesetzgeber eine 24-monatige Kontinuität von Dienstvereinbarungen bei der Privatisierung der Deutschen Bundespost sichergestellt hat, so daß hier die Wert-

---

[1005] Schnitker, 154

[1006] Erman-Hanau § 613a BGB Rdnr. 80 ; Schnitker, 155; Mengel, 189; Gussen/Dauck Rdnr. 88 ff.; Waas in: Weiss/Gagel Handbuch des Arbeits- und Sozialrechts § 18 A Rdnr. 76; Willemsen/Hohenstatt, Umstrukturierung Rdnr. E 11 entscheidung des Gesetzgebers entnommen wird, diese Unterscheidung für die Fortgeltungsproblematik aufzugeben[1007].

Grundsätzlich ist eine kollektive Fortgeltung beim Wechsel zwischen Betriebsverfassung und Personalvertretungsrecht zu befürworten.

Das Hauptargument der Bedingung des Mandates des Personal- oder Betriebsrates bei Privatisierungen greift nicht mehr durch. Für die „großen" Privatisierungen der letzten Jahre hat der Gesetzgeber ausdrücklich ein solches Übergangsmandat geschaffen (so für die Bahnprivatisierung § 15 DBGrG, für die Postprivatisierung § 25 I S.1 PostPersRG). Auch hier handelt es sich zwar grundsätzlich um spezielle Regelungen. Tendenziell wird in der Literatur jedoch mittlerweile generell ein Übergangsmandat im Rahmen von Privatisierungen anerkannt. Auch hier wird meist auf die § 15 DBGrG und auf § 25 I S.1 PostPersRG abgestellt und insoweit eine Analogie befürwortet[1008]. Das entkräftet indessen noch nicht das Argument der vorgenommenen speziellen Regelung. Die Schaffung eines generellen Übergangsmandates folgt jedoch insbesondere auch den Vorgaben der reformierten Richtlinie 98/50 EG, aus deren neu eingefügtem Unterabsatz 4 in Art. 5 ein generelles Übergangsmandat zu entnehmen ist[1009], da so sichergestellt werden kann, daß die betroffenen Arbeitnehmer weiterhin „angemessen vertreten werden", wie es dieser neue eingefügte Absatz fordert[1010]. Ein (generelles) Übergangsmandat ist daher nicht mehr ohne gesetzliche Legitimation[1011].

Ein Übergangsmandat alleine läßt allerdings noch nicht den Schluß auf eine generelle kollektive Weitergeltung zu, allerdings kann diese nicht von vornherein ausgeschlossen sein, denn es macht wenig Sinn, ein Mandat ohne entsprechende Vereinbarungen fortzusetzen.

Hinsichtlich der Frage einer kollektiven Weitergeltung ist zunächst festzuhalten, daß die § 613a I S. 2-4 BGB eine kollektive Fortgeltung nicht ausschließen, weil diese Vorschrift nach der Anweisung des § 324 UmwG nur einen individualrechtlichen Auffangtatbestand darstellt. Nach dem hier gefundenen Ergebnis bleiben die §§ 613a I S. 2-4 BGB durch die Transformationslücken hinter den Vorgaben der Richtlinie zurück. Die Richtli-

---

[1007] Trümner, Die Mitbestimmung 1993, 52, 54; im Ergebnis auch Blanke/Gebhardt/Heuermann, Leitfaden, Rdnr. 58

[1008] Fitting/Kaiser/Heither/Engels § 130 BetrVG Rdnr. 13; Däubler/Klebe/Kittner-Trümner § 130 BetrVG Rdnr. 1; Richardi § 130 BetrVG Rdnr. 12; Altvater u.a. BPersVG § 1 Rdnr. 17; aA Schipp NZA 94, 865,

[1009] so für den rechtsgeschäftlichen Übergang bei Verlust der „Betriebsidentität" Krause NZA 1998, 1201 ff.

[1010] *Behält das Unternehmen, der Betrieb oder der Unternehmens- oder Betriebsteil seine Selbständigkeit nicht, so treffen die Mitgliedsstaaten die erforderlichen Maßnahmen, damit die vom Übergang betroffenen Arbeitnehmer die vor dem Übergang vertreten wurden, während des Zeitraums, der für die Neubildung oder Neubenennung der Arbeitnehmervertretungen erforderlich ist, weiterhin angemessen vertreten werden*

[1011] so noch Müller-Ehlen, 141

nie selbst unterscheidet nicht zwischen „Betriebsverfassung“ und „Personalvertretung“, sondern geht einheitlich von dem Begriff der „Kollektivverträge“ aus, so daß auch der Fall des Wechsels zwischen diesen Regelungssystemen von Art. 3 III der Richtlinie erfaßt ist. Hinsichtlich dieser Frage ist grundsätzlich vom Vorrang einer kollektiven Fortgeltung auszugehen. Allerdings hält der deutsche Gesetzgeber durch § 130 BetrVG nach wie vor an der Trennung zwischen Betriebsverfassung und Personalvertretung fest.

Indessen greifen diese systematischen Bedenken nur soweit durch, wie durch die systematischen Unterschiede eine kollektiven Fortgeltung auch tatsächlich ausgeschlossen ist. § 25 I S.1 PostPersRG demonstriert insoweit, daß eine kollektive Fortgeltung auch nicht generell konstruktiv unmöglich ist, auch wenn es sich um eine spezielle Regelung handelt, die unter politischem Druck bei der Privatisierung der Deutschen Bundespost zustandegekommen ist[1012]. Zwar bestimmt § 3 BPersVG und für die Länder § 97 BPersVG, daß das Personalvertretungsrecht von diesem Gesetz nicht abweichend geregelt werden darf, aber vielfach kann auch nach beiden Systemen eine kollektive Regelung getroffen werden. Insbesondere gleichen sich vielfach Mitbestimmungstatbestände, so etwa im Bereich von § 75 III BPersVG und § 87 BetrVG. Für diesen Fall ist den Vorgaben der Richtlinie entsprechend in europarechtskonformer Auslegung von einer kollektiven Weitergeltung auszugehen[1013], um das beschriebene Zurückbleiben der deutschen Regelung hinter den Vorgaben der Richtlinie weitestmöglich zu kompensieren. Besteht in dem jeweils anderen Regelungssystem kein Mitbestimmungsrecht, so kann der Rechtsnachfolger kündigen. In diesem erfolgt keine Nachwirkung (§ 77 VI BetrVG) - soweit man sie im Bereich der BPersVG mangels ausdrücklicher Regelung überhaupt annimmt[1014] -, so daß auch keine indirekte „Verlängerung“ von Mitbestimmungsrechten in das jeweils andere System erfolgt, soweit diese dort nicht bestehen. Erweisen sich Regelungen systematisch als unpassend, so greift insoweit das Recht zur Kündigung aus wichtigem Grund[1015], so daß auch ggf. vereinbarte Fristen nicht einzuhalten sind.

Damit steht insbesondere auch das Urteil des Bundesverfassungsgerichts zum Schleswig-Holsteinischen Personalvertretungsgesetz, nach der eine generelle Ausweitung der Mitbestimmungsrechte des Personalrates („Allzuständigkeit“) wegen der damit

---

[1012] RGRK-Ascheid § 613a BGB Rdnr. 188; Erman-Hanau § 613a BGB Rdnr. 88; Schipp NZA 1994, 865, 870, Schnitker, 156

[1013] aA Schnitker, 157/158 alleine unter systematischen Gesichtspunkten, der insoweit die Richtlinie nicht mit einbezieht.

[1014] für eine solche Nachwirkung: Altvater u.a.BPersVG § 73 Rdnr. 8

[1015] zur außerordentlichen Kündigung von Betriebsvereinbarungen: BAG 29.5.64 AP Nr. 24 zu § 59 BetrVG; GK-Kreutz § 77 BetrVG Rdnr. 314; Fitting/Kaiser/Heither/Engels § 77 BetrVG Rdnr. 135, Hess/Schlochauer/Glaubitz § 77 BetrVG Rdnr. 10; Weiss/Weyand § 77 BetrVG Rdnr. 40

verbundenen Einschränkung der Entscheidungsfreiheit des Gesetzgebers unzulässig ist, nicht entgegen[1016]. Eine kollektive Weitergeltung ist indessen ausgeschlossen, wenn eine solche kollektive Vereinbarung im jeweils anderen Regelungssystem nicht getroffen werden könnte, also z.B. der Übergang einer Betriebsvereinbarung über Investivlohn in das öffentliche Dienstrecht[1017]. Somit ist eine kollektive Fortgeltung in dem Bereich des öffentlichen Dienstrechts und umgekehrt möglich, soweit eine kollektive Regelung nach beiden Systemen getroffen werden könnte. Ist dies nicht möglich, so verweist § 324 UmwG auf § 613a I S. 2-4 BGB. Dieser enthält zwar nur den Begriff „Betriebsvereinbarung", auf Dienstvereinbarungen ist die Vorschrift schon im Hinblick auf die Vorgaben der Richtlinie 98/50 EG - die ja umgesetzt werden soll - in der nur allgemein von „Kollektivvertrag" die Rede ist, jedoch entsprechend anzuwenden[1018].

2) Fortgeltung bei Übergang auf kirchliche Rechtsträger

Das Bundesarbeitsgericht und die Literatur gehen davon aus, daß eine kollektive Fortgeltung bei Übergang von Arbeitsverhältnissen auf einen kirchlichen Rechtsträger ausgeschlossen ist[1019]. Dem ist zuzustimmen. Der Gesetzgeber hat die Mitbestimmung nach dem BetrVG in Anerkennung der verfassungrechtlichen Kirchenautonomie Art. 140, 137 WRV ausgeschlossen (§ 118 II BetrVG). Diese verfassungsrechtlichen Vorgaben sind insoweit auch für die kollektive Fortgeltung von Betriebsvereinbarungen zu beachten, so daß eine kollektive Fortgeltung bei Übergang auf einen kirchlichen Rechtsträger ausgeschlossen ist. Etwaige Mitarbeitervertretungen sind in diesem Bereich freiwilliger Natur[1020], so daß es an einer (gesetzlichen) kollektiven Einheit fehlt, auf die entsprechend die Betriebsvereinbarungen überhaupt übertragen werden könnten.

[1016] BVerfGE 93, 37 ff.

[1017] diese kann dann auch individualrechtlich nach § 613a I S. 2-4 BGB nur modifiziert weitergelten, so daß finanziell gleichwertige Leistungen erbracht werden müssen. Vgl. bereits, 150. Zur rechtlichen Zulässigkeit als Betriebsvereinbarung vgl. bei Fitting/Kaiser/Heither/Engels § 77 BetrVG Rdnr. 52. Danach liegt hierin keine unzulässige Lohnverwendungsabrede, da dieser Teil des Lohnanspruches von vorneherein nur mit diesem Inhalt entsteht.

[1018] Blanke/Trümner u.a. , Handbuch Privatisierung, Rdnr. 586, Erman-Hanau § 613a BGB Rdnr. 89; Schaub, Arbeitsrechtshandbuch § 120 I 3, S. 1040

[1019] zum rechtsgeschäftlichen Übergang: BAG 9.2.82 AP Nr. 24 zu § 118 BetrVG; Erman-Hanau § 613a BGB Rdnr. 89; Gussen/Dauck Rdnr. 88 ff.; Waas in Weiss/Gagel Handbuch des Arbeits- und Sozialrechts § 18 A Rdnr. 76 umwandlungsspezifisch: Schnitker, 155; Mengel, 189

[1020] Fitting/Kaiser/Heither/Engels § 118 BetrVG Rdnr. 55, diese sind sowohl in der katholischen Kirche wie auch in evangelische Kirche allerdings errichtet, vgl. Richardi § 118 BetrVG Rdnr. 213 ff.

3) Übergang auf Tendenzunternehmen

Etwas anderes gilt jedoch, wenn es sich um ein Tendenzunternehmen nach § 118 I BetrVG handelt. Hier bleibt nach der Wertentscheidung des Gesetzgebers das BetrVG anwendbar, Mitbestimmungsrechte müssen nur insoweit zurücktreten, als sie dem Tendenzzweck widersprechen. In diesem Fall können die Betriebsvereinbarungen kollektiv weitergelten. Dieses ist mit dem Tendenzschutz vereinbar, weil der Rechtsnachfolger kündigen kann. Widerspricht ein Mitbestimmungsrecht dem Tendenzzweck, so ist nach dem Gesetz ein zwingendes Mitbestimmungsrecht ausgeschlossen. Damit entfällt nach der Kündigung die Nachwirkung des § 77 VI BetrVG, da diese gerade an der Erzwingbarkeit des Mitbestimmungsrechts hängt. Für den überwiegenden Teil der zwingenden Mitbestimmung - etwa in sozialen Angelegenheiten nach § 87 BetrVG - ist eine Kollision mit dem Tendenzzweck jedoch meist nicht anzunehmen.

V. Kollision mit Betriebsvereinbarungen beim Rechtsnachfolger

Kommt es zu einer kollektiven Weitergeltung von Betriebsvereinbarungen, so kann es zu Kollisionen mit bestehenden Betriebsvereinbarungen oder Tarifverträgen beim Rechtsnachfolger kommen. Soweit es um einen Tarifvertrag geht, hat der Gesetzgeber das Problem zugunsten des Tarifvertrages gelöst (§ 77 III BetrVG, § 87 I S.1 BetrVG). Insoweit besteht dieses Problem dogmatisch nur bei Betriebsvereinbarungen. Zu einem Konkurrenzverhältnis verschiedener „einfacher" Betriebsvereinbarungen kann es, ausgelöst durch eine Umwandlung, denklogisch nicht kommen, da durch kollektive Fortgeltung ja gerade an die „Betriebsidentität" und damit auch an die nach der Umwandlung abgrenzbare Einheit geknüpft wird, in dem die Betriebsvereinbarung unabhängig von bereits bestehenden Betriebsvereinbarungen beim Erwerber in anderen Betrieben fortgilt. Zu Konkurrenzverhältnissen kann es bei Umwandlungen zur Aufnahme jedoch kommen, wenn beim Rechtsnachfolger Gesamt- und Konzernbetriebsvereinbarungen bestehen, denn diese gelten grundsätzlich für das gesamte Unternehmen bzw. den Konzern und damit auch für die durch Umwandlung aufgenommenen Betriebe. Das BetrVG enthält direkt keine Regelung über entsprechende Normenkonkurrenzen. Zur Konkurrenz zwischen Konzern/Gesamtbetriebsvereinbarungen werden grundsätzlich drei unterschiedliche Lösungsansätze vertreten. Überwiegend wird angenommen, daß Gesamtbetriebsvereinbarung und Konzernbetriebsvereinbarungen zur Verdrängung von „einfachen" Betriebsvereinbarungen führen sollen. Sowohl die von *Dietz* entwikkelte Ansicht, nach der das Günstigkeitsprinzip anzuwenden sei[1021], als auch Überlegungen die Grundsätze der Tarifkonkurrenz des Bundesarbeitsgerichts (Spezialitätsprinzip) zum Zuge kommen zu lassen[1022], werden in neuerer Zeit kaum noch vertreten.

Insoweit ist zutreffend an der gesetzlichen Zuständigkeitsabgrenzung nach § 50 I BetrVG anzuknüpfen, denn es ist kaum nachzuvollziehen, warum der Gesetzgeber einen Gesamt- oder Konzernbetriebsrat mit dem Argument der unternehmenseinheitlichen oder konzerneinheitlichen Regelung schafft und auf der anderen Seite Regelungen durch den Betriebsrat zulassen wollte, obwohl der Gesamt- oder Konzernbetriebsrat die Materie abschließend geregelt hat. Dieses würde die Institutionen von Gesamt- und Konzernbetriebsrat aushöhlen, zumal wenn man das Günstigkeits- oder Spezialitätsprinzip anwenden wollte, was regelmäßig zur Anwendung der „einfachen Betriebsvereinbarung" führen würde, so daß der gesetzlichen Regelung des § 50 I BetrVG letztlich dogmatisch entgegengearbeitet würde. Macht der Gesamt- oder Konzernbetriebsrat von seiner Kompetenz Gebrauch, so schließt dies damit Einzelbetriebsvereinbarungen aus. Indessen ist zweifelhaft, ob dieses auch für durch Umwandlungen neu hinzutretende Betriebe gelten kann. Hier werden insoweit Bedenken wegen der mangelnden Legitimation des Gesamtbetriebsrates angemeldet, da dieser grundsätzlich nur für die zur Zeit des Abschlusses der Gesamtbetriebsvereinbarung legitimiert sei. Eine Erstreckung auf die durch Umwandlung hinzugekommenen Betriebe komme erst dann in Betracht, wenn diese Betriebe ebenfalls Vertreter in den Gesamtbetriebsrat entsandt haben (§ 47 II und V BetrVG). Dieser „neue" Gesamtbetriebsrat müsse diese Regelungen dann erneut mit dem Arbeitgeber für das gesamte Unternehmen vereinbaren, ein bloßer Beschluß des neuen Betriebsrats soll insoweit nicht ausreichen[1023]. Dieser Auffassung kann nicht zugestimmt werden. Sie verkennt insoweit, daß die Zuständigkeit des Gesamtbetriebsrates sich gerade aus der Notwendigkeit einer unternehmenseinheitlichen Regelung ergibt. Damit ist es unvereinbar, daß nunmehr innerhalb des Unternehmens unterschiedliche Regelungen geschaffen werden, die nebeneinander bestehen sollen. § 50 I BetrVG enthält deshalb insoweit abschließende Regelungen des Konkurrenzverhältnisses. Für die Zuständigkeit des Gesamtbetriebsrates kommt es deshalb nicht auf eine Legitimation durch den einzelnen Betriebsrat an. Im übrigen sollen Gesamtbetriebsvereinbarungen nach § 50 I BetrVG gerade unternehmenseinheitlich gelten, so daß schon durch Auslegung eine Erstreckung der Gesamtbetriebsver-

---

[1021] so noch Dietz § 48 BetrVG Rdnr. 11; für die Regel des § 50 I BetrVG, aber nunmehr die Fortführung des Werkes von Richardi § 77 BetrVG Rdnr. 56

[1022] Müller, FS Küchenhoff, 295 ff.; Hueck/Nipperdey, 1300

[1023] Sowka/Weiss DB 1991, 1518, 1519; Hess/Schlochauer/Glaubitz § 50 BetrVG Rdnr. 51; Spirolke, 103

einbarung auf die neu hinzugekommenen Unternehmensteile folgt[1024]. Das Legitimationsdefizit besteht damit auch allenfalls auf Arbeitnehmerseite, denn der Rechtsträger auf Arbeitgeberseite des aufnehmenden Unternehmens geht bei Umwandlungen zur Aufnahme nicht unter, sondern bleibt gerade unverändert bestehen. Gesamtbetriebsvereinbarungen nach § 50 I BetrVG verdrängen daher kollektiv übergehende Betriebsvereinbarungen[1025]. Etwas anderes kann nur bei der übertragenen Zuständigkeit nach § 50 II BetrVG gelten. Hier kommt es für die Zuständigkeit des Gesamtbetriebsrats auf die Legitimation des einzelnen Betriebsrates an. Hier ist aber in der Regel ein bloßer Beschluß des „erweiterten" Gesamtbetriebsrates ausreichend. Dies folgt daraus, daß sich im Zweifel im Wege der Auslegung ergibt, daß die Gesamtbetriebsvereinbarung auch für neu hinzukommende Betriebe gelten soll. Hier ist insoweit von einer Selbstbindung des Arbeitgebers auszugehen[1026]. Somit ist auch im Fall des § 50 II BetrVG nur das Legitimationsdefizit auf Arbeitnehmerseite auszugleichen. Daher reicht ein Beschluß des „erweiterten" Gesamtbetriebsrates aus, um die Gesamtbetriebsvereinbarung auf das gesamte Unternehmen zu erstrecken.
Für Konzernbetriebsvereinbarungen gilt das oben Gesagte entsprechend. Handelt es sich um eine Konzernbetriebsvereinbarung nach § 58 I BetrVG (originäre Zuständigkeit wegen konzerneinheitlicher Regelungsnotwendigkeit) , so verdrängt die Konzernbetriebsvereinbarung die kollektiv übergehenden Betriebsvereinbarungen ohne weiteres. Handelt es sich um eine Konzernbetriebsvereinbarung nach § 58 II BetrVG, so ist zur Verdrängung ein Beschluß des „erweiterten" Konzernbetriebsrates ausreichend, weil das Legitimationsdefizit nur auf Arbeitnehmerseite besteht.

VI. Kündigung durch den Rechtsnachfolger

Konsequenz einer kollektiven Fortgeltung ist unmittelbare und zwingende Wirkung § 77 IV BetrVG. Alleinige Vertragspartei ist nunmehr neben dem Betriebsrat der im Wege der partiellen Gesamtrechtsnachfolge eingerückte neugegründete oder übernehmende Rechtsträger. Damit steht diesem nur das Recht zur Kündigung nach § 77 V BetrVG zu[1027]. Für die Kündigung durch den Rechtsnachfolger gelten dann insoweit die allgemeinen Grundsätze zur Kündigung von Betriebsvereinbarungen. Eine Kündigung von Betriebsvereinbarungen führt danach gemäß § 77 VI BetrVG zur Nachwirkung, soweit es sich um einen Fall der erzwingbaren Mitbestimmung handelt. Dabei wirken anders

---

1024 Fitting/Kaiser/Heither/Engels § 50 BetrVG Rdnr. 55; Gussen/Dauck Rdnr. 100
1025 LAG München, DB 1989, 1880
1026 Däubler/Klebe/Kittner-Kittner § 50 BetrVG Rdnr. 12; BAG NZA 1993, 331
1027 Boecken Rdnr. 162; Müko-Schaub § 613a BGB Rdnr. 103; Gussen/Dauck Rdnr. 44

als nach hM. bei § 613a I S. 2-4 BGB nicht nur Inhaltsnormen, sondern auch betriebs- und betriebsverfassungsrechtliche Normen nach (soweit diese ebenfalls erzwingbar waren)[1028]. Handelt es sich dagegen um eine freiwillige Vereinbarung, so besteht keine Nachwirkung, für die in der Literatur z.T. befürwortete Anwendung von § 4 V TVG fehlt es im Hinblick auf die Regelung des § 77 VI BetrVG an der erforderlichen Regelungslücke. Im Hinblick auf die Disposivität kann eine solche Nachwirkung allerdings vereinbart werden[1029]. Problematisch ist insoweit die Nachwirkung von solchen Betriebsvereinbarungen, die teils erzwingbare, teils freiwillige Regelungen enthalten, was insbesondere bei betrieblichen Sozialleistungen der Fall ist. Nach § 87 I Nr. 10 BetrVG ist das „ob" und die Höhe des Dotierungsrahmens mitbestimmungsfrei, während die des Ausgestaltungsplanes mitbestimmungspflichtig ist. Hinsichtlich der Nachwirkung ist insoweit zu differenzieren. Kündigt der Arbeitgeber das „ob" oder den Dotierungsrahmen, so scheidet eine Nachwirkung aus, weil damit eine Beseitigung der bestehenden Entscheidungskompetenzen des Arbeitgebers einherginge. Eine Nachwirkung kommt nur in Betracht, wenn der Verteilplan gekündigt wird. Dies führt dazu, daß die grundsätzliche Kündigung über das „ob" von betrieblichen Sozialleistungen nicht zur Nachwirkung führt[1030].

In neuerer Zeit wird allerdings im Hinblick auf Kündigungen von Betriebsvereinbarungen, vor allem in diesem Zusammenhang als auch im Zusammenhang mit sonstigen Inhaltsnormen, die Notwendigkeit eines Kündigungsschutzes diskutiert[1031]. Das scheint auf den ersten Blick den Wertungswiderspruch zwischen der zwingenden Weitergeltung als einzelvertragliche Norm nach § 613a I S. 2-4 BGB und der kollektiven Kündigungsmöglichkeit zu beseitigen. Das gilt einmal mehr, als bei Ablösung durch eine neue Betriebsvereinbarung nicht schrankenlos in Besitzstände eingegriffen werden kann. Insbesondere *Schaub* will insoweit den Arbeitgeber in Anlehnung an individualarbeitsrechtliche Grundsätze zunächst vor einer Beendigungskündigung zu einer Änderungskündigung als milderes Mittel zwingen[1032]. *Hanau/Preis* schlagen für die Kürzung oder Aufhebung von Leistungen oder Arbeitsbedingungen, die den Umfang der Hauptleistungspflichten betreffen, die Anwendung der Voraussetzungen der Änderungskün-

---

1028 Fitting/Kaiser/Heither/Engels § 77 Rdnr. 152; GK-Kreutz; § 77 Rdnr. 337; Däubler/Klebe/Kittner-Berg § 77 Rdnr. 59

1029 LAG Düsseldorf NZA 1988, 813; Hess. LAG LAGE § 77 BetrVG 1972 Nachwirkung Nr. 2; Weiss/Weyand § 77 Rdnr. Rdnr. 48; Däubler/Klebe/Kittner-Berg § 77 Rdnr 59; Fitting/Kaiser/Heither/Engels § 77 Rdnr. 160; aA GK-Kreutz § 77 Rdnr. 340

1030 BAG 9.2.89 AP Nr. 40 zu § 77 BetrVG 1972; Fitting/Kaiser/Heither/Engels § 77 Rdnr. 162; Richardi § 77 Rdnr. 158; Weiss/Weyand § 77 Rdnr. 42

1031 Schaub BB 1990, 289 ff; Hanau/Preis NZA 1991, 81 ff.

1032 Schaub BB 1990, 289, 290

digung vor[1033]. Allen Vorschlägen ist entgegengehalten worden, daß hierfür die gesetzliche Grundlage fehlt, weil § 77 V BetrVG solche Beschränkungen nicht kennt[1034]. Deshalb hat sich auch das Bundesarbeitsgericht dieser Auffassung nicht angeschlossen[1035]. Dem ist grundsätzlich zuzustimmen, weil sich die Befürworter eines Kündigungsschutzes vor allem auf die Betrachtung eines „individualrechtlichen Charakters“[1036] von Ansprüchen aus Betriebsvereinbarungen stützen. Systematisch läßt sich dieses Zuordnung aber kaum rechtfertigen, weil es sich um kollektive Regelungen handelt. Zutreffend ist indessen davon auszugehen, daß sich die Beschränkung einer Kündigung aus der Drittwirkung des Verfassungsrechts ergeben kann. Dem Gesetzgeber steht dabei allerdings bei der Umsetzung der Drittwirkung, d.h. seiner Schutzpflichten im Privatrecht, ein Einschätzungspielraum zu[1037]. Bei der Kündigung von Betriebsvereinbarungen ist vor allem der aus dem Rechtsstaatsprinzip des Art .20 GG folgende Grundsatz des Vertrauensschutzes berührt. Das gilt etwa für Ansprüche aus Betriebsvereinbarungen über betriebliche Altersversorgung[1038]. Diese können insoweit nur nach dem Grundsatz der Verhältnismäßigkeit beschränkt werden, so daß ein Eingriff in bestehende Anwartschaften nur nach dem Grundsatz der Verhältnismäßigkeit möglich ist[1039]. Je intensiver der Eingriff in diese Anwartschaften ist, um so gewichtiger müssen die Gründe des Arbeitgebers sein. Das hängt damit zusammen, daß der Arbeitnehmer seine entsprechenden Vorleistungen (Betriebstreue, erbrachte Dienstleistung) bereits erbracht hat, so daß Eingriffe in bestehende Anwartschaften regelmäßig ausscheiden[1040]. „Ablösefest“ sind insoweit erdiente Anwartschaften und erdiente Dynamik. Für die Zukunft , d.h. für bloße dienstzeitabhängige zukünftige Versorgungsanwartschaften, ist eine Kündigung dagegen möglich[1041]. Die Kündigungsfrist des § 77 V BetrVG von 3 Monaten konkretisiert hier insoweit den Grundsatz des Vertrauensschutzes durch Gewährung einer Übergangsfrist im Rahmen des gesetzgeberischen Ermessens. Deshalb können zusätzlich erforderliche Kündigungsgründe gegen den Gesetzeswortlaut nicht eingefordert werden.

[1033] Hanau/Preis NZA 1991, 81, 89 f.
[1034] Fitting/Kaiser/Heither/Engels § 77 BetrVG Rdnr. 133; GK-Kreutz § 77 BetrVG Rdnr. 309; Richardi § 77 BetrVG Rdnr. 185; Leinemann BB 89, 1907 f.; Loritz RdA 91, 67 ff.
[1035] BAG 26.10.93; 17.1.95 zu § 77 BetrVG Nachwirkung
[1036] Hanau/Preis NZA 1991, 81, 89 f.
[1037] BVerfGE 92, 393, 3958
[1038] BAG 23.11.94 AP Nr. 12 zu § 1 TVG Rückwirkung; Blomeyer/Otto BetrAVG Einl. Rdnr. 643
[1039] BAG 9.2.89 AP Nr. 40 zu § 77 BetrVG 1972; Roßmanith DB 1999, 634 ff.
[1040] Fitting/Kaiser/Heither/Engels § 77 BetrVG Rdnr. 134; Hanau/Vossen FS Hilger/Stumpf 271, 278; Staudinger-Richardi/Annuß § 613a BGB Rdnr. 195; Weiss/Weyand § 77 BetrVG Rdnr. 43
[1041] Staudinger-Richardi/Annuß § 613a BGB Rdnr. 195

VII. individualrechtliche Fortgeltung

Soweit eine kollektive Fortgeltung ausscheidet, kann Raum für § 613a I S. 2-4 BGB sein und es deshalb zu einer Transformation in einzelvertragliche Abmachungen kommen. § 324 UmwG stellt dabei jedenfalls die Anwendung des § 613a I S. 2-4 BGB sicher[1042].

1) Umfang der Transformation

Im Hinblick auf die Regelung des § 613a I S. 2-4 BGB stellt sich erneut die Frage nach dem Umfang der Transformation. Auch hier wird überwiegend angenommen, die individualrechtliche Transformation ergreife nur die Inhaltsnormen von Betriebsvereinbarungen[1043]. Diese trifft auf dieselben Bedenken wie bei Tarifverträgen, da nach dem hiesigen Verständnis der Begriff „Arbeitsbedingungen" im Sinne der Richtlinie 77/187 EWG weiter zu verstehen ist. Daher kann auf das bei Tarifverträgen gefundene Ergebnis grundsätzlich zurückgegriffen werden.

Betriebs- und betriebsverfassungsrechtliche Normen enthalten etwa bei Sozialeinrichtungen (§ 87 I Nr. 8 BetrVG) ebenfalls individualisierbare Ansprüche. Gerade diese werden aber bei Umwandlungen häufiger einer kollektiven Fortgeltung entzogen sein, weil entsprechende Abreden häufig in Gesamt- oder Konzernbetriebsvereinbarungen geregelt sind, deren kollektiver Bezugsrahmen (Unternehmen, Konzern) durch die Umwandlung meist zerstört wird. Als Beispiel kann etwa der häufige Fall einer Altersversorgung durch solche Einrichtungen erwähnt werden. Entsprechende Normen sind als Betriebsnorm zu qualifizieren[1044].

Auch betriebs- und betriebsverfassungsrechtliche Normen können deshalb ebenfalls in das Einzelarbeitsverhältnis transformiert werden, wenn eine entsprechende Abrede auch als vertragliche Einheitsregelung möglich wäre. Im Hinblick darauf, daß der Wegfall kollektiver Geltung jedoch an der „Betriebsidentität" festzumachen ist, also gerade am Regelungsgegenstand von betriebs- und betriebsverfassungsrechtlichen Normen, ist eine einzelvertragliche Weitergeltung jedoch meist nicht mehr möglich[1045]. In diesem

---

1042 Die von Spirolke, 104 ff. erwogene analoge Anwendung von § 77 VI BetrVG auf die Fortgeltung Betriebsvereinbarungen, soweit kein „Betrieb" im Sinne von § 613a BGB vorliegt ist, nach der hier gefundenen Lösung im Wege der (weiten) europarechtskonformen Auslegung des Merkmales „Betrieb" zugunsten von § 613a I S. 2-4 BGB zu lösen; so auch Boecken Rdnr. 179 , der § 613a I S. 2-4 BGB für diese Fälle analog anwenden will.

1043 Gussen/Dauck Rdnr. 135; Hanau/Vossen FS Hilger/Stumpf, 271, 280; Müko-Schaub § 613a BGB Rdnr. 111; Seiter DB 1908, 877, 878

1044 Fitting/Kaiser/Heither/Engels § 77 BetrVG Rdnr. 44

1045 Hanau/Vossen FS Hilger/Stumpf, 271, 280; Gussen/Dauck Rdnr. 137

Fall bleibt wiederum nur der Weg über § 325 BGB, so daß der Arbeitgeber im Wege des Schadensersatzes zur Gewährung entsprechender Leistungen verpflichtet ist.
Das gilt auch für den Fall einer betrieblichen Altersversorgung, weil eine anderweitige Regelung im Sinne der Richtlinie (Art. 3 IV a) wie der Transformation von Tarifverträgen ebenfalls fehlt, so daß der Schutz der Richtlinie letztlich leerlaufen würde[1046]. Eine Übertragung auf den Erwerber läßt die Richtlinie im übrigen bei abweichendem nationalen Recht nach wie vor ausdrücklich zu (Art. 3 IV a Einleitungssatz), so daß als Bestandteil dieser Regelung §§ 613a I S. 2-4 bzw. § 325 BGB anzusehen sind, zumal diese keine direkte, sondern eine modifizierte Übertragung darstellt. Auch für die Zusatzversorgung ist der Rechtsnachfolger daher zur individualrechtlichen Gewährung entsprechender Leistungen verpflichtet[1047].
Schuldrechtliche Absprachen zwischen dem bisherigen Arbeitgeber und dem Betriebsrat werden von der Transformation des § 613a I S. 2 BGB nicht erfaßt. Indessen binden sie den Rechtsnachfolger, wenn diese als Vertrag zugunsten Dritter § 328 BGB aufzufassen sind[1048], diese also (auch) dem Schutz des einzelnen Arbeitnehmers dienen.

2) Transformation und einjährige Veränderungssperre bei Betriebsvereinbarungen

Es erfolgt daher eine generelle Transformation in das Einzelarbeitsverhältnis, es gilt insoweit die von § 613a S. 4 BGB angeordnete einjährige Veränderungssperre.
Befinden sich Betriebsvereinbarungen im Zeitpunkt der Transformation nach § 77 VI BetrVG im Nachwirkungsstadium, so ist die Veränderungssperre entsprechend den bei Tarifverträgen entwickelten Grundsätzen zu reduzieren. Nachwirkende Betriebsvereinbarungen werden von der Veränderungssperre somit nicht erfaßt (§ 613a I S. 4 1 Alt BGB). Endet die Befristung einer dann nachwirkenden Betriebsvereinbarung vor Ablauf der Jahresfrist, so endet mit Ablauf der Frist die Veränderungssperre. Dies folgt wie bei nachwirkenden Tarifverträgen aus der Regelungsabsicht des Gesetzgebers die Richtlinie 77/187 EWG bzw. 98/50 EG umzusetzen, die aber eine Besserstellung der Arbeitnehmer bei der Aufrechterhaltung von Kollektivvereinbarungen nicht verlangt, weil lediglich eine Aufrechterhaltung „in gleichem Maße" gefordert wird. Zweifelhaft ist indessen die Situation bei Befristungsablauf einer nicht erzwingbaren Betriebsvereinbarung.

1046 B. Gaul BB 1999, 528, 530

1047 so für tarifvertragliche Zusatzversorgung im Ergebnis: BAG 5.10.93 AP Nr. 42 zu § 1 BetrAVG Zusatzversorgungskassen; Hanau/Vossen FS Hilger/Stumpf, 271, 276; KR-Peiffer § 613a BGB Rdnr. 22; Gussen/Dauck Rdnr. 140

1048 Hanau/Vossen FS Hilger/Stumpf, 271, 280 unter Berufung auf BAG 31.1.1979 AP Nr. 8 zu § 122 BetrVG wonach der Betriebsrat die Möglichkeit hat, Verträge zugunsten leitender Angestellter abzuschließen

Diese entfaltet nach § 77 VI BetrVG keine Nachwirkung und würde deshalb kollektiv ohne weiteres enden. Zum Teil wird dieses bei einer individualrechtlichen Transformation abgelehnt, weil durch § 613a I S. 2-4 BGB lediglich eine Veränderungssperre bedingt sei, systematisch sei zur Veränderung jedoch jeweils noch eine Änderungsvereinbarung oder ggf. Kündigung erforderlich[1049]. Diese Auffassung ist indessen nicht überzeugend. Der Wortlaut des § 613a I S. 2-4 BGB ist hier zwar durchaus mißverständlich („*dürfen nicht geändert werden*"). Geht man jedoch von der Zielsetzung des Gesetzgebers aus, die Richtlinie 77/187 EWG bzw. 98/50 EG umzusetzen, so kann es auch hier nicht zu einer Privilegierung auf Arbeitnehmerseite kommen, denn auch für die Befristung gilt die „Aufrechterhaltung in gleichem Maße". Systematisch läßt sich dies dadurch erreichen, daß eine Transformation mit der entsprechenden Befristungsabrede erfolgt. Das ist mit dem Transformationskonzept vereinbar, weil auch einzelvertragliche Abreden nach allgemeinem Zivilrecht grundsätzlich befristet werden können. Eine Änderungsvereinbarung ist entbehrlich[1050].

3) Ablösung durch Betriebsvereinbarung oder Tarifvertrag

Die Jahresfrist des § 613a I S.2 BGB gilt wie bei Tarifverträgen nur für die Abänderung durch Arbeitsvertrag, nicht aber für die Abänderung durch Betriebsvereinbarung im neuen Betrieb. Diese ist nach § 613a I S. 3 BGB jederzeit möglich, auch unmittelbar bei der Umwandlung durch eine bestehende Betriebsvereinbarung im jeweiligen Betrieb des neuen b w. aufuen bzw. aufnehmenden Unternehmens□. Voraussetzung ist allerdings, daelt ist. Liegt im Betrieb des neuen bzw. aufnehmenden Unternehmens keine Regelung vor, so führt dies nicht zur Verdrängung gemäß § 613a I S. 3 BGB.

Entsprechend den bei Tarifverträgen dargestellten Grundsätzen ist eine „Überkreuzablösung" auch bei Betriebsvereinbarungen möglich. Für Tarifverträge stellt sich allerdings unter dem Blickwinkel des § 77 III BetrVG indessen die Frage, ob für die Ablösung einer Betriebsvereinbarung einseitige Tarifbindung des neuen Rechtsträgers ausreichend ist. Besteht dort nämlich eine tarifliche Regelung, so greift nach § 77 III BetrVG grundsätzlich die Sperre für Betriebsvereinbarungen. Indessen ist davon auszugehen, daß § 77 III BetrVG durch § 613a I S. 3 BGB spezialgesetzlich verdrängt wird[1052], weil die Systematik des § 613a I S. 2-4 BGB von der Transformation in das Einzelarbeitsverhältnis ausgeht. Gegenüber einzelvertraglichen Normen greift aber § 77

[1049] Gussen/Dauck Rdnr. 146; Moll RdA 1996, 275, 284

[1050] im Ergebnis ebenso: Hanau/Vossen FS Hilger/Stumpf, 271, 280

[1051] Hanau/Vossen FS Hilger/Stumpf, 271, 281

[1052] Zöllner DB 1995, 1401, 1405; Kania DB 1995, 625, 626

III BetrVG nicht. Daher ist wiederum von den Grundsätzen für eine verdrängende tarifvertragliche Regelung auszugehen[1053], d.h. von beiderseitiger Tarifbindung. Das gilt auch, wenn die tarifvertragliche Regelung günstiger sein sollte (§ 4 III TVG)[1054]. Das Günstigkeitsprinzip ändert nämlich nichts an den Voraussetzungen für das Entstehen einer Tarifnorm, die auch im Rahmen von § 613a I S. 3 BGB beidseitige Tarifbindung erfordert.

Auch Betriebsvereinbarungen können nach § 613a I S. 3 BGB durch Betriebsvereinbarungen oder Tarifverträge beim Erwerber verdrängt werden. Möglich ist auch hier die „Überkreuzablösung“ einer Betriebsvereinbarung durch einen Tarifvertrag. Erforderlich ist dafür nach hier vertretener Auffassung beidseitige Tarifbindung. Für Betriebsvereinbarungen wird in diesem Zusammenhang auch die Verdrängung durch einen lediglich nachwirkenden Tarifvertrag mit dem Vereinheitlichungsinteresse des Arbeitgebers bejaht[1055]. Denkbar wäre das ohnehin nur, wenn der Arbeitnehmer Mitglied der Gewerkschaft des nachwirkenden Tarifvertrages wäre. Nach hier vertretener Auffassung setzt jedoch die Verdrängung des § 613a I S. 3 BGB beidseitige Tarifgebundenheit voraus. Diese beidseitige Tarifgebundenheit vermittelt die zwingende Wirkung von Tarifverträgen (§§ 3 I, 4 I TVG). Für die Verdrängung von individualrechtlich fortgeltenden Betriebsvereinbarungen durch Tarifverträge kann daher nicht anders verfahren werden, als bei individualrechtlich fortgeltenden Tarifverträgen. Damit ist auch eine Verdrängung durch einen nachwirkenden Tarifvertrag ausgeschlossen[1056]. Wirkt ein Tarifvertrag nur noch gemäß § 4 V TVG nach, so fehlt es gerade an der Tarifbindung des Arbeitgebers, es liegt also keine beidseitige Tarifgebundenheit vor. Würde man die Verdrängung durch einen lediglich nachwirkenden Tarifvertrag zulassen, so bestünde die Gefahr der Umgehung der zwingenden Jahresfrist des § 613a I S. 2-4 BGB, die nämlich gerade den zwingenden Charakter von Kollektivvereinbarungen schützt.

In der Logik der sog. „Überkreuzablösung“ liegt es dabei grundsätzlich auch, daß von der Möglichkeit des § 613a I S. 4 Alt. 2 BGB zur Verdrängung einer Betriebsvereinbarung durch Bezugnahme auf einen Tarifvertrag Gebrauch gemacht werden kann. Folgt man der hM. zur Betriebsübung, die diese auch stillschweigend zulassen will[1057], so führt in diesem Fall eine stillschweigende Bezugnahme zur Ablösung der individualrechtlich fortgeltenden Betriebsvereinbarung.

[1053] siehe S. 174

[1054] aA Gussen/Dauck Rdnr. 169

[1055] Gussen/Dauck Rdnr. 170

[1056] aA Gussen/Dauck Rdnr. 271

[1057] BAG 11.8.1988 AP Nr. 5 zu § 625 BGB; Däubler, Tarifvertragsrecht Rdnr. 355; aA Kempen/Zachert § 3 TVG Rdnr. 73

4) Teilkündigung bei individualrechtlicher Transformation ?

Nach Ablauf der einjährigen Veränderungssperre besteht die Möglichkeit zur einseitigen Veränderung durch Kündigung. Das Kündigungsrecht steht aufgrund der Transformation nunmehr den Arbeitsvertragsparteien zu. Systematisch ist indessen eine Änderungskündigung des gesamten Arbeitsverhältnisses unter den Voraussetzungen des § 2 KSchG auf Arbeitgeberseite erforderlich. Man könnte deshalb für diesen Fall die Möglichkeit einer Teilkündigung in Erwägung ziehen. Diese liegt tatsächlich zunächst nahe, weil eine kollektiv geltende Betriebsvereinbarung gekündigt werden kann, ohne den Bestand des Arbeitsverhältnisses mitkündigen zu müssen. Grundsätzlich sind die Befugnisse der Betriebsverfassung auch solche, die der Arbeitgeber ohne Bestehen eines Betriebsrates alleine im Rahmen von § 315 BGB ausüben könnte Dem steht auch hier systematisch entgegen, daß die „alten" Betriebsvereinbarungen zum Inhalt des Arbeitsverhältnisses geworden sind. Insoweit könnte wegen der erschwerten Kündigung darin im Hinblick auf die Anforderungen des § 2 KSchG eine Privilegierung der Arbeitnehmer gesehen werden, die über den bloßen Bestandsschutzgedanken der Richtlinie 77/187 EWG hinausgeht.

Indessen liegt der Ausschluß der Teilkündigung in der Logik der Transformation des § 613a I S. 2-4, weil eine einzelvertragliche Teilkündigung von Arbeitsverhältnissen nicht möglich ist. Außerdem ist zu beachten, daß im Bereich von Betriebsvereinbarungen die Möglichkeit besteht, die andere Partei zum Abschluß einer Betriebsvereinbarung im Bereich der erzwingbaren Mitbestimmung über die Einigungsstelle zu zwingen (§ 87 II BetrVG), die im einzelvertraglichen Bereich nicht besteht[1058]. Im Bereich der zwingenden Mitbestimmung bestünde außerdem Nachwirkung gemäß § 77 VI BetrVG, die auch nicht durch Teilkündigung beseitigt werden kann.

Diese Strukturen dienen insoweit dem Schutz der Arbeitnehmer, den § 613a BGB gerade für den Betriebsübergang weiterhin sicherstellen will.

Bei einer Teilkündigungsmöglichkeit würde dieser von § 613a BGB verfolgte Schutzzweck unterlaufen.

§ 2 KSchG greift mit seiner Überprüfung der Kündigungsgründe bei einer Teilkündigung nicht ein, denn diese Vorschrift geht von der bekannten Systematik der Änderungskündigung aus, so daß die Möglichkeit der Teilkündigung letztlich auf eine einseitige Vertragsgestaltung auf Arbeitgeberseite hinausliefe. Diese will aber § 613a BGB gerade verhindern. Das kommt für Tarifverträge darin zum Ausdruck, daß beidseitige Tarifbindung erforderlich ist § 613a I S. 3 BGB oder eben die von beiden vereinbarte Bezug-

---

[1058] Gussen/Dauck Rdnr. 176

nahme auf einen anderen Tarifvertrag § 613a I S. 4 Alt. 2 BGB. Bei einer individualrechtlich transformierten Betriebsvereinbarung ist im übrigen nach § 613a I S. 3 BGB eine Ablösung durch eine neue Betriebsvereinbarung ohne weiteres möglich, worin ebenfalls das Prinzip der Zweiseitigkeit zum Ausdruck kommt. Damit hat der Gesetzgeber abschließende Ablösungsmöglichkeiten geschaffen, so daß es für die Konstruktion einer Teilkündigung letztlich auch an der Regelungslücke fehlt. Für nach § 613a I S. 2-4 BGB transformierte Betriebsvereinbarungen bedeutet dies, daß diese nur zweiseitig nach den dort vorgesehenen Möglichkeiten verändert werden können.

G. Gesamtergebnis

1. Die Regelung des § 324 UmwG enthält keinen abschließenden Verweis auf § 613a I S .2-4 BGB. Der Wortlaut „unberührt" bringt vielmehr den Auffangcharakter dieser Vorschrift zum Ausdruck. Dieser Auffangcharakter rechtfertigt sich auch über die Transformationslücken des § 613a I S. 2-4 BGB, die insoweit europarechts- und verfassungskonform über einen Vorrang kollektiver Weitergeltung zu schließen sind.

2. § 324 UmwG ist Rechtsgrundverweisung. Dennoch gilt die hinter der Regelung des § 324 UmwG/§ 613a I S. 2-4 BGB stehende Richtlinie 98/50 EG für alle Fälle von Unternehmensumwandlungen, weil diese durch die Neufassung auch für den Übergang von „Unternehmensteilen" gilt. Als Auffangtatbestand greift § 613a I S. 2-4 BGB auch dann ein, wenn die Umwandlung ausnahmsweise nicht mit einem Betriebsübergang verbunden ist, weil eine Umwandlung jedenfalls immer mit dem Übergang von „Unternehmensteilen" verbunden ist. Zur Schließung der Lücken kann auf eine extensive europarechtskonforme Auslegung zurückgegriffen werden.

3. Bei Verbandstarifverträgen überträgt sich die Mitgliedschaft im Arbeitgeberverband nicht gemäß § 38 BGB. Durch satzungsrechtliche Regelungen nach § 40 BGB ist eine Übertragung ausgeschlossen, wenn damit eine Zwangsmitgliedschaft eines zuvor nicht tarifgebundenen Rechtsträgers geschaffen wird. Für diesen Fall kann nur die Übertragbarkeit geregelt werden.

4. Auf Verbandstarifverträge findet bei Umwandlungen, außer bei der Vermögensübertragung, § 3 III TVG Anwendung. Dieser ist insoweit weitere Umsetzung der Richtlinie 98/50 EG. Das rechtfertigt sich aus der sich im neuen Rechtsträger fortsetzenden Verfügungsbefugnis über Arbeitsplätze. Diese Verfügungsbefugnis über Arbeitsverhältnisse ist Basis der Legitimation des Verbandstarifes dar. Auf Arbeitnehmerseite legitimiert sich der Tarifvertrag dabei über die jeweiligen Mitglieder, repräsentiert durch ihre Arbeitskraft. Das Vorenthalten der Arbeitsleistung ist durch die Möglichkeit des Streiks das entscheidende Durchsetzungsmittel des Arbeitsvertrages. Folgerichtig ist danach die Vertretung der Einzelgewerkschaften im DGB nach der Zahl ihrer Mitglieder geregelt (§ 7 Nr. 6 DGB-Satzung). Auf Arbeitgeberseite wird nicht „nach Köpfen" abgestimmt, wie es das Vereinsrecht grundsätzlich vorsehen würde. Die Satzungen der Arbeitgeberverbände sehen ein Abstimmungsgewicht nach Zahl der Beschäftigten, nach Lohn- und Gehaltssumme oder beschäftigtenabhängigem Mitgliedsbeitrag des Unternehmers vor. Der Dachverband BDA sieht in seiner Satzung wiederum ein Gewicht der

einzelnen Arbeitgeberverbände nach der Zahl der in den vertretenen Betrieben beschäftigten Arbeiter und Angestellten vor. Das Gewicht des einzelnen Arbeitgebers ist deshalb an die vom Arbeitgeber repräsentierten Arbeitsplätze gekoppelt, das zeigt sich am einfachsten bei einer Abstimmung nach Anzahl der Arbeitsplätze. Nichts anderes gilt aber auch bei anderen Abstimmungssystemen wie der Lohn- und Gehaltssumme, weil damit der wirtschaftliche Wert der vom Arbeitgeber repräsentierten Arbeitsplätze zum Ausdruck kommt. Daneben haben die repräsentierten Arbeitsplätze des einzelnen Arbeitgebers nicht nur satzungsrechtliche Bedeutung bei der tariflichen Willensbildung. Entscheidend ist insbesondere auch ihr Einsatz im Arbeitskampf. Auf Arbeitgeberseite betrifft dies das Kampfmittel der Aussperrung. Maßgebend ist dabei wiederum die Anzahl und die wirtschaftliche Bedeutung der Arbeitsplätze.

5. Bei Umwandlungen setzt sich die Verfügungsbefugnis fort, weil Gegenleistung der Umwandlung jeweils Mitgliedschaftanteile am neuen Rechtsträger sind (außer Vermögensübertragung). Die Eigentümerstellung am neuen Unternehmen und damit an den Arbeitsplätzen bleibt daher identisch. Am eheste naheliegend ist die Anwendung des § 3 III TVG dabei für die Ausgliederung, wenn damit ein Unterordnungskonzern nach § 18 AktG entsteht, da im eigentlichen Sinne verfügungsbefugt das beherrschende Unternehmen bleibt. In der Rechtsprechung des BAG findet sich dieser Gedanken der sog. Goethe-Instituts Entscheidung, bei der angenommen wurde, daß eine rechtlich verselbständigte (d.h.) ausgegliederte mexikanische Tochter zur Durchführung des deutschen Tarifvertrages verpflichtet ist[1059]. Auf die Berrschung und damit auf die Mehrheitsverhältnisse im neuen Rechtsträger kann dennoch nicht abgestellt werden. Die umzuwandelnden Rechtsträger können auch mitgliederunabhängig organisiert sein (z.B. AG), so daß es nicht auf die konkreten Inhaber des Rechtsträgers - die den Tarifvertrag in der jeweiligen Gesellschaft legitimiert haben - ankommen kann. Entscheidend ist vielmehr die freiwillige Übernahme der zuvor zur Legitimation des Tarifvertrages eingesetzten Arbeitsplätze. Mit diesen erfolgt eine Fortsetzung der eigenen Betätigung am zuvor tariflich mitgestalteten Arbeitsmarkt – nunmehr eben im Rahmen eines neuen oder übernehmenden Rechtsträgers.

6. Nach den obigen Grundsätzen kann der Verbandstarifvertrag sowohl in den Fällen der Ausgliederung, der Abspaltung, der Aufspaltung und der Verschmelzung kollektiv fortgelten. Bei der Ausgliederung wachsen die Mitgliedschaftsanteile dem „alten" Rechtsträger zu, so daß dieser seine wirtschaftliche Betätigung in dem von ihm mitge-

---

[1059] BAG 11.9.91 EzA Nr. 29 internationales Privatrecht

stalteten tariflichen Arbeitsmarkt nach wie vor fortsetzt. Etwas anderes gilt auch nicht dann, wenn die Mitgliedschaftsanteile direkt den Anteilseignern zuwachsen (Abspaltung) oder mit der Umwandlung darüber hinaus der Untergang des „alten" Rechtsträgers verbunden ist (Aufspaltung, Verschmelzung). In diesem Fall setzen die Anteilseigner selbst ihre Betätigung auf dem tariflichen Arbeitsmarkt fort. Letztlich sind sie es, die als Eigentümer des Unternehmens den Tarifvertrag legitimieren. Gerade dies wird an den neueren Unternehmenskonzepten („shareholder value") wieder besonders deutlich.

7. Die Anwendung von § 3 III TVG verstößt nicht gegen die negative Koalitionsfreiheit des Art. 9 III GG. Der Wesensgehalt wird mangels Entstehens eines mitgliedschaftlichen Verhältnisses nicht berührt. Umgekehrt ist der Schutzbereich der negativen Koalitionsfreiheit aber auch nicht von vornherein auf das mitgliedschaftliche Verhältnis beschränkt. Der Eingriff in diese Sphäre kann jedoch durch Grundrechte Dritter gerechtfertigt werden. Für Unternehmensumwandlungen ist eine Anwendung von § 3 III TVG durch die positive Koalitionsfreiheit der Arbeitnehmer, die über ihre Mitgliedschaft in der tarifschließenden Gewerkschaft den Tarifvertrag legitimiert haben sowie über die Ordnungsfunktion des Tarifvertrages, gerechtfertigt.

8. Außerhalb des fachlichen Geltungsbereiches ist § 3 III TVG auch bei Umwandlungen unanwendbar. Insoweit verweist § 324 UmwG auf § 613a I S. 2-4 BGB.

9. Firmentarifverträge gelten kollektiv-rechtlich nach § 3 I TVG fort, weil der Arbeitgeber durch die Gesamtrechtsnachfolge Partei des Firmentarifvertrages wird. Auch bei der Spaltung kann die die kollektive Fortgeltung nicht durch Zuweisung des Tarifvertrages auf einen bestimmten Rechtsträger beschränkt werden. Entscheidend ist vielmehr die Zuweisung des Arbeitsverhältnisses, das durch den Tarifvertrag ausgestaltet wird. Eine kollektiv-rechtliche Fortgeltung ist ausgeschlossen, wenn durch die Umwandlung der fachliche Geltungsbereich des Firmentarifvertrages verlassen wird oder wenn der kollektive Bezugsrahmen, d.h. in der Regel die erfaßten Betriebe des Firmentarifvertrages, zerstört wird. Für diesen Fall verweist § 324 UmwG auf § 613a I S. 2-4 BGB.

10. Die Transformationslücken des § 613a I S. 2-4 BGB sind durch extensive Auslegung zu schließen. Diese Vorgabe folgt aus dem Gebot der Richtlinie 98/50 EG nach der „die Arbeitsbedingungen in gleichem Maße aufrechtzuerhalten sind" sowie aus dem verfassungsrechtlichen Schutz der positiven Koalitionsfreiheit.

11. Betriebsvereinbarungen gelten kollektiv fort. Etwas anderes gilt nur dann, wenn die Betriebsidentität nicht erhalten bleibt. Bei Verschmelzungen gelten Betriebsvereinbarungen deshalb regelmäßig kollektiv fort, weil die Verschmelzung selbst die Betriebsidentität unberührt läßt. Bei Spaltungen kann die Betriebsidentität dagegen zerstört werden, so daß die §§ 613a I S. 2-4 BGB, 324 UmwG eingreifen.
Eine kollektive Fortgeltung ist bei Umwandlungen zwischen dem Geltungsbereich des Betriebsverfassungsgesetzes und dem der Personalvertretungsgesetze möglich.

12. Bei der individualrechtlichen Fortgeltung können die Arbeitsvertragsparteien nur zweiseitig von der Ablösungsmöglichkeit des § 613a I S. 3 BGB Gebrauch machen. Zu Verdrängung durch Tarifvertrag ist deshalb beidseitige Tarifbindung erforderlich.

H. Fazit

Die vorliegende Arbeit zeigt, daß die mit der „heißen Nadel" gestrickte Regelung des § 324 UmwG die Fortgeltung von Kollektivvereinbarungen rechtlich nur unvollkommen regelt, wenngleich das Arbeitsrecht durch noch vorgenommene Regelungen nicht völlig in der befürchteten „Baugrube des Gesellschaftsrechts" versunken ist[1060]. Es läßt sich jedoch festhalten, daß das Arbeitsrecht gesetzgeberisch jedenfalls nur mit einem „Rohbau" bedacht wurde. Der „Innenausbau" muß insoweit durch das Arbeitsrecht selbst vorgenommen werden. Dabei ist der angebotene Verweis des § 324 UmwG auf § 613a I S. 2-4 BGB keine vollständige „Baubeschreibung", sondern nur ein Auffangtatbestand als „Fundament". Die Grundsätze des kollektiven Arbeitsrechts sind für die behandelte Fortgeltungsproblematik vorrangig. Das gilt insoweit auch für § 3 III TVG. Die rechtspolitische Kritik an dieser Vorschrift soll - vor allem bei Tarifverträgen mit langer Laufzeit - nicht verkannt werden.

Soweit allerdings die Dauer des § 3 III TVG als zu unflexibel empfunden wird, blieben zunächst die Tarifvertragsparteien aufgefordert, diese durch entsprechende kürzere vereinbarte Laufzeiten zu begrenzen. Letztlich könnte auch der Gesetzgeber § 3 III TVG im Rahmen seines Einschätzungsrechts begrenzen, was allerdings den Tarifvertragsparteien längerfristige Tarifverträge (z.B. im „Bündnis für Arbeit" über die Lohnpolitik) unmöglich machen würde.

Indessen liegt in der ausschließlichen Anwendung des § 613a I S. 2-4 BGB, ohne Berücksichtigung des § 3 III TVG beim Verbandstarif gegenüber einer weitgehenden kollektiven Fortgeltung bei Firmentarifen und Betriebsvereinbarungen, eine durchaus erhebliche „Schieflage" in der weiteren kollektiven Bindung.

Nach der hier vertretenen Auslegung läßt sich im Verhältnis Verbandstarif - Firmentarif - Betriebsvereinbarung eine weitgehende kollektive Fortgeltung erreichen, so daß es zu einer annähernden Gleichbehandlung kommt. Unabhängig von der Fortgeltungsproblematik kann allerdings ein Tarifvertragssystem nur dann auf Dauer erhalten werden, wenn die Regelungen von den jeweiligen Mitgliedern mitgetragen werden und nicht als aufgedrücktes „Tarifkartell" empfunden werden. Nur so wird sich auf Dauer ein Unterlaufen kollektiver Regelungen durch Unternehmensumwandlungen verhindern lassen. Insoweit trifft vor allem die Verbände selbst Handlungsbedarf. Gelingt insoweit eine solche Reform des Flächentarifes nicht, so besteht die Gefahr, daß an die Stelle von Regelungen der Tarifvertragsparteien immer stärker staatliche Regelungen treten, da der Druck, dann auf diese Weise soziale Mindeststandards zu setzen, wachsen würde.

1060 Windbichler, FS Kissel (Titel), 1287

Diese sind aber nicht - wie Tarifverträge - auf Marktverhältnisse nach dem Prinzip der „sozialen Selbstbestimmung"[1061] gegründet und dürften deshalb die schlechtere Lösung sein.

Bestrebungen zur Anpassung des Flächentarifes gibt es etwa in den Gesprächen zum „Bündnis für Arbeit". Des weiteren bietet sich die Möglichkeit von ergänzenden Firmentarifverträgen oder von Konzerntarifverträgen zu betriebs- oder unternehmensnahen Lösungen. Damit bleibt zu hoffen, daß die Tarifvertragsparteien selbst die „Krise des Flächentarifes" durch ausgewogene Tarifpolitik überwinden können.

1061 Sinzheimer, Arbeitstarifgesetz, 181, 194

Stichwortverzeichnis

FSC
www.fsc.org
MIX
Papier | Fördert gute Waldnutzung
FSC® C083411

Kolibri 360 GmbH
Ferdinand-Jühlke-Straße 7
99095 Erfurt, Deutschland
produktsicherheit@kolibri360.de

Druck:
CPI Druckdienstleistungen GmbH
im Auftrag der
Kolibri 360 GmbH
Ferdinand-Jühlke-Str. 7
99095 Erfurt